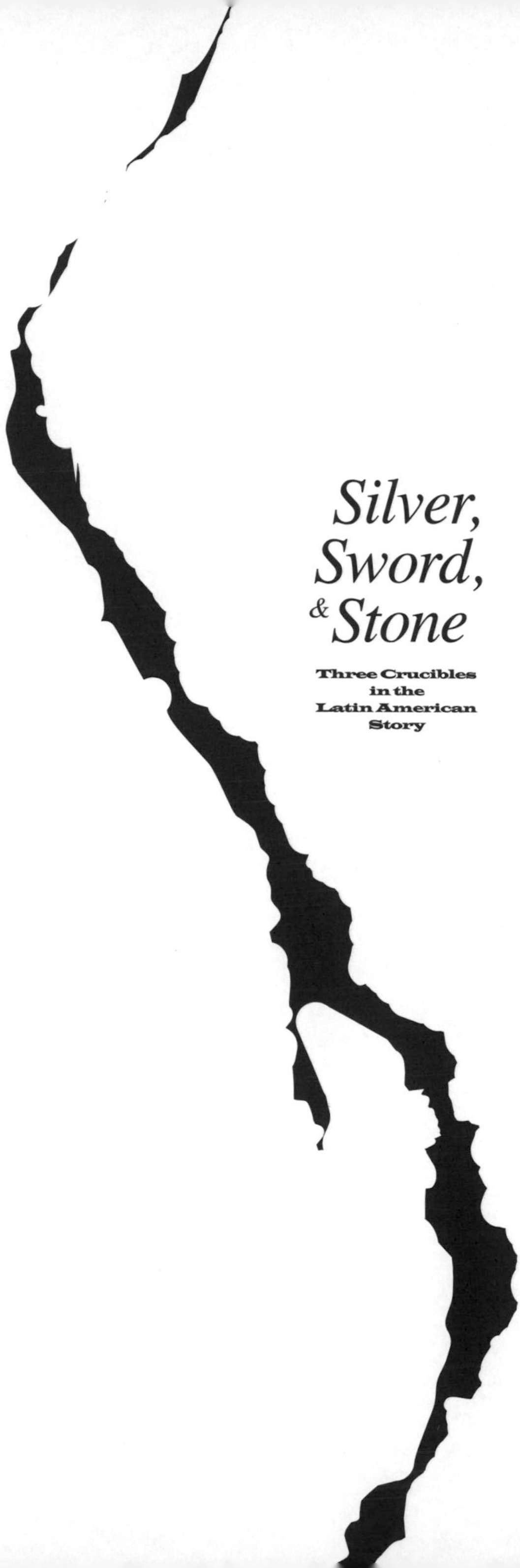

Silver, Sword, & Stone

Three Crucibles in the Latin American Story

紀念María Isabel Arana Cisneros

「無所不知的」教母、提問者與耀眼導師

國際媒體專家學者一致好評

在這本「來得適時且傑出的著作」（摘自NPR書評）中，瑪利・阿拉納將這些故事細密織入過往千年的歷史，闡明自前哥倫布時代就定義拉丁美洲的三道橫亙主題：外國貪求此地的礦藏財富，根深柢固的暴力傾向，以及歷久不衰的宗教力量。《白銀、刀劍與石頭》結合「淵博的歷史分析、深入的報導和政治評論……本書傳達諸多知識與可靠意見，值得擁有廣大讀者。」

——阿瓦洛・恩里格（Álvaro Enrigue），《紐約時報》

阿拉納來得適時且傑出的著作並非一部歷史書，也不是人們常見的那些文化行旅，對全球各區域進行沉思書寫。她的書結合故事、新聞報導、歷史，最重要的是還有洞察……。

——NPR（美國全國公共廣播電台）

以既清晰且動人的敘事探討拉丁美洲的身分認同難題……她兼具廣度與高度的描寫讓人想起維克多・雨果（Victor Hugo）……阿拉納給我們一部故事中的史詩，講述一個因財寶、權力與控制欲而相連的區域，以及長久束縛人們的情感黏著基礎。

——馬瑟拉．戴維森．艾維兒（Marcela Davison Aviles），NPR.org

一部拉丁美洲縱橫史……既令人著迷且包羅萬象。書中涵蓋如此多層面令人讚嘆。

——伊薇特．貝納維德斯（Yvette Benavides），《出版人週刊》

阿拉納對於拉丁美洲史的嫻熟在這本書大放異彩，以獨特且引人入勝的視角，探問數百年來形塑拉丁美洲生活方式的三道「試煉」……在這本探索、連結與分析的傑作中，阿拉納提出富有新意、扣人心弦且讓人重新看待的觀點，解讀一個受到毒辣貪婪與凶殘暴政出賣，充滿生命力而壯麗的區域。

——伊薇特．貝納維德斯（Yvette Benavides），《書單》星評

秘魯出生的作者瑪利．阿拉納的最新力作，把我們帶往神祕且備受誤解的拉丁美洲核心……涵蓋層面廣大而複雜，但是阿拉納的敘事與她顯而易見的憐憫之心，引領我們穿行過往千年，踏上引人入勝卻也苦澀多變的旅程，前往我們全都應當理解之地。

——伊薇特．貝納維德斯（Yvette Benavides），《聖安東尼奧新聞快報》

這位秘魯出生的作者深入探究拉丁美洲受西方強權剝削的三道癥結……一段出奇簡明卻又包羅萬象的歷史。一部極其動人的重要之作，提供新方式去思索「發現美洲新大陸」。

——伊薇特・貝納維德斯（Yvette Benavides），《科克斯書評》星評

瑪利・阿拉納是簡練而銳利的作者與觀察者，對於少有人瞭解的傳奇拉丁美洲，為我們做出縝密且發人深省的描繪。《白銀、刀劍與石頭》結合歷史與當代報導寫作，是一本令人信服的讀物。

——瓊・馬查姆（Jon Meacham），著有《美國的靈魂：為我們更好的天使而戰》，NPR.org

行文優美，研究嚴謹……凡是努力理解拉丁美洲動盪過往、以及我們與南方鄰國危機四伏關係者的必讀之作。阿拉納對此主題的清晰、公正處理讓我們獲益良多。

——芭芭拉・穆西卡（Bárbara Mujica），《華盛頓獨立書評》

研究嚴謹，本書強項是史詩般敘事的力量，優美行文與豐富的人物描繪……阿拉納的長處是說故事的力道與情感，以及她說明過去一千年是什麼形塑拉丁美洲時的字字珠璣……一本絕妙好書。

——湯姆．格傑頓（Tom Gjelten），《華盛頓郵報》

彷彿一隻翱翔安地斯天際的兀鷹，阿拉納寫出拉丁美洲歷史的全面概觀。歷史常由贏家撰寫，但是這本書激盪著對於受害者與被看輕之人的情感，也頌揚使拉丁美洲如此受鍾愛的文化成就、充沛活力與慷慨氣度。

——約翰．黑明，《征服印加人》作者

要追溯一個大陸的靈魂是項不凡偉業，阿拉納以學者的精確、道德的縝密與優雅的寫作風格完成。對於有興趣真正瞭解拉丁美洲面貌、以及拉丁美洲從何而來的任何人，本書必定是第一步。

——胡安．加百列．瓦斯奎茲，《聽見墜落之聲》作者

透過書寫的力量與美感，阿拉納使世上最複雜的其中一個區域顯得異常清晰。我從未讀過一本書有如此驚人的廣度與錯綜複雜的深度，同時捕捉到浩瀚歷史與新聞報導扣人心弦的

即時性。她訴說的故事將令你心碎，使你耳目一新，卻也讓你更清楚瞭解拉丁美洲，並對於拉美人民的力量與堅毅深深驚嘆。

——坎迪斯・米拉德（Candice Millard），《帝國的英雄》作者

她的能量與熱情無疑將吸引眾多讀者。

——凱莉・吉布森（Carrie Gibson），《衛報》

廣受讚譽的作者瑪利・阿拉納交出一部拉丁美洲文化史，以及形塑該區域特徵的三種驅力：剝削（白銀）、暴力（刀劍）、宗教（石頭）。本書研究嚴謹，最大強項是史詩般敘事的力量，行文的優美，以及人物的描繪多采多姿……極佳之作。

——《華盛頓郵報》

《白銀、刀劍與石頭》是瑪利・阿拉納浩瀚而令人驚嘆的拉丁美洲新史，對於任何想瞭解這個半球與我們當前危機的人是必讀之作。

——胡莉亞・奧瓦瑞茲（Julia Alvarez），《蝴蝶的時間》作者

目次

第三部　石頭　329

Silver, Sword, & Stone

Three Crucibles in the Latin American Story

白銀、刀劍與石頭

by

Marie Arana

瑪利·阿拉納

導讀一
當前困境的通俗著作、一部用情感述說拉丁美洲世界過往歷史

李毓中　國立清華大學歷史研究所副教授

我在一九九六年前往西班牙，展開拉丁美洲史學習之旅。在此期間，西班牙殖民者觀點的史料一點一滴在我的腦海中累積，進而建立起那些我自以為是的拉丁美洲史知識；雖是如此，我的胸口裡總覺得少了那種歷史學研究者該有的同理式理解情感波動。

不管是一五三二年皮薩羅在卡哈馬卡（Cajamarca）為綁架印加皇帝阿塔瓦爾帕（Atahualpa），而對印加士兵展開的突擊與屠殺；或是美國入侵墨西哥時，於一八四七年九月查普爾特佩克（Chapultepec）戰役中，因抗拒侵略者而戰死的墨西哥少年。這一切都讓我覺得拉丁美洲人民的悲、怒、哀、痛，離我很遠，因為我無法從白人所撰寫的檔案或是研究成果中，真實地感受到五百年來他們遭受到有如「薛西弗斯」魔咒般的殖民苦難。不論是西班牙人以天主之名的殖民統治，英國人以自由貿易為名的「經濟殖民」，或是爾後美國所倡導歐洲不應在殖民美洲或干預美洲事務的「門羅主義」，卻將拉丁美洲視為禁臠，至今仍不斷以民主之名，行「帝國」之實的干預。它們的差別，只是手段。

本書作者出身於秘魯，九歲移往美國，自此便在美國生活，後在《華盛頓郵報》工作，同時撰寫專欄及小說出版，並曾擔任美國國會圖書館文學主任職務一職。作者人文知識的豐富，已不須多做介紹，歷史學雖不是她的專業，但是憑藉著她敏銳的觀察力、優美細膩的文字、既深情又「超然」的關懷（偶爾流露出的華盛頓特區觀點）以及敘事的巧思，用白銀、刀劍與石頭三個物件，來比喻拉丁美洲歷史歷程的試煉，並用三個當代人物黎諾、卡洛斯與哈維爾的個人生命故事娓娓道來：原來拉丁美洲敘事的核心，其實是一長串的不公平，進而形塑出當前充滿暴力、壓迫與苦難的拉丁美洲現況。《拉丁美洲：被切開的血管》是一本讓人讀來感到悲憤的書，而直到拜讀瑪利・阿拉納（Marie Arana）所寫的這本拉丁美洲史通俗著作，才讓我陷入另一種層面的傷悲，一種因蘊藏資源反而讓其陷入不斷苦難輪迴的感傷。

這本書有別於傳統歷史書採編年敘事的方式，將白銀、刀劍與石頭三個物質，以及黎諾、卡洛斯與哈維爾三個人物，揉入大量史實以及當代田野調查成果的敘事中，且不斷地進行時空穿越與跳躍的對話，再加上十九世紀拉丁美洲獨立分為眾多國家後，如跑龍套般不斷從歷史舞台上台、下台的政治人物人名，對於一個不具備拉丁美洲歷史知識背景的讀者而言，初讀階段可能會有些不適應。但事實上，對於一般的非史學專業的讀者而言，即使未細嚼慢嚥這些對於認識拉丁美洲歷史發展具有意義的文字，也不會影響讀者這本書所要傳達的拉丁美洲歷史的本質及結構。更重要的一點是，作為一個拉丁美洲在地的文字工作者，瑪利・阿拉納具有的優勢是，透過她的出身背景以及後來回到秘魯所做的田野調查工作，使得她比非拉丁美洲地區的拉美史研究者，更瞭解在地人們的宗教、價值觀與禁忌等。例如礦坑的工人們如何將其信仰的上帝「Dios」，轉為接近發音的掌控礦工生死的魔神大叔「El Tio」，便是讓人耳目一新的觀察。

有些西方評論者對於瑪利・阿拉納提到拉丁美洲人血液中充滿暴力的看法，而責難她的觀察，恐將陷美國境內拉丁裔為「壞人」的錯誤解讀中。但我作為一個非西班牙、非美國、非拉丁的拉美研究工作者而言，倒覺得她很坦然地面對拉丁美洲人的某些「真實面貌」，即回顧過往面對外來殖民者時，所凸顯出拉丁美洲人善良純真一面外，如同世界所有其他民族一般，拉丁美洲世界裡少部分人的「惡」亦到了「令人髮指」的程度。

二〇〇一年十二月初西班牙（或者是歐洲）最吸引人的新聞，是一個哥倫比亞因罹癌而歷經六次重大手術的十二歲兒童安德烈斯・費利佩（Andrés Felipe），向哥倫比亞革命軍（Farc）提出臨死前的請求，希望能見被綁架的父親最後一面，甚至連遠在羅馬的時任天主教教宗若望保祿二世都出面求情。但直至十八日，安德烈斯・費利佩含恨離世，最終都沒能在人世見到他的父親；隔年四月，紅十字會收到安德烈斯・費利佩父親的屍體，兩人終於能在天國見面。

自此我意識到，拉丁美洲世界人與人之間階級或族群之間的仇恨，有時候會超過我所認知作為人該有的那條線，所以對於瑪利・阿拉納有關所謂的拉丁美洲「暴力」描述，是真實存在的。而作者之所以要將拉丁美洲世界最不堪入目的問題，赤裸裸地暴露在讀者眼前，我想是出自於她內心對其同胞最深沉的情感，希望能喚醒同胞的覺悟。

作為一個研究拉丁美洲史的教育工作者，我常思考著怎樣的拉丁美洲史的讀本，能讓一般通識課程的學生，從拉丁美洲在地的觀點，理解他們過去面對大航海時代開啟、全球化時代到來後，所遭遇以及爾後形塑出的所謂拉丁美洲世界歷史。

如今，這本用北美智慧、拉美情感，理解拉丁美洲史的通俗讀本，提供了中文世界的讀者，最好的選擇。

導讀二

褚縈瑩　國立台北大學歷史學系助理教授

該如何讀這本書才好？本書作者瑪利．阿拉納親口告訴我們：

這不是一本關於歷史的書，儘管我翻遍編年史書堆來描寫內容。這也不是一本新聞採訪著作，儘管我拿出飢餓獵犬的投入程度追蹤每位書寫對象的生活。如同來自拉丁美洲的所有事物，這本書是混合的品種。

這不是一本「只」關於歷史的書，我們無法只用專業史學書寫的狹窄視野閱讀此書；雖然作者以極為傑出的寫作功力，將拉丁美洲數百年來的複雜歷史，用流暢且戲劇性的文字清楚綜述，使歷史場景一幕幕躍然紙上，讓讀者一打開書本就無法放下。

這也不「只」是一本新聞採訪著作，她如「飢餓獵犬」般追蹤三位當代拉美人物的生活─秘魯拉林科納達鎮的寡婦礦工黎諾、從共產古巴出逃卻在美國成為毒販的卡洛斯，和以玻利維亞為第二祖國的西班牙耶穌會神父哈維爾——在作者筆下，他們的生命歷程竟與白銀

（礦業）、刀劍（暴力）及石頭（宗教）所構成的大歷史敘事緊密交織。

所以，這本書，既是歷史，也是深度新聞採訪著作。

相較於書齋中的歷史學者，阿拉納恐怕更像拉丁美洲知識傳統中的記者，那是一個能夠貫穿古今、針砭時事的社會位置。在拉丁美洲有此一說，出身中上階層的世家子弟，如阿拉納本人，職業選擇當以醫師、律師、記者這三種最為理想。

因此，閱讀本書的過程中，我不斷想起烏拉圭記者愛德華多．加萊亞諾在一九七一年出版的傳世經典——《拉丁美洲：被切開的血管》。此書以當時流行的依賴理論為核心精神，將拉丁美洲自殖民以來的數百年歷史，比喻為一條被切開的血管，源源不絕地向外輸出她的黃金與白銀、蔗糖、可可、咖啡、香蕉與橡膠，終至生命力枯竭、倒臥不起的形象。

熟讀拉丁美洲經典的阿拉納，當然沒有忘記向加萊亞諾致敬，本書第十一章開頭就引用了《拉丁美洲：被切開的血管》一書：「在征服和掠奪拉丁美洲的過程中，刀劍與十字架並肩行軍，船長與主教、騎士與傳教士、士兵與修道士聯手盜取白銀⋯⋯」，正與本書標題《白銀、刀劍與石頭》相互輝映。

如同依賴理論無法為拉丁美洲蒼白的身影注入一股自立的力量，阿拉納筆下的拉丁美洲也顯得向宿命屈服：「自始至終敘事不曾改變，相隔千年還是一樣。居於敘事核心的是異國的欲望，那是一種外來的渴求、一股向外的吸力。印加人、阿茲特克人或西班牙人強加的征服彷彿從未離去，這片大陸依然被外力定義。」

然而，阿拉納畢竟不同於加萊亞諾，如果說加萊亞諾批判來自歐洲與美國的殖民者及帝國主義者，並將希望寄託在拉丁美洲的大眾起義與革命之上；那麼阿拉納即便對於美洲大陸上的原住民也不假辭色。

她筆下的阿茲特克與印加帝國，對開採貴金屬礦藏亦有莫名的執著；她點名了數個好戰、有擴張野心的美洲原住民文明，熟稔於征服與治理的法則；她認為拉丁美洲前仆後繼的原住民起義與游擊隊革命，並不會帶來解放，因為所有的革命都需要極端暴力來成就，而暴力終將帶來大眾對於鐵腕手段與獨裁者的渴望。

阿拉納感嘆拉丁美洲歷史輪迴著重複的劇情：根植於種族與階級差異的貧窮，讓大眾附庸於菁英階層，也讓菁英階層剝削大眾；待大眾忍無可忍之時，終將掀起革命，然而貪腐的陰影長期以來都絆住拉丁美洲的腳步，最終人們將渴望獨裁者現身以求回復秩序，即便是歐美國家所推崇的民主制度，也不見得能扭轉這個趨勢。

她對拉丁美洲歷史發出這樣強烈且宿命論式的評語，恐怕史學家們是無法完全同意的；但讀者卻能真切地感受到，她拒斥出於任何動機、任何形式的暴力。

第二部「刀劍」中所描寫的人物卡洛斯，受到古巴政府號召，參與了一九七五至一九七六年間向非洲安哥拉輸出革命的戰爭，捲入該國三個派系的鬥爭，在戰火中莫名奇妙地存活下來。卡洛斯從來就不是一個獻身於革命理想的人，他在物資缺乏的共產古巴從事肉品黑市交易遭到逮捕，期間多次嘗試越獄逃往美國。他是卡斯楚不想要的那種反革命害蟲，但他也是卡斯楚送往海外前線「輸出革命」的烈士。

而與作者本人的價值觀最為貼近的，恐怕是她在第三部「石頭」中所描寫的人物——哈維爾・艾爾波神父。艾爾波來自內戰時期（一九三六——一九三九年）的西班牙，他曾經親眼看過共產主義者將家人拖出去處決，因此對於古巴革命在全球捲起的馬克思主義風潮有所遲疑。即使在解放神學風起雲湧的一九六〇與七〇年代，艾爾波也未如身邊好友一般拿起槍桿、參與武裝鬥爭；他主張，和平是達成目的的唯一手段。

阿拉納無法割捨對於拉丁美洲深切的關懷與憂心，她必須對歷史進行診斷、對現況開立處方、對價值做出判斷。

翻開《白銀、刀劍與石頭》，我們讀的既是歷史也不是歷史，既是新聞採訪也不是新聞採訪；我們讀的正是拉丁美洲一種重要的知識傳統：一種對現世的關懷、評論與批判，皆發自對於歷史的深度考察與思索。而我們擅於說故事的作者——瑪利・阿拉納，將用她才華洋溢的筆觸，邀請讀者進入這場對話、思考她對拉丁美洲做出的評價。

第一章

仍在追尋黃金國（El Dorado）

秘魯是坐在黃金板凳上的乞丐[1]。

——秘魯古諺

即將破曉的嚴寒之中，黎諾・岡薩雷斯（Leonor Gonzáles）從秘魯安地斯山脈間一處冰雪峰頂的石屋走出，跋涉山徑，仔細巡查落石可有金色斑痕[2]。如同歷代先祖，她背負一袋袋沉重石頭蹣跚而行，拿簡陋的鐵鎚猛敲，腳踩輾碎，再磨壓成細砂礫。在罕見的幸運日裡，將砂礫混入汞溶液中晃動，她能費勁淘出微小至極的金屑。黎諾才四十七歲，可是牙齒已崩落。她的臉孔受烈日不斷烤曬、被寒風吹乾，雙手泛著醃肉的色澤，手指扭曲變形。儘管失去部分視力，每當太陽從阿納尼亞山區（Ananea）的冰封峭壁略微探出頭來，她加入世界最高海拔人類居地拉林科納達（La Rinconada）的女人們，攀爬通往礦坑的陡坡，翻撿所有發著光、裡頭可能有料的石頭，扔進將於黃昏時分一路扛下山的沉重背包。

這幅景象也許出自《聖經》裡描寫的時代，實情則不然。昨天黎諾攀爬山脊**「撿礦石」（pallaqueo）**，像自古以來的先祖一般尋覓黃金，明日她也將踏上同條山徑，重複四歲時第一次陪母親去工作所做的事。她毫不理會三十英里內有一間加拿大礦業公司，正用二十一世紀的笨重機械更有效率地執行相同任務；抑或澳洲、中國、美國的龐大企業，就在的的喀喀湖（Lake Titicaca）湖另一側投資數百萬美元購置先進設備，搶進拉丁美洲的採礦發財熱。深深挖入地球內裡奪取發光寶藏的事業，在這片大陸擁有長遠根源，從許多方面而言，定義了我們所成為的拉丁美洲人。

黎諾是「白銀、刀劍與石頭」的典型化身，書名舉出的三件事物實為一體，這三種執迷在過去一百年間牢牢困住拉丁美洲人。「白銀」是對貴金屬的貪求，那股著迷支配著黎諾的人生，也支配在她之前的數代人：狂熱追尋她無法享用的獎賞，需求來自她永不踏足的城市。金銀熱的痴迷早在哥倫布時代以前就熾烈燃燒，接著在其不斷爭討美洲之際吞噬西班牙，驅策奴隸與殖民剝削的殘忍制度，引燃一場血腥革命，使區域歷經數百年的不安，而今化身為拉丁美洲未來的最大希望。如同印加（Inca）和阿茲特克（Aztec）統治者視金銀為榮耀象徵，如同十六世紀的西班牙扮演最主要貴金屬供應商而變得富裕強盛，礦業依舊是當今拉丁美洲前途的重心。即使礦場有限、即使狂熱注定終結，那股執迷存續至今——挖出閃爍珍寶，再一船船裝滿運走。

黎諾身為「刀劍」的產物，程度不比「白銀」少，拉丁美洲永無休止的強人文化如影隨形。那是這片區域的傾向，就像加布列・賈西亞・馬奎斯（Gabriel García Márquez）、何塞・馬蒂（José Martí）、馬利歐・巴爾加斯・尤薩（Mario Vargas Llosa）及其他人所描述的，憑恃單方面展示令人驚懼的權力來解決問題。借助殘忍，仰賴力量、威嚇，以及對獨裁者和軍隊的傲慢偏愛，**鐵拳頭（la mano dura）**至上。

早在西元前八百年好戰的莫切文明（Moche），暴力必定是容易採取的權宜之計，到阿茲特克和印加帝國統治時愈演愈烈，在西班牙將領埃爾南・科爾特斯（Hernán Cortés）和法蘭西斯可・皮薩羅（Francisco Pizarro）的殘暴教導下更加精通且制度化，以致十九世紀拉丁美洲獨立的慘烈戰事期間變得根深柢固。暴力的遺緒包括國家恐怖主義、獨裁統治、無止境的革命，阿根廷的骯髒戰爭（Dirty War）、名為光明之路（Shining Path）的秘魯共產黨、哥倫比亞革命武裝力量（FARC）、墨西哥的犯罪集團，以及二十一世紀的毒品戰爭。刀劍仍是拉丁美洲有權有勢者的工具，情況一如五百年前，當時道明會（Dominican）修士巴托洛梅・德・拉斯・卡薩斯（Bartolomé de Las Casas）悲嘆西班牙殖民地「被印地安人流不盡的血哽住了」[3]。

不，黎諾對高壓和暴力並不陌生。她的先祖生活在亞地帕拉諾高原（altiplano），被印加人征服並強制勞役，其後又被西班牙征服者再度占領奴役。數百年來，她的族人被迫依**米塔制度（mitmaq）**的需要遷徙——印加帝國於征服地區實施的強迫勞役制度，西班牙隨即效法。此外人們也被移往教會的「歸皈村」（reductions），持續投入重新安置大量原住民的雄圖大業，目的是拯救他們的靈魂。十九世紀時，黎諾的族人受武力驅趕強逼上戰場，為革命對立的雙方犧牲生命。到二十世紀為了躲避光明之路的恣意屠殺，他們愈退愈高，直入安地斯山脈的冰雪地帶。不過即使是海拔一萬八千英尺、空氣稀薄的高山屋舍，刀劍仍具主宰力量。現今在偏遠、無法紀的拉林科納達礦城，謀殺和強暴猖獗，活人祭品被獻給山中惡魔，沒有一個官派警察局長敢去任職。在橫暴的力量面前，黎諾跟五百年前的祖先同樣脆弱。

每天醒來時，黎諾摸一摸放在窄床橫架上的灰色小石頭，旁邊是她已逝丈夫胡安・索斯托・歐丘丘克（Juan Sixto Ochochoque）的褪色照片。每晚跟兒孫擠進同一張毛毯之前，她再摸一次。「他的靈魂安息在石頭裡。」她在我造訪寒冷山屋時訴說[4]。僅單一房間的室內不超過十平方英尺，她跟兩個兒子、兩個女兒和兩個孫兒傍著山間的冰川前緣同住。她與照片裡的紅臉礦工胡安不曾正式成婚；在黎諾認識的人裡，沒人曾踏入教堂許下誓約。對她而言，胡安是她的丈夫和孩子的父親，從礦井塌陷、致命氣體充斥肺部害他送命那天起，擺在她床頭的灰色圓石就成為胡安的象徵，甚至代表黎諾的全部精神寄託。如同北起格蘭河（Rio Grande）、南至火地群島（Tierra del Fuego）的眾多原住民，黎諾只接受能反映先人神祇的天主教教義。聖母瑪利亞是**大地之母帕查瑪瑪**（**Pachamama**）的另一面，看護我們腳下的土地，所有豐沛泉水的源頭。神是**阿卜**（**Apu**）的同義詞，意指山巒間的神靈，能量來自太陽並棲身石子表面。撒旦就是**蘇帕伊**（**Supay**），掌管死亡與陰間的苛刻魔鬼，出沒於地底深處的黑暗內裡，索求安撫平息。

黎諾的石頭代表千年來牢牢支配拉丁美洲的第三種執迷：此區域對於宗教制度的熱烈信奉，無論是神殿、教會、繁複的大教堂或神聖的石堆皆然。在相隔千年的前哥倫布時期，強權彼此征服後的當務之急即為搗毀對方的神祇。西班牙征服者抵達美洲後，阿茲特克和印加人為榮耀神靈立起的勝利紀念石碑，常遭拆貶淪為雄偉主教座堂的基座。神聖事物的特殊含義並未在被征服者心中消逝。石頭堆疊於石頭之上，宮殿建造在宮殿頂端，教會蓋在每一座重要的本地神殿或**瓦卡紀念碑**（**huaca**）上，使宗教變成哪方占上風的有力、具體提示。即使時光消逝，即使天主教已成為拉丁美洲勢力最龐大的宗教體系，即使其中一些追隨者開始被五旬節運動（Pentecostalism）勸走，拉丁美洲人依舊信仰虔誠。人們路過教會時朝身前畫十字，在家中建神龕，皮夾裡攜帶聖人肖像，跟古柯葉*說話，掛十字架在後視鏡上，口袋裡裝滿神聖的石子。

黎諾不是唯一受到白銀、刀劍與石頭束縛的個體，無須往外驗證太多人際分隔，就能發現拉丁美洲多數人的命運跟她綁在一起。採礦在墨西哥、秘魯、智利、巴西和哥倫比亞恢復四百年前的首要地位，礦業取得斐然成就，包括重新定義進步、促進經濟、幫助人們脫貧，並且觸及社會結構的所有層面。貴金屬從鄉間傳遞給城市搬運工，從棕色雙手交給白皮膚的手，由窮人運給富人。從黎諾山屋下岩石裡挖鑿出黃金，推動了複雜的經濟：離她家門數步之遙的破陋啤酒吧、山腳下普提納鎮（Putina）的成群童妓、首都利馬（Lima）的金融家、加拿大的地質學家、巴黎的社交名流、中國的投資人。產業獲利最終流往海外的多倫多、丹佛、倫敦、上海等地，正如黃金曾搭乘西班牙加雷翁帆船（galeon）跨越大西洋，運抵馬德里、阿姆斯特丹與北京。收益的普遍流向從未改變，短暫逗留後隨即向外輸出，夠本地人在酒館喝杯啤酒，或買隻蒼蠅光顧過的羊腿掛上屋梁。錢財就這麼消失無蹤，遠赴他方。

「刀劍」同樣擁有滄桑歷史，從奇穆王國（Chimú）戰士拿來切開敵人胸膛的鋒利石刃[5]，到塞達幫（Zeta）在墨西哥華瑞茲城（Juárez）取用的粗陋菜刀。暴力文化在拉丁美洲盤旋不去，潛伏暗處等待爆發，威脅這片地域邁向和平繁榮的蹣跚進展。在貧富不均分明的區域，刀劍一直是唾手可得的工具：在奧古斯多・皮諾切（Augusto Pinochet）掌權的一九七〇年代智利、多為識字白人族群間發揮效用，一如現今宏都拉斯文盲貧民的染血街道。世界上最危險的十座城市全都在拉丁美洲國家[6],難怪美國出現從墨西哥、瓜地馬拉、宏都拉斯、薩爾瓦多逃來的大批絕望移民[7]。恐懼是驅使拉丁美洲人北漂的動力。

至於緊攫心靈的「石頭」,制度性宗教無疑在上述美洲地區扮演關鍵角色,並且延續至今。溯及印加帝國時代,當偉大統治者帕查庫特克.印加.尤潘基(Pachacutec Inca Yupanqui)與圖帕克.印加.尤潘基(Tupac Inca Yupanqui)「改變世界」[8],征服南美長幅土地擴張帝國,並強迫被征服的群眾敬拜太陽,信仰就一直是威逼的武器與社會凝聚的手段。阿茲特克人對征戰擁有跟印加人相似的渴求,也同樣熱衷於運用宗教。但是他們皈依信仰的途徑截然不同:只要他人的神與己有的神在許多方面共通,阿茲特克人常接納新近征服者的神靈。漫步於任一座中美洲或安地斯山村,你將發現那些古老信仰透過現代藝術和儀式傳統生動傳達。

而今,儘管拉丁美洲流傳的信仰包括美洲原住民、非洲、亞洲與歐洲等許多種類,五百多年前西班牙強加的信仰仍深深銘刻此地,也就是忠貞不移的天主教徒。全球整整百分之四十的天主教徒住在這裡[9],形成凝聚信眾的堅定紐帶,從烏拉圭首都蒙特維迪歐(Montevideo)一直到墨西哥大城蒙特雷(Monterrey)。讓六個南美共和國獲得自由的西蒙.玻利瓦(Simón Bolívar),確曾夢想這些說西班牙語、信奉天主教的美洲國家,有可能

---

*嚼食古柯葉、飲用古柯茶是安地斯山區居民的傳統文化,據信可緩解高山症。本書隨頁注皆為譯注。

形成開創偉業的強大統一力量。也許西班牙君主竭盡全力防止殖民地之間互通、貿易或建立和睦關係，卻在帶領人們來到耶穌腳前時就讓他們永遠聚在一起。玻利瓦解放的多元、紛擾西班牙語基督教人口，最終從未在他帶領下組成強盛的泛美聯盟。但是今日的教會一如玻利瓦的時代，依然是拉丁美洲最受信賴的體制[10]。

這本書關照千年來形塑拉丁美洲社會的三項因素，無意偽裝成全面性的歷史定論。相反地，它企圖闡述拉丁美洲人民的歷史遺產與我們過往的三項要素，或許能彰顯未來的某些面向。在我們共有的執迷之中，必定有其他要素更能鮮明描繪這片大地：例如我們對藝術的迷戀，對音樂的熱忱，對烹飪的熱情，對修辭的愛好。拉丁美洲人筆下流淌而出的西班牙語，構成當代廣受矚目、最具原創力的文學。也少有其餘區域特質，比我們對家庭的忠誠或是對人性溫暖的傾向更加明亮動人。但是在我看來，上述沒有一種因素像拉丁美洲對採礦的執迷、用殘暴武力寫下的傳奇故事或者宗教那般牽動人口，在地景留下痕跡並創造歷史。

這三種執迷並非獨立敘事能訴說分明，它們的歷史在過去一千年裡激盪疊覆，變得緊密交纏，就像黃金、信仰和恐懼在黎諾生命中形同緊密編織的毛線。然而拉丁美洲對宗教和暴力的傾向，以及堅守未必導向永續發展的採礦業古老形式，多年來使我深深著迷。我相信這三種傾向的歷史，能讓我們更了解拉丁美洲人自身的面貌。如同一位歷史學家曾說，我們是「生來要削弱傳統真理的一塊大陸」[11]，面向我們自身，不同於其他任何地方，別處盛行的理論或教條鮮少在此生根。多年來投入追尋這股密纏歷史的縱橫織線，也使我了解不可能說出完整的故事。

你要如何解釋半個地球和它的人民？那是不可能的任務，千真萬確，五百年來扭曲的歷史記載使情況更為複雜。儘管如此，我認為身為西裔美國人的經驗會產生一種共通點——某種具體特徵，假如你接受這個說法。我也把這特徵看作兩個世界重大衝突的直接產物，由此經驗產生違背本意的寬容態度定義了我們。在北半球找不到對等的產物。

在拉丁美洲，我們或許未必曉得自己確切代表的人種，卻清楚知道我們深繫於「新世界」而非「舊世界」。歷經數百年未受約束的結合，我們的外表更接近褐色而非白色，也比某些人或曾想像的更具黑皮膚或印地安血統。可是從兩種文明的第一次接觸（First Contact）開始，原始的政治力量就牢牢握在每一代焦慮不安的「白人」手裡，真正去衡量我們的認同一直是薄弱主張。隨你怎麼說，但是拉丁美洲的原住民歷史經久不衰，跟北美原住民的命運迥然相異，暗示在本地有著截然不同的解釋。我秉持無上謙卑提出我的解釋，希望傳達我從中領悟的某些觀點。

雖然我父親的家族在秘魯源遠流長近五百年，我的祖母羅莎．西斯奈洛斯—西斯奈洛斯．德．阿拉娜（Rosa Cisneros y Cisneros de Arana）對西班牙的一切事物擁有無比熱忱。她常對我提起，西班牙習俗要讓兒子走上不同的人生道路，好為茁壯的社會樹立棟梁[12]。依照邏輯，一個兒子應成為世俗閱歷豐富之人（律師、政治家或商人），另一個兒子從軍，第三個當神父。第一個兒子協助國家的權力與金融事務以確立榮景，軍人報國維護和平，神父則教我們通往神的道路，開啟進天堂的大門。我從未在歷史書籍裡看過這項習俗的資料，卻在造訪拉丁美洲國家時反覆聽說。最終我明白金融家、將軍與主教確實是我們共同社會的支柱，他們扮演關鍵人物，使寡頭統治者、性別與種族在西班牙開創的嚴格階級制度裡各司其職。由君主子嗣、士兵和大祭司構成統治的三股合作勢力，同樣掌控了印加人、穆伊斯卡人（Muísca）、馬雅人（Maya）和阿茲特克人。在許多例子裡，最高統治者渴望同時成為以上三者。隨你怎麼說，不過三權鼎立的治理公式已在南美洲運作數百年。古老文化藉此擴張征討，殖民者藉此牢牢掌控受殖民人口的財力、武力與靈魂。縱然拉丁美洲帶給世人諸多贈禮，無論過往文明再怎麼被歌頌，這片區域持續受到亙古未變的支配力量統治，它們是白銀、刀劍與石頭。

第一部

白銀

從前從前，我的小鴿子啊，有座耀眼城市漂浮在湛藍湖泊上，映射著萬千光芒，從遠處看去好似白銀建成，人們叫它特諾奇提特蘭（Tenochtitlán）[1]。

——墨西哥古老神話、寓言與傳說

第二章

山神的礦脈

落入礦層深處見證，在那醜惡金屬礦脈之中，人類於地球的拚搏[1]。

——巴布羅·聶魯達（Pablo Neruda），《漫歌集》（*Canto General*）

波托西，玻利維亞

玻利維亞境內，從波爾科（Porco）到當地首府波托西（Potosí）之間景色單調、氣候乾旱的長幅亞地帕拉諾高原，絕對是地表上最荒涼的景觀。古代印加人描述的波光湖泊[2]和翻跳魚群，遍布羊駝、小羊駝、栗鼠的草地，已淪為扼殺想像力的不毛之地[3]。灌木稀少，大地變貌。西北方面積僅次於的的喀喀湖的波波湖（Lake Poopó）徹底消失，而今只見發狂般沉積物無止境延伸，形同水中生物的墓地。

當你越過塔拉帕亞（Tarapaya）谷地、接近波爾科或波托西時，在印加帝國與西班牙古老領地的內裡深處，觸目盡是你在世界別處任何採礦區域所見，一片月球般的景色，坑坑疤疤的汙濁水塘裡滿是破敗殘滓。水鳥不見蹤影，只偶見禿鷹在頭頂振翅。有股強烈的氣味，由炸藥和腐化人體構成的惡臭，就連颳風凍雨都不能遮蓋分毫。

在通往以「富饒之山」聞名的里科山（Cerro Rico）途中堆滿石頭，偶爾出現一個身影繞過石堆敏捷通過。他們是流動礦工，彷彿神話中的士兵從空蕪且無邊際的平原現身，把所有世俗財產背負在身後。最終你來到這座著名的紅色山脊，以及從山腳往外蔓生的城市。那是波托西，曾為西半球最大的城市重鎮之一。這座都城於一六〇〇年代達到鼎盛，如巴黎、倫敦或東京一般人口稠密且生機勃勃[4]，宏偉的大教堂盤立於城市中心。朝鋪設街道的盡頭望去，你看見有著繁複摩爾風格（Moorish）露台的大宅已結構鬆散，形同光輝過往的笨重幽魂。三十六座破敗狀態各異的教堂突顯出衰落景象。傳說中的白銀之城已逝，氣宇不凡的棕櫚樹、來自廣州的絲綢、那不勒斯的鞋子、倫敦的帽子、阿拉伯的香水皆無影蹤。再沒有人身穿巴黎製的華服倚傍陽台，一隻落單的狗在屋頂嗥叫。很難相信這是我們認識的現代全球化所在地，十六世紀時本地的經濟奇蹟推動了歐洲商業，預示著工業時代的到來。

不過那正是波托西的過往，在一六〇〇至一七〇〇年的百年間，波托西憑一己之力供輸超過一億公斤的白銀，使秘魯副王轄區（Peruvian Viceroyalty）成為世界上金融業務最活躍的地區之一，利馬因波托西而變得富裕。印地安人以雙手開採的貴金屬流入歐洲首都，讓歐洲獲得迫切需要的金條，刺激經濟並使資本主義得以消滅封建制度，繼之成為未來的主流。西班牙利用這股財富充實貴族的金庫，向英格蘭宣戰，打壓基督新教（Protestantism）的傳布，並且鞏固哈布斯堡帝國（Hapsburg Empire）的統治。但是錢財並未留在西班牙。眼看在拉丁美洲礦藏撐起的償付能力推動下，英格蘭邁入工業時代；歐洲亦突飛猛進，擴張商業觸及範圍；西班牙卻停滯不前，固守農耕舊習不改，殖民地刻苦得來的白銀從指間流失。錢財腳步不停，往他處創造更大筆的財富。錯失的汙痕在這座傳奇繁榮城鎮仍斑斑可見，這就是波托西。

往城市邊緣去，沿著起伏不定的坡度攀進里科山的嶙峋怪石，零星分布著錫製屋頂的住房，放眼望去盡是石屋。人連成串，往鑿傷高山容顏的洞裡進出。成群身穿寬鬆羊毛裙的女子，攜帶食糧和簡陋工具沿陡峭蜿蜒山徑急行；孩童肩負滿袋石塊。現在能從里科山挖鑿出的不多了。傳說中從這座宏偉山麓開採的數千噸白銀，足夠從波托西蓋一座發光橋梁通往馬德里。然而紅色巨山如今顯得委靡，透露著疲憊的石堆與十六世紀版畫裡的高聳尖峰毫不相似。山裡布滿隧道，由莫大風險構成的迷宮，是處於崩塌邊緣的脆弱地網[5]。希望仍在，但是榮景已遠移。

此情此景全然不同於五百年前印加王瓦伊納・卡帕克（Huayna Capac）在波托西與波爾科間行旅所見，那發生於印加內戰*前，瘟疫盛行以前，在他的帝國遭到命定的征服之前。波爾科久為印加帝國的貴金屬主要來源。自傳說中帝國創建的十三世紀起，歷代印加王既不交易金屬，也不把它們當作貨幣；帝王珍視形同神之神聖象徵的發光物質，在膜拜太陽、月亮和星辰的儀式裡扮演要角。黃金散發燦爛黃光，象徵支配白晝的神聖靈體，所有世俗生命之父。白銀代表點亮夜空的白色女神，主掌海洋。銅是閃電的迅捷電流，受人崇敬的力量。上述金屬在庫斯科（Cuzco）的印加王行政官嚴密監督下開採。在波爾科監管一絲不苟，奴工持鹿角挖找白銀[6]，包裹在獸皮裡帶下山。貴金屬專供貴族使用，經錘製成特異的原始裝飾品：儀式時穿的胸甲、鍍金服飾、大幅祭壇畫、華麗雕塑品、陪葬的亮麗首飾、家屋室內裝潢。毫無誘因去偷竊、囤積或尋找礦源，因為它們只有一種用途與單一的消費者[7]。貴金屬循帝王的儀式需求而開採，再沒其餘用途。

這種情況在第十一代印加王瓦伊納・卡帕克治下徹底改變，他熱愛金銀的縱情程度在王室祖先裡前所未見[8]。光有鋪滿黃金的神聖**太陽神殿庫里康查（Coricancha）**，或是室內牆面襯嵌白銀[9]，抑或儀式服飾縫綴金銀，這些都不夠。第十一代印加王想用金銀餐具飲食[10]，下令座椅與襯墊需由發光金屬製成，請託工匠錘製自己與先祖的黃金雕像。他對得來不易的金屬之自負愛好，意味著帝國必須加速開採，導致過去從未目睹的貪婪與高壓[11]。

一五〇〇年代初期巡視波爾科礦坑時，瓦伊納・卡帕克正值權力巔峰。英俊、魁梧、善戰的帝王已擴張疆域至他所處世界的遙遠角落[12]，他決心開啟一趟盛大巡禮，訪視那些被征服的土地，趕跑入侵者並鎮壓叛亂分子。理解自己的領土規模超出印加王的能力，然而就在那歷史上的關鍵時刻，他掌管著全世界最大的帝國。當時的印加帝國比中國明朝幅員更大[13]，比伊凡大帝的俄羅斯更遼闊，面積超越拜占庭、桑海、阿茲特克或鄂圖曼帝國，擴張得比同時代任何歐洲國家更廣。瓦伊納・卡帕克統治的土地綿延兩千五百多英里，約略相等於斯德哥爾摩（Stockholm）至利雅德（Riyadh）的距離。他將帝國稱為**大萬廷蘇優（Tahuantinsuyo）**，領土長度等同於北美洲的寬度，展現歷經三百年與十一個世代才形成，印加文明至今最令人敬畏的宰制力量。恰在瓦伊納・卡帕克的統治起點前，哥倫布決定性地登陸聖多明哥（Santo Domingo），而他死後不久皮薩羅就縱馬橫越他的國土，在神聖的太陽神殿插上異族旗幟。然而此時此刻，在瓦伊納・卡帕克超群不凡的榮光中，他正發起一次遠征前去南方擊退瓜拉尼人（Guaraní）的入侵，確保子民在他的保護羽翼下，不受已知世界的

＊指瓦伊納・卡帕克因病過世後，兩個兒子因繼承問題各擁軍隊開戰。

野蠻掠奪部族之害。

就在印加王和他的軍隊穿越塔拉帕亞山谷時，他決定停在波爾科巡視銀礦。此時剛步入十六世紀，儘管他不知情，劇變之風與一場史詩級的瘟疫已撲向南半球人民。科爾特斯即將擒獲勢力強大的蒙特蘇馬二世（Montezuma II），且於特諾奇提特蘭之戰使阿茲特克人元氣大傷。佩卓・德・阿瓦拉多（Pedro de Alvarado）將橫掃馬雅領土，殺害統治者德空烏曼（Tecún Umán）。黃金白銀遠離原住民掌控，穿越大西洋輕快航向塞維亞（Seville），致命的天花病毒則反方向飄洋過海。而瓦伊納・卡帕克巡查帝國時心境孤傲，一路高踞於黃金座墊，訪視波爾科之行僅草草了事。

隨著行伍繼續越過山谷，印加王注意到南方地平線的雄偉山峰。那山傲視綿延的安地斯山脈——如脊柱般貫穿委內瑞拉至阿根廷的高聳山區——不僅因為山的海拔高度，還出於山岩的赭紅色調。手指向山，印加王認定那裡必然富藏某種貴金屬[14]。傳說中他命令礦工前去勘查，工人銜命照辦時，從山腰傳出表示不悅的巨響，使礦工驚嚇撤退。無論出於地震、雷擊或其他任何緣由，印加君王從此不再堅持探勘那座山。有些人說原因是那處山脊被視為神聖之地[15]，裡頭住著稱為阿卜的偉大山神；其他人則說尚無急迫性，王室可在需要時再去開採。一直到印加人被征服的十年後，為西班牙君主工作的一名卑微礦工於冬夜在此稍歇取暖，這才改變一切。他看見一小滴融化的白銀聚攏於火堆旁，證明土地裡富含銀礦。隔沒多久，西班牙領主將他的發現占為己有，並且使波托西的名聲傳遍世界。

阿納尼亞山

秘魯，一八二九至二〇〇九年

第四日，全能的神造太陽、月亮與星辰讓世界更美好。太陽一升至空中就孕育了黃金與礦藏，月亮照看著白銀。[16]

——巴托洛梅・亞贊・德・歐蘇亞——維拉（Bartolomé Arzans de Orsúa y Vela），一七一五年

到了一八二九年，距離瓦伊納・卡帕克盛大出巡亞地帕拉諾高原、預言般指向波托西紅色山麓的三百年後，年輕的愛爾蘭地理學家約瑟夫・巴克雷・潘特蘭（Joseph Barclay Pentland）匆匆寫信給著名的探險家亞歷山大・馮・洪堡（Alexander von Humboldt），信中提及緊鄰那片土地之北可能蘊含豐富的貴金屬[17]。波托西的榮景已佚，消失殆盡，寶藏被洗劫一空，當初的投資開採者灰飛煙滅。但是潘特蘭向洪堡保證，在四百英里外的更高處有黃金硬岩礦床，尤其是卡利瓦亞山脈（Cordillera de Carabaya）一帶，令人望而生畏的山坡圍繞著古老的龐然巨物：世界最高的可航行水域——的的喀喀湖。

通曉人際往來的地理學家潘特蘭對於外交事務與金屬同樣感興趣，他剛從秘魯的利馬歸

來，歷經一趟騎騾越過玻利維亞崎嶇山區的兩千英里艱辛旅途[18]。拉丁美洲各地的獨立戰爭剛告一段落，西班牙已完全撤離美洲海岸，英國外交部長喬治・坎寧（George Canning）則一直興致勃勃關注著革命，熱切評估拉丁美洲的採礦業，定奪英國能如何從中獲益。偉大的解放者西蒙・玻利瓦剛使秘魯獲得自由並創建玻利維亞，狂熱崇拜英國卻淪為對方想擺脫的人物，他歡迎潘特蘭從事開採工作。潘特蘭渾身衝勁欲晉升上流社會，他立即寫信向洪堡、查爾斯・達爾文（Charles Darwin）和其他偉大科學家傾訴拉丁美洲的可能性。如同三百年前瓦伊納・卡帕克預言般指向波托西，如今潘特蘭毅然鎖定卡利瓦亞山脈的疊嶺層巒，來日財富的藏身之地。

卡利瓦亞山脈跨越秘魯與玻利維亞，位於的的喀喀湖正北方且與安地斯山脈接壤，絕非財富尋覓者未曾踏足之地。數世紀以來，山岩受冰川磨蝕、勁風颳吹削卸巨石，誘露埋伏深藏的寶藏。根據印加傳說，從石縫中曾滾出大如人類頭顱的金塊[19]，傳聞有人遇過馬頭尺寸的戰利品。瓦伊納・卡帕克的姪孫印加・加西拉索・德・拉・維加（El Inca Garcilaso de la Vega）曾記敘山中富藏的黃金超出人們所能想像[20]。他持有充分理由如此認定：高高在上的伯公曾派遣人力來此採礦。可是地勢讓任務滯礙難行：山峰過於高聳陡峭，寒冷又太耗損體力。不久後印加人中止在卡利瓦亞山脈的行動，最終西班牙人也遺棄了他們的礦坑，只是原因不同[21]——比任何印加礦坑都更深入冰川岩石的豎井在冰雪重壓下崩塌[22]。

極富諷刺意味的是，隨著玻利瓦新解放的共和國一一陷入政治經濟動亂，潘特蘭的預測仍舊像那些礦坑般凍結於時光中。金銀礦藏在印加，殖民年代受到開採並帶來莫大利益，如今落入一連串專制統治者及其陰晴不定的政權之手，行徑出奇且無常。一直要到拉丁美洲礦業在二十一世紀初歷經充滿生機的復興，玻利維亞地理學家群才重拾潘特蘭的大業，讚揚這位愛爾蘭人細緻分析卡利瓦亞山脈豐富地貌所藏的豐富礦脈[23]。幾乎遠在兩百年前，他曾形容此地是尚未開挖的波托西。

時序來到二〇〇四年，想吸引外國投資者的政府人士，正讓潘特蘭的大名復活響徹玻利維亞境內那側山脈。黎諾的丈夫胡安還活著，在阿納尼亞山的漆黑礦坑中辛勤工作，那裡恰恰位於潘特蘭指為未來黃金之路的區域。吃過用拼湊酒精燃爐烹煮的豬耳湯早餐後，胡安肩扛十字鎬出門[24]。雖然活在二十一世紀，他也遵守擁有數百年歷史、全憑運氣的**卡丘里歐制度（cachorreo）**，在無償工作二十五天，第三十天後獲准保留所有背得動的石頭，日光會透露石子是否含金。有時胡安的費力負重足供幾日的飲水食糧，有時一無所獲。

胡安的一天始於刺骨的拂曉半影，日落許久後才告終。他加入沿泥濘山徑折行上攀的人影隊伍，直到踏入礦坑，被更深的黑暗吞噬。在隧道裡，他的天然棲息地帶，夜晚是恆常狀態。就像所有的夜行生物，胡安學會在阿納尼亞山的暗黑迷宮裡巡行，承受散發惡臭的潮溼環境。他們致力於砍鑿冰凍岩石的權宜之計，屬於非正式事業少有的規則，但是既存的信條卻根深柢固存在：女性不被允許進入地底世界，沒人能承擔女子可能帶來的壞運風險。礦工必須信任彼此，分享僅有的物資，並且奉獻給礦工全體的神，即暗處之王死神蘇帕伊。嚼古柯葉幫助礦工撐過空氣滯悶的鬱黑，在狹窄的石頭通道裡弓起身軀，不跟任何人說話以節省稀少氧氣。他們舉步維艱跨越爆炸過後的炸藥殘殼，一窪窪化學廢水，眼神不懷好意、頭上長角的蘇帕伊畫像，過往犧牲者遺留的殘骸，直到深入一千英尺的山岩中心。對胡安而言，這僅是在重複一項古老慣例。

唯有此項是重大區別：為印加帝國工作的礦工無人膽敢如此深入一座山。或許因為每座山被視為各棲山神，或許因為印加人強烈自我約束、不迫使奴工罹病體衰[25]，又或許因為如此特定用途所需的金銀數量太少，在印加時代採礦大多位於淺層[26]，削去山的表面或剷出地洞，而非往山腹驟然下鑿三百英尺的深穴[27]。畢竟豎井採礦意味著公然侵犯神靈、或稱阿卜的實體面貌，即山本身[28]。或許那是本地人大多從河裡獲取黃金的原因，在滾滾泥沙裡小心翼翼篩選[29]。誠然，據說發源自高海拔安地斯山脈、流經亞馬遜叢林形成壯麗景象的瓦亞加河（Huallaga River）富含大量黃金，使得印加人僅需從事淺層採礦[30]。但是我們所能提出，保守看待鑽洞深入神聖大地帕查瑪瑪的任何解釋皆屬推測。對此我們並無真正的解釋。

事實上，這片大陸原住民歷史的「真正」解釋少之又少，重建前哥倫布時期的歷史或文化是一項難以找到確證的工作。但是我們能夠推斷一些事實，例如印加人和阿茲特克人看待時間的方式跟我們不同，對他們而言時間包含不同的週期，存在其他種向度[31]。大部分是二元對立的結構：雨季與乾旱，白晝與夜晚，豐收與饑荒。時間開展的方式反映根深柢固的觀念，相信秩序與混亂的更迭是永恆。阿茲特克的世界觀也極具二元對立性質[32]：下是地上是天，火與水，黑暗與光明。不過即使這種宇宙論顯得簡要，上述古老社會的許多層面變化無常且複雜，建立於一種概念之上：實體世界或許清晰明確，人事卻不然。

在印加王國當一個凡人意味著你的存在轉瞬即逝：工作可交換輪替，生活動亂不堪[33]。如同日後約瑟夫・史達林（Joseph Stalin）或毛澤東統治下的極權體制，人口常遭遷徙調動，導致家人離散，全為了國家及其經濟需求之便。反叛的部族會被重新安置至受到忠心子民監看的區域。奴工曉得生活將持續動盪，身處米塔制度裡的勞動人力可能派往鄰近礦坑尋覓黃金，或到遙遠田地收割玉米，或是上戰場扛運武器。畢生在一種業別辛勤工作，幾乎聞所未聞。在不斷輪替的米塔制度裡，奴工也許銜命捕魚三個月，接下來三個月自由歡舞縱飲，接著再受召赴別處繼續勞動。編年史——或墳墓裡的蛛絲馬跡——讓我們得知偉大統治者的生活與亡故，但是平凡人的歷史紀錄少有留存。

印加人和阿茲特克人並無書寫文字，使我們更難以充分了解過去。馬雅人精通現代人無法解譯的複雜象形文字系統，印加人和阿茲特克人則藉由口傳歷史保存過往，一代傳給一代；印加人另有稱為**基鋪**（quipus）的結繩記事方式，歷史學家才剛開始解讀。除此之外，我們對這些古文化的認識大多摻雜歐洲人的偏見，被西班牙編年史家、神父或力圖取悅殖民領主的**麥士蒂索**（mestizo）**混血兒**篩選過。在現存「紀錄」裡，征服者的標記無比清晰。

我們從中讀到新世界原住民是信奉異教的落後野蠻人，是利用完即可遺棄的種族，幾乎不能歸為人類，即使現今我們得知在許多層面他們都比歐洲人進步。舉例來說，**不偷竊、不說謊、不怠惰**（**ama suwa, ama llulla, ama qhella**）的印加道德規範深植於安地斯山脈居民心中。最終當殖民體系取得支配地位，公認且風行的評注為印地安人是適合負重的馱獸，無論在被征服前世界的階級為何，好好服侍西班牙高貴人士成了他們應得的公正賞賜。結果導致歷史學家必須穿越評價與偏見的重重泥沼，才能認識最基本的原住民生活樣貌。

那麼，假若上述文化對金銀的追尋真有啟示，我們能從其中得到何種論斷？許多具體證據顯示印加人崇拜貴金屬，黃金從神話起源就是他們信仰體系的一部分，在開國男女族長曼科・卡帕克（Manco Capac）與瑪瑪・奧克洛（Mama Ocllo）的年代，據說他們跟兄弟姊妹一起動身離開的喀喀湖周邊地洞，前往尋找建立太陽帝國的神聖土地。傳說中太陽神賜他們一根黃金棍棒，在抵達大地之臍庫斯科（拼為Qosqo）時會深深沒入地下，印加人的統治將由此中心點開散至世界各個遙遠角落。那片廣大世界稱為大萬廷蘇優，他們的任務是抵達該地並使其發揚光大，讓更多雙手與靈魂在勞動與頌揚聲中崇敬太陽。

隨著印加帝國擴張，帶來完全不同於任何已知征服模式的邏輯，貴金屬成為帝國擁有太陽神授權的象徵，而不曾是貨幣或征戰的目標。印加人一步一步、井然有序地從神聖中心點庫斯科往外開散，命令其餘部族遵從他們的信念與意志而變得愈發強大。納入帝國的部族獲得允諾，期許更舒適的生活、更廣大的聚落，以及一位更良善的神。反叛力道較強者受到殘暴戰事所征服。一旦被制服，稱為**庫拉卡**（curaca）的各部落酋長與家人同押往庫斯科接受再教育。當他們重回原本的部落，準備好在效忠印加人的情況下治理族人，最受鍾愛的一個兒子或兄弟仍將無限期留置都城，作為一種確保忠誠的方式。

歷任印加帝王皆推進偉業，為太陽帶來更多崇敬信徒，沿著**塞克**（ceques）之路創建往外發散的恢宏網絡：從形同帝國生命中心的庫里康查太陽神殿為起點，像光線般直抵征服的邊疆。印加人動員一支奴工大軍劈開岩石修築堡壘，並且搭建倉庫與神聖殿堂。他們也鋪設宏偉的皇家大道（Royal Road），即**印加路網**（Capac Ñan），此道路系統穿行所有可及的地形，從阿根廷至哥倫比亞共綿延兩萬英里，跨越長度幾近是中國長城的四倍，等同於從利馬到東京來回兩趟的距離。為了歌頌帝國的擴張，他們從河裡篩金、往山中挖銀、到露天礦削銅，全部運回庫斯科獻給如日中天的神。庫里康查太陽神殿的牆壁覆滿黃金[34]，成了印加人「黃金國」的象徵，天花板垂掛白銀。為了取悅國王，華麗庭園全經做工精細的金屬點綴，他屋內的每樣器具確實是以貴金屬製成[35]。黃金是「太陽的汗水」，白銀為「月亮的眼淚」[36]。依此道理，這些物質是上天珍賜的贈禮，代表世俗與神聖之間的重要聯繫。來到這片土地追尋財富的歐洲入侵者，從不曾真正理解這項基本差異：對印加人而言，在光明與黑暗的永恆搏鬥中，黃金是光明的庇護棲所[37]，是神聖的具現，構成人與創物者間的橋梁。唯有神選的統治者能擁有此種神聖寶物，因他從神降生為人。

這些金屬深受尊崇，與同時兼具祖先、天神、帝王身分[38]的印加王之間，關聯又是如此個人，不可能在他死後傳承給下一代。他的大宅將封起，所有光耀燦爛的所有物全留在屋裡，就像他只是暫時離去。人們相信他死後亦會廣受愛戴，有天必將重返入住。他的腸子被小心翼翼移出[39]，跟他的黃金和首飾一同埋於某座神殿。他一生中剪下的指甲與髮束經悉心留存，另外安置於神聖處所。他的屍體製成木乃伊，完美的防腐處理讓他擁有權力鼎盛時期的容貌，安放在庫里康查太陽神殿的王座上，身旁是其餘所有的過世印加王，一同等待重返那刻到來。他將透過稱為**帕納卡（panaca）**的親族延續統治地位，如同他在世時一般活躍；帕納卡會請示他的屍體，掌控他的統治敘事，並且轉授他仍存續的意志。如此這般，一位印加王隨身攜往永恆的所有黃金、白銀與貴重器物，意義上更接近一種贈禮，而不被看待成財物。它們更像虛幻而非實體物質，更通往神而非凡人，更像集體記憶的一種驗證，而不是此時此刻貪求垂涎的貨幣。

但是到了一四〇〇年代後半，兩位精力充沛的印加統治者帕查庫特克和圖帕克·印加·尤潘基使帝國開枝散葉，黃金白銀開始被視為世俗榮耀的象徵。

帕查庫特克規定僅有王室親族能配戴這些貴金屬，征戰歸來的圖帕克·印加·尤潘基則帶回成列駱馬，負載著累累白銀。跟父親或祖父相比，瓦伊納·卡帕克在此種權勢象徵物中獲得更大的滿足，在兒子出生時他下令製作一條金鍊慶祝，長度要能從庫斯科市集的一端直抵另一端[40]，必須出動成群男人才能扛動。

本地鍛造金銀的方式與歐洲不同，後者將液態金屬倒進鑄模成形[41]。美洲印地安人並不看重金屬的堅固，而是喜見其延展能力與可塑性。他們製作傑出藝品的工序是先將金屬敲成薄片，用鎚子反覆擊打，直到形成堅硬而光亮的金屬箔。把金屬片靠在堅固的模具周圍敲打加工，接著再焊接各個組件，構成閃爍光芒的整件珍品。

隨著時光流逝，印加人漸漸因為這些權力象徵聞名於世，再加上不斷的征服，他們熱愛貴金屬的消息傳遍整個大陸[42]。他們被稱為穿戴閃耀衣物之人：白王（White King）、光輝部族、太陽與月亮的戰士。這並非意指印加人是這片大陸上率先開採貴金屬的文明，或是說他們壟斷了貴金屬的生產。誠然，冶金技術已在美洲蓬勃發展數千年。查文文化（Chavín）在西元前一千年間的大部分時光裡支配秘魯沿海地帶，即通曉金屬工藝。他們像印加人一樣，將黃金鎚打成繁複首飾和頭飾，織成衣物，珍視為貴族的徽章，用來證明較高階級與貴族世系。西元三百年時統治秘魯沿岸的莫切女祭司卡奧夫人（Lady of Cao），就有大量華麗首飾陪葬，包括做工細緻的王冠、鼻環與權杖。

比卡奧夫人晚期的莫切與奇穆等安地斯山區文化同樣精通金屬工藝，尤其是白銀製品。最終強大的穆伊斯卡人開始從事金屬加工，這群哥倫比亞山區的居民締結複雜而巧妙的聯盟，到了十五世紀開始為其酋長打造精美的黃金製品[43]。黃金國的傳說確實奠基於特定的穆伊斯卡國王，或稱為吉巴（zipa）。據說這位年輕君王富裕非凡，對於身邊充滿光燦貴金屬習以為常，個性又天真可喜且愛好運動，以至於他每天跳進瓜塔維塔湖（Lake Guatavita）游泳前，會往全身撒滿厚厚一層金粉[44]。

如上所述，金屬工藝就這麼沿著山脈傳布，且於孤絕的安地斯山間興盛發展，三千多年來僅限為山區統治文明的王室專屬用品。但是到了十一世紀的某個時間點，正當諾曼入侵者長驅直入英格蘭*1，維京人竄逃回家鄉*2，西班牙遭受阿拉伯征服者的掌控*3之際，一種形態完全相異的入侵在美洲發生。在這片大陸上，來自安地斯山區的買賣逐漸增加，並且跨出加勒比海，金屬加工藝品開始引起南半球其餘地區人民的關注。無論稱之為流言、貪婪、好奇或貿易路線的機緣巧合，正是在征服者到來前近五百年的此刻，對於貴金屬的廣泛興趣開始真正成形，並且經由巴拿馬與加勒比海，將此嫻熟工藝流傳到位於北方的偉大文明。

特諾奇提特蘭

墨西哥，一五一〇至一五一九年

那時沒有罪孽，沒有疾病，沒有骨子裡的疼痛，也沒有淘金熱[45]。

——《奇蘭巴蘭之書》（*Chilám Balám*）*4，一六五〇至一七五〇年

洲際間的貿易開始在沿海地帶盛行，尤以珍稀的貝殼和羽毛最受歡迎，也把冶金技術帶往中美洲（Mesoamerica）[46]。邁入西元首個一百年之際，馬雅人非凡的先進文化在現今的瓜地馬拉和墨西哥一帶蓬勃發展，他們著手開採白銀、黃金與銅礦，目的與安地斯山區文明如

出一轍：當成貴族地位的標誌，作為區分階級的方式[47]。如同埃及女王哈姬蘇（Hatshepsut）全身垂墜黃金飾品，臉龐撲上銀粉，馬雅君主也以閃耀金屬彰顯日漸茁壯的力量。無論是馬雅人或任何的早期安地斯文化，皆未如埃及人、羅馬人和日耳曼人一般，將冶金技術應用於鍛造鐵礦做成武器、工具等實用品。一直到瓦伊納．卡帕克掌權時，印加人才開始用銅製成撬、刀和斧。也要到阿茲特克人於十五世紀開始製作銅矛，金屬才被用於殺戮[48]。一般的石頭適合製作短棒，黑曜石則削成無往不利的刺刀，儘管這些最初的國家周遭土地富含鐵礦，人們並未加以開採或是把金屬看作武器，直到征服者侵踏上岸。就像一直要到歐洲人踏足新大陸，載重的車輪才被引進西半球，若非征服者強加以徹底改觀的使用方式，美洲人不會把金屬設想成棍棒或貨幣。

事實上，西班牙與「印度」*5人民的驚奇相遇，讓他們親眼目睹一個原始世界，完全不同於歐洲曾有過的想像[49]。那必定是一個超出征服者理解能力的世界，他們幾乎從未暫時

＊1 指法國諾曼第公爵威廉一世（Williame I）率軍征服英格蘭，開啟諾曼第王朝。
＊2 北歐善於航海的維京人從八世紀開始四處擴張掠奪，直至十一世紀歐洲各國王權強盛後較有能力抵禦，終結維京時代。
＊3 指摩爾人從八世紀征服西班牙後的統治，一直延續至十五世紀。
＊4 記載馬雅文明的手抄書籍。
＊5 指哥倫布原本計畫航行至印度，卻意外抵達美洲。本書提及的加引號「印度」或印地亞斯，指的是遭誤認為印度的加勒比海諸島。

停下腳步思量，遠度重洋不是為了認識其他的文明，而是要讓自身致富，獲得榮耀，並且在必要時以武力向當地人宣教。回過頭來，他們駛入的這個半球亦未準備面對如此令人困惑的異族。數千年來，所謂的新世界是其住民安適久居之地，一座「漂浮於遠古海洋的大島」[50]。隔絕於世界其他地方，隨心所欲度日，這片土地充足餵養著居民。他們是白令陸橋（Beringia）猶存時期的人民之後代，先祖曾住在遙遠西伯利亞與阿拉斯加間的狹長草原，在一萬九千年前遭白令海淹沒。人們往南遷徙，隨著水位上升將他們跟亞洲和歐洲隔開，這群新生的美洲原住民在生活需求與開拓精神下散布得既遠又廣。他們適應地形，發展出豐富的文化，既打仗也經商，形成強烈的部落認同與活躍的征服欲望。

到了一四〇〇年代，歐洲的人跡分布地區僅與巴西面積相若，且人口不算稠密，美洲原住民則占據該半球的所有適居區域，從極地苔原到加勒比海群島，從安地斯山巒到拉坎冬叢林（Lacandón Jungle）最深處的藏身地。簡而言之，這方天地處處布滿人跡。歷史學家指稱一四九二年達至一億人口，占全人類的五分之一，並且形成特有的文化與部落[51]。馬雅人曾遺棄提卡爾（Tikal）和奇琴伊察（Chichén Itzá）等偉大都城，四散遁入鄉間。特諾奇提特蘭是阿茲特克人的繁榮都城，住著二十五萬居民[52]，是當時倫敦人口的四倍[53]。而在城界之外，阿茲特克人還統治著另外兩千五百萬人[54]，達到印度或中國人口密度的兩倍。印加都城庫斯科也是擾攘的大城市[55]，印加勢力達鼎盛時庫斯科容納二十萬城民，另行統治多達三千七百萬人[56]，超過一度穩固掌控西班牙、中東和北非的阿拉伯哈里發（caliphate）帝國。命運注定上述偉大文明將於此半球抵禦西班牙入侵者，他們之間雖然受到艱困至極的遼闊地形阻隔，卻擁有驚人的共通性。這一點於一五〇〇年代異常突顯，征服者得以一再重施故技，假定阿茲特克人和印加人在關鍵層面極其近似：他們階級分明，遵從唯一的君主，敬他為天神、國王、大祭司與超群的戰士；皆自視為太陽的子民。印加人與阿茲特克人都在大幅擴張領域時征討其他部族，因此廣泛樹敵。王位不一定從父親傳給長子，使繼承過程容易落入陰謀操弄。兩種文化都採行人類獻祭與近親通婚，因此被基督徒輕易歸類為惡人。兩處皆運用精密的工程、農業、計時和天文技術，使其征服者立即獲得深厚知識基礎。兩者同樣膜拜太陽和月亮，並且用藝術加以歌頌。對於志在掠奪的西班牙人來說，所有共通處之中最緊要的，或許是兩者的金、銀、銅生產皆達鼎盛，並且廣泛設立有效率的奴工制度，得以支持、甚至增加他們接管後的產量。

誠然，阿茲特克統治者蒙特蘇馬二世鍾愛金銀飾品，遠勝其他，就跟印加的瓦伊納·卡帕克一樣。在更古老的時代，中美洲統治者偏好綠寶石、紫水晶、玉石、綠松石和其他寶石[57]，蒙特蘇馬則以黃金耳塞和唇塞*裝扮自身，也會掛上鼻環和銀項鍊。阿茲特克人稱黃金為「天神的排遺」[58]，在中美洲產量有限，大多從瓦哈卡（Oaxaca）一帶的河川篩獲，被視為王室族人的專用品。但是當阿茲特克人於一四〇〇年代初期發動侵略征戰，他們併

*阿茲特克人的耳塞穿過在耳垂打的洞，唇塞穿過下唇下方打的洞，呈現黃金圓盤狀的飾物。

吞富藏銀礦的鄰近疆域，修築日後將在西班牙人接管、擴展下聞名世界的礦坑：塔克斯科（Taxco）、薩卡特卡斯（Zacatecas）、瓜納華托（Guanajuato），以及西馬德雷山脈（Sierra Madre）蘊含的慷慨礦脈——其中有些礦坑到今日仍在運作。「哪幅景象能比眼前這位野蠻人的王更加恢宏，」埃爾南・科爾特斯向西班牙國王誇口描述蒙特蘇馬，「他穿戴俗麗首飾……以及舉世無金匠能媲美的真金白銀飾品。」[59]

據我們所知，一五一九年科爾特斯與蒙特蘇馬的見面，是西班牙人首次目睹一位渾身散發輝煌榮光的美洲君主。科爾特斯在西班牙島（Hispaniola）或古巴從沒見過與此有一絲相仿的印地安人，他為西班牙君主在兩地效忠十五年。科爾特斯出生於貧窮的貴族家庭，過於急切想獲得能恢復自身地位的貴金屬，他正確判斷出眼前的君王握有令人敬畏的權力。那些俗麗首飾將為他帶來榮耀。

蒙特蘇馬二世是特拉托阿尼（huey tlatoani），即墨西加人三邦同盟（Mexica Triple Alliance）的最高領袖，是多個部落的集合體，包含以下三座城邦：阿茲特克的都城特諾奇提特蘭，以及鄰近的特斯科科（Texcoco）和特拉科潘（Tlacopan）。蒙特蘇馬說的語言是優美悅耳的納瓦特爾語（Nahuatl），現今仍於瓜地馬拉和墨西哥某些區域傳誦，屬於科曼奇人（Comanche）、休休尼人（Shoshone）和霍皮族（Hopi）*所說的廣大語族語言[60]。他的帝國在前八任阿茲特克領袖統治下積極擴張，領土約莫等於英格蘭的面積[61]。身為此侵略好戰聯邦的特拉托阿尼，或稱為「統治發言者」，他在中美洲的勢力無人能敵。但是他並非生來就具備擔當該角色的特質。一五〇二年，蒙特蘇馬二世由一小群掌權族長經民主程序選中[62]，從特諾奇提特蘭眾王室家族之子中脫穎而出，他似乎是一位魅力十足的人選。他行事沉穩認真，顯然擁有與生俱來的演說才能[63]。歷歷明證彰顯著，蒙特蘇馬二世也是一位樸實的年輕人。當那幾位長者銜命去見蒙特蘇馬傳達眾人的決定時，據說他們發現他正在打掃神廟的階梯[64]。

那一切都將改變。當上帝王的蒙特蘇馬充滿魅力、舉止莊嚴、高大挺拔，私人生活習慣完美無瑕，也以同樣標準要求身邊的人[65]。他每天沐浴兩次，喜愛奢華的衣著與首飾，挑剔飲食，並且對性事保密。他的臉型長而呈三角狀，有著悉心整理的山羊鬍與凌厲眼神，使他呈現狐狸般的機警容貌。當他決定施展魅力時迷人至極，後宮有成群妃妾付出寵愛，滿足他的萬般想望。傳說他服用特殊的壯陽藥劑，一度曾同時讓一百五十位妃妾懷孕[66]。傳聞也描述他強壯敏捷，是一位技藝高超的弓箭手[67]，這項能力使他獲得族人戰士的畏懼崇敬，至少一開始是如此。

假如掌權族長們認為這位性格溫和、灑掃著神廟階梯的男子會是易受勸說控制的傀儡，很快他們就會發現自己想錯了。一待鼻子穿洞，四肢依習俗穿刺流血等儀式完成[68]，蒙特蘇馬立即開展大業，使前人的廣闊領土成為專屬於他的帝國。史書描述蒙特蘇馬二世為軟弱不

---

*三者皆為北美原住民，休休尼人亦往南分布至墨西哥。

安的統治者，是面臨危急存亡之秋的膽小鬼，尤其早期的歐洲編年史更傾向如此[69]。沒別的說法能比這更背離事實。他富心計與野心，是一位純熟的謀略者。隨著歲月增長，他變得對人事更加無情，管控嚴密，且於征戰時凶殘異常。他將成為一股狂暴無情的力量，如同蒙特蘇馬在納瓦特爾語裡的真正含義[70]。

他有充分理由想為墨西加人帶來改變：那顯然是迫切需要做到的事。三邦同盟過度迅速擴張，變得十分難以管束，甚至面臨徹底分崩離析的風險。受到殘暴戰爭征服的各部落開始在阿茲特克領主管理下鼓譟不安，一股騷亂氣氛傳遍領土，導致激憤的反叛情緒縈繞偏疆，像低迴不去的輕微發燒。人民長期蒙受暴力恐懼，一直處於躁動狀態。為了繼續管控人民，特諾奇提特蘭的軍隊如今掌管社會的所有層面，將原本由祭司與太陽膜拜者構成的神權體制，改造成實質上的準軍事國家[71]。稍見群情激憤就引來士兵調動部署，力量強大的將領圈成形，在制定重要國家決策時排除貴族。軍隊旋即插手商業，護衛由強勢商人組成的新興階級，他們從加勒比海岸到格蘭河沿岸交易各色貨品[72]。特諾奇提特蘭的中央廣場變得有如市集，壯觀且治安良好，專供富裕且為所欲為的創業者使用[73]。廣場上的金銀買賣熱絡，曾為王親國戚的專屬用品，如今普遍流入有利可圖的市場。

這是顯著的文化變遷，貴金屬在阿茲特克人治理時期淪為尋常商品。如同貝殼、羽毛和器具成為當時活絡市集裡以物易物的貨幣，天神的「排遺」和「眼淚」也不例外。此時墨西加人如此廣泛地產製金銀，帝國邊疆人民得以進貢手環與項鍊[74]，甚至包括金銀錠和寶石，由一群突然成形的富裕資產階級原型人物所進獻[75]。在某些人看來，這波經濟榮景或許意味著樂見的進步，但是對蒙特蘇馬而言，這是事態嚴重出錯的另一個徵兆。放寬了太多自由，經濟不再受國家管控，而且軍隊應為此日漸難以管束的混亂局面負責。權勢必須重回貴族手裡，他的政府將出手鎮壓[76]。

蒙特蘇馬採取第一步，扭轉前任戰士帝王阿維索托（Ahuitzotl）對墨西加社會的徹底改制，從那之後看重一個人的功績，勝過他的出身種姓。蒙特蘇馬雷厲風行地降黜從小兵一路爬升的平民軍官[77]，在國王眼中他們掌握太大的權力，完全不顧他們曾經拋灑熱血為他贏來帝國。他們是庶民，不受青睞，並且應得此對待。他命令他們改穿簡素棉長袍，把頭髮剃光。在造型和衣著定義一個人統治階級地位的時代，這是羞辱至極的打擊。畢竟在那些戰鬥部隊之中，有許多軍官曾鎮壓叛亂，在戰事不斷的日子裡維持威信。在蒙特蘇馬的軍隊看來，國王的嚴苛反應顯得失準且過度。不滿情緒開始在基層士兵間蔓延。

導正行動並未就此打住。執意要鞏固王族權力，蒙特蘇馬二世宣布貴族的私生子不再享有世襲權利[78]——在阿茲特克社會，私生子的地位從未受到質疑。毫不意外地，隨之迎來一波墮胎潮。蒙特蘇馬的一百五十位待產妃妾連忙墮胎，堅信她們面臨的問題在未來的阿茲特克帝國將無立足之地。當國王派衛兵屠殺王室育兒房的所有教師和女僕[79]，從後宮悄然無聲發動的那波整肅演變成一場公然血洗。他想明確表達血統的清洗與再教育必須徹底實行。

接著蒙特蘇馬著手削弱富裕商人的勢力[80]，他們多數在附近的大城特拉特洛科

（Tlatelolco）優渥度日。一旦成功向商人強迫徵得合理的進獻，他就實施新的經濟模式。從今而後帝國的金融中心位於王室宮殿，重稅成為日常；此外，在生產受到單方面掌控下，特拉特洛科商人的角色限縮為僅擔任經銷商。包括金、銀、銅在內，帝國最受歡迎的商品將由國家嚴密監管。

蒙特蘇馬二世藉由上述手段達成集權目的，儘管隨之得來的怒火，將成為最終導致他敗亡的原因。沒有一場饑荒、瘟疫或戰爭，會像他如今引起的臣民憎惡那般具有毀滅性，而以上三種災禍終將於蒙特蘇馬統治期間來訪[81]。他在國土內外同樣受人痛恨。敵人預言特拉托阿尼即將毀滅，以及憤怒復仇之神的回歸。不祥預兆連遭舉報[82]：一道火舌刺穿夜空，降下星星火雨。一聲驚雷響徹火山神廟。拖曳著凶兆長尾的彗星在日出時分疾劃破空。特諾奇提特蘭周圍的湖水在滾沸中發泡。在一面起霧的鏡子裡，瞥見成群男子伏身騎在奔馳鹿背上。毀滅將至的跡象勢不可擋，使得反叛部落受到激勵，開始尋找願意對特諾奇提特蘭暴君宣戰的所有盟友。儘管如此，無可否認蒙特蘇馬實現了他的目標：保全阿茲特克貴族的無上權力。他維持了血統的純淨。王室家族的女性如今繼續依循習俗，與兄弟成婚；透過近親繁殖，祖先的神聖血脈將於代代相傳中完美保存。沒人能打入那個封閉階層，即使最負盛名的戰士也不例外。至於深受蒙特蘇馬鍾愛的金銀，而今集中在他的王宮牆垣之內控管。

若是科爾特斯假定蒙特蘇馬的晶亮俗麗飾品值得西班牙國王另眼看待，他言之成理：特拉托阿尼的珍寶是絕美的奇蹟。金飾閃耀無方，使得科爾特斯幾乎看不見其他事物。無論是湖中發光都城的驚人景致，或以武力攻占那座閃亮要塞的欲望皆相形失色，勾起科爾特斯野心的是在蒙特蘇馬頸間泛映光芒的金銀。從此其餘一切都無關緊要了：墨西加人代表的文化，過往的歷史，亦或出乎世界意料的建築奇景皆然。正是「野蠻人國王的俗麗首飾」揭開此後的殘酷歷史。

基多（Quito）
厄瓜多，一五二〇年

> 西起太平洋，東至亞馬遜雨林，印加人確信他們吸納了幾乎所有文明。[83]
>
> ——約翰·黑明（John Hemming），《征服印加人》（*The Conquest of the Incas*）

就在蒙特蘇馬為純正血統發愁時，三千英里外的印加王瓦伊納·卡帕克也開始擔憂王室傳承的完整性。他做出結論，是時候跟一位親姊妹成婚，並且生一位純正的王位繼承人。印加王擁有數百位妃妾也留下許多後代，但是如同墨西加人土地上的帝王，在他之前的一長串統治者都相信，王室家族通婚將確保血統純正，並且有一位正當的繼承者。最終他與妹妹圓房生下瓦斯卡爾（Huascar）[84]，男孩受寵且任性，在王族裡享有特權地位，喚起的不過是有權恣意妄為的自我膨脹。為了慶祝他出生，瓦伊納·卡帕克召開鋪張慶典並打造一條純金鎖鏈，粗如男子前臂，長度足以橫跨庫斯科的大廣場。到了預定的好日子，來自大萬廷蘇優各角落的眾多貴族扛著長達七百英尺的鏈條遊街[85]，歡快舞動，高舉金鏈讓太陽照得璀璨發光。在印加人使用的克丘亞語（Quechua）裡，瓦斯卡爾此名即意指「鎖鏈」，男孩人如其名，彷彿被庫斯科牢牢束縛，不願離開父王的宮殿太遠。瓦斯卡爾生於崇高血統，斬釘截鐵以神選繼承人之姿受撫養長大，他並未繼承父親的爽朗精神，抑或對帝國運作的好奇心，一探財富發源土地與礦坑的究竟。到成年時，瓦斯卡爾疏遠較富冒險精神的私生子弟弟，也跟遠行訪察的瓦伊納．卡帕克不親近，反倒建立起虛擲揮霍的名聲。他殘忍、懦弱且自負，養成向貴族妻群求歡的習性[86]。儘管瓦斯卡爾不可能預知，如同蒙特蘇馬一般，他將在帝國的陷落中扮演關鍵角色。

維繫土室血脈並非兩地偉大文明共有的唯一念想。當蒙特蘇馬全力與帝國偏疆的反叛勢力交戰，瓦伊納．卡帕克也開始受類似問題糾纏。過世先祖們征服的遠地如今成為在世之人的困擾。瓦伊納．卡帕克之父圖帕克．印加．尤潘基是大萬廷蘇優最進取的擴張者之一，他曾修築道路橋梁，且於數十年前橫越荒涼的阿塔卡馬沙漠（Atacama Desert），將帝國邊界外推到現為智利的遙遠海岸[87]。在擴張過程中，他發現南方被征服部族的金屬產製十分活躍[88]。突襲連戰皆捷且著迷於歷險，圖帕克．印加繼續征討北方的土地，而在基多，他欣喜發現剛收歸的土地下也蘊含礦藏酬賞[89]。他接著進逼加拉巴哥群島（Galapagos Islands），離開時帶走豐沛至極的戰利品，包括黑皮膚的奴隸、黃金珍奇藝品、黃銅座椅，以及他從未活生生見過的野獸毛皮與下頜骨：一匹馬[90]。勝利之師回朝庫斯科時滿載著黃金、白銀、綠寶石、海菊蛤、綠松石，以及在這之中最珍貴的玉石[91]。圖帕克・印加歡快地將所有戰利品裝設於宮殿與神廟，使王族欣喜，奠定自身的傳奇地位，並且激勵兒子瓦伊納・卡帕克追尋更大的榮耀。

並非所有人都對圖帕克・印加的英勇功績感到振奮。被征服者受到遠方的專制君王與神靈奴役，心中的憎惡漸長。圖帕克・印加投注畢生時間擴張統治疆域，如今他的兒子則發覺，只是要維繫戰勝贏得的土地成為眼前難題。紛擾從南方滋生，起於的的喀喀湖周遭山區，正是帝王產量最豐的銀礦和銅礦所在地——也正是未來五百年間的採礦重心地帶。身為高超的戰士及父王國土的熱切捍衛者，瓦伊納・卡帕克當下派出強大軍隊平息數波喋血叛變。其後他決心懷抱善意遠行視察。赴智利邊界「綏靖安撫」之行正要完成，親自確認王室礦坑安全無虞後，此時他得知北方被征服的人民也起兵反抗。在通貝斯（Tumbes）和基多附近、河流挾帶黃金閃爍發光之處[92]，人們發現地方官員喉嚨被割開[93]。瓦伊納・卡帕克把瓦斯卡爾留在庫斯科管事，召集年紀較輕的兒子阿塔瓦爾帕（Atahualpa）和尼南・庫尤奇（Ninan Cuyochi）籌備軍事行動，預計揮軍北上行經高聳山脈，穿越稱為「叢林之眉」的山林交界處，沿著印加路網裡宏偉的皇家大道前去剷除反抗者[94]。

當瓦伊納・卡帕克率領數千隨行軍伍越過廣闊帝國，沿途停歇於豪華的行宮時，他心中掛念最深的無疑是礦藏財富[95]。瓦伊納・卡帕克迷戀父親的發光戰利品[96]，且受到超越歷代帝王的物欲所驅使，他決心用無情枷鎖保護大萬廷蘇優。沿途逼迫當地人從軍，組成一支規模數十萬的大軍[97]。最終瓦伊納・卡帕克對基多人民發動殘酷戰爭，然而戰事萬分激烈且基多人奮力頑抗，到最後他的皇家軍隊陷入饑饉且衣衫殘破。當印加軍終於獲得來自庫斯科的一波有力增援，他得以擊退聯手反抗統治的龐大部隊：基拉辛加部落（Quillacingas）的裸身野人[98]，來自帕斯托（Pasto）和卡揚貝（Cayambe）火山地帶的自由戰士，以及多年來潛行於富藏金礦山區的卡蘭基食人族（Caranqui），膽敢涉足此地的印加戰士有許多被開膛撕裂心臟。

受挫喪膽後，印加王的敵人四散躲進山中。那場激烈交鋒的戰爭延續許多年，雙方的兵士常遭屠殺，使流淌的鮮血染紅湖水。儘管如此，瓦伊納・卡帕克鐵了心要掌控那片地質奇境，那裡富藏著綠寶石與日月的流光精華，於是極力驅策皇家戰士做出難以置信的暴行。他禁止俘虜戰囚，下令軍隊斬首數萬敵軍[99]，再把他們的無頭屍身扔進水裡。至今在厄瓜多的伊瓦拉（Ibarra）地區，仍有一座湖泊在克丘亞語裡稱為「血池」（Yahuarcocha）[100]。

耗費十多年的驚恐慘烈歷程[101]，到基多「平定」之際，幾乎沒有一位倖存的基多男性大於十二歲[102]。「現在你們全是孩童了。」瓦伊納・卡帕克在宣告和平時說道[103]，隨後前往他父親在不遠處圖米潘帕（Tumipampa）興建的宮殿歇息。前任印加王致力為己建造多處宏偉住所，用以鞏固他的統治地位。瓦伊納・卡帕克監督著基多人廣泛改信太陽崇拜，改用克丘亞語，並供應庫斯科所需的勞力。在母親是基多公主的阿塔瓦爾帕、及最年長的兒子尼南・庫尤奇協助下，印加王完成殘忍的征服大業，在這片地區的肥沃、秀麗山谷安頓下來，他把宮廷從庫斯科遷往圖米潘帕，從遠處治理帝國[104]。也就是說，即使瓦伊納·卡帕克成功護衛疆界，仍落得使悉心形塑的大萬廷蘇優上層結構崩裂，諸如赴基多興建新都[105]、軍中出現歧見、對於繼承人選滋生疑慮，並留下任性且行事反覆的瓦斯卡爾治理庫斯科，大地之臍現已漸失安穩。

正是於一五二〇年代晚期此時，印加君主享受圖米潘帕的田園安逸生活之際，他開始聽聞偵察兵從通貝斯附近沿岸回傳的怪異通報。稱為**查斯基斯**（chasquis）的信差長距離奔跑傳遞情報給印加王，通報他們看見一群皮膚白皙、面貌凶惡的蓄鬍男人，搭乘大型木屋往岸邊駛近。瓦伊納·卡帕克詢問信差，這群陌生人來自世界何方，不過信差只答得出他們似乎利用木屋航海，白天上岸、夜晚漂浮著入睡。他們行事大膽、話聲洪亮、氣味難聞，在海上來去如風。他們會在船上製造可怕雷響，伴隨突生猛火與層層黑煙。他們有能耐從遠處劈開一棵樹，用看不見的箭矢奪取生命。蓄鬍者只能像演默劇一般用手勢溝通，他們問及這片土地的國王。他叫什麼名字？他住在哪裡？

聽聞此事的瓦伊納·卡帕克目瞪口呆，驚恐萬分。他要信差反覆重述見聞，對於他們不可思議的陳詞感到驚奇，又憂心那也許意味著什麼。幾年前一位祭司曾預言第十二任印加王將是最後一任，當時他不太相信那項預言，可是時至今日有雷聲惡兆也有裂樹實證，這一切就在他光榮捍衛大萬廷蘇優後旋踵而來。無論如何，他可是太陽神的第十二個兒子。

有些編年史家描寫瓦伊納・卡帕克在接觸那群外國人時顯得魯莽。一位西班牙修士描述他的兩位同鄉在岸邊徘徊，被信使俘虜帶去見印加王，不久後獲得國王正式接見並讓他們表達意見[106]。試著理解俘虜的手勢時，印加王推斷他們對他身上的首飾感興趣。如此微不足道的癖好使他既驚又怒，傳聞裡竟是這幫浪人要對他的統治造成威脅。據修士所述，瓦伊納・卡帕克下令將入侵者砍成碎片，烹煮後於宮廷晚宴時上菜。關於這段征服史有另一段極其生動的描繪，安地斯山區編年史家斐利佩・瓜曼・波馬・德・阿亞拉（Felipe Guaman Poma de Ayala）描寫瓦伊納・卡帕克與水手佩卓・德・坎迪亞（Pedro de Candía）之間的對話：**「這是你們人民吃的黃金嗎？」（Kay quritachu mikhunki?）**[107]詫異不已的印加統治者問飢餓的西班牙人，並給他一盤金塊。

不管瓦伊納・卡帕克是無畏或憂懼，假若他受異族入侵的可能性所折磨，那麼太平洋沿岸烏雲消失的速度就跟出現時一樣快。木屋航向北方，載走詭異的蓄鬍船主，隨後相隔數週，別種威脅取代他們的地位。據說從未降臨於當地居民身上、史詩等級的瘟疫沿著海岸迅速傳布[108]，起初數百人罹病，接著是數千人和數十萬人。那是種可怕的不知名疾病，症狀從紅腫丘疹漸變至膿皰，吃掉人的血肉，從這村到那村、從海岸線到山間瘋狂傳散。隨著時光推移，瓦伊納・卡帕克的軍隊帶著疾病沿印加路網行進，在衣服、食物、沙蠅等隨機傳染媒介的協助下[109]，瘟疫盤旋山脈間直至吞噬庫斯科，殲滅無以計數的王室族人和他們的僕役[110]。

最終，逗留在離基多不遠處萬卡威卡（Huancavilca）心愛庭園的瓦伊納・卡帕克染病，察覺人終有一死，把**貴族成員**（orejones）傳至床邊商討帝國的未來[111]。

或許發燒中的瓦伊納・卡帕克忘了，他早已指定瓦斯卡爾繼承王位，當時他迎娶親妹妹的特定目的正是為了孕育第十三任印加王。又或許，遠離庫斯科如此多年，他已經跟同為王子的阿塔瓦爾帕和尼南・庫尤奇形成更堅定的關係，他們一直在他身邊忠誠作戰。無論如何，突然間瓦伊納・卡帕克相當衝動地認定，他的王位應該傳給長子尼南・庫尤奇[112]。不過他還夠清醒，想尋求確認自己做的是正確決定。為了解決這個問題，他的大祭司倉促舉行**卡帕**（kalpa）儀式，宰殺一隻駱馬後判讀其鼓脹肺部。他們從那團膨脹物中看得一清二楚：尼南・庫尤奇是錯誤的選擇。當祭司再舉行一次卡帕來判定瓦斯卡爾是否適任，他也被認定不適合擔當此職。

正值儀式進行之際，瓦伊納・卡帕克的侍僕發現年邁主人病況明顯惡化。瘟疫不僅使他的遍體生瘡，也牢牢掌控他的心智。印加王出現幻覺，看見細小的鬼魂跟自己說話，宣稱前來接引召喚他離去[113]。他的侍僕旋即派兩隊信使去找**帕查卡馬太陽神殿**（Temple of Pachacamac）的祭司，詢問該做什麼來拯救他。遠方造物者神殿裡的巫師向陰間之神蘇帕伊請益，答覆是應該立即帶印加王下床，到室外沐於偉大太陽神的盛光之下[114]。

印加王被帶到戶外吸收至高無上太陽神的治療力量，此時印加貴族決定忽視卡帕儀式的反面意見，把王位傳給居於左近的尼南・庫尤奇，徹底解決繼承問題。他們到年輕王子的住處尋人時，卻驚恐地目睹他四肢平攤，受到此種毀人容貌的疾病摧殘，毫無生氣。猶豫著要不要稟告瓦伊納・卡帕克：如今別無選擇，只能把王位傳給瓦斯卡爾，但貴族們再度遲抵一步。推到烈日強光下隔沒多久，老印加王就嚥下了最後一口氣。

帝國就這麼從一波災禍盪向另一波，從堅決屠殺數千人的綿延戰事，接續不假思索發生毀滅倖存者的疫病。而今紛亂迭生，兩派勢力間激烈競逐上演繼承之爭：瓦斯卡爾掌管的庫斯科，以及瓦伊納・卡帕克仍倖存戰士之子阿塔瓦爾帕統治的基多。

有些史家說印加王的原意就是要安排兩位繼任者，認為他明瞭帝國已變得龐巨笨重，因此刻意著手分隔南北王國。其他人指稱這些決策皆出於一時衝動，很可能是在精神已現幻覺時做成[115]，而且瓦伊納・卡帕克並非像父祖一般富決斷力和遠見的領袖。

無論肇因為何，第十二任印加王之死無疑為一個時代畫下決絕句點。帝國分裂，播下歧見的種子。彷彿就像大萬廷蘇優變成巨大而鼓脹的泡泡，而帝國察覺體內空氣正呼嘯流瀉。印加王的心臟從胸膛挖出後埋於基多[116]，經防腐處理的身軀則隆重運往庫斯科[117]，慌亂的貴族成員堅稱他依舊活著[118]。人民得知領袖逝世的確切時間點未明。只有菁英階層中最親近、忠貞的人才曉得，他們盡其所能保守祕密，等待毫無疑義的領袖現身。送葬隊伍歷經多月旅途後終於抵達庫斯科時，印加王的木乃伊從華麗座墊抬下，與先人一同安置於庫里康查太陽神殿的光燦殿堂[119]。四千位親族、妾室和僕人在莊嚴儀式下犧牲，確保瓦伊納・卡帕克在下個世界擁有足供他使喚的家臣隨從[120]。第十二任印加王死後將一如在世時受人崇敬，於盛大儀式中獲歌頌，一旁是他的**瓜拉昆加**（Guaraquinga），這座巨大的純金人像是他在統治鼎盛時下令打造[121]。他們當時毫無所悉，但是大萬廷蘇優的人民是在為最後一任真正的帝王哀悼。人們悲痛欲絕，聚集在都城的大廣場，隨後湧入雄偉的太陽神殿獻上祈禱和悲嘆。

庫斯科
秘魯，二〇一〇年

就在那裡，太陽的面容，以一塊純金鑄成[122]。

——印加・加西拉索・德・拉・維加，一六〇五年

近五個世紀後，黎諾健康欠佳的丈夫胡安也踏上艱苦路途，從拉林科納達前往太陽神殿獻上祈禱和悲嘆[123]。工作的礦井坍塌後，苦於汞和氰化物的嚴重毒害，他的雙腿腫脹，呼吸費力，皮膚潰爛，心神不安。他帶著最小的女兒踏上一趟顛簸的巴士旅程，從阿納尼亞山山腳通往曾經輝煌的庫里康查，如今所有的貴重金屬皆被剝除，在擅自加蓋的大教堂下顯得失色。

他的任務很簡單，如同一五〇〇年代先人在任何一座神聖的瓦卡紀念碑前所為。胡安前去祈求保佑，逆轉厄運。那時他迫切想要挽救自己的性命，保全妻子和七個小孩的生活[124]，

而他似乎別無選擇。置身一片人造荒原，居於離地一萬八千英尺冰川岩石上，如他這般貧病交迫的人選擇不多。他蜷伏在礦井裡的時間太久，又太常與死神蘇帕伊爭討談判。他將軀體和靈魂任由冰封山脈擺布，那裡正是近兩百年前愛爾蘭地理學家潘特蘭鎖定的區域。如今胡安僅知或許能拯救自己的唯一方法，就是前往大地之臍：到庫斯科及當地的太陽神殿，也許能讓崇高的神父按手禱告，治癒他的化膿傷口。他拿出所有積蓄，即礦工稱為「種子」的殘餘金屬碎屑，換得兩張車票，包含去程四趟、回程四趟巴士，共七百英里崎嶇路途。

二〇〇八年十二月的一個嚴寒星期五，胡安在破曉前自阿納尼亞山動身，與十歲女兒塞納（Senna）一同抵達庫斯科時，太陽剛從維卡邦巴（Vilcabamba）的白色山峰滑落，使城市籠罩於黑暗中。胡安一隻手拄著拐杖，另一隻手搭著塞納的肩膀，沿著太陽大道（Avenida El Sol）跛行至聖多明哥教堂（Church of Santo Domingo），那裡曾屹立著輝煌的太陽神殿。他們抵達正門時最後一位遊客剛道晚安告別，門扉正要關閉。胡安踩在門檻上懇求神父，說明自己來的原委，但是他得知要到星期一才會再施以按手禱告。無論怎麼哀求，答覆堅定不移。最後這位聖者乾脆不再答話，靜靜掩上門。

胡安不可能知道，但是就在眼前巨大門扉底下二十英尺處，斷垣殘壁間曾容納傳說中閃閃發光的殿堂，瓦伊納・卡帕克一度在此邁步，膜拜古老神靈並沉醉於自身帝國的強盛。印加王重回黃金殿堂時血管已灌滿防腐液，飽經風霜的肌膚經過鞣屍處理[125]。幾年後，隨著入侵「蓄鬍者」的消息像新一波瘟疫在都城傳開，印加王的木乃伊連同黃金巨像在庫斯科遭人搜挖[126]。

胡安坐在聖多明哥教堂的階梯上，思索有何選擇。身上沒有多的錢，他把最後的「種子」拿來換車票了。在塞納的攙扶下他緩緩起身，一拐一拐走回巴士站。隔沒一週他就嚥下最後一口氣。

或許看似不可思議，一縷微小卻堅定的連結牽絆著胡安和瓦伊納・卡帕克的命運。那縷聯繫是以金屬製成。畢生尋掘黃金所受的摧殘導致胡安死亡，那是種他從未擁有或使用的物質。瓦伊納・卡帕克死於征服者帶來的疾病，而他們只為印加王的神聖礦藏而來。帝王與貧民在種族和語言下靠攏，又被階級種姓、野心抱負和五百年來的歷史所分隔，雙雙成為財富的犧牲品與異族貪欲的受害者，因此終結在世時光。遠方貪欲的遺續與本地人的未能真正理解，都將在接下來動盪的數世紀間愈演愈烈。

第三章

金屬獵人

印加王：「這是你們人民吃的黃金嗎？」[1]

西班牙人：「我們吃這黃金。」

——斐利佩・瓜曼・波馬・德・阿亞拉，一六一五年

覺醒

到了一四九二年，當西班牙開啟無法令人信服的全球權力競逐，並且派哥倫布赴赫克力斯之柱（Pillars of Hercules）、即已知世界的邊緣外占取土地，此時統治美洲的原住民帝國步入一個動盪不安的時代。不過他們幾乎渾然未覺。年輕的瓦伊納・卡帕克懷著雄心抱負且毫無牽掛，剛從名震四方的父親手裡接管帝國。蒙特蘇馬二世尚未開始統治，還沒對三邦同盟施加嚴厲的導正措施。兩位活躍果決的穆伊斯卡統治者才剛出生，他們將在波哥大（Bogotá）附近組成富含黃金礦藏的邦聯，隨後再為捍衛邦聯而死。西班牙也準備好迎向激烈改革的邊緣，徹底扭轉其裹足不前的過往，不過同樣也毫未覺察自身處境。

西班牙當時的君主是女王伊莎貝拉一世（Queen Isabella I）和國王斐迪南五世（Ferdinand V），他們繼承了一個久戰而萌生厭倦的國家，由兩個王國粗魯整併，在二十三年前因兩人私定終身而倉促湊成。藉著鋼鐵般意志、靈巧的政治手腕，以及使半島信仰基督的堅貞承諾，他們就這麼設法聯合伊比利亞（Iberia）分崩離析的忠誠教徒，對抗阿拉伯占領的最後餘威。歷經數十年的慘痛戰事後，他們在一四九二年拿下格拉納達酋長國（Emirate of Granada），並且從此把摩爾人一舉趕出半島。

這一切得來不易。父親死時膚色白皙、滿頭紅髮的伊莎貝拉年僅三歲，母親於喪偶後精神狀態一直不穩定，伊莎貝拉遭受異母兄長卡斯提亞*1國王亨利四世（Henry IV of Castile）

的一連串指婚。亨利以無能者（El Impotente）的名號傳遍西班牙，同時影射他的性無能與欠缺領導能力。據說他的第二任妻子明白表露性欲，在卡斯提亞宮廷的花花公子間結交多位情人，最終生下「貝特朗之女*2」胡安娜（Juana la Beltraneja），而她根基不穩的繼承權將橫阻伊莎貝拉通往王位之路。

當伊莎貝拉還是個六歲女孩時，就已經跟二堂弟斐迪南、亞拉岡（Aragon）國王的五歲兒子締結婚約，遭亨利國王放逐，與精神失常的母親同住於一座陰鬱城堡。但是就在短短數年內，她的無能國王兄長揮霍耗盡卡斯提亞的財富，使王國背負沉重巨債。亨利四世開始瘋狂四尋更富強的結盟對象，並將伊莎貝拉的婚約視為一種可運用的手段。亨利忽視父親原先許給亞拉岡王國的允諾，輕率為伊莎貝拉向一連串富裕的遠方王室貴族提親。等到女孩年滿十歲，亨利就將她跟母親拆散，帶到宮廷開始專為聯姻目的培育她。數年後，當叛亂危及他的災難性統治，國王違背所有允諾，在徹底絕望下將伊莎貝拉許婚給宮中最富有的人之一。對象佩卓・希隆・阿庫納・帕切可（Pedro Girón Acuña Pacheco）在瓦拉多利德（Valladolid）*3擁有一座宏偉城堡，並答應付給王室財庫一大筆金錢。年輕的伊莎貝拉是一位虔誠的天主教徒，祈禱能倖免於這樁有失身分的結合。禱告獲得應允，貴族佩卓突然罹病

*1卡斯提亞王國位於伊比利半島中北部，與亞拉岡等周圍王國合併後逐漸形成西班牙王國。
*2此綽號意在影射胡安娜生父是貴族貝特朗（Beltrán de la Cueva）。
*3卡斯提亞宮廷位處的城市。

死於趕赴婚禮途中，此刻的伊莎貝拉芳齡十五。於不久後的一四六九年，她利用命運的縫隙私奔嫁給最初定婚的年輕人，亞拉岡的斐迪南就此成為王位的推定繼承人。

當伊莎貝拉和斐迪南聯合卡斯提亞與亞拉岡王室，以國王和女王的身分攜手登上王位時，他們剛促成合併的國家瀕臨破產，王室金庫幾近全空。自一三〇〇年代起漸成歐洲信用本位（fiduciary standard）的黃金產量短缺，情況令人擔憂。用以製成王國通行貨幣的白銀，從西元前三千年就在南部的安達魯西亞（Andalusia）地區開採，如今已漸至枯竭。無論新女王與國王看向何方，處處皆有債款要還，有戰役必須交鋒。八世紀時摩爾人從北非席捲而來，占領半島長達七百年。而這些年來，伊比利亞的基督教王國逐漸逼退摩爾人。儘管再征服運動（Reconquista）的血腥運動及數百場戰役吞噬一代又一代的伊比利亞人，直到伊莎貝拉與斐迪南手握權柄之際，伍麥亞王朝（Umayyad Caliphate）仍占據格拉納達王國，橫跨伊比利亞南端的長段廣闊土地。從一四八二至一四九一年，斐迪南國王將全副心神投注於與摩爾人之間的持續交戰，以激烈的軍事行動一仗一仗贏得格拉納達，歷經漫長苦戰，最終於一四九二年一月二日驅逐哈里發王朝。

阿拉伯人並非伊比利亞的唯一主宰，在摩爾人以前早有漫長的征服史。這片半島曾受腓尼基人（Phoenicians）、希臘人、迦太基人（Carthaginians）、羅馬人、西哥德人（Visigoths）所殖民。每股入侵勢力各有其政治野心，但是在絕大多數情況下，占領者和征服者意在掠奪該地區的白銀或黃金——那些閃爍物質流經伊比利亞水域，充塞西班牙採礦勝地韋爾瓦市力拓（Río Tinto）和拉斯梅德拉斯（Las Médulas）的岩石之中，並且成為歐洲大陸採行的強勢貨幣。十四世紀將盡時，在名列最大金屬製品供應商之一的熱那亞共和國（Republic of Genoa），八分之七的進口黃金來自伊比利亞，其中又有六分之五產自塞維亞[2]。伊比利亞人遭奴役蒙羞數世紀，被迫開採大地礦藏為遠方的君主增添財富，人們渴求能慨然扭轉歷史並終結千年來剝削的領袖。伊莎貝拉女王和斐迪南國王正是這般領袖。一四七五年時，他們成為歐洲區域貿易的熱切參與者[3]。到了一四九二年一月，他們擊敗摩爾人，命令猶太人強制改變信仰，即使尚未透過政治、也先在精神層面建立西班牙，並且開啟將異族逐出半島的暴烈大業。

西班牙在數世紀的異國統治下崛起，懷抱著運動精神，熱切致力打造一個專屬於基督教的國家，具備了達成目標必要的怒火與好戰心。伊莎貝拉和斐迪南投身驅逐阿拉伯君主與猶太借貸商，號召一場殘忍狂暴的肅清[4]，施加酷刑、鼓動「異教徒」互相對付、洗劫住家與商鋪，藉此為王室金庫挹注亟需的資金[5]。十二世紀天主教會（Catholic Church）設立的宗教裁判所（Inquisition）專門對付信眾裡的異端與敗德，如今到了十五世紀，宗教裁判所展現明確的種族轉向：開始迫害穆斯林和猶太人。改宗者（converso）尤其遭到嚴厲對待，不幸總被懷疑私下與舊信仰維繫關係，於是宗教裁判所鼓動稱為馬拉諾（Marrano）*的皈依猶

*在西班牙語中是豬的意思。

太人對付猶太人，稱為摩里斯科（Morisco）的皈依穆斯林對付穆斯林。與卡斯提亞和亞拉岡王國長年不和的格拉納達酋長國，如今在人民對立下逐漸顯現裂縫，斐迪南乘勢利用內部亂象攻擊那片競逐之地。

到格拉納達向斐迪南國王投降的一四九二年一月二日，十萬摩爾人已死[6]，另有二十萬人流亡出國，而在留下的二十萬人之中，大多服從了嚴苛的宗教改信法律。猶太人也面臨改信或離開的選項，直到西班牙宗教裁判所以一紙教宗詔書（papal bull）展現決心之際，卡斯提亞和亞拉岡已有超過半數的猶太人口被強迫驅離，數千人未經審判處決[7]。綁在柱子上活活燒死、信仰審判（autos-da-fé）、廣泛沒收貴重財物等公開暴行全在城市廣場舉行，有王室成員出席，氣氛幾近慶典[8]。當時造訪西班牙的歐洲人對於公眾認可那些處決感到震驚。更隱晦的也許是人們匆促掩蓋自己的世系，急於證實皈依，或者盡可能全然融入：加爾默羅會（Carmelite）著名的神祕主義者、亞維拉的聖女德蘭（Saint Teresa of Ávila），其先祖是猶太人，西班牙偉大作家米格爾・德・塞萬提斯（Miguel de Cervantes）的祖先可能也是[9]。然而諷刺至極，卡斯提亞和亞拉岡首位宗教裁判所庭長是名為托馬斯・德・托奎瑪達（Tomás de Torquemada）的道明會修士，他出生於一個猶太家庭，在唯有極端改變信仰才能導致的熱忱驅使下，才會不斷以殘暴行徑審查對付自己的同類人。

那是一段不安的年代，焦慮感促使西班牙和全歐洲向野性的自我保護靠攏。為了財政安全，也為了黃金。那股渴求到了十五世紀末加劇為全然的貪婪[10]，此時情勢變得明朗，上述金屬生產難以滿足歐洲經濟的龐大需求[11]，無論從何種標準來看皆然。尚有戰爭待打，帝國需創建。曾公開記述自己的性欲及生下的兒子[12]、直率得出奇的教宗庇護二世（Pope Pius II）也哀嘆教會缺乏資金：「錢的問題最要緊，」他寫道，「一旦缺錢，就像人們常說的，什麼事都辦不成。」[13]當首要對手葡萄牙國王阿方索五世（Afonso V）於一四七〇年代派寶藏獵人赴非洲尋訪黃金，且在位於當今迦納（Ghana）的埃爾米納堡（San Jorge de Mina）建立與盛貿易時，西班牙的新君這才強烈體會到那惱人的**黃金貪欲（auri sacra fames）**[14]。

伊莎貝拉女王也派遣麾下海軍巡航非洲西岸搜刮財富，而在一四七八年，三十五艘滿載金銀條的卡拉維爾帆船（caravel）從幾內亞灣（Gulf of Guinea）返航時，葡萄牙船隻從中攔截並奪取所有貨物[15]。幾內亞戰役（Battle of Guinea）隨即開打，雙方激烈交戰爭奪大西洋航道與伴隨而來的奴隸貿易收益。西班牙展露勝利跡象，至少在陸戰占了上風：阿方索國王向這對「天主教雙王」（Catholic Monarchs）投降，使伊莎貝拉獲得延續統治的權力，並且鞏固與斐迪南共治的帝國。不過葡萄牙顯然是海上的贏家，阿方索可自由出入數座大西洋要塞並得到它們所代表的財富：幾內亞的礦坑；位於亞述（Azores）、馬德拉（Madeira）和維德角（Cape Verde）等島嶼的戰略港口；以及超過一千五百磅的黃金[16]。從航海的可能選項而言，該協定留給西班牙的僅有加那利群島（Canary Islands），即位於巴貝里海岸（Barbary Coast）外的一串乾枯貧窮島嶼。換句話說，若要擴張女王的統治，西班牙海軍只剩下一個選擇：他們必須勇闖充斥海盜的水域，全艦隊南航至加那利群島，接著轉向西行，一路向西直到越過赫克力斯之柱*。那必定造成後勤規畫層面的挑戰。然而該協議的言外之意昭然若揭：歐洲海岸以外的世界唾手可得。征服者僅需掠奪土地，殖民膚色較己為深的種族，再於地圖上劃分勢力範圍——假如必要的話就動用殘忍手段。

若說西班牙懷抱擴張的夢想，葡萄牙則是持續加以阻撓。正當伊莎貝拉和斐迪南與摩爾人作戰，掙扎著要將半島統一納入管轄時，阿方索的繼位者約翰一世（King João）忙於沿著非洲的黃金海岸建立興盛貿易，探勘剛果（Congo），並且開啟葡萄牙將自此壟斷一百多年的大西洋奴隸貿易。里斯本已成為探險的中心和地圖製師的匯聚點。正是在這裡，許多目光抖擻的水手於此喧騰年代發財晉富。在他們之中有一對來自熱那亞的兄弟，是卑微的編織工之子，放棄了父親的老派小作坊到驚濤駭浪裡討生活。弟弟巴托洛謬・哥倫布（Bartholomew Columbus）成為一位嫻熟的水手及海圖繪師，另一方面，哥哥克里斯多福（Christopher Columbus）偏愛與葡萄牙奴隸貿易商同航，沿非洲海岸狂暴突襲。當著名的葡萄牙探險家巴托洛謬・迪亞斯（Bartolomeu Dias）於一四八八年繞航好望角（Cape of Good Hope）[17]，並且實現承諾帶著黃金返回里斯本，克里斯多福・哥倫布在場聽講。一直以來哥倫布埋首於策畫貿易路線，分析地圖，研讀星圖，思索宇宙學理論，捧著他那本《世界圖像》（*Imago Mundi*）苦思[18]，直到紙張磨損、沾染汙漬，以他特有的歪扭字跡寫滿註記。

屆時，哥倫布向葡萄牙國王約翰一世請求的三艘卡拉維爾帆船已遭悍然拒絕。哥倫布認為向西航行就能發現通往印度的貿易路徑，也正是迪亞斯尋找已久的同一條前往東方之路。

於是他寫信給佛羅倫斯（Florence）著名的天文學家保羅・托斯卡內利（Paolo Toscanelli）徵詢意見。哥倫布對於加那利群島西側的路線尤其感興趣，可完全避開葡萄牙領土。那位佛羅倫斯學者毫不遲疑，他跟哥倫布提起多年前寄給一位里斯本神父的信件和地圖[19]，神父接著又上呈給阿方索國王。那封信表明，從里斯本往西航行，終究你會發現自己身在一座名為泉州的城市。抵達前你將途經日本國（Cipango）的土地。那張地圖把巨大的日本國島嶼放在大西洋廣闊海域的正中央[20]，恰是美洲將被發現的位置。「這座島嶼富含黃金、珍珠和寶石。」天文學家補充。「那裡的寺廟和宮殿有著純金屋頂。」[21]

科魯塞洛（Crucero）

秘魯，一九八八年

黃金與奴隸。頭一件事物使碰觸的一切墮落，第二件事物本身即為墮落[22]。

——西蒙・玻利瓦，一八一五年

五個世紀後，黎諾來日的丈夫胡安也受到黃金誘惑，有一股把舊世界拋在身後的衝動，

*編注：赫克力斯之柱應位於直布羅陀海峽。

攀爬汙濁山徑通往更高的大地，追尋金屬寶藏。過往整整三十三年中，他畢生的辛勞並未留下太多：兩個十幾歲的女兒，一個投入別的男子懷抱而令他蒙羞的女人，一筆未清償的債務。他放棄了父親傳承下來的工作，不願抗著嚴寒看顧一群脆弱的羊駝，剃毛出售並宰殺老羊駝取肉。他也不再是應徵入伍秘魯軍隊的低等兵，負責挖掘溝渠的艱辛工作。毛主義游擊隊光明之路（Sendero Luminoso）在秘魯山區殺開一條凶殘道路，焚燒政府屋舍，把狗吊在路燈桿上，暗殺村莊領導人物，並使數十萬人流離失所。如今軍隊的建樹不多，而是為了回擊苦苦奮戰。與胡安相仿的鄉間農民（campesino）沒受過戰鬥訓練，他們逃往大城市或甚至更高的地方以保安全，直入安地斯山脈令人負累的海拔高處。

自己的女人隨另一個男人前往普諾（Puno）時，胡安告訴一雙少女，只要時來運轉就會去找妻女。在一個寒冷早晨，他用所剩不多的錢買了一把十字鎬，離開名為科魯塞洛的小村落，沿卡拉巴亞河（Rio Carabaya）兩側的崎嶇火山岩地帶往深山跋涉四天。第五天他來到阿那尼亞，那裡有個擾攘的小市集，煮湯的小販供他一碗湯和過夜處，以刷洗貨攤和湯鍋作為交換。隔天胡安抵達拉林科納達，眼前是遼闊茫茫雪地裡一小撮發光的錫屋頂。在耀眼眩目的白光下，胡安幾乎辨別不出處處黑洞。就在那裡，數百工人朝號稱為睡美人的山系挖掘礦脈，在印加人發現、西班牙人遺棄的冰冷礦坑裡工作，再由逃離恐怖分子險境的那群人重振榮景。胡安向其中一位較友善的男子保證，會以部分酬勞換取這人屋內骯髒地板上的一個床位。胡安就此成為拉林科納達礦坑裡的一名雇工。起初他未獲准採礦，屈從打掃豎井和搬運石頭的工作。不過最終他獲接納進入**使鎬礦工**（barretero）的圈子，這群探勘者不時手持鐵棍動身，判定何處可能藏有礦脈。胡安從未精通使鎬的技術，但是憑藉親切的天性和坦率的態度，他逐漸贏得出入礦坑時將生命託付給彼此的必要信任。依循古老的殖民式卡丘里歐制度採礦，規定工人無償掘石三十日，直到第三十一日獲准帶走一趟他背得動的石塊，胡安的積蓄終能自給自足。約莫那時，他遇見將永遠改變他一生的發現。

她的名字是黎諾，養育一對幼女的年輕女子。她身形嬌小，精神飽滿，擁有明亮眼神和一雙映現光澤的髮辮。她忙碌來去，有空就跟**撿礦石的人**（pallaqueras）一同攀上峭壁，其餘時候在路邊賣各色貨物，好比一些食物或織品。除了年老乾癟的父親和一無是處的叔叔以外，她的生活中似乎不見男人的蹤影。人們說讓她生下孩子的男人有天早上前往礦坑，再也沒有回來。坑裡的惡魔把他要走了。

歷經風霜的夢想家

西班牙，一四九二年

隨著數個世紀推移，鬆開束縛的海洋將展露一片廣大土地，一個新世界……極北之地圖勒（Thule）亦不再是天地邊緣[23]。

——西班牙人塞內卡（Seneca），西元一世紀

當一四八二年轉進一四八三年，葡萄牙在非洲沿岸的貿易興盛，此時哥倫布一身稀奇古怪裝扮，穿著破損的大衣匆促行走於里斯本[24]，過早斑白的頭髮不甚平整[25]，手裡緊握著托斯卡內利的地圖。即使哥倫布不太關心個人財富[26]，他必定深知少了錢作為資產則什麼事都無法「辦成」。黃金餵養著擴張的王國，白銀則是引燃全球探險的火花。一四八四年他祕密航行離開里斯本[27]，這位喪偶鰥夫身無分文，有個年幼的兒子要養與高築的債款需清償，但是他把令人敬畏的資產留給自己：熱切的信念，以及傳遞這股信念的言語表達能力。從帕洛斯（Palos）的港口一路航向塞維亞、接著是哥多華（Córdoba），他無數次拜見王室成員，向任何願意聆聽的人吹噓有著黃金屋頂的涼亭和偉大的日本國統治者[28]。當哥倫布終於說動伊莎貝拉女王資助一趟跨越未知之地的遠征，行過**自古以來的極盡（nec plus ultra）**，他才體認到除了繼續聖戰，也許甚至在讓異教徒全心改信耶穌的願景以外，他的國王和女王追求的是財富。斐迪南和伊莎貝拉厭倦了跟買辦打交道[29]，他們必須找到通往印度珍奇寶庫的直接路徑。財政壓力的沉重更甚以往，行動的時候到了。

一四九二年四月十七日，紅髮綠瞳、目光冷冽的伊莎貝拉女王最終說服丈夫，他們應該航出已知世界的邊界，為遠方的征服賭一把。他們簽署資助哥倫布的文件《聖塔菲協約》（Capitulations of Santa Fe），讓他在發現的所有島嶼和大陸享有「上將」（Admiral of the Ocean Seas）與「印地亞斯副王」（Viceroy of the Indies）頭銜，並且永久世襲。可收獲的潛能無窮，可損失的微乎其微。他們並未投入軍隊，也不監督管理，僅提供些許資金。「哥倫布的事業，」一位熱誠的投資者誇口，「將使兩位崇高閣下的聲譽名望更顯得金碧輝煌！」[30]

哥倫布是在確知必須尋獲純金的前提下開展大業。「黃金真是種美妙事物！」他從新世界的岸邊寫信回國，描述船上水手確實在撥掃砂礫時發現金子。「黃金能孕育一切寶藏！有了黃金你就能在這片土地上做到任何事，甚至通過前往天堂的那扇大門！」[31]從哥倫布初次登上巴哈馬（Bahamas）的小島，他就對眼前的新種族人類和耀眼物質同樣感興趣。在給斐迪南和伊莎貝拉的信中，他描述游近迎接帆船的友善青年：「一位俊俏的人：頭髮不捲，直且茂密，像馬的鬃毛。」[32]他們渾身赤裸，個性老實，似乎「各方面皆貧窮」[33]。但是他旋即補充：「我謹記著查明他們是否有黃金的任務，而我看見他們之中有些人鼻子上勾掛些許黃金。他們用手比劃著告訴我，往南走再繞過島嶼，我會找到積存大量此物的一位國王。」他得知黃金在那另一片土地上的含量豐沛到人們拿金杯酣飲[34]。從一四九二年十月十二日至一四九三年一月十二日的三個月間，哥倫布回稟國王和女王的報告裡影射金銀不下百次[35]。事實上他找到的金銀少之又少，不過在他的描述裡黃金遍地皆是，伸手就能觸及那誘人閃爍之物。美洲原住民很快就看出司令的心思[36]，並且鼓動他：再走遠一點，只要到那座島嶼後方——就是那裡，朝著地平線的方向——他將發現更富有的男人和更美麗的女人，景象令人止息。但是還有別的、黃金以外的事物引起哥倫布的興趣：一種他或許能對這群人為所欲為的感覺。「他們沒有使用武器的經驗，」他向國王和女王寫道，「而且他們適合聽命行事，派去勞動、播種或從事其他任何必要之事，可以興建城鎮，教育他們穿衣服並採納我們的習俗。」[37]

哥倫布向西航行時，他是一位來自中世紀世界的中世紀男子，身邊圍繞著獨眼巨人、矮人、亞馬遜女戰士、犬面土著、用頭行走且以腳思考的顛倒人等中世紀觀念，相信黑皮膚、大耳朵的人種住在那片孕育著黃金和寶石的大地。然而當他踏足美洲土地，他所做的不只是進入新世界：他踏進了新時代，那一步將造成長久後果。地理大發現時期（一四五〇至一五五〇年）大幅闡明了這世界，也以相當不同於往常的方式點燃文化衝突與融合。哥倫布只能仰賴現有知識，開闢一條穿越全然原始世界的航路。根據手裡那張托斯卡內利的地圖，他只知道自己登上位於「印度」外海某處的一座小島。他研讀過馬可波羅（Marco Polo）的旅行日誌，期待找到那些充斥香料田和金礦的島嶼，供人輕易奪取。假如能乘著順風，他會來到日本國的巨大島嶼，最終踏上契丹（Cathay）所在的大陸，在那裡，遠方只見忽必烈的皇宮閃耀，拿胡椒可換得寶石，黃金像磚頭一般充沛。

那正是存在哥倫布腦海裡，以及他向國王和女王傾訴的願景，此刻他已遠航，並且寫信給他們描述歐洲人從未目睹的景象。許久以後，在哥倫布第四次出航時，他已在聖多明哥、古巴和巴拿馬建立據點，載運黃金和奴隸回塞維亞，此刻他依然相信自己就快要找到日本，猛然間獲得一大筆財富。航行掠過今日的宏都拉斯、尼加拉瓜和哥斯達黎加海岸，驚嘆於船上水手從河床耙找到的黃金，以及如「穀殼一般」篩出的珍珠時[38]，他寫信給斐迪南和伊莎貝拉聲稱自己在恆河（River Ganges）附近[39]。近一年前，他曾寫信給教宗亞歷山大六世（Pope Alexander）：「我為我的國王和女王拿下亞洲的一千四百座島嶼，長達三百三十三里格（league）[40]。這裡有各式各樣的金屬礦藏，尤其富含金和銅。這裡有蘇木、檀香樹、蘆薈……這座島嶼的名稱有塔蘇斯（Tarsus）、斯基提亞（Scythia）、俄斐（Ophir）、俄斐茲（Ophaz）[41]和日本國，我們稱為西班牙島。」

哥倫布的新世界出自地理學謬誤，在當下並非顯而易見。遠航發現的內情使舊世界目瞪口呆，力求了解。哥倫布於一四九三年四月返航時，刻意先在拒絕資助他的葡萄牙土地登陸，接著才揚眉吐氣航向西班牙港口帕洛斯[42]。隨著他的發現消息傳遍歐洲，歐洲人蜂擁而來親眼目睹「新世界奇觀」。哥倫布把他充滿異國風情的篷車搬上岸[43]，鋪排令人嘆為觀止的隊伍，一路從塞維亞通往斐迪南國王與伊莎貝拉女王等待著他的巴塞隆納。他的水手們遊行經過一群興致勃勃的人群，手中高舉色彩繽紛且魔幻的戰利品，有鳳梨、辣椒、玉米、南瓜、酪梨、番石榴、木瓜，使眾人驚嘆不已。像寶石般鮮豔的金剛鸚鵡、身形巨大動作緩慢的鬣蜥裝在籠子裡搬運經過，皆為歐洲從未見過的動物。六位英俊的印地安人身纏腰布帶領遊行隊伍，飾以綠松石、金面具和手鐲。成箱籃子裝滿金鏡子、銀耳環、鮮豔多彩羽毛編成的皮帶，以及許多桶金塊。那是一場用來說服西班牙的壯闊大秀[44]，企圖**以部分代表整體（pars pro toto）**，展示哥倫布的錯誤實際上是卓著的成功，如今他滿足了國王和女王的所有財政期待。假如這場秀夠有說服力，或許能為他爭取時間以航抵真正的印度，並且找到貨真價實的財寶。他根本無須擔心。在做足表演功夫後，天主教雙王跪地感謝上帝的慷慨餽贈。

一四九二年成為斐迪南和伊莎貝拉的繁榮年度，上天確實朝他們展開笑靨。他們完成教會的囑咐，在新崛起的帝國肅清穆斯林和猶太人。他們捍衛自身，對抗挑釁的鄰國。他們鞏固了西班牙。而今他們在「印地亞斯」開拓了新的疆域，那裡有數不盡的財富等著他們。教宗亞歷山大六世是亞拉岡人及斐迪南國王的朋友，他是率先獲得哥倫布黃金贈禮的人之一[45]。伊莎貝拉的請求隨著黃金一同送抵，呼籲協助保護西班牙對新發現土地的主權。基於稍早的協約主張所有領土屬於葡萄牙王室，當約翰一世親自得知哥倫布的發現後，立即送出一封充滿敵意的信。伊莎貝拉懇請教宗支持他們對抗葡萄牙國王。在羅馬，教宗隆重展開一張該半球的地圖，在兩極之間畫下一條直線，將以西的一切分配給斐迪南和伊莎貝拉，以東的一切則歸於約翰國王。除了今為巴西的丘地外，美洲皆屬於西班牙，非洲屬於葡萄牙。

穿越暴風雨和險境的艱辛航程，終於為哥倫布帶來渴求的榮耀。他不再是里斯本的衣衫襤褸夢想家，而是他所侍奉王室的英雄，振奮全歐洲的人物。五月，被哥倫布視為私人財產的六位印地安人在巴塞隆納風靡萬眾時，他獲授予「印度將軍」的頭銜。最終他獲賜專屬的紋章[46]、更多船隻和彈藥，以及利於金屬開採的設備[47]。哥倫布相信，藉著與國王和女王締結的具約束力《聖塔菲協約》，他能夠就所有發現要求一部分回饋。關於黃金和白銀的夢想因此在整個舊世界湧現。部分受雇於王室、部分想逃離存疑的過往，水手、劍客、紳士、礦工、農民群聚到西班牙的加迪斯港（Cádiz）[48]，爭相加入將軍的璀璨大業。伊莎貝拉對珠寶的聞名鍾愛如今在此般前景下擴增，且於斐迪南朝出航船員大吼時展露新的意義：「取得黃金！如果可能的話採取人道手段。但是一定要獲取黃金，無論代價為何。」[49]

代價將相當高昂。哥倫布的接下來三次航行處處危難，帶來的回報並不多。一四九五年，他在絕望之餘頒布惡名昭彰的法令，命令西班牙島上所有超過十三歲的男性阿拉瓦克印地安人（Arawak Indians），每隔三個月必須產出大如鷹鈴的黃金，假如辦不到就會被砍下雙手[50]。然而無論他至何處探險，掠奪村落、建立據點或沿岸搜查任何閃現光芒的珍寶，斐迪南要求之物幾未現蹤。沮喪受挫的哥倫布轉而謀求其他機會。他開始積極投入奴隸貿易，赴非洲開發的經驗使他熟知這項貿易[51]。第二次航行時，他捕捉一千五百位泰諾族（Taíno）男人、女人與孩童，並且將其中五百五十位最佳樣本集中運往塞維亞的奴隸市場。到這波貿易尾聲時，將有多達五百萬人落入圈套並被運往他處[52]。「奴隸是司令的首要收入來源。」[53]道明會修士巴托洛梅・德・拉斯・卡薩斯於日後的控訴，往哥倫布的身敗名裂搧風點火。

因燒毀整座村落、誘拐奴隸、人口遽減等昭彰惡行遭到究責[54]，哥倫布淪為國王官員的階下囚，上銬載回西班牙。提出的罪名多不勝數，其中一個簡明事實是他承諾得那麼多而實現得如此少。指控哥倫布者眾多，他們從西班牙島成群回到故土（tierra madre）；虔誠的天主教徒伊莎貝拉不傾向相信他們，較務實的斐迪南則願意傾聽。哥倫布的夢想豈非消耗了王室財庫[55]？他們質問。哥倫布的微薄戰利品豈非駁斥了他所描繪一切誇大圖畫的真實性，圖中光燦無比的礦山保證可比所羅門王的古老礦藏？最惡劣的是，大規模的詐騙罪行難道未以西班牙之名犯下[56]？拘謹、篤信天主教、滴酒不沾的女王[57]難道未受誘導，誤以為自己是在傳播信仰，事實上那時她的政權卻只散布貪婪、死亡與毀滅？罪名昭然若揭：哥倫布若非誇大其辭欺騙他的國王和女王，就是以敗德瀆職行為愧對他們。這是歐洲國家第一次遭指控濫用殖民權力，日後還會反覆上演無數次。誠然，當王室特使抵達西班牙島調查哥倫布的罪行，迎接他的是七具屍體在絞刑架上擺盪的景象，這群運氣欠佳的西班牙人違抗了偉大司令的成命。

當蒙羞的哥倫布於一五〇〇年抵達塞維亞，得知這位偉人身銬鎖鍊令王室震驚。他立刻獲得釋放，名聲迅速回復。他的英勇探險、擴張西班牙的世界影響力、對教會的狂熱服事及海事天賦，都將使他繼續受人景仰。但是未實現的黃金諾言會一直困擾他。而關於征服勢力應行使範圍的問題，將使歐洲陷入一場漫長的激烈辯論：畢竟，他們不是當地的人種嗎？他們可以像負重牲畜一般被驅趕綑綁嗎？塞維亞執法官逮捕哥倫布時解除的「海洋司令」和「副王」的頭銜，此後未再恢復。世人一直認為他坐擁龐大土地與財富，不過事實上他負債累累，財務狀況一團亂，收入來源不復存在。到哥倫布過世的一五〇六年，他淪落入住瓦拉多利德的一間普通寄宿房，頑固爭取他認為的合法所得：王室在新世界所有獲利的十分之一，未來貿易所得的一部分，以及他擔任海洋司令時獲利的三分之一[58]。總體而言，他的報酬總計為印地亞斯所得的三分之一以上，遠遠凌駕於君王本身徵收的「五分之一王室稅」（the royal fifth）。

哥倫布從未獲見他追尋的名聲與財富。他看過的鸚鵡比黃金多[59]，赤身裸體的印地安人也多過滿身配戴珠寶的酋長。在他錯認為俄斐、俄斐茲與日本國的土地上，沒有一次旅行遇見過城市，僅有拼湊搭建的村落可供掠奪。他死時憤怒失望，財富、聲望與視力皆失[60]，斐迪南和伊莎貝拉擔心他連心智也喪失了。在哥倫布之子迪耶哥（Diego）和費南多（Fernando）的有生之年，他們將徒勞於爭取國王與女王最初對哥倫布的承諾。船隻在新世界往來穿梭，載著更多夢想家和謀略家出航數千趟，所有人腦中皆舞動著不可能的願景。還需要兩次大膽的巡遊與三十年光陰，才迎來新一代的好戰探險家，將美洲徹底改造成西班牙的輝煌戰利品。

野蠻人的俗麗首飾

> 命運的預兆閃現天空。一道像火花，一道像火焰，一道像假冒的曙光：彷彿在流血，彷彿正刺穿天空[61]。
>
> ——納瓦人的目擊證言，一五一七年

正當哥倫布從船上舉步維艱邁入牙買加海岸，四處搜尋黃金、因痛風而跛行、擊退叛亂者[62]之時，來自西班牙埃斯特雷馬杜拉（Extremadura）的一位年輕公證人加入西航旅程，疾行過海航向西班牙島。他是埃爾南・科爾特斯，剛滿十八歲，比哥倫布最小的兒子年長少許，也是另一位探險家法蘭西斯可・皮薩羅的遠親，幾年後皮薩羅將定期同樣往返於這片水域。那是一五〇四年。

已從西班牙島尋獲價值一萬披索（peso）的黃金[63]；一位殘忍無情的新總督被派來頂替

哥倫布的職位；而在唯一的親兒王儲驟然不明死後，心情從未完全復原的伊莎貝拉女王突然罹病，開始退出政府事務。

無需多久科爾特斯就明瞭先前的數度遠征是多麼計畫不周詳與收益欠豐[64]，不當的治理如何駭人聽聞，摧毀的行徑如何慘痛。他這一代的征服者，諸如皮薩羅、巴斯可・努涅茲・德・巴波亞（Vasco Nuñez de Balboa）和埃爾南多・德・索托（Hernando de Soto），他們將把征服帶往新的高度並擴及此半球的更遠範圍，不過科爾特斯或許是有此認知的第一人[65]：為了取得長期勝利，並使新土地的潛藏財富獲得最佳開發，西班牙必須遷徙至此定居並建立永久據點。

他言之成理。西班牙不曾以任何有系統的方式著手征服「印地亞斯」，對此地理發現不曾有過真正投入的公開宣告：從未派遣陸軍和海軍執行任務，從未鉅額投資這項事業。當斐迪南派西班牙士兵在歐洲打仗，期望擴張他在舊世界的勢力，伊莎貝拉批准的新世界遠征則實質上由平民籌措，獨立投資者出資，並獲領地位於半島上最窮困僻地、富雄心壯志的一群年輕低階貴族**伊達戈**（hidalgo）加入陣容。未明言的條件十分簡單：君主賜予尋寶者祝福，期望獲得他冒險中所有礦藏獲利的五分之一，而尋寶者必須負擔大部分支出，若非來自家產即為承保人額外提供的資金。有些人像哥倫布一般，擁有在非洲從事黃金或奴隸貿易的經驗。在大多數情況下，這群西班牙征服者無業、失根且狂暴，受一代代舉戰撻伐格拉納達的穆斯林、時將暴力推升至新高的人們撫育長大。簡言之，他們是聖戰鬥士的孩子，高舉著上帝的旗幟出航征服異教徒，並且搜刮「印地亞斯」的寶藏。

一五〇四年的西班牙島總督尼古拉斯・德・歐萬多（Nicolás de Ovando）是一位好戰的前摩爾戰爭指揮官，獲伊莎貝拉女王任命時，明確指示要解放哥倫布的泰諾族奴隸，並且善待他們一如所有的西班牙人民[66]。但是一待宣布自由後，泰諾人即拒絕採礦，歐萬多旋即恢復哥倫布的嚴厲手段[67]。君王別開頭去加以忽視。「鑑於國王大人與吾女王本人已下令，住在西班牙島上的印地安人視為自由且不得奴役。」伊莎貝拉從病榻上指示歐萬多，「我命令你，我們的總督……逼迫印地安人與該島嶼的天主教移民合作，興建他們的建築，並且開礦採集黃金和其他金屬。」[68]換句話說，殺戮與屠殺皆違背天主教和西班牙宗旨，無可容忍，但是「逼迫」印地安人採礦屬必要之惡。

歐萬多天性殘忍，且在斐迪南對抗摩爾人的野蠻戰爭中擔任過指揮官，他持續使泰諾人蒙受多波恐怖屠殺，不計代價投入開採礦坑。到那時候伊莎貝拉已死，斐迪南接連致力於馬基維利主義（Machiavellian）的謀略[69]，於是征服者領悟自己能在假冒服從君主下為所欲為。西班牙遠在天邊，征服者只需從遙遠山丘以西班牙文吼讀**國王詔令**（requerimiento），命令一群茫然的原住民降服西班牙和耶穌，再加上有公證人在場記載經過，接下來他就能開戰並圍捕奴隸，強迫他們到礦坑工作。年輕的科爾特斯邂逅島上女人[70]、養成從事英勇舉動的習性並為總督簿記財物的三年內，歐萬多又從西班牙島獲取價值二十五萬披索的黃金[71]。

實際上他是以犧牲泰諾人換取成就，拒絕在礦坑勞動的印地安人會被當場殺害。專心致志著迷於採礦，意味著印地安人未能栽種或收割，最終饑荒、疾病與自殺[72]導致五十萬健壯人口的族群，銳減至體力衰弱的六萬人[73]。哥倫布上岸的四十年後，泰諾人實遭大舉殲滅，西班牙島的黃金亦開採殆盡。

科爾特斯於聖多明哥靠岸時在總督歐萬多的宅邸獲得熱烈接待，兩人曾於西班牙結識。告知將獲賜一大片土地落腳時，年輕人詫異不已。「我前來採黃金！」他驚呼，「不是要像農民一樣犁田！」[74]總督向他保證，耕種是為開採籌資的最佳方式。於是科爾特斯在那片長青土地上獲得寬廣地皮，以及**分派勞役**（**repartimiento**）的印地安人來此工作。數年間，科爾特斯監管他們在自己的田產上勞動，且於鄰近殖民地擔任公證人，以便使他陷入麻煩的情事打破單調的日常生活。他時不時會參與鎮壓在那座悲憤小島上困擾征服者的暴動叛亂，並且由此熟知本地人的作戰方式，以及擊敗對方的必要殘暴手法。

科爾特斯氣宇不凡、面貌俊俏、身體敏捷、熱情洋溢且活躍健談，使他迅速成為西班牙同胞中廣獲喜愛的人物。他也在與反叛印地安人的小規模交戰中表現得可敬出色，為他在一五一一年出發征服古巴的探險隊裡贏得一席之地。主事的遠征司令官（adelantado）迪耶哥・維拉奎茲・德・庫勒（Diego Velazquez de Cuéllar）敏於察覺科爾特斯是一位天生的領導者，為他的英勇行為賜予豐厚獎賞。他在古巴獲賜令人更加稱羨的大片土地，以及分派更多的原住民奴隸前來看管田地。到二十八歲之年，科爾特斯已是一位相當富有的年輕人。

公證人一職使科爾特斯擁有妥善管理古巴地產的能力，且基於他善於鑑別機會、說動他人靠攏己方的罕見天賦，很快他就建立名聲，躋身印地亞斯最成功的牛羊進口商之一。換句話說，儘管不安於現狀，他實為一位農牧場主人，最掛心的是對於淑女們的熾烈熱情，直到與總督夫人的妹妹結婚。在種種行徑間，幾乎未見他早於抵達之初即表明的黃金貪欲跡象。但是這一切都將於一五一三年改變，屆時與科爾特斯來自同一省分的債台高築暴躁養豬戶巴斯可・努涅茲・德・巴波亞，發現一條通往太平洋的航路，而奴隸獵人在對印地安村落發動駭人突襲後回到古巴[75]，訴說意想不到的財富位於一片他們稱為黃金卡斯提亞（Castilla de Oro）的土地。那是黃金之城：巴拿馬。

巴斯可・努涅茲・德・巴波亞就像所有的冒險家一般魅力十足，以偷渡者身分逃離西班牙島的債主，帶著狗藏入船上的木桶航向黃金卡斯提亞。他被發現時，船長揚言將他遺棄在最近的島嶼，但是巴波亞憑著敏銳機智贏得船長的友誼。幾年之內，他與一隊人手偵察這片區域，降服數個桀驁不馴的部落，並且建立美洲大陸的首處殖民地聖瑪利亞（Santa María）。在那裡，巴波亞的隊員開始聽聞別處有更富裕的部落，於是一股叛亂衝動浮現在想要追逐幻夢的人之間。這群人已侵吞殆盡當地部落擁有的稀少貴金屬和寶石。關於黃金的口角愈演愈烈，直到有一天，西班牙人秤重一位酋長的贈禮並爭吵該如何分配時，那位印地安人對眼前的愚蠢貪婪感到震驚，敲翻磅秤大喊：「假如你們貪求此物到願意遺棄家園到遙遠的島嶼搗亂，那麼我就指明一個地方，讓你們吞噬黃金把自己餵飽來滿足貪欲！」[76]他毅然指向南方。

巴波亞的黃金野心堅定至極，最終把他帶往地峽的另一端。一五一三年九月二十五日中午，在印地安人嚮導的陪伴下，他立於烏拉卡拉拉（Urrucallala）一座山頭，自覺瞥見了遙遠地平線上引人注目的微光。數日後，手持劍高舉寫著聖母瑪利亞的旗幟，他涉水踏入一片遼闊海洋，宣稱海域與海水觸及的全部土地皆屬於西班牙國王。因為是循著往南方的航線抵達這片海洋，他將其命名為南海（Mar del Sur），全新的美洲海岸就這麼向歐洲地理探勘敞開。這就是後來的太平洋，西班牙人長久以來遍尋不著、拍打著亞洲沿岸的那片海洋。

接續數年，從古巴和西班牙島啟航的船隻引來一波波發現，征服者來回奔波，攜帶奴隸、黃金、珍珠以及他們擄獲、買賣或公然竊得的一切。巴波亞為自己確立了南海總督的身分並開始探索太平洋，即哥倫布長久以來尋找的那片水域，然而他已命不久矣。由於征服者同僚間憎恨漸增，一五一七年初，巴波亞的岳父[77]、別號「上帝之怒」（Wrath of God）[78]的佩卓里亞斯·達維拉（Pedrarias Dávila）指控他背叛君主。巴波亞的其中一名手下是精明且投機的皮薩羅[79]，他獲派逮捕巴波亞並且上銬扔進阿克拉（Acla）的地牢，讓西班牙人看看膽敢違抗主子與在美洲將財富占為己有的下場。不幸的太平洋發現者在公共廣場遭到審理、判刑與處死。劊子手一揮斧頭，舉起巴波亞遭砍斷的頭顱，插在一根木桿頂端任由蒼蠅盤旋。

夢想家們並未受挫。幾個月後當遠征隊從巴拿馬歸來，帶回大陸北方有黃金豐沛文明的傳聞時，更多西班牙人期盼使財富落入手中。受夠島內探險的科爾特斯渴望重返青年時期的黃金夢，他讓岳父古巴總督迪耶哥・維拉奎茲得悉他想帶領一支尋金探險隊，接著在維拉奎茲提起時，科爾特斯立即接受這項任務。不過正當科爾特斯忙於探險籌備時，貪欲無窮的維拉奎茲開始擔心這個年輕人有自己的打算。誠然，科爾特斯已變現所有事業，將一切財產抵押貸款，召募五百名維拉奎茲的手下[80]，並且在幾未尋求任何人幫助下為十一艘船隻的艦隊打理裝備。疑心總督即將收回任命，科爾特斯倉促啟航[81]。「財富偏愛有勇氣的人！」[82]日後科爾特斯寫信給如今他唯一遵從的對象：剛剛加冕為西班牙君王的男孩卡洛斯一世（King Carlos I），斐迪南和伊莎貝拉之孫。事實證明，勇氣將成為科爾特斯的貿易本錢。

當科爾特斯的船隊於一五一八年十一月某個勁風夜裡，掠過古巴島上的聖地牙哥（Santiago de Cuba）近海，肥胖到顯得病態的總督維拉奎茲正於岸邊踱步，喘著氣發出怒吼，控訴他手下自大的年輕船長叛變[83]。總督尚未接獲西班牙批准去征服新的領土，科爾特斯也深知這一點。這位年輕人選在沒有星星的夜空下驟然離去，只可能代表一種含義：他將為自己爭取榮耀。

科爾特斯盡其所能施展狡詐身段與魅力，設法贏得維拉奎茲軍隊的支持。航向預期中的賞金時，他利用軍隊對黃金的貪婪[84]，說服他們總督有意欺瞞、讓軍隊得不到黃金，並且主張無論如何眾人都應效忠西班牙國王而非維拉奎茲。儘管有些士兵在探險時始終對總督保持忠誠，大多數人並未抗議。畢竟他們是熱切的響應徵召者[85]，剛脫離赤貧或慘澹青春，胸懷單一目標逃出乏味荒蕪的西班牙：致富或為此竭力而死。他們對這塊地區以及占據寶貴礦藏的代價所知甚微，卻很清楚必須立定決心。舊世界必須凌駕新世界。

他們一無所悉「黃金豐沛」之地的可能位置，究竟是耕地或沙地，居住著何種人類生活。儘管一再堅稱他們的使命是拯救靈魂，關心原住民精神福祉的僅有寥寥幾人。他們真正在乎的事物萬分明確：這裡有財富可獲取，有奴隸可勞役，有寶藏可運回家鄉。假使西班牙命令神父和公證人隨探險隊同行，他們會聽命，但是最要緊的是掠奪和戰利品，絕非傳教工作或依法行事。如一位遠征隊成員所描述，他們只確信一件事：「上帝會使我們發現的土地充滿黃金、珍珠或白銀。」[86]其餘的事取決於他們，如有必要他們會攻打降服那片土地，奪取並分配戰利品。連教宗都頒布他們完全有權這麼做，而他們務必會讓國王拿到他的五分之一王室稅。

睡美人

阿納尼亞山，一九六五年

她就在那裡，我們稱為睡美人的山，在我的淚滴小鎮。[87]

——拉林科納達居民，二〇一三年

在黎諾剛滿兩歲的一九六五年，先祖皆為玻利維亞境內卡拉巴亞山巒礦工的父親離開這片土地，前往傳說中的睡美人山貝拉杜細特（la Bella Durmiente），據說那裡金況良好且少有政府介入。如同上承的世代，黎諾的父親企圖為他的女人與孩子謀生，但是他看過親生父親在金業陷入停滯的恩圖卡（Untuca）礦坑失敗，他的祖父也是如此，在加維蘭德歐洛（Gavilán de Oro）的古老印加採石場收入欠佳。生於不容僥倖的山脈間，失敗會使下一次的失敗更嚴厲，黎諾看著父親在拂曉前帶著十字鎬出發，大口吞飲著湯邁入黑暗。那是豬耳湯，她學會用豬耳變成的增強體力妙劑，端給一代又一代追尋黃金國的人。

光陰沒改變太多，黃金仍是目標。諷刺處是通常有貴金屬的砂塵存在就夠了，定然足以激起喧囂。任何一位礦工的可能收穫都僅是整體發現的一小部分，但是她的族人已經歷過這一切：在抽取「五分之一王室稅」下，在包商的三十日無償勞動換得一日所得制度下，在礦藏不斷流往世界別處下忍受苦澀的報酬。在那苛刻的計算下，還有必須服從工頭，必須繳交繁重的配額，為生存付出肉體代價。一天，黎諾在寒冷局促的屋裡照顧兩幼兒，這個小家庭住在她祖父的單室石屋，看著她的男人穿戴外套和帽子往外走進夜幕，從此再未相見。人們告訴她，他被礦坑裡的神整個吞噬，那無可預測、永不滿足的**礦坑大叔**（El Tío）。人們告訴她，他在其中一間妓院喝得太醉，在致命的鬥毆中棋逢對手。有些人說他神情恍惚從礦坑蹣跚步出，踏入冰凍的高原，被兩隻目光凌厲的禿鷹抓走。

他不在了。

從猶加敦北行
墨西哥，一五一九年

「就這樣？」船長說，「你們的迎賓獻禮總共就這麼多？」
「這是我們擁有的全部，我的大人。」[88]
——埃爾南・科爾特斯與蒙特蘇馬的信使，一五一九年

登陸過科蘇梅爾島（Cozumel）後，科爾特斯的軍隊迅速北航，繞過猶加敦（Yucatán）半島，群擁上岸與本地人血腥交戰。儘管每一位西班牙人得迎戰三百位印地安人，被臉上塗著鮮豔色彩的數千人在疏林草原上追逐，科爾特斯的人馬輕易就擊潰他們，集結所有騎兵之力展開攻擊。印地安人被眼前景象震懾，詭異的敵人疾奔而來，金屬獸蹄重重敲擊大地。馬匹在美洲前所未見，對印地安人帶來災難般的後果。在入侵之初的恐怖時刻，他們相信自己目睹一種可怕怪獸逼近：揮著劍的雙頭四腿龐然巨物。眼見拉著輪子的野獸、一旁滴著口水的獒犬、越過空中的巨響砲彈而驚慌不已，印地安人倉皇撤退並於隔天早晨投降。四十位酋長披上織工繁複的斗篷、揮著薰香且攜帶黃金、食糧和奴隸贈禮，懇求科爾特斯停止屠殺。

他們在鋼製刀劍和槍砲下損失了八百人[89]，科爾特斯則損失兩人。

科爾特斯立即看出，這群原住民或能產製的所有黃金物品既殘薄且過於稀少，而且很可能是從別處偷來，但是他們描述的墨西加人令他神往，那是個據說藏有大量黃金的雄心萬丈北方帝國。掠奪與凶殘行徑使得墨西加人深受痛恨，其戰士文化包括翻遍土地尋找俘虜以人類作獻祭，從活人體內剜出新鮮心臟來滿足飢餓神祇。顯然這就是西班牙人長久以來聽聞的強盛文明。然而科爾特斯並未在開發猶加敦地區時任憑時光流逝，他結交盟友且將持續照辦，於前行間同時壯大同伴。

在繼續朝太陽落下的方向、傳聞中墨西加人所在地推進前，科爾特斯藉著鑿沉船隻打破一切希望可能[90]，使征服成為他帶領人馬通往生存的唯一坦途。西班牙人如今全數都得投入內陸險行，包括船員裡的每一位甲板水手在內，沒有一個人留守後方。他納入的兩位「舌頭」事後證實對這項工作至關緊要，他們是沿途受科爾特斯召募的口譯者。一人是遭逢海難的西班牙神父傑若尼莫・德・阿圭拉（Gerónimo de Aguilar），從食人族手裡逃脫後在猶加敦遊蕩多年，變得熟習本地語言。另一位是討人喜愛的阿茲特克奴隸瑪琳切（La Malinche），曾被馬雅人俘虜因此精通兩種語言。歸為戰利品獻給科爾特斯後，瑪琳切迅速學會西班牙文，成為科爾特斯的個人口譯、情人與奴隸。她握有無上權威，同時獲得征服者的信任與被征服部落的尊敬。她扮演科爾特斯與阿茲特克帝王間交流的主要協商者，成為科爾特斯的化身、策略顧問以及他第一個孩子的母親：換句話說，她是擁有非凡力量的奴隸。

少了她，西班牙人和墨西加人之間的任何人際互動將不再可能，也許連征服本身皆然。

科爾特斯來到蒙特蘇馬二世居住的宏偉都城特諾奇提特蘭之時，對於在墨西加人土地上即將面臨的挑戰，他已略知一二。與哥倫布不同，他見識到規模和建築可比格拉納達的城市[91]，疆土範圍及治理足以媲美威尼斯共和國（Republic of Venice）。他看過熱鬧的市集，熱絡買賣著金銀。科爾特斯將於日後提起，每到一處他看見秩序、智慧、禮節，以及有著美麗山谷輝映的土地。墨西哥是一片繁榮領土，經悉心栽種、收割豐足、人潮熙攘。但是科爾特斯並未忽略帝王蒙特蘇馬受人民痛惡，在外圍區域尤然。他旋即領悟，假使能與帝國邊疆的不滿族群結盟或能取得軍事優勢，可是他也必須運作危險的挑釁過程。他也看出墨西加人三邦同盟是龐大的商業與戰爭機器，隨著他採陸路經過城鎮、穿越灌木叢、繞行火山逼近，並且親眼見證它的力量，此一事實愈發顯得鮮明。稱為**卡夕克（cacique）**的部落酋長們對瑪琳切坦誠相告[92]，讓科爾特斯得知蒙特蘇馬的性格與反常行為：他對戰神的虔誠，他造成的恐怖犧牲，他的貪婪，他對奢華的熱愛，他的反覆無常。蒙特蘇馬的使節為科爾特斯帶來巨大金銀圓盤[93]、精美織品、做工細緻的玉石，企圖買通他別踏進都城時，使節們讓科爾特斯不確定自己正接近一位可畏卻焦躁反覆的帝王。當西班牙人顯然無法輕易被打發，蒙特蘇馬的姪兒冒險前來迎接，科爾特斯目睹的隆重儀式與輝煌景象前所未見。但是他無法預料帶領軍隊越過高聳的西馬德雷山脈後[94]，眼前會出現何種光景，此刻他立於高處，首度遙望墨西加人的都城。

科爾特斯的軍隊與部落追隨者抵達分隔湖面、通往宏偉城市特諾奇提特蘭的堤道時，正值清晨時分。確實從水中湧現的城市聚落，在他們面前如一串閃爍珠鍊般鋪展開來，其餘則自陸地叢生。隨後廣闊的島嶼城市特諾奇提特蘭出現，漂浮於碧藍湖面[95]，映射萬丈光芒，使得從遠方看去像是用白銀所建的。這群西班牙人目眩神迷[96]，同時擔憂置身在如此宏偉都城的可能遭遇。科爾特斯的軍隊拿眼前景致與當時最受歡迎的騎士文學《高盧的阿瑪迪斯》（*Amadis of Gaul*）相比，即傳奇故事中當主角和同伴初次看見君士坦丁堡（Constantinople）那一刻——起初正是這故事激勵他們加入征服行列。眼前的城市豈非夢想實現？工事繁複的神殿從湖中升起，像是巨大的石百合。他們愈靠近，愈能看出建築是多麼寬闊且精心打造，那些石造建築、細細修剪的雪松、散發甜香的樹木、玫瑰庭園，以及優雅輕掠過運河的獨木舟有多麼美麗。一位士兵日後寫下：「我不知道要如何形容，眼見未曾聽聞或目睹的事物，甚至從沒夢過……我站著看這一切，心想世上絕無其他發現能如眼前這般。」[97]

這片陌生新世界是否有潛力實現科爾特斯及其國王渴求的財富，倘若他曾心懷一絲擔憂，那般疑慮如今皆已消散。早期的征服規模較小：哥倫布和他的船員輕易降服裸身的部落族人，巧取豪奪所欲之物。西班牙牢牢掌控西班牙島、古巴及巴拿馬沿岸地區，獲取得來不易的少許黃金和珍珠、新一波奴隸貿易，以及逐漸增長的種植園經濟，然而科爾特斯現正踏進的宏偉都城是另一回事，充塞無比壯大的榮光與前景。

受到訪客不知分寸的行為所擾，蒙特蘇馬表明要西班牙人通通離開他的都城，派姪兒另攜價值三千披索的黃金去買通科爾特斯[98]，以及一紙被科爾特斯拒絕的懇求，羅列迫切之下捏造的種種趕客原由：因為城裡的食糧匱乏，因為蒙特蘇馬身體不適，因為道路危險難行。帝王從偵察兵和使節處查明，這隊蓄鬍男子想要的是白銀、黃金、寶石，於是提議每年提供科爾特斯上述貢品，數量依他的國王所要求[99]。但是這些提議和贈禮只把科爾特斯的胃口養得更大。他的進逼大軍懷有更強決心，且獲得所有阿茲特克最狂暴敵人的隨行支持。科爾特斯得悉可靠線報，蒙特蘇馬盤算捕捉並殺害二十位西班牙人，防止他們再靠近一步。或者准許他們全軍進入特諾奇提特蘭，接著再趕盡殺絕。然而次次總靠科爾特斯的不變魅力，以及他給蒙特蘇馬使節的保證，聲稱自己只想見識偉大都城並為卡洛斯國王傳達訊息，藉此鋪設坦途刺向阿茲特克極星的心臟。

最終蒙特蘇馬態度軟化，同意接納遙遠王國無禮又貪婪的信使。倘若科爾特斯占有優勢，即為此點：他被認定為一位使節、而非進犯者，因此獲得禮遇[100]。這些土地上的國王或酋長有權發動攻擊，外交人員則否[101]。包括科爾特斯在內的一些編年史家主張，蒙特蘇馬相信抵達王國海岸的金髮西班牙人，實為傳說中羽蛇神**克察爾科亞特爾**（Quetzalcoatl）的化身，於許多年前航向東方，誓言將會歸來再次統治[102]。設想墨西加人時時畏懼一位憤怒天神的勝利回歸或許很省事。對科爾特斯而言，扮演那位天神無疑是容易之舉。將某種不安全感及頓失合法在位資格，投射至如此輕易就被征服的偉大文明，可能也是一種有效解釋。不過那些都是西方人對美洲原住民的投射[103]，不太可能屬實。一旦蒙特蘇馬終獲說服，逼近他私密聖殿的那廝粗慢船長，僅是替一位國王傳達問候之意的使節，他立即抱著警覺開啟大門。

一五一九年十一月八日面見蒙特蘇馬時，證實了科爾特斯長久以來殷殷期盼的一切，包括為國王謀求榮耀及一大筆可觀財富。墨西加帝王於通往都城的堤道盛大迎接賓客：他坐在一張座墊上駕到[104]，頭上是豔麗翠羽的頂篷，全身滿覆金銀並吊掛珍珠和玉石。一幫酋長扶帝王從高處下地時，科爾特斯看出他的涼鞋鞋底是用純金製成，踝帶飾以閃耀寶石。蒙特蘇馬盛裝走近時，眾貴族忙著往他腳下掃除塵土並鋪開地毯，趕在他踏出每一步以前完成。「野蠻人國王的俗麗首飾」使科爾特斯目瞪口呆[105]，也對這幅景象證實了自己的財寶追尋而感到興奮。他躍下馬對這位偉大君主伸出手。意外的手勢驚嚇到蒙特蘇馬，他並未伸出手，於是西班牙人轉而把手伸往別處。他拿出一條帶有麝香的彩色玻璃珠項鍊，掛到東道主脖子上。科爾特斯接著作勢要擁抱他，卻被蒙特蘇馬機警的隨從阻止。碰觸偉大的阿茲特克王被視為嚴重冒犯[106]，更別提如此毫不避諱地凝視他。

在此值得一提，對於一絲不苟且注重衛生的阿茲特克人而言[107]，西班牙征服者是一幫髒臭邋遢的傢伙。十六世紀的歐洲人大多不關心個人清潔，且沒有沐浴習慣，甚至是感到厭惡[108]。誠然，每當阿茲特克使節團造訪西班牙陣營，都會堅持在交談前點薰香為他們除蟲[109]。儘管如此，蒙特蘇馬仍熱誠款待這位粗魯的西班牙人。帝王安排科爾特斯住進自己父親的華麗宮殿[110]，賜他一條極其渴慕的金項鍊，並連日招待他享用豪奢晚餐。

科爾特斯對帝王的失敬伸手，預示著將有更多無禮言行。這彰顯於日後科爾特斯稟告卡洛斯國王，征服隊伍已斷定將蒙特蘇馬擄為人質、奪取他的權力並宣告帝國受西班牙統治，「有利於」西班牙國王[111]。奉承面見帝王的六天後，科爾特斯得知兩名西班牙人在一座偏遠城市被殺[112]。他利用那消息怪罪東道主，將蒙特蘇馬上銬囚禁在自己的住處。意料外的事件轉折癱瘓了蒙特蘇馬的宮廷，他們不敢妄動，惟恐入侵者殺害君王且促使帝國的敵人舉戰。

即使科爾特斯謀畫了最有效的方式徹底劫持帝國並利用其財富，他仍持續以編造的陳述矇騙蒙特蘇馬。科爾特斯懷著恭謙歉意對囚犯解釋，他只是在伸張正義，探勘這片區域，並且為自己的神與國王盡責[113]。科爾特斯堅持要人帶路展示蒙特蘇馬獲得華美黃金製品的礦坑[114]。對此無禮要求感到驚愕，又受到科爾特斯的魅力愚弄，墨西加王十分積極為他效勞。他召來僕人陪同四支西班牙分隊，前往科薩拉（Cosalá）、塔馬祖拉帕（Tamazulapa）、馬里納特佩克（Malinaltepec）和特尼梅斯（Tenimes）等區域，從河裡淘出黃金[115]。這趟行程交出帝國開採黃金的完整報告，附上關於其間土地的註記：墨西哥的田野間充滿玉米、豆子、可可豆、養雞場。這片土地不僅允諾西班牙獲取金屬財富，也是麵包籃般的糧食產地[116]。

我們不能假設自己曉得蒙特蘇馬的心思，但是行為不證自明：無論舉止友好的擒拿者要求什麼，他一概答應。帝王般安適地住在父親的宮殿，彷彿仍完全掌權般發號施令，他下令滿足科爾特斯的所有欲求，包括命製圖師繪製可航行河道的地圖[117]。奴隸背負運來降服部落酋長進獻的黃金。在西班牙人建造堡壘、聚積戰利品的同時，整座城市獲命聽從於他們[118]。

歷經不到五個月，科爾特斯蒐集並熔毀堆積成山的器物、珠寶、金條和銀箔，總值近一百萬披索[119]。掠奪品的五分之一最終一次運給卡洛斯國王，於今價值超過兩千萬美元[120]。科爾特斯同樣保留五分之一給自己，其餘由部隊依階級和年資瓜分。儘管總宣稱西班牙征服印地安人的使命，是要啟蒙那方世界並向異教徒傳遞上帝福音，呈給君主的最初報告裡幾未提及該神聖職責。如同哥倫布寫給斐迪南和伊莎貝拉的第一封信，科爾特斯寫給卡洛斯國王的信闡明了目標。為西班牙在新世界指引方向的璀璨星星，正是堅硬黃金。

黃金貪欲

他們帶著閃電武器而來……還會發出火焰[121]。

——蒙特蘇馬的信使

我們只能想像阿茲特克帝王是如何困惑看待科爾特斯的金屬執迷。蒙特蘇馬偏愛黃金，他喜歡佩戴黃金，可是說真的那不過是種飾品，絕不算最珍貴。科爾特斯進城前他慷慨饋贈與如今大量獻上的小枚玉石（chalchihuite），在帝王眼中遠比黃金寶貴[122]。蒙特蘇馬向科爾特斯保證，一小枚玉石價值兩大塊黃金。帝王無從得知貴金屬形同賞金，驅動歐洲數世紀的歷史。大量人口在黑死病（Black Death）期間死亡後，黃金於一三〇〇年代成為歐洲富裕階級偏好的貨幣，相隔五百年後的愛爾蘭大饑荒（Great Famine）時代亦然；在此之前的通用貨幣則為白銀。歐洲黑暗時代（dark age）後接續近乎永無休止的戰事，驟然產生大量的贖金需求。黃金在整個十四世紀都受到需要，但願那手段能拯救國王並使我軍獲釋。最終黃金成為代替物（fungible commodity），驅動從君士坦丁堡到加萊（Calais）的經濟。不過威尼斯商人擁有的黃金無人能敵[123]，他們從蓬勃的奴隸和木材市場蓄積大量金銀，使威尼斯成為歐洲最繁榮的城市。

然而到了一五〇〇年，歐洲的黃金數量減至寥寥數噸。一位歷史學家描述：「包括硬幣、祕藏、包羅萬象的穿戴和裝潢飾品在內，歐洲各種形式的黃金總量可製成一座每邊長僅及兩公尺的立方體。」[124]誠然，在哥倫布有所發現的前一世紀，歐洲的黃金儲備金條已縮減成半[125]。難怪西班牙和葡萄牙探險家急切想找到傳說中的東方黃金帝國。而今挾持一位偉大帝王當作人質，科爾特斯有機會替他剛立為神聖羅馬帝國（Holy Roman Empire）統治者的國王*，實現「您皇心極其渴盼的更廣大王國與領土」[126]。

蒙特蘇馬的明顯善意與配合，不被科爾特斯在墨西哥外圍區域的盟友所接受。造反爆發，追隨科爾特斯的部落全數叛逃，並且拒絕遵從任何一方[127]。然而科爾特斯的最大威脅，要屬船長潘斐洛・德・納瓦耶茲（Pánfilo de Narváez）帶領九百人手，搭乘另一艘西班牙船隻抵達維拉克魯茲（Veracruz）[128]，即科爾特斯修築並鑿沉所有船隊的海港。派遣納瓦耶茲的正是古巴總督迪耶哥・維拉奎茲，出於他個人對於黃金的不懈追尋，向不願聽命的船長全力宣戰。科爾特斯的一些隊員當時正在維拉克魯茲附近搜查蒙特蘇馬的金礦，他們偶遇新來的西班牙人，將科爾特斯的勝績和剛贏得的財寶告知他們，並且受到更多獎賞和安全返鄉的承諾所誘，叛逃投靠維拉奎茲一方[129]。

蒙特蘇馬得悉船隊抵達，但是他沒對科爾特斯透露隻言半語。即使遭到囚禁，他設法保持消息靈通。實際上蒙特蘇馬開始透過偵察兵，祕密致贈黃金和食糧給納瓦耶茲的船員[130]，希冀西班牙人間的內部衝突或能制止他的擒拿者，並且拯救帝國。

但是在一個命運交關的混淆時刻，蒙特蘇馬說溜嘴讓科爾特斯得知消息；而科爾特斯猛然驚覺自身處境危急，忙亂為勢必到來的爭鬥預做準備。他提供隊員更多黃金來換取他們的忠誠[131]。到現在，黃金和珠寶已成為西班牙征服者間鞏固權力的徽章。地位愈高，身上佩戴愈多飾品以示炫耀。他們將得來不易的金屬別在胸前，沉重金鍊（fanfarrones）垂於頸間[132]，招搖環飾肩膀。科爾特斯明瞭，維繫部隊忠貞的唯一方法是向他們保證，大有機會贏得更多獎賞。他旋即將特諾奇提特蘭交給副手管轄，帶領一隊人馬對抗入侵的西班牙新軍並成功虜獲納瓦耶茲船長，以愈來愈多的金屬承諾收買部隊忠誠。

儘管如此，後方墨西加人都城裡的情勢不佳。留守的西班牙隊員開始擔心本地人很快就會壓制他們[133]。一天夜裡，當人群聚集在神聖的眾神露台（Patio of the Gods）舞蹈、舉行慶

---

*西班牙國王卡洛斯一世在神聖羅馬帝國的皇帝稱號是查理五世。

典儀式，科爾特斯的副手佩卓・德・阿瓦拉多驚慌失措之餘認定為叛亂，下令屠殺。儘管人手不多，西班牙部隊拿著火槍和佩劍騎進廣場，無情殺害數百人[134]。舉城震愕，一度麻木失去反應，不過及時懷著復仇怒火回擊。於是科爾特斯回到一座迷失於暴力的特諾奇提特蘭。急於立即做出回應，科爾特斯讓受虜的蒙特蘇馬出面安撫憤怒群眾。帝王依言照辦，懇請抗議群眾停止，但是反叛的酋長們大喊蒙特蘇馬不再是他們的王——權力如今歸於他的弟弟夸烏特莫（Cuauhtémoc）。蒙特蘇馬難以接受如此羞辱，眼前一陣石頭朝他落下，他遭擊中後失去知覺倒地。自己人施加的憤恨最後一擊，事後證明超越了帝王的承受極限[135]。他拒絕為他包紮傷口的一切嘗試。當暴動者拿烈焰火炬接連捶打宮殿外牆，是科爾特斯諷刺地被迫捍衛帝王的領域，蒙特蘇馬則於此時駕崩。激鬥入夜的戰役使人耗盡心力，凶猛狂暴。街道與運河流淌鮮血，火焰吞噬建築物，阿茲特克政權支持者企圖一勞永逸地擊潰征服者，一波波襲往科爾特斯的據點。如今西班牙人別無選擇，只好全體逃離都城。但是他們怎能留下蓄積的掠奪品——入侵的根本目的？

隨後的一場大火將造成嚴重後果，但是在那段迅速開展的歷史中，最驚人的是科爾特斯在特諾奇提特蘭之役損失的黃金，價值或達數十萬披索。黃金在他心目中一直是最重要的物品，在維拉奎茲、納瓦耶茲和為他們效力士兵的心中亦然。黃金向來是目標、資金與賭本——軍隊的動員者。驅動上述人士的力量也一致認為黃金至關緊要：國王、教宗及新近籌措的「印地亞斯委員會」（Council of the Indies）[136]，設立目的恰為管理西班牙將於新世界獲取的一切財富。墨西加人很快學會利用那項弱點矇騙西班牙人，慫恿他們為了黃金彼此對立，而在陪同那群蓄鬍陌生人的許多個月中，他們只對那股強烈貪欲更感驚嘆。

科爾特斯朝他的隊員大吼，下令立即撤離都城，受圍困的士兵們鎮定心神，準備不顧一切大舉逃亡。在新獲得的盟友特拉斯卡拉人（Tlaxcalans）幫助下，他們試著在逃跑時攜帶所有背得動的戰利品。如一位士兵所描述：

> 科爾特斯命令他的……僕人拿出所有黃金、珠寶和白銀，借貸給多位特拉斯卡拉印地安人以達成目的，僕人將所有金銀財寶放至大廳。科爾特斯要國王的軍官……負責看管陛下的黃金，他給他們七匹受傷瘸腿的馬和一匹母馬，以及許多位友善的特拉斯卡拉人，數量超過八十人。然後他們把包好的財寶放到馬背上，載得動多少就放多少，黃金已經熔製成非常寬大的金錠，還有許多黃金依然留在大廳裡堆積成山。接著科爾特斯召來他的文書官和國王的公證人，說道：「請見證我對這些黃金已無能為力。我們在這棟宅邸與大廳裡有價值七十多萬披索的黃金，而如你所見，既無法秤重也難以安置。我現在放棄黃金、讓給任何願意帶走的士兵，否則勢將遺失於墨西加人的狗群間。」[137]

眾兵士衝向前搶奪財寶，急切抓取玉石及純金金條[138]，深知這片遙遠土地的原住民珍視玉石勝過貴金屬。他們竭盡所能地拿，瘋狂塞進皮帶、推入盔甲。納瓦耶茲的軍隊剛來不久，眼見那麼多財寶集中堆積於一處興奮不已，把全身裝滿[139]。在一頭熱之下，他們用匆匆拼湊的箱子企圖運走更多財寶。西班牙人倉促出城，爭搶穿越堤道橋梁時受到阿茲特克人襲擊，有些人因此跌進湖中。有個西班牙人回頭看，瞥見死去的馬、受傷的印地安人和裝滿黃金的箱子，短暫於湖面載浮載沉，最終唯有隱沒淡出視線[140]。

儘管科爾特斯在匆促撤離時物質方面損失慘重，他很快就察覺手下的士兵與彈藥充足。加上特拉斯卡拉的四千援兵[141]，科爾特斯輕易擊退追趕至鄉間的阿茲特克人。一路上他得以召募其他心懷不滿的部落，包括喬魯拉人（Cholula）、特佩亞卡人（Tepeaca）和來自鄰近地區的戰士，他們亟欲向墨西加霸主復仇。接下來幾個月間，隨著多艘西班牙船隻從古巴和牙買加駛抵，以及前行軍伍不斷占領奴役整座村莊，科爾特斯在短時間內掌控龐大人口。沒隔多久他已在謀畫奪回都城。

不過他的第一要務是奪回黃金。在首個臨時營地集結軍隊時，科爾特斯明白看出他們拿取了不少寶貴貯藏。即使在此流離情況下，士兵之間以金錠交易、賭博並激烈爭奪。科爾特斯發布公告命令士兵交出拿走的一切財寶，否則要繳交高額罰金。他告訴士兵，如有必要他會動用武力收回，而在全數統計完成後，他會讓他們保留當初設法運走的三分之一。「科爾特斯的這道命令似乎確實錯得離譜。」一位西班牙人埋怨[142]。畢竟在倉皇逃離墨西加都城時，他曾力促他們付諸行動，盡其所能拿取，士兵也在獲得黃金如今屬於他們的種種保證後照辦。一位王室書記官在場明文記載。

但是還有其他更急切的問題。一場狂暴戰爭迫在眉睫，如今科爾特斯和他的軍隊在匱乏度日與搏鬥砥礪下，蓄積的所有怒火都將釋放，他們按照謀略一路打回特諾奇提特蘭，隨所到之處夷平帝國。直至一五二一年八月、科爾特斯迫使夸烏特莫國王投降之際，已有眾多西班牙人的跳動心臟從胸中被扯出，數千印地安人屍體滿布於通往湖上璀璨城市的路面。但是在那幅屠宰場景象裡，科爾特斯將以英雄人物之姿現身，於歐洲獲得顯赫地位，受到他的國王重重嘉許——成為每位西班牙征服者效法的典範。

貴為神聖羅馬帝國皇帝的西班牙國王卡洛斯一世，在科爾特斯大舉征服墨西哥後野心迅速增長，正是在那幾年裡他決定改動紋章，讓象徵君王權位的兩隻傲立黑鷹如今雄偉盤旋於赫克力斯之柱[143]。卡洛斯國王為紋章加入一句訓言**「超越極限」**（Plus Ultra），不僅意味著他使神聖羅馬帝國向西航越**「過此再無一物」**（non plus ultra）*，那中世紀傳說裡的至險邊緣，「超越」後的世界也成為帝國的領地、搖錢樹與遊樂場。旺盛野心與那時代的迷信結合[144]——即上帝會饒恕為羅馬天主教會（Church of Rome）帶來信徒的所有手段，無論多麼殘忍——這片沃土滋養了興盛的征服美洲行動。西班牙征服者的目標是金屬財富，不過他們的原動力是改信基督。如同十六世紀偉大作家羅培・德・維加（Lope de Vega）所描述：「打著信仰的

---

*刻在赫克力斯之柱上的警語，說明此處是已知世界的盡頭。

口號，他們前去尋找白銀與黃金。」[145]誘惑難以抗拒，託辭無懈可擊。激勵人心的戰吼「聖雅各！衝啊，西班牙！」（Santiago! Y cierra, España!）[146]在每次進擊或搏鬥開始時喊出，至少在他們心中喚起昔日壯盛高貴的聖戰。它保證賦予掠奪更崇高的動機：為了榮耀上帝。它使貪婪顯得輕緩。

為什麼不呢？此時教宗儒略二世（Pope Julius II）穿戴全副盔甲縱馬上戰場，並且販售「贖罪券」（indulgence）資助聖戰，這紙證明文書向任何買得起的人承諾免入煉獄，成為富人樂見的寬慰。顯然教會已明瞭自身需要金條，且將動用任何手段募集。畢竟要興建一座聖彼得大教堂（Basilica of Saint Peter），還有必須弭平一場宗教改革（Protestant Reformation）。時間將證明，卡洛斯國王與羅馬的緊密聯繫對教會和西班牙形成互利關係。隨著國王的海軍侵吞印地安人的財富，並且建立種植園、礦坑與興盛的殖民經濟，使得西班牙與天主教教義在權力和統治層面攜手茁壯。僅有巔峰時期的拿破崙一世（Napoleon I）和阿道夫・希特勒（Adolf Hitler）曾經號令更廣的歐洲幅員[147]。然而西班牙的統治將持續擴展至東方與西方的遙遠角落，從美洲一直到菲律賓，如同神聖羅馬帝國皇帝樂於稱道的，在帝國領土內太陽永不落下。如此一來，卡洛斯國王的權勢終將超越亞歷山大大帝（Alexander the Great）和尤里烏斯・凱撒（Julius Caesar）。但那持續進展的行動不僅奪取黃金，也需奪取白銀。還要拿下秘魯。

第四章

白王的小徑

阿塔瓦爾帕提過他們生火照亮一座小山，那把火熄滅後，山裡有熔化的白銀[1]。

——佩卓・皮薩羅（Pedro Pizarro），一五七一年

也許你會猜想，西班牙征服的綿長領土從阿根廷延伸至科羅拉多州（Colorado），這番蔓雜事業是由數百位背景迥異的要角所打下，但是實情並非如此。繼承哥倫布大業、將美洲大部分區域收歸西班牙統治的征服者們，是由一群想法相近個體構成的緊密圈子，其中許多人在埃斯特雷馬杜拉熬過艱困少年時代，一些甚至擁有血緣關係[2]，多數人都在如出一轍的現實環境下受養育。發現太平洋的巴斯可．努涅茲．德．巴波亞；征服阿茲特克人的埃爾南．科爾特斯；征服古巴的佩卓．德．阿瓦拉多，他也在墨西哥協助科爾特斯，接著繼續征服大半個中美洲；征服印加人的法蘭西斯可．皮薩羅；發現現今智利的佩卓．德．瓦迪維亞（Pedro de Valdivia）；探索亞馬遜叢林並發現現今厄瓜多的法蘭西斯可．德．歐瑞亞納（Francisco de Orellana）；從佛羅里達州至阿肯色州探勘印地安人領土的埃爾南多．德．索托——他們全都出身西班牙西部貧窮、常遭乾旱、炎熱至極的高原地帶，彼此相隔不到五十英里。關聯著實令人驚訝：巴波亞聲稱，他跟德．索托出生在同一間滿布灰塵的小屋。從皮薩羅的出生地到科爾特斯童年時期的家，一日騎程輕鬆可抵。誠然，皮薩羅、科爾特斯和歐瑞亞納皆為遠房表親，且為同一支遠征隊效力。將皮薩羅和科爾特斯帶往新世界的總督尼古拉斯．德．歐萬多，也與兩人結為親戚。巴波亞成為指揮官的女婿，科爾特斯則是其妹夫。但或許這群人之間最堅定的關係，要數他們皆為戰火下的孩子：他們的父親、叔伯、堂表親戚曾與義大利人、法蘭西人、摩爾人作戰，使他們全都繼承強烈的忠貞之心與戰鬥精神。征服美洲實為同袍兄弟的事業。

如同偉大的拉丁美洲征服史家約翰・黑明所記述：

> 從事這些冒險活動的人並非傭兵：他們沒從遠征隊指揮官手裡獲取酬勞。他們是一群心懷發財夢航向美洲的探險家。在征服初期，這幫亡命之徒的一切報酬必須來自印地安人本身。他們是期盼能輕易洗劫的掠奪者。他們的食物與個人服務來源，即為他們想劫奪的印地安人……西班牙探險家彷彿成群獵犬，遊盪於內陸腹地嗅尋黃金氣味。他們滿懷蠻幹野心航越大西洋，隨後填滿狹小的沿岸殖民地，期盼扮演本地人口的寄生蟲而能致富。[3]

因此遠離家鄉、血緣相繫、受個人野心驅使的這群人，顯然一清二楚彼此的成功與失敗。皮薩羅縝密研究過科爾特斯的征服策略，他一一細讀堂弟降服墨西加帝國所採用的每個進退抗衡[4]。一五二二年皮薩羅初次聽聞科爾特斯的驚人奇遇時，他是一位喜怒不形於色的可靠軍人，坐擁寬廣地產，也是巴拿馬最富裕的居民之一。他靠著征服珍珠群島（Pearl Islands）贏得總督佩卓里亞斯・達維拉的信任。他曾逮捕自己的上司巴波亞以證明忠誠，並使長官接受嚴厲刑罰。他曾掠奪村莊，為了有利可圖的奴隸貿易捕捉印地安人。但是皮薩羅年近五十，依然聽命於他人，等待命運之門猛然敞開並賜予莫大獎賞。那機會於一五二三年來臨，當時巴斯克人（Basque）同僚帕斯奎・德・安達戈亞（Pascual de Andagoya）從一趟探勘之旅回到巴拿馬，他南下至於今哥倫比亞境內的聖胡安河（San Juan River）。安達戈亞說起差點獲取的巨大財富，只要比他曾抵達的最南端再往南去一些，並且描述自己如何「發現、擊敗並招降了秘魯（Pirú）」[5]。安達戈亞遇見的秘魯是一位好戰的酋長，統治科查馬（Chochama）一帶荒野，並且發動凶暴戰役攻擊他[6]。遭擊潰後秘魯變得對安達戈亞大有助益，教他認識此區域並告訴他關於南方強大「白王」的事，酋長說，白王的龐大帝國充斥著金屬財富。儘管安達戈亞功績顯赫，在這片大陸上建立穩固據點，並且自我任命為卡利（Cali）和波帕揚（Popayán）翠綠谷地的治理者，戰爭與疾病使他耗弱返歸巴拿馬，虛弱至無法重回秘魯的國度。

皮薩羅長久渴盼的機會就此開啟。關於秘魯（如今此名代表巴拿馬以南的所有土地）及其強大富裕白王的傳聞使皮薩羅振奮不已，他打算買下安達戈亞的船隊，且在鎖定明確目標下探勘此區域[7]。但是時間對他不利，卡洛斯國王已委派斐迪南・麥哲倫（Ferdinand Magellan）尋找一條海路，通往夢寐以求、位於亞洲的香料群島，而在一五二〇年，麥哲倫的船隊繞經巴西，航抵從安地斯山間往南曲流的一條大河。他們將其命名為意指白銀之河的拉普拉塔河（Río de la Plata）。麥哲倫也曾聽聞傳說中的帝王：瓜拉尼印地安人提過一位君王，他的王冠、飾品和紋章皆由閃亮金屬製成，最精緻的物品則以白銀打造[8]。不過縱有葡萄牙人沿河突襲，四處都找不到白王。

儘管如此，在羅馬的叛亂洗劫[9]中賺進大筆財富的佩卓・德・門多薩（Pedro de

Mendoza），於一五三五年航向美洲大陸最南端尋找白王的黃金。不過他找到的是梅毒與饑荒，他的人馬最終陷於布宜諾斯艾利斯（Buenos Aires）的沼澤地，啃食腳上靴子的鞋底。然而無人因此卻步。追尋財富的士兵繼續受到賽蓮海妖的白銀之歌所迷惑，其中尤以皮薩羅為最。如同許多同路人，皮薩羅主張自己是為信奉天主的西班牙效勞，把基督信仰帶給蒙昧無知的印地安人——當時政治正確的簡化說辭。但是皮薩羅身為世俗財富競賽的狂熱參與者[10]，跟所有前人一樣著迷於白王的傳說，而且他深知無論是誰率先抵達，那人將為自己贏得傳說中的事物。

皮薩羅已經走了一大段路，以人類處境及海上路途來衡量皆是如此。出生時是一位低階貴族和女僕的私生子[11]，被剝奪較高出身普遍所受的教育，他整個少年時代都在養豬。不識字，且終身都將維持如此，可是遺傳自父親的特質使他長得高大、強壯、自信十足，很快他就夢想著豬圈泥濘苦工以外的生活。十六歲時皮薩羅逃往塞維亞，那地方的失敗者會去做水手，還有一條瓜達基維河（Guadalquivir River）魅惑地奔流入海。不到一年，他決定仿效父親的從軍榜樣，報名為斐迪南國王的軍隊作戰，然而哥倫布冒險經歷的消息已點燃他的想像。受到當時的狂熱激起雄心壯志，皮薩羅隨後加入總督歐萬多的船隊，且於一五〇二年航向西班牙島。五年內，船上一半戰友死去，全西班牙島本地人口因戰爭和疾病遽減，皮薩羅卻不知如何設法活了下來。事實上他得心應手，精通捕獵黃金和奴隸此等艱辛的征服事業。他得以發揮所長。

皮薩羅積極參與對西班牙島內陸印地安人發動的頻頻突襲，輕易證明自己的軍事才能。他勇敢而頑強，施展高超手腕攻破桀驁難馴的本地人，並且強迫他們到礦坑工作。原為深受總督歐萬多信任的私人護衛，最終轉往巴拿馬，在總督佩卓里亞斯・達維拉身邊擔任相同職位。皮薩羅也許不如同胞科爾特斯和巴波亞一般識字、有學識或聰明，不過他是一位忠心的戰士，搏鬥時十分英勇，且在受脅迫時展現出奇的機智[12]。加上寡言與不凡儀表，他被視為一位天生的領導者。在巴拿馬時他獲得另一項優勢。他的種植園委託監護制（encomienda）如今明確獲利，穀物生長整齊劃一，牛隻生意興盛[13]。他賺進大筆金錢。

最終皮薩羅跟他信任的兩個人聯合經營種植園[14]：不識字的軍人迪耶哥・阿馬格羅（Diego Almagro），跟皮薩羅同樣身為私生子且遭迴避不見，日後以戰士與堅定奴隸販子的身分闖出名號；埃爾南多・德・路克（Hernando de Luque），可能有塞法迪猶太人（Sephardic）血統的神父，富裕、具財務長才且屬總督佩卓里亞斯的親信。三人聯手組成一間公司，合併資產與生意，共享成本並均分所有獲利。我為人人，人人為我。他們依循一項古老的中世紀傳統使協定生效[15]：到巴拿馬一間不大的教堂望彌撒，三方共享聖餐、領受聖體，宣示對彼此永保忠誠。他們決心購買船隻，為超過一百人的船員整配裝備[16]，著手赴秘魯探勘。皮薩羅擔任船長和探險隊指揮官，阿馬格羅負責籌備所有武器和物資，路克則管理他們的資金[17]。無需多久佩卓里亞就被說服批准這趟航行：總督未獲請求為此事業供應分毫，卻得到承諾可在所有發現財寶中占一份[18]。

首趟航行是一場徹底的失敗[19]。選中的兩艘船狀況危弱，不適合這項任務——有艘破舊的雙桅帆船，自負地取名為聖雅各號（以西班牙的聖徒命名），以及一艘嘎吱作響的小卡拉維爾帆船在旁隨行。他們在一五二四年十一月十四日輕快入海，船上載著一百一十位西班牙人、幾個印地安人、四匹馬和一隻作戰犬，航程中沒有風[20]。皮薩羅滯留在珍珠群島岸邊，等待北風將他們吹往南方，但是接下來三週皆被迫在此空等，補給品逐漸減少。當船員設法撐離海岸，飄忽無常的風將他們推往一片紅樹林沼澤，那正是安達戈亞開始往內陸探險的起點。然而在此期間，他們忍受著使體力漸失的飢餓，成群蚊子侵擾，以及讓人衰弱的熱帶降雨。到了二月，他們連一個印地安人都沒遇到。皮薩羅往內陸邁進，但是荒涼的山區與難以穿越的雜亂樹林很快就使他受阻。他回到海上繼續向南航行，結果找到一處廢棄營地、幾件粗製的黃金飾品，以及食人族盛宴留下的可怕痕跡。

歷經六個月難以想像的飢餓，皮薩羅的船員總計剩下皮包骨的五十人，僅為原來編制的一半。無論皮薩羅動用多少華麗辭藻描述就在前方的金銀，這趟遠征顯然落入嚴峻險境。被蟲蛀咬的船隻開始進水，無法載他們航行得更遠。絕望之際西班牙人往內陸探險，襲擊印地安人的村落奪取食物，但是這項危險任務收穫不豐，最終成為致命行動。印地安人當然會捍衛他們的地盤。他們渾身赤裸、吃人肉，出征前在身上塗抹顏料，配備浸毒箭頭，追蹤入侵者往內陸移動或沿岸行進，帶著敵意交戰。皮薩羅在一次突襲下受了重傷，另一次攻擊使阿馬格羅失去一隻眼睛。最終皮薩羅和阿馬格羅領悟，即使承認失敗需背負種種恥辱，他們別無選擇，只能重返巴拿馬修理帆船，重新展開下次遠征。

一五二六年，正當偉大的瓦伊納・卡帕克率領數千軍伍穿越他的遼闊帝國，神聖羅馬帝國皇帝、卡洛斯一世國王則正鞏固身為天主教世界統治者的權力，挑起一連串戰爭並激發宗教改革；此時皮薩羅第二度出航前往秘魯。船隻幾乎跟第一趟的同樣破舊，行前籌措不易，但是到了最後，在歷經艱鉅犧牲下，閃現一絲希望之光。

那時總督佩卓里亞斯已對此事業失去信心。他自己大舉征服尼加拉瓜的計畫卻遇船隻擱淺，無暇顧及皮薩羅的愚行。像皮薩羅這般的冒險探勘，顯現新設立殖民地潛在的災難性損失。全巴拿馬的西班牙人總計僅有四百位，糧食與補給品有限。皮薩羅一次拐走四分之一的西班牙人口，更別提珍貴的玉米、馬匹、彈藥等儲備品，對於任何一位總督來說都是龐大風險。而那些人力物資通通用在一次占領行動，全奉獻給他可能永遠找不到的財寶。皮薩羅察覺自己只能盡力拼湊一支船隊，從各方面為其辯護，並且遭逢超越他想像的數度危難。

從一五二六年一月啟航的那刻起，遠征似乎注定淪於失敗。佩卓里亞斯的臨別之舉是將阿馬格羅升為另一艘船的船長，對皮薩羅的權威構成刺痛侮辱，並且嚴重傷害他的虛榮心，此後皮薩羅與阿馬格羅之間事事不對盤。航程艱辛，其後數個月他們與美洲原住民一次又一次小規模交戰，繼續往南方推進，沿海襲擊村莊奪取食物，翻搜人們的石屋尋找貴金屬的任何一點蹤跡。這次本地人似乎料到他們會來，激烈捍衛自己的陣地。不過這裡也有短吻鱷和詭異的高燒，在西班牙人穿戴沉重盔甲笨拙穿越難行綠林時，還有無法忽視的飢餓砥礪他們奮力一搏的決心。在五年前安達戈亞自行任命為總督、鄰近聖胡安河之處，皮薩羅成功入侵並擊垮整座村莊，劫走價值一萬五千達克特（ducat）的黃金，以及可供給巴拿馬奴隸市場的一群俘虜。現在有了理由繼續邁進。

可是他的部隊很快就病得無法前進，每週都有三、四人因病或挨餓去世。皮薩羅決定派自己的船往南航行尋找金銀，阿馬格羅的船則北返回巴拿馬增補援兵。他繼續留在荒涼的加洛島（Gallo），跟一小隊衣衫襤褸的隊員同陷於困境。他們趕跑蛇，在樹根間尋找食物，被撕裂夜空的雷擊折磨，續留在那島上又過了糟糕的七個月。幾個深感絕望的人設法在隨阿馬格羅離開的貨物中，偷塞一紙短箋給總督迪耶哥・德・洛斯・里歐斯（Diego de los Ríos）。他們懇求能脫離皮薩羅的無情號令，寫道：「啊，總督大人！看看他們的真面目！在那裡，回去你身邊的是設下陷阱的捕獸人（阿馬格羅）；此處留在我們身旁的是屠夫（皮薩羅）。」[21]當總督獲悉後，他下令全面展開調查皮薩羅的任務。

但是過了幾個月後，皮薩羅派巴托洛梅・路易斯（Bartolomé Ruiz）擔任船長駛往南方的船隻帶回驚人消息[22]。在五百英里外之處，即現今的厄瓜多近海，路易斯偶遇製作極其精良繁複的商隊船筏，暗示有個他在新世界前所未見的無比偉大文明。船長無從得知，不過木筏上的原住民是印加王瓦伊納・卡帕克的子民，當時帝王位於內陸一百五十英里處，正安適享受圖米潘帕宮殿的田園景致[23]。路易斯確切曉得、且手握具體證據的是那群人製造和買賣金屬。

「他們穿戴許多金銀物件裝飾身體……王冠和帶狀王冠，皮帶和手環，腿甲與胸鎧……用銀裝飾的鏡子，還有杯子和其他飲水容器。他們載運許多羊毛和棉質斗篷、襯衣和長袍……他們有量秤黃金的小砝碼，與羅馬的工藝相仿。」[24]

這群印地安人顯得文雅且世故，比他遇過的任何本地人更加友善。他們也載運綠寶石、陶器，以及他在西班牙從未見識過的多種高貴柔軟布料。路易斯明白必須為這次發現留下證明，他跟手下奪取那艘船，並且捕捉其中三位本地人訓練成皮薩羅的通譯；其他人從船上跳入海中，拚命游往岸邊。

當皮薩羅全神貫注聆聽路易斯的敘述，這項振奮發現證實了他長久以來的信念，極其諷刺地，此時從北方傳來截然不同的消息。巴拿馬總督德・洛斯・里歐斯因船員的絕望訊息而深感擔憂，派出一支由船長胡安・塔弗（Juan Tafur）率領的特遣隊，前去追捕皮薩羅的部隊並強迫他們返航。無論是埋怨的短信、或者阿馬格羅船員中其他不滿分子觸動了總督，他堅信那群尋求救援的人應該被帶回巴拿馬。但是倘若有二十人想堅守崗位留在皮薩羅手下，他將批准一艘遠征船。塔弗船長的小隊抵達加洛島時，獲悉沒有一個人願意繼續皮薩羅的任務。他們衣衫破舊、赤足且憔悴，見到塔弗的船隊駛近而欣喜落淚[25]——幾乎像囚犯就此免於苦役。皮薩羅大步出外迎接塔弗，卻遭遞交總督的命令，並得知全體隊員選擇回航的消息。他震驚極了，但是壓抑住情緒[26]。他向來是個嚴肅的人，沉默寡言，傾向粗俗更勝文雅。皮薩羅沉著鎮靜地拔劍出鞘，走向他的隊員，在沙地上刻畫一條水平線。「在那一頭，」他指向等待中的船說道，「是巴拿馬，你們在那裡會是窮人。而這一頭是秘魯，你們在這裡會變富有。讓好西班牙人選擇他的道路。」[27]

長長的靜默籠罩著他的隊員。最終親眼目睹過瓦伊納・卡帕克帝國前景的路易斯，緩緩走向皮薩羅這一邊。一個接著一個，另外十二人也跟過來。由於人數稀少，塔弗堅持依總督之令遠征於此時此地終止，但是皮薩羅明白現在返回巴拿馬不僅丟了面子，也失去有利的立足點。在科爾特斯的勝績後，征服的欲望達到狂熱高點，風聞白王財富的任何征服者必將連忙趕來納歸己有。皮薩羅決定讓路易斯跟其他人返航，跟阿馬格羅碰頭後另找一艘船，設法盡速與遠征隊會合。皮薩羅則留在原處。考量到他和留下的十二人要再度過艱難的七個月，才能獲得補給物資，這實為出奇強硬的選擇。在無法說服皮薩羅之下，惱火的塔弗只好將他和那群死硬分子載往一座無人島，避免受到攻擊的可能，把分配給他們的玉米扔在沙灘上等著腐敗，隨後啟航離開[28]。

得知皮薩羅擅改他的命令，並且僅與寥寥十數人留在野外，總督德・洛斯・里歐斯震怒不已，他起初拒絕派遣一艘增援船隻。但是依然留在巴拿馬的阿馬格羅試著聚集武器和物資，用以支持遠征隊，並且激昂懇求總督，宣判那群西班牙人接受必然死刑是殘暴之舉。最終獲准派遣一艘船，加上明確要求皮薩羅於六個月內返回巴拿馬[29]。皮薩羅與隊員望見船隻駛近欣喜萬分，他們已在那片遙遠水域的荒島上求生超過一年。他們承受痢疾、瘧疾、中暑、營養不良的嚴重發作，但是決絕的意志力和充足的鮮魚使他們悍然生存。少見歷史記載的是，一小群奴隸跟他們同處那片狹小荒涼綠地[30]：有非洲黑人也有年輕的本地商人，在路易斯南航突襲時受到劫持。小島上的本地人價值非凡：他們學會的西班牙文足以擔任通譯。日後得見，他們將於征服傳說中的秘魯扮演關鍵要角。

皮薩羅的堅韌最終獲得回報。他們帶著充足補給、但少了作戰武器向南航行[31]，駛入瓜亞基爾灣（Gulf of Guayaquil）後看見第一座印加城市通貝斯。這裡是圖帕克・印加於一個世代前征服的土地，此後由瓦伊納・卡帕克激戰捍衛。如同路易斯先前遇見的商販，通貝斯的人民熱誠接待西班牙人。他們群聚在岸邊，對於西班牙人的船隻、鬍鬚及使人困惑的古怪行為深感好奇。曾航行至這片海岸的西班牙人顯然察覺，其間一年發生了重大改變。一股不穩定的感覺醞釀潛藏著，一場內戰正在開打。皮薩羅從船上觀察岸邊，派兩個人登陸進城偵察，察看能否找到任何物質財富。兩人各自帶回值得關注的報告：第一個人說有一座堡壘，裝滿驚人的金屬財寶且受到六道牆保護。第二個人告訴皮薩羅，本地人從沒見過像輕火繩槍（arquebus）那樣的武器，他們詢問時，他一槍擊裂厚木梁作為示範。火槍的威力使印地安人驚愕，當鉛彈呼嘯擊往目標時，他們於極端恐懼下跌倒在地。

這正是皮薩羅需要的情報。他和他的手下名副其實處於偉大文明的邊緣，「與其餘人類完全隔絕數個世紀的發展產物」，一位觀察家這麼形容[32]。這裡也有路易斯目睹過的閃耀金屬：西班牙君主垂涎已久的白銀和黃金。不過，即使這新見的文明多麼複雜世故，一聲槍響就使秘魯人民屈膝就地。

此後歷史迅速開展。皮薩羅的六個月特許期限即將截止，他必須連忙返回巴拿馬。皮薩羅深知自己的情況就跟科爾特斯相仿，違抗總督後無法再仰賴他的支持。他在回航時下定決心，盤算著把自己的計畫直接帶往塞維亞。返抵的幾個月內，他登上另一艘開往西班牙島的船，再從那裡奔赴西班牙，往上尋求國王的恩准。皮薩羅在一五二八年夏天抵達塞維亞，有群印地安人和駱馬隨行，攜帶他沿著海岸搜刮積累的財寶。縱然不識字，皮薩羅雄辯滔滔且富說服力，是個天生的夢想編織者，而他講述的英勇冒險故事和等著人去領取的璀璨獎賞，成功讓宮廷人士聽得入迷。

卡洛斯國王被這位嚴肅的征服者說動了，並且昭告宮廷。一年後，皇后代表夫婿封皮薩羅為貴族，賞賜一塊侯爵領地，並且恩賜他著名封號「托雷多的降服者」（Capitulación de Toledo）。由此他終生成為那片遙遠領土的總督，有權在六百多英里的海岸線探勘、征服與強制移居，範圍從現今的厄瓜多國境北緣、一直到南端與秘魯接壤處。阿馬格羅和路克獲得的賞賜少得多：阿馬格羅受封為通貝斯城指揮官，路克則為城中主教。隨著時間流逝，兩人受的冷落將惡化到致命的程度。但是對於降服者而言，最根本的是關於黃金的規定：在遙遠秘魯發現的所有貴金屬，均無須依慣例繳交五分之一王室稅給國王，而是僅僅上繳百分之十的稅款。因此，在那片土地尋找黃金的誘因遠勝印地亞斯的其他任何地方。獲得更大更多利益的誘惑，即將界定人們征服印加時抱持的精神，以及世世代代後美洲的未來。

皮薩羅的最後一擊

閹割太陽！那群陌生人正是來做這件事[33]。

——奇蘭巴蘭之書

皮薩羅決定直接引起在位者的關注，伴隨著一道奇特的好運：同一時間科爾特斯恰好身在托雷多。憑著天生的魅力和迷人的自信姿態，科爾特斯深深打動國王與皇后，他們興致盎然聆聽多采多姿的描述[34]。墨西哥征服者擔任總督已近十年，他在新世界的日子並不愜意[35]，貪婪、冷酷且極度濫用權力的控訴困擾著他。但是在這裡，置身托雷多的沙龍之中，他毫不費力與人交談，以墨西加的財寶贈禮取悅宮廷仕女[36]。到那時，龐大到令人生畏的白銀河已經開始從墨西哥的礦坑流入國王的金庫[37]，使科爾特斯遭控的踰矩行為普遍受到寬容。那筆財富也激起法蘭西的嫉妒，公開鼓勵公海上的法國私掠船加以劫奪。科爾特斯並不羞於誇耀自己的征服戰利品，為了戲劇效果拜倒在卡洛斯面前，將墨西哥的廣闊土地及所有的物質財富獻給這位年輕君王。此番姿態對國王並非沒有效果：墨西哥的領土比他統治的整個歐洲還大，超越從加那利群島到多瑙河（River Danube）的範圍。科爾特斯獲授許多榮譽頭銜，成為名聲攀升至巔峰的英雄人物，為蓄勢要擊敗偉大文明的所有征服者立下根基。他跟皮薩羅會在托雷多的鍍金廳堂見面本是自然之事。

科爾特斯的母親是皮薩羅家族一員，必定使這兩位遠房堂兄弟相遇時產生親近感。此外，他們都曾效力歐萬多率領的遠征隊。倘若未曾數度碰面，他們至少在托雷多見過對方一次[38]。如同部署在印地亞斯的其餘每一位西班牙人，科爾特斯聽聞過傳說中的秘魯國度，他想聽皮薩羅親口講述更多冒險經歷。縱然兩人差異鮮明，他們之間的會面進展順利：皮薩羅沉默寡言、不識字、缺乏自在安適；科爾特斯則富有魅力而開朗，是一位嫻熟優雅的寫作者。儘管如此，科爾特斯以他的自信與忠告啟發了堂兄。從阿茲特克人的征服者身上可學到許多：他的策略細節、與敵人間的合作、對蒙特蘇馬一開始的示好、突然的俘虜、勒索白銀和黃金，並且巧妙塑造人們的帝王仍在統治的幻覺。那麼顯而易見地，皮薩羅的征服將一絲不苟切合科爾特斯的勝利。較難理解的是，相隔遙遠距離且各有歷史傳承的兩個偉大文明，為何會以相同方式臣服於一樣的策略。

事實上，儘管有眾多表面上的相似點，墨西加人與印加人的差異有如埃及與羅馬間的不同[39]。儘管蒙特蘇馬致力緊縮自由，他的帝國已演化成一個高度都市化且極富創業精神的社會。中美洲是由各個競爭群體和市場組成的繁忙網絡，擁有以銅和可可為基礎的貨幣體系。另一方面，瓦伊納・卡帕克的帝國近似鄉村，如鷹巢般盤踞山間，高度集權，唯一近似貨幣的事物是勞役。墨西加邦聯擁有自由貿易，可買賣金屬，並且允許某種程度的社會流動。然而印加人的太陽帝國由統治階級霸占一切金屬與權力，牢牢掌控所有物品，使庫斯科在實質與比喻層面皆為大地之臍。

皮薩羅的運氣絕佳，因為至少在一小段時間裡，在他獲賜不受限權力的那片土地上，科爾特斯的策略確實可行。從一五一八至一五三〇年，在這絕無僅有的十年空窗期，西班牙擁有一項獨特優勢。印加和阿茲特克統治者受到共通的兩難處境所困擾：他們的疆域擴展得失去效率、叛亂滋長，被太多忠於原本部落的分子撕裂。甚至有一種征服者不曉得自己具備的無聲武器，加劇了社會失序。天花是西班牙人傳來的禍害，像一條動作迅捷的蛇環繞初次涉足的半球，從一個部落蔓延至下一個部落，大幅削減印地安人口。那是一次迅猛的致命入侵，在西班牙人一腳踏上那片南方沙灘前就已發生。

艱鉅挑戰依然存在。皮薩羅也許遠眺過通貝斯，甚至把印加珍寶握在手裡，但是他並不真正了解這片大陸的居民[40]；已知的是科爾特斯為他重現的生動情景，而那地方與此相隔一個半大陸之遙。皮薩羅不曉得都城庫斯科的名稱，或者那城坐落於內陸一千英里處，周圍有連綿雄偉山巒守護。他不清楚這個文明不像阿茲特克人那般擁有眾多神祇，而是僅有一個至高無上的存在；受人崇拜的帝王被尊為太陽的直系後裔。皮薩羅也不知道瓦伊納・卡帕克的姓名，他是統治王國的印加王，廣闊領土長達三千英里、寬數百英里，範圍從哥倫比亞南部到智利的中心點[41]，也從亞馬遜叢林直抵大海。但是於一五三一年底皮薩羅多帶了四位家族弟兄，一支有兩百士兵、戰馬、戰鬥犬的軍隊及充足彈藥航向那片土地時，印加人確實陷入混亂，正如遭逢科爾特斯的阿茲特克人處境。

瓦伊納・卡帕克已逝，淪為無情疫病的受害者，那場瘟疫將神化身的帝王與奴隸一概消滅。他的兒子阿塔瓦爾帕和瓦斯卡爾分治北方與南方，困於爭奪權位的激烈戰爭中。被印加人征服的部落飽受壓抑、侮辱與剝削，將王室紛爭視為叛離的機會。因此在皮薩羅踏上印加的荒涼海岸、目睹殘缺屍體於樹梢搖擺時，正是這機緣巧合的不穩局勢撼動著秘魯。他進軍卡哈馬卡（Cajamarca），迎向與印加王注定不幸的初次會面。

在最初與印加人接觸的書面記載中，西班牙人熱切尋求的金屬閃著亮光：渴慕的黃金懸垂於耳際，打家劫舍時奪走的銀製藝品，墨西哥富產的錘製銅塊。他們一路劫奪鄉閭，拿出看家本領——奴役本地人，奪取村莊的食糧與財寶，收編忠貞的不滿分子。當阿塔瓦爾帕派遣一位貴族前去調查傳聞中的逼近群眾，使節回報：「約有一百九十人，包括九十人左右騎在馬背上；他們是群懶惰的搶匪……從海上來的蓄鬍盜賊，他們騎著大型的駱馬而來，像（可怕的部落人民）科堯（Collao）騎的那些。」[42]他們難以管束、不順從命令且骯髒。比起一幫粗暴的野蠻人，阿塔瓦爾帕有更多問題得煩憂。他們是群惹麻煩的人，僅此而已。根據記述，「他覺得他們不算什麼。」即使如此，他有興趣見見他們。他允許他們繼續前行。

西班牙人終於在一五三二年十一月十五日星期五抵達時，阿塔瓦爾帕不在卡哈馬卡。繼續與瓦斯卡爾血腥作戰前，他前往數英里外的休憩行館歇息、齋戒、泡溫泉。皮薩羅命令弟弟埃爾南多・皮薩羅（Hernando Pizarro）和船長埃爾南多・德・索托率領二十四名騎兵奔向行館，向君主稟告身分。透過一位通譯，他們詢問西班牙人能留宿之處，以及皮薩羅何時可望面見君王。

他們見到阿塔瓦爾帕坐在庭院中央的一席奢華椅凳上，令人生畏的護衛和僕人簇擁在他周圍。由於擔憂自己的性命，西班牙人從未下馬。帝王似乎完全不關心這群蓬頭垢面的騎士，以及他們猛噴鼻息、難以駕馭的馬匹。他以一種充滿鄙視的聲調，斥責他們在鄉間掠奪並洗劫他的糧倉。但是當埃爾南多・皮薩羅提議將西班牙兵力轉往對抗瓦斯卡爾，他的聲調明顯改變；阿塔瓦爾帕旋即召喚僕人為西班牙人端上一種儀式飲料。那是印加人喜愛的發酵奇恰酒（chicha），裝在精緻的黃金高腳杯裡呈給兩位騎士。也許是目睹如此清晰的印加財富證明而興奮不已，也許擔心酒飲裡可能下毒，西班牙人翻轉手裡的黃金杯，把奇恰酒潑灑在地。阿塔瓦爾帕感到驚訝震怒，但是年輕的皮薩羅和德・索托設法緩解難堪場面。他們帶著三則重要消息返回卡哈馬卡：首先，一支龐大軍隊護衛著帝王，軍容整備且洋溢著勝戰氣息。第二，呈給他們的黃金高腳杯做工細緻，意味著無比財富與卓越的冶金繁複技術。然而最讓法蘭西斯可・皮薩羅興奮的消息是第三則：阿塔瓦爾帕安撫他們，說自己將於隔日回到卡哈馬卡。印加王替自己設下了陷阱。

阿塔瓦爾帕十足自信於西班牙人不造成威脅，因此不疑有他就接受來訪者的保證。他懶得下令武裝士兵。單就人數來看，印加軍隊確實具有壓倒性的優勢。當漆黑夜色籠罩卡哈馬卡，西班牙人蜷縮在廣場上的營區，設想著將臨的會面場景而渾身顫抖。他們居高往外察看，只見谷地裡整齊羅列一排排發光的白色軍帳，營火從旁閃爍，「有如群星雲集的明亮夜空」[43]。先鋒部隊估計阿塔瓦爾帕的軍隊近四萬人，不過他們這麼說是為了減輕擔憂。在皮薩羅一百七十人部隊眼前的陣仗顯然不少於八萬人。而且他們在鄉間橫行時，也曾見過那群戰士施展殘忍行徑的證據。「我親眼看見，」皮薩羅的表弟佩卓憶述，「許多西班牙人在渾然未覺下，恐懼至極而在當晚尿溼褲子。」[44]

隔天阿塔瓦爾帕朝向他們行軍時，眼前那片谷地上演的壯觀景象，占據了西班牙人全副心神。約八千位秘魯人亦步亦趨，排列完美隊形行進，金銀頭飾在傍晚的日光下閃現光芒。他們邊邁步邊歌唱，聲音在山谷中迴盪。當暮色開始使地景拉出長影，他們踏進了城市廣場，那是一處約五十英畝的寬廣空地，周圍是長排的低矮建物。阿塔瓦爾帕高坐於有著銀扶手的巨大座墊，由八十位盛裝的貴族扶抬。映現微光的黃金薄板和豔放多采的鸚鵡羽毛環繞著他的座位，頭戴印加王的傳統王冠：垂著紅色流蘇的環帶繫於額頭，錘薄黃金製成的雞冠在頂端顫動。一條沉重的綠寶石項鍊在他的寬廣胸口發光。他是一位年約三十的俊俏男子，身材魁梧，舉止莊嚴，有一雙反常的充血紅眼。

阿塔瓦爾帕詫異地發現西班牙人沒在廣場等他到來，心想也許自己的強大軍隊把他們嚇跑了。事實上，西班牙人全副盔甲與鎖子甲備戰，伏於馬背躲在大型建物裡或隱身窄巷。他們之中最高大的厲害砲手佩卓．德．坎迪亞，則在廣場最深處的宏偉高台後方把風。困惑不解的阿塔瓦爾帕停下前行的座墊，大喊：「他們在哪裡？」[45]

率先現身的是修士文森特・德・瓦維德（Vicente de Valverde），他帶著其中一位年輕通譯快步走向帝王。修士一手高舉耶穌受難像，另一手握著祈禱經書，他邀請阿塔瓦爾帕下墊與皮薩羅總督共進晚餐，但是帝王並未上鉤。他告訴修士，在西班牙人賠償於王國撒野時竊取或消耗的所有物品前，他不會改變心意。接著瓦維德開始揚聲朗讀詔令，此為征服者的法定呼告，宣布卡洛斯國王是他們的新任統治者，耶穌基督是他們的救世主，並且警告任何抵抗行為都將遭到嚴厲處置。通譯盡責地把那些話轉譯為克丘亞語。心煩意亂的阿塔瓦爾帕中途打斷他，怒吼說自己的人民不需要新統治者或神靈。他問修士手裡拿的是什麼，瓦維德上前把經書遞給他。印加王把書拿在手裡，卻未能順利開啟。修士不曉得在太陽王面前需遵從的嚴格禮儀規範，伸出手協助，急怒之下阿塔瓦爾帕重重揮打他的手臂。帝王成功按開書冊後，他略微掃視幾頁就把經書怒摔在地。驚恐的通譯少年快跑上前撿起，交還修士。

瓦維德憤慨不已。他攏起長袍衣褶，回頭匆匆走向皮薩羅。「你沒看到剛剛發生的事嗎？」他盛怒說道[46]。「拿下那些畜生敵人！進軍！我赦免你！」那正是皮薩羅需要的挑釁舉動。正當阿塔瓦爾帕站在座墊上命令護衛準備撤離，征服者示意砲手將砲彈射入廣場。西班牙人騎馬或快步衝出建物，大喊對抗異教徒的古老戰吼：「聖雅各！」面對這波猛攻，秘魯人毫無武裝和防禦準備，被刀劍火槍當場擊倒，迅速遭到屠殺。皮薩羅的首要目標是生擒阿塔瓦爾帕，如同科爾特斯擄獲了蒙特蘇馬。他試圖把帝王拉下座墊，在貴族勉力繼續緊抓住座墊之際，揮砍他們的手掌與手臂。即使如此，印地安人竭力扛住他們的王，用流血殘肢抬著他。「他們的努力徒勞無功。」一位編年史家記載[47]。「他們每一個人都遭屠殺。」混亂與殘殺愈演愈烈，最終阿塔瓦爾帕失衡倒地，皮薩羅得以從身後將他制服[48]，押入一棟建物。

愈發驚慌的秘魯人試圖逃出廣場，但是城門太窄，無法容納好幾千人同時通過。落後的人輕易死在征服者手裡。沒被踩死的人被斬首或槍殺，逃脫的人在田野間遭追逐，身體被長矛劃開。如同阿塔瓦爾帕的姪兒蒂圖・庫西・尤潘基（Titu Kusi Yupanki）所描述：

> 他們用武力把他拉下座墊，將墊子整個翻倒，奪取他的權位象徵物（insignia）與頭帶，即我們視為王冠之物，並且押他為囚……廣場四周被牆圍住，全部的印地安人像駱馬一般困在裡面。人數眾多且無法逃出，也沒人有任何武器——他們沒帶，因為對西班牙人抱持輕視看法；他們身上只有彈弓（sling）和儀式刀器……西班牙人把他們殺光——用馬匹，用劍，用火槍——如同人們屠殺駱馬的方式，因為沒人能保護自己。在一萬多人之中，逃出的不到兩百人。當所有人都死了以後，他們把我的叔叔阿塔瓦爾帕帶往監牢，整夜綑綁住他，脖子套上鎖鍊。[49]

只花了比兩個小時多一點的時間[50]，天光尚存之際，全部隨行隊伍盡遭殲滅。從頭到尾沒有一個印地安人曾舉起武器對抗西班牙人。屠殺結束後數千人喪生，橫屍廣場或卡哈馬卡城門外的曠野。一息尚存者跛了腳或失去手臂，留在倒地處失血致死。得知帝王遭拘為人質，駐紮在山谷中的軍隊憂懼不已，他們距離事發地點只比一英里遠一些。嫻熟戰鬥且完成備戰的好幾千戰士在那裡，但是他們無比驚愕、群龍無首且不願發動攻擊，以免他們的神王反遭報復殺害。

其後，皮薩羅將阿塔瓦爾帕俘虜於營地時，印加王被問到何以如此軟弱、如此信任對方。他面露哀戚微笑回答，自己預期的結果迥然不同[51]。他打定主意要奪取西班牙人的馬匹，那是他最欽羨的資產。他計畫飼養、駕馭馬群，並且用來對付敵人。他會把幾個西班牙人獻祭給偉大的太陽神，其餘則全數去勢，貶為宅中粗工或侍奉後宮的閹人。至少一位歷史學家推斷，印加王不可能設想會有別種情況[52]。他正被勝戰沖昏頭，統治著他身處的世界。此外，西班牙人怎會甘冒重大損失風險，孤注一擲於一項自殺任務？取勝的可能性擺明對他們不利。阿塔瓦爾帕也想不到他們會在毫無預警或挑釁下率先發動攻擊，甚至在他與皮薩羅的象徵性會面之前。他所目睹或聽聞過關於基督徒的一切，全都歸入預設的雜亂無章。這是種懶惰的傾向。他沒想到會有火槍與鋼刀。

皮薩羅的第一要務是取得黃金。他挾阿塔瓦爾帕作為實質上的傀儡，在自己控制下發號施令。皮薩羅藉此解散在谷地待命的大軍，遣士兵回家並奴役不從者，迫使帝國面臨新的嚴峻現實。「西班牙人制服所有英勇崇高之士，將我們貶為奴僕（yanakuna）。」一位印加歷史學者寫道[53]。印加人的複雜社會階層在一夜之間崩塌，再不曾恢復：阿塔瓦爾帕的朝臣被迫擔任雜役；女性則遭到蓄意侵犯，包括隔離生活的處女太陽貞女（aclla）在內，造成長久延續的猖獗性虐待文化[54]。沒帶女人隨行的西班牙人任意侵占她們，不受限地與她們交合，於是孕育出新的人種：麥士蒂索混血兒。自始至終，征服者心中最掛念的是他們能帶回家的財富。皮薩羅的部隊突襲阿塔瓦爾帕的行館與軍營，將所有金銀橫掃一空。在近乎語無倫次的狂喜中，埃爾南多・德・索托搜刮「價值八萬披索的黃金，七千白銀和十四枚綠寶石。金銀滿布於樣貌駭人的塑像，大大小小的盤、壺、罐、盆與巨杯之中。阿塔瓦爾帕認出這些是他的餐具，並且表示逃離營地印地安人帶走的器物比這多上許多」[55]。

卡哈馬卡遭到洗劫，挨家挨戶搜查一切發光的物品。死者被剝除頭飾和珠寶，生者被迫交出更多。西班牙分隊騎往鄉間，要求交出所有貴金屬，所到之處村莊盡焚[56]。阿塔瓦爾帕渴望重獲自由，迫切程度如同皮薩羅之渴求財寶，他很快就發現擒拿者對這些璀璨物品的興趣，遠大於為卡洛斯國王效力或強迫改信基督教。他了解自己不過是邁向此迫切目標途中、利用完即可捨棄之人，他們殺了他繼續推進僅是時間問題。阿塔瓦爾帕急著想挽救自己的性命，提出著名的贖金：一個龐大房間堆滿黃金直頂天花板，另外兩間裝滿白銀[57]。皮薩羅熱切地答應。

阿塔瓦爾帕顯然認為，全國的金屬製品相對於他的自由僅是微薄報答。他也相信皮薩羅會信守交易——他會收下戰利品返鄉。印加王命令人民依序拆下寺廟與宮殿的財寶，在嚴格監督下帶往卡哈馬卡。背負帝國金銀而步履沉重的駱馬連月湧入廣場，西班牙人則驚嘆自己的好運。在西班牙掠奪新世界的過往三十五年間，從未想像過如此壯觀的財富，更別提親眼目睹。哥倫布的種種夢想與科爾特斯的橫徵劫奪全加在一起，也及不上這般景象。光是位於庫斯科的神聖庫里康查太陽神殿，就從牆面劈下一噸半的黃金，並由奴隸背負、或乘於獸背前去勘查險惡的安地斯山徑。瓦斯卡爾將阿塔瓦爾帕的敵人視為朋友，提議送給西班牙人更多金銀，但是阿塔瓦爾帕從手下間諜聽聞此事，派出兩位將領與四十萬大軍前去阻止。不久後瓦斯卡爾遭到殺害，當時他身縛鎖鍊正要被帶去見皮薩羅[58]。

由於醞釀中的內戰及秘魯難以穿越的地形，將財寶填滿房間的時間比阿塔瓦爾帕預期中更久。他忍受長達八個月的絕望俘虜，盡力回應皮薩羅的要求，並且給予奉承承諾。他向總督保證不出兩個月就能給付贖金，亦即他將於一五三三年一月中獲釋，但是到了五月金屬仍在搬運。六月時，不斷增加的戰利品形成龐大的藝品與裝飾品收藏，共計七噸黃金與十三噸白銀。沒有一位印加人會為其固有價值而看重這成堆的珍寶，但是任何一位歐洲君王都渴望收歸自己所用。截至一五三四年，估計西班牙征服者已從卡哈馬卡和庫斯科等城，搜刮出十公噸的二十二克拉黃金和七十噸的白銀[59]。以現今市值來看，這次掠奪總值近五億美元[60]。

閃閃發光的戰利品由皮薩羅親自進駐隔壁倉室小心看護，沒有其他西班牙人能染指。過了幾個月，他命令當地金匠開始把白銀熔製成方整的銀錠，如同十年前科爾特斯對墨西加人的指示。他們從六月開始熔化黃金並鑑定純度。每一天，印地安金屬工匠被迫將數千件傑作，製成一錠錠便於搬運的四分之一噸金銀條，摧毀他們原本耗費心神達致的藝術高度。工作在七月中完成，除了留下幾件物品當作呈給卡洛斯國王的證據，珍品無一倖存[61]。從爐中產出的精純金屬錠刻上王室標記，確保百分之十的貴金屬收益分開放置以便上繳君王。

在此期間，總督的弟弟埃爾南多・皮薩羅銜命去尋找印加財富的源頭，即金銀礦坑，並且打劫位於帕查卡馬的古老造物主神殿（Temple of the Creator God）。結果在帕查卡馬只見黑暗無邊的洞穴、可怖的獻祭石板與一群詫異的祭司；其中有位祭司被派往卡哈馬卡，為了未能保護阿塔瓦爾帕以示負責。不過礦坑完全是另一回事，它們在印加人的世界扮演有限角色，如今卻成為來日世界最重要的一切。到埃爾南多・皮薩羅歸返回報發現之時，贖金已收取，阿塔瓦爾帕已遭絞殺，阿馬格羅則帶著更多軍隊和新的要求抵達加勒比海，不過未來的道路清晰明亮。西班牙與印加帝國的相會將激發一波貴金屬的流動，相似景象在舊世界罕見。從秘魯和墨西哥大批湧入的財富，將促成全球資本主義的誕生，建立歐洲的財政能力，激發亞洲的商業欲望，並且使未來數世紀的拉丁美洲社會動力（social dynamic）趨向兩極對立。

波托西

一五四五至一七〇〇年

石頭上堆著石頭而基座殘破？煤炭上積著煤，埋於深處的可是眼淚？金礦中點火，在那黃金裡顫動的可是一滴鮮血？[62]

——巴布羅．聶魯達，《馬丘比丘之巔》（*The Heights of Machu Picchu*）

征服美洲的偉大文明——印加、馬雅、墨西加與穆伊斯卡——為西班牙帶來深遠影響，並且隨著時間擴及整個世界。追尋財富的粗獷士兵搖身變成富裕地主；愈來愈大批的冒險家與王室監工湧入此半島，為自身和君王贏取更多財富。到了一五四二年美洲劃分成兩個副王轄區，各自直接向國王稟報：新西班牙副王轄區（Viceroyalty of New Spain，由北美和中美的殖民地組成，也包含委內瑞拉和菲律賓群島），以及秘魯副王轄區（Viceroyalty of Peru，占據從巴拿馬到巴塔哥尼亞〔Patagonia〕的整個南美大陸，僅委內瑞拉和屬於葡萄牙的巴西除外）。仍有大筆金錢可賺取，更多榮耀與特權可網羅：為了變得更富有，迪耶哥．阿瓦拉多（Diego Alvarado）從科爾特斯到皮薩羅身邊。埃爾南多．德．索托離開秘魯，去佛羅里達尋找更龐大的財寶。法蘭西斯可．皮薩羅變得富裕非凡，分配到秘魯所有掠奪品的五分之一，最終達致能夠提供個人貸款給國王的地位[63]。埃爾南．科爾特斯的廣大地產使他成為墨西哥最富裕的權貴[64]，範圍從索諾拉沙漠（Sonora Desert）的沙地直到拉坎冬（Lacandón）的雨林。貪婪具有感染力，隨之而來的是猖狂剝削。無論金、銀或銅在何處現蹤，本地人口被迫挖掘更多、產出更多，他們置身的惡劣工作環境，若在印地安統治者眼中會判定為無法忍受。初期征服者以耶穌之名審慎實施、針對虐待人類的任何約束皆中止，此外由於印地安人被殺害的數目驚人，活躍的非洲奴隸販運由此開啟。從一五〇〇至一八〇〇年間，進入美洲的黑人是白人的五倍之多[65]——他們全都以人類之身淪為私人財產。

征服者與奴隸很快就了解，黑人更適合在田野工作，到蔗糖、藍靛染料（indigo）、可可和咖啡種植園勞動；桶狀胸的安地斯山區居民在高海拔採礦時獨具優勢，那裡氧氣稀薄，寒風從不間斷。於是由遠方主宰的需求決定如何形塑社會景觀。就像印加人為了大萬廷蘇優的軍事和工程需要迫遷所有人口，如今西班牙將其金屬與商業野心強加於此半球，目標是要被征服人民盡可能開採最大量的礦產。在威逼之下，美洲原住民地位低下，與家人分離，集中至殖民者下達命令的任何地點勞動。然而，從某方面而言，奴隸也牢牢掌控住他的主人：十六世紀中期時，西班牙經濟幾乎完全依賴墨西哥和秘魯的礦產，及美洲印地安人的勞動力。從新世界蓬勃湧入的金銀條資助了卡洛斯國王的戰爭，創造從巴拿馬到北京的興盛貿易，並使西班牙轉變成金錢的產鑄地，藉此驅使歐洲邁入現代。

隔絕於世的拉丁美洲原住民文化輝煌了數個世紀，如今在他們從不知曉存在的地區，成為變革的根本動力。印地安人迅速領悟自身完全無關緊要，是他們立足的那片大地成為受人垂涎的商品。在接下來的五百年裡，形同大地血管的礦脈將被抽乾，五臟六腑被開採、提煉並運往他處。起初征服者執迷於黃金，那不可企及的黃金國妄想——頑固堅信一則神話，認為在這塊大陸中央某處有豐沛金礦等著他們。但是情況很快就變得明朗，印地亞斯最能揮霍的資產是白銀，而礦產藏於地底深處。沒別的地方比波托西更能彰顯，白銀熱是如何狂飆至近乎失控。

傳聞於一五四五年一月的嚴寒夜晚，當地礦工迪耶哥・瓦爾帕（Diego Huallpa）從波爾科的西班牙採石場啟程，停在波托西的赭紅色山腹生火取暖。早晨時分，一窪熔化的白銀聚集在營火的悶燒餘燼周圍。意外發現使瓦爾帕興奮不已，他設法在接下來幾週裡挖出一堆礦石，卻也旋即體認需要幫助來大量開採、運送他的祕密發現。一位前來協助的工人同僚假定瓦爾帕會均分獲利，最終對於分成起了爭執，為了報復，他向西班牙監工透露此幸運發現。此後不久，波托西開始大規模的挖掘。

自皮薩羅踏足秘魯土地僅隔十餘年，征服者就在當地建立完善制度，用以開採金屬礦產並且迫使本地人口到礦坑裡挖掘。黃金珍稀，但是白銀充足。數量多到在未能找到鐵礦下，人們被迫以寶貴白銀作為馬蹄鐵材料[66]。一位征服者在與印加人作戰時下巴被炸掉，後來他用純銀重造下巴[67]。一五四〇年代墨西哥的薩卡特卡斯與塔克斯科銀礦產量極盛，很快就讓西班牙掌控了歐洲的銀條市場。不過印加礦工與墨西加礦工不同，他們擁有數百年的採礦與混汞法（amalgamation）提煉經驗，結果在波托西湧現一股白銀榮景。

移民從歐洲各個角落蜂擁至安地斯山區盼能致富，或至少從群聚在塵土飛揚、岩石環繞地帶，日益富裕的大亨身上分杯羹。礦工與監工身邊旋即出現商人與工頭（mayordomo）、裁縫與蕾絲織工、家具木工與玻璃吹製工、歌手與舞者、貴族仕女與娼妓。到了一五七四年，世界上絕大多數的白銀由穩定供應的印地安俘虜和非洲奴隸生產，其中大部分開採自波托西里科山的紅色陡峭山腹，再將全部礦產熔製成西班牙里爾銀幣（reale）。騾隊和駱馬車隊在高原上排成長列，越過高聳山巔，跋涉五週抵達太平洋的海港卡亞俄（Callao）。接下來，嘎吱作響且老鼠為患的船隻將寶貴貨物載往巴拿馬西岸，白銀若非從那裡沿著海岸上行運至阿卡普爾科（Acapulco）和維拉克魯茲，就是橫越叢林前進加勒比海岸。白銀在卡塔赫那（Cartagena）搬上加雷翁帆船後，航越大西洋駛抵塞維亞，經過一番恣意揮霍後，得來不易的銀條經由倫敦或阿姆斯特丹的銀行，迅速流入波蘭、君士坦丁堡和俄羅斯商人手裡。

當拉丁美洲的白銀在歐洲市場快速流通之際，墨西哥和秘魯的殖民地猛然增長為廣闊的西班牙副王轄區。為了牢牢掌控本地人民，征服者剝奪他們的一切權力，把教堂蓋在他們的神廟上，宮殿蓋在原本的統治者居所上[68]，並將勞動力轉遣入礦坑。科爾特斯和皮薩羅的征服，很快就開採了這個半球白銀總產量的百分之九十[69]。在接下來兩個世紀的歷程中，單單波托西就運出四萬噸白銀礦產到歐洲。整個拉丁美洲則為歐洲銀行注入十三萬六千公噸的白銀，高達全世界產出量的百分之八十。貨運量如此龐大且價值高昂，單單一艘加雷翁帆船的載貨可能價值兩百萬披索，為了保護船運在公海上免遭海盜侵擾，超過六十艘船的浩大護衛艦隊成為必須。危機持續潛伏，海盜獲利豐厚，由於其政府鼓勵掠奪，英格蘭和荷蘭私掠船迅速創造蓬勃買賣。在海盜之中最為惡名昭彰者，或許是英國探險家法蘭西斯・德瑞克（Francis Drake），他航行於加勒比海，拿非洲奴隸換取菸草、糖和棉花，卻隨著白銀熱增長將目光投向更南方。他打劫從波托西橫越內陸的騾隊，他在貨物搬上船時攻擊卡塔赫那的港口，帶著船運所能負載的眾多銀條脫身。白銀在歐洲是如此受到渴求，以致女王伊莉莎白一世封德瑞克為爵士，獎賞他的劫奪功績。

起初由美洲原住民挖掘、其後產自非洲人之手的白銀，隨著這番流動成為全球資本主義的先鋒，最終也將歐洲北部推入工業時代。但是這也可能是為了全球獲利採行種族剝削的第一宗重大案例。黑皮膚的人種生產金流；白人獲取利潤。激烈的神學辯論旋即於歐洲興起，爭執西班牙征服的正當性、對待當地人民的方式，以及原住民族的本質[70]。畢竟他們是人類吧？或者，如同歐洲長久前對非洲黑人的認定，他們就跟黑人一樣是無感知的勞役牲畜？但儘管辯論表現出崇高道德，事實證明一切只是空談，極端的剝削持續發生。最終塞維亞通過禁令以減輕虐待行徑，但是征服者只不過刻意忽視並繼續橫虐，導致生於義大利的教宗保祿四世（Pope Paul IV）親口怒斥西班牙人為「異端與分裂教會之徒，受上帝指責，這群猶太人與馬拉諾人的後代是世界上不折不扣的敗類」[71]。英國人和荷蘭人喜不自勝地宣揚此等汙衊。

到了一五七〇年，隨著英格蘭設法克服宗教寬容問題，伊莉莎白女王審慎放眼海外商業之際，西班牙已經跟中國做成獲利高昂的貿易——全以新世界的白銀為根基。每隔六個月，就有高達兩三百萬披索從阿卡普爾科航向馬尼拉和澳門、日港，合法與非法生意皆有[72]。三十年後，該數據翻成六倍。在波托西探測到一處礦脈，就能激起足以橫越太平洋的經濟榮景，結果是亞洲城市開始蓬勃發展，從買賣中獲利[73]。一位旅人記載東南亞的國際市場無比興盛，使得在馬六甲的港口能聽到八十多種語言。運白銀到東方的船隊，回程載著絲綢、瓷器、檀香木和象牙，於是墨西哥和秘魯白銀大亨的華麗宅邸裡塞滿中國和日本藝術品，在那個時代看來十分荒謬[74]。連在不牢靠醫院休養的受傷水手，都拿著明代瓷盤吃飯。

到了一六〇〇年，波托西的人口可比倫敦和東京，人口密度勝過喧鬧的威尼斯港，無疑是西半球最大的密集城區。可是卡洛斯國王口中的帝國的城市（Imperial City），也以酗酒、鋪張與放縱墮落聞名。距離瓦爾帕在營火裡的發現僅隔十一年，為了慶祝卡洛斯國王繼任者腓力二世（King Philip II）的加冕，波托西舉辦一席狂野貪歡的盛宴，延續二十八天並耗費八百萬披索[75]。十七世紀中期，麻薩諸塞灣殖民地（Massachusetts Bay Colony）仍為一處剛起步的殖民地、正竭力維繫在美洲的薄弱控制時，波托西已產出大量豐足白銀，讓城市的名字載入文學經典：塞萬提斯在他的不朽經典作品《唐吉訶德》（*Don Quixote*）中，發想出「富如波托西（Vale un Potosí）！」[76]的用語。沒別的事物比南美洲土地上的紅棕色山峰更加顯赫、生氣勃發且充滿希望。

貪婪掀起下一波貪婪。為了善用自己的成功並擴張收益，腓力國王需要礦工——人數多多益善。一五六九年，他派副王法蘭西斯可・德・托雷多（Francisco de Toledo）赴秘魯實施更有效率的勞役制度。最終托雷多採用西班牙在加勒比海建立的歸皈村制度——將所有原住民人口遷往需要勞役之處。最初的論點是為了使異教徒改信基督教，西班牙人必須瓦解本地傳統、摧毀現有文化並破壞一切部落關係，但在現實上傳教村是便利的方式，能集中原住民從事群體勞動並強迫他們效忠。為了統籌管理西班牙現今需要的龐大白銀產量，托雷多恢復古老的米塔制度，印加人即利用此制度脅迫被征服者替他們耕作，修築他們的道路，幫他們打仗。

托雷多在波托西實施的米塔制，成為西班牙殖民地中規模最大、最嚴苛的勞動剝削制度。住在秘魯至阿根廷間兩百平方英里土地上、年齡介於十八歲至五十歲的所有男性原住民被迫離家[77]，身縛鎖鍊步行越過高原，強制進入波托西的礦坑做苦工。有些人逃離這種命運，但是多數人在幾無抵抗下適應[78]，一如他們習於印加人代代施加的大舉迫遷和重稅。儘管做法上有諸多熟悉感，然而在印加人統治下採礦從未如此無情[79]。各種工作是輪流赴任；米塔制有工作之間的停歇；實施時有一定程度的寬容。儘管如此，在印加人逐漸了解征服者不可一世的貪婪時，西班牙人也體認到印地安人的逆來順受，於此過程成為關鍵因素。在整個美洲，除了非常少數的例外，只要除掉原住民領袖、肅清貴族，接著再擴張原已存在的壓迫，一切就不成問題。征服者強力、迅速瓦解複雜的社會階層，全數納入毫無權力的下層階級。在西班牙看來，新的社會秩序代表令人望而生畏的勝利；對原住民而言則是一場災難，一次種族滅絕。如同一位印加貴族向他的擒拿者所哀嘆：

> 閣下，我是這些人民的領袖……可是自從基督徒踏上這片土地，我卻受到許多侮辱。從前我們是貴族，現在我們是奴隸。基督徒不只要我們服侍你們，如同我們曾受服

侍——視為崇高人士與軍官——而且如今我們被貶為單一的卑微階級。你們要我們所有人背負你們的貨物，為你們砌磚，蓋你們的房子，做你們的工人，收割你們的田地。試想是否真要如此痛苦不公地對待我們。[80]

相同的制度最終強制要求本地人到致命的汞礦工作，開採混汞法所需的水銀。原住民不僅被迫在波托西的溼冷難行空間裡敲打礦石十二個月，也遭迫赴萬卡韋利卡（Huancavelica）可怕的聖塔巴巴拉（Santa Barbara）汞礦多做兩個月苦工，地點在一千英里以外，位於今日的秘魯。多數人終身束縛於那些礦坑，他們的妻兒亦然。身陷冰冷漆黑的水銀豎井之中，礦工可能會掉牙、失明，並且在劇烈痛苦下英年早逝。當他的屍身腐化，墓裡可見成窪水銀[81]。婦孺伸腳攪動水銀時，全部人口面臨滅絕風險。使人們置身如此險惡處境顯然意味著送去屠殺。大批印地安人遁往山中，寧可挨餓或凍死也不願受汞礦荼毒[82]。母親打斷孩子的骨頭，好讓他們不適合進礦坑工作[83]。儘管行事嚴謹，印加人不曾讓他們的苦工承受如斯恐懼。一六三〇年代造訪聖塔巴巴拉的一位神父，形容汞礦好似「活生生的死亡景象，永恆地獄的暗影」[84]。兩個世紀後情況幾未改善，一位途經此地的英國士兵認為，被迫進入礦坑無異等於宣判了死刑[85]。許多傳教士會說，領主也生活在一個平行存在的煉獄：波托西白銀大亨的腐敗、貪婪、唯利是圖與酗酒，使富裕成了另一種地獄[86]。

一七〇〇年時繁榮的幻夢破滅，波托西漸趨乾涸。富人遺棄里科山的乾萎奶頭，轉往更有前景的礦脈——巴西有一股淘金潮，墨西哥有一波白銀榮景。城市蕭條，陷入自身的可憐陰影。直至一八二五年西蒙．玻利瓦的軍隊終於解放那片土地時，波托西顯然已迅速重重衰退[87]。就像傳說中奧茲曼迪亞斯王（King Ozymandias）的帝國，波托西墜入漫長的破敗，恰使懸於未竟廢墟之上、自得誇耀的城市紋章顯得分外酸楚：「吾為富裕之波托西，受萬王所稱羨。」[88]礦業在此區域未來數個世紀的經歷裡，波托西僅是長串名單中，繁榮後破滅的一員。西班牙率先前來開採美洲的礦藏，並將此財富用於全球市場，但有其他外國人會效法，而貴金屬將持續從拉丁美洲的指間溜走，邁向遙遠海岸。

最終，航向西班牙港口、接著又溢往別處的白銀巨流幾乎未使國家改觀。歷任國王下令將五分之一的白銀用來資助聖戰，對抗日漸茁壯的歐洲新教浪潮。他們用白銀來縱容奢侈享樂的習性、致富友邦、獎賞貴族。當拉丁美洲艱辛採得的白銀用以支付宮廷的每一次突發念想，流動就變成往外、而非輸入。白銀使哈布斯堡家族得以參與席捲歐洲大半個世紀的戰事；進口僅有皇親國戚會用的奢侈品；引起一波通貨膨脹，嚴重到終使西班牙破產。那筆白銀橫財並未帶來工業進步；沒有橋梁、道路、工廠；見不到西班牙老百姓的生活有實質改善。十七世紀的一位經濟學家在金屬匯流高峰時出言惋惜：「在巨大的財富之外，西班牙共和國榨取出極度的貧窮。」[89]那筆「橫財」[90]僅供快意的少數人享有。

最終真正獲得利益的是英格蘭與荷蘭，他們堅定廣傳對於西班牙的負面看法，乘著美洲帶給西班牙的經濟刺激波峰，進展至製造蒸汽機、紡織廠、鐵工廠、造船塢、鑄鋼廠，以及勢力強大的跨國銀行。一七八五年，新近獨立的美利堅合眾國（United States of America）讓美元牢牢定在與西班牙披索等值，用以宣示其經濟野心。到了一八〇〇年代初期，美國也邁入機械化時代。但是西班牙依舊固守農業，從未加入自身曾竭盡全力推波助瀾的工業時代。到頭來，西班牙與新世界白銀的短暫邂逅，實際上或許促成無可改變的衰退，而非助其鞏固權力。隨著帝國財富四散離去，終使國家在可見的未來變得貧窮，而且讓西班牙掌控外的領土致富，而國王卡洛斯一世的誇大訓言「超越極限」由此獲得新的意義。

主礦脈

一八〇〇至一八二四年

一個人建立獨裁統治並非為了革命護航；一個人掀起革命則是要為獨裁奠基[91]。

——喬治·歐威爾（George Orwell），《一九八四》（*Nineteen Eighty-Four*）

直至一八〇〇年代，拉丁美洲才認定必須掙脫束縛自身三百年的君主政體，可是在半個世紀前，法國啟蒙運動（Enlightenment）思想家孟德斯鳩（Montesquieu）已闡明了解放的邏輯。「印地亞斯和西班牙也許是同一位統治者下的兩股勢力，」他在一七四八年寫道，「不過印地亞斯是主角，西班牙則僅為配角。使主角束縛於配角是無意義的政治作為，印地亞斯將永遠是更令人信服的力量。」[92]除了西班牙雇用的雜役以外，所有人都逐漸明瞭：拉丁美洲勞工是活力盎然的時代精神，彷彿發電機或有求必應的精靈，使遠方的國王致富，讓整個歐洲轉變成一架經濟引擎。重點在於人民，那些力量、後援與勞動，美洲再也不需要西班牙。

最能深切體認這道理的要數克里奧爾人（Creole）——西班牙語稱為「los criollos」，這群生於美洲的富有白人負責管理礦坑、經營莊園（hacienda）並製造財富，卻在本國政府裡既無真正權力也沒有聲音。數世紀以來，殖民統治一直嚴格掌控在西班牙使節、商人或中階公務員手裡，他們除了生於西班牙土地以外幾無可取之處。在美洲擁有深厚根源的克里奧爾人即使聰慧且受過教育，必須服從於一群不斷輪替來去的較低弱主宰。僅有在西班牙出生者獲准治理、貿易、擁有店鋪或販售貨物。沒有美洲人受允許在街頭兜售營利，更別提種植葡萄、建立葡萄園、釀造烈酒、栽種菸草或橄欖樹。西班牙全面猛烈打壓美洲的創業精神，不容忍任何競爭並且對美洲的自主強加殘暴管制，因為強迫殖民地連最基本的必需品都得向西班牙購買，使其每年賺取相當於數十億美元的收入。

克里奧爾人得以見證別處正在塑造不同的歷史。他們在北美的同類人擺脫了掠奪主宰，掀起一場革命並且獲得勝利。在歐洲，法蘭西平民破除現狀，把他們的國王和王后送上斷頭台。轉往南方，如今供應全歐洲百分之八十黃金流通量的巴西，開始對葡萄牙老大的高壓鐵腕感到不耐。唯有西班牙美洲殖民地獨自善盡職責，持續以其龐大的白銀蘊藏助長馬德里的戰事與突發奇想。

到了一八〇〇年，真有一股名副其實的白銀洪流從維拉克魯茲出發、途經哈瓦那抵達加迪斯。在西班牙美洲殖民地的歷史上，從未開採如此大量的礦藏以確保西班牙的存續[93]。將波托西破壞殆盡後，馬德里如今看上新目標——墨西哥，作為王室牢牢寄生依附的豐饒宿主。人們稱為「Veta Madre」的中美洲核心地帶主礦脈，成了新的西班牙財政哺育來源。即使如此，窮盡墨西哥所有的白銀仍不夠：西班牙國王斐迪南七世（Ferdinand VII）察覺手頭拮据，於一八〇四年實施繁重的新稅制，主要由天主教會執行，要求墨西哥礦業大亨規律繳交披索金流充實王室財庫。這群克里奧爾大亨積累的財富可比歐洲最富裕的階級，他們依法供應國王令人眩目的白銀，寥寥幾十年間共計兩億五千萬披索[94]，換得貴族頭銜作為補償[95]。克里奧爾人捨棄金屬財富、掏出私人儲蓄，獲得伯爵、公爵與侯爵加身。但是他們依舊沒有政治權力。

一八〇七年秋天，當拿破崙一世入侵西班牙並擄獲國王，克里奧爾人和拉丁美洲的反叛人士看到一扇機會之窗[96]。眼見西班牙迅速衰弱與陷入癱瘓，他們為意料外的一絲好運振奮不已，為了獨立逐步引燃戰爭，在接下來二十年的多數時光中撼動此半球，即從加利福尼亞一直到南美洲最南端的合恩角（Cape Horn）。但是即使暴力止息，超過十數個共和國獲得解放卻並未催生和平繁榮的時代。自由沒有讓美洲轉變成為自身謀利的巨大經濟力量。情況恰好相反，在革命驅逐西班牙後，勝利的呼聲漸弱，黑人與棕色人種贏得自由、克里奧爾白人又設法從他們手中奪取自由，隨後迎來一個暴力嗜血的時代。沒有黑人與印地安人奴隸大軍就不可能贏得獨立戰爭，該項事實卻遭忽略。革命英雄被暗殺或遭陷至身敗名裂。將軍掌權，剛起步的政府之間開始爭論新的邊界。種族暴行迸發，再被昔日統治的同一批白人以暴力鎮壓。

結果導致宏偉的礦坑全然淪為廢墟。在前一個世紀間，主礦脈的富饒礦層產值達到三億四千二百萬披索，如今被碎石堵塞，豎井遭淹沒而失去用處，礦工因戰爭離散[97]。新世界聞名的金銀礦產銳減至所剩無幾。在安地斯的雄偉山脈，以及秘魯、哥倫比亞和玻利維亞的礦坑無不廢棄或拆毀，首先遇上戰爭、接著是斷斷續續的幾度無政府狀態。秘魯和墨西哥一度是世界的財政引擎，如今陷入後革命時期的混亂局面。墨西哥被殘暴與無法治的循環撕裂，在自由的頭二十五年裡歷經三十八任政府。曾為遭滅帝國不安中心的秘魯，則於日後二十年間擁有二十位總統。

拉丁美洲解放者奉為戰吼疾呼的啟蒙運動原則——自由、民主、理性——被扔到一旁，富裕白人爭搶占據西班牙人遺留的財富與權力。他們奪取一切特權，牢牢不放，使印地安人與黑人幾乎淪於奴隸。如同征服者曾採用印加人和阿茲特克人的獨裁手段，現在克里奧爾人挪用馬德里的君主專制概念。黑人與印地安人革命軍所做的驚人犧牲遭忘卻，膚色較深的種族退回他們被征服後所屬的階級：最底層。

隨著這段艱困的歷史塵埃落定，其餘偏見亦加深。拉丁美洲曾激發連結歐洲、中東和亞洲間的經濟，如今開始被視為西班牙的棘手子嗣；落敗強權難以管束的孤兒。拉丁美洲成為次要角色，不再是更廣大世界的「主角」。在此開展階段需要的是引導與管理，即新的指導者。倫敦金融家爭相提供貸款，使得墨西哥在某種程度上成為英國浩瀚經濟帝國裡的一員。「**我們**鑽入兩大洲之間！[98]」英國外交部長興高采烈地誇口，「投身墨西哥……我們再度將美洲連結至歐洲。」湯馬斯・傑佛遜（Thomas Jefferson）自滿主張美國或許會為自身利益「一步步」奪取拉丁美洲，在逐漸壯大的巨人將飢渴目光轉往南方後開始成真[99]。其餘的進程迅速開展：到十九世紀將盡時，巴西的黃金熱來了又去；安地斯山區的金銀礦產逐漸被錫和銅取代。如今鳥糞——也就是硝酸鹽（nitrate）——成為本地最具前景的礦產貿易；一場戰爭即將開打，爭奪散布於智利至秘魯間太平洋上鳥糞堆積的島嶼。外國投機者蜂擁而入，挑撿剩餘之物。一間英國公司將黑奴關押於米納斯吉拉斯（Minas Gerais）的礦井裡工作[100]，此地是曾為巴西最引人垂涎的金礦位址。其餘英國企業迅速採取行動，接管墨西哥珍貴的白銀礦藏。一八九〇年美國在傷膝河之戰（Battle of Wounded Knee）屠殺國內的印地安人口時，美國企業正投資數億美元於墨西哥印地安人工作的礦坑[101]。在這整個半球，狂熱的種族主義因恐懼凍結僵固，而拉丁美洲又再橫遭一個世紀的掠奪。

第五章

盲目的野心

在歷史的長河之中許多物質曾用作貨幣……唯有黃金與白銀這兩種貴金屬沿用至今[1]。

——路德維希・馮・米塞斯（Ludwig von Mises）

在一世紀的太平洋沿岸，勇武有力的莫切文明定居於此。傳說中莫切人的造物神**艾阿帕克（Ai Apaec）**不由自主地愛上帕查瑪瑪，這位女神掌管大地與地底下蘊藏的所有財富[2]。艾阿帕克是一位生性狡猾的神：身體的一部分是蜘蛛，一部分是爬蟲動物，另一部分來自斑點豹。他行徑殘忍，掛著長長尖牙與永不滿足的活人獻祭欲求，偏愛砍頭顱。不過有些人說他本為生命的起源。蛇從他的耳間盤旋穿出，獸角從他頭頂突伸。蠍子、蜥蜴和螃蟹是他選中的同伴。一條有著鋸齒邊緣的皮帶環繞他的腰間。他是高地的神祇，山嶺與天空是代表元素，但是一如陰與陽、雄與雌之間的關係，他也會被吸引到土地裡的陰暗密徑。

人們說艾阿帕克珍視群山，因為帕查瑪瑪正是在那些山頭上向他招手示迎。人們也說當冬季降臨時他會背叛妻子月亮，縱身急躍入帕查瑪瑪的陰部，穿透沃土與岩石開路，直抵她體內最深處射精。那次結合的子嗣最終將以令人訝異的形式出現：作物豐收、深厚的黏土蘊藏、充滿黃金的溪流。但是從高山通往帕查瑪瑪核心之路並不好走：艾阿帕克必須在暗黑地帶艱難穿行，擊退怪物，向陌生的神靈求和，並且跟他的靈魂動物（spirit creature）建立手足情誼：貓頭鷹、海鷗和禿鷹。

令人驚嘆的是，儘管美洲的古老文化彼此遠遠隔絕，這則傳說的多個版本在不同時間點出現於整個半球。名稱和細節也許有差別，但是神祇的形貌可辨：住在天上的造物神卻受到地底世界深深吸引。例如，在著名的考古遺址奇景查文德萬塔爾（Chavín de Huántar）就有一尊如上所述的神像，由早於莫切一千年的文明所祭拜；這處神殿深藏於安地斯山區，距離太平洋岸的莫切遺跡兩百五十英里。抵達查文德萬塔爾的唯一途徑是沿著漆黑隧道迷宮行走，直到抵達黑暗的中心點。在那裡，神殿半明半暗的鬱滯空氣間，一座高聳雕像有著可怖的臉孔、長長尖牙，渾圓大眼望向天際。他的右手上抬，左手下指，意味著天和地。手指伸長，像爬蟲動物的獸爪。蛇從他頭上的兩個隆起處冒出。他低低繫著一條有著鋸齒邊緣的皮帶。

往北走兩千多英里，在猶加敦叢林深處，一位馬雅神祇有著跟安地斯山區神靈驚人的相似處。他的名字是**基尼奇阿奧**（Kinich Ahau）。這位墨西加神祇有著長長尖牙；一尾蛇從他頭上竄出；他的如爪雙手指著相反方向：右手朝上，左手朝下。他的一雙大眼斜視太陽，金剛鸚鵡是他的靈魂兄弟。他的塑像常有昆蟲環繞頭部。他是地下世界令人畏懼的斑點豹之神，也稱為夜裡的太陽（Night Sun）。然而他也是照亮世界的暗星——急墜落地、下降到大地內裡的耀眼天體，踏上從西向東的地底旅程，到地平線的另一頭再次升起。

還有另一種美洲文化可資佐證，阿茲特克人認為大地是**克亞特利庫**（Coatlicue）女神，在她身上結合了帕查瑪瑪和造物神的特徵。她的衣裙上覆蓋著蠕動的群蛇，她的手指和腳趾似爪，她的頸間有骷髏與人類心臟結成的花飾。蜘蛛、蠍子、蜈蚣與她相伴。生命與死亡在她身上合一；我們的生育之母對於人類獻祭有著填不滿的貪欲。她的乳頭下垂，盡力哺育她終將吞噬的孩子。

拉丁美洲印地安人要挖掘腳下土地時，會感到遲疑自有其緣由[3]。萬物的生命從她而來，也將回歸於她。搭乘小型巴士開上安地斯山嶺間的蜿蜒道路，在通過隧道之前，你也許會看見一位虔誠農人老老實實的下車，沿著隧道外的峭壁邊緣行走，到另一端再上車。不願盲目穿透土地的觀念深植於本地文化根源，巴士裡的其他乘客會耐心以對，他們曉得農人覺得不這麼做是違逆大地之母。

胡安和身旁那群工作夥伴正是面臨此種處境，他們一同置身黃金礦坑，位於礦工稱為睡美人的那座嚴寒山峰內裡。他們的無常家屋坐落於拉林科納達，在那世界上海拔最高的人類居地，僅有不牢靠的錫頂石屋聚落圍繞著阿納尼亞山的高峰。然而縱使置身高處，胡安和他的同伴是活在地底的生物。就像山神艾阿帕克，這群礦工住在空中卻吸吮大地的黑暗核心。

破曉前夕的藍天刺骨而險惡，當黎諾著手為胡安準備早餐，他心中總會有股恐懼襲來。不久後他將深深探入冰封的山腹，弓著背沿山中地道往下走，砍鑿堅硬的岩石。他總是隨身攜帶幾片古柯葉和一點奇恰酒獻給帕查瑪瑪，為自己的冒犯行為告罪。有時他參與威朗查（wilancha）儀式，在礦坑入口屠殺毛色雪白的駱馬獻給大地之母，剖開胸口取出仍在跳動的心臟，將溫熱鮮血塗抹於嶙峋地道口四周，只有男人能由此走入黑暗。在礦工帶領通往睡美人山腹脈層的主地道最深處，他們會看見愛作弄人的礦坑大叔，這尊神像的臉孔既開懷且陰險，提醒他們機運常與冒險相伴，危機可能帶來轉機。在礦坑大叔的施恩下，有朝一日將埋葬他們的落石、壓扁他們身子骨的冰川、使他們遁入永世的爆炸，或許能於今日倖免。這一切災禍終將到來，但是今天他們或許會發現不為人知的黃金礦脈，誰知道呢？礦坑大叔會做出決定。

礦坑大叔是礦坑之神和地下世界的主宰。兩根角從他的頭上突伸，礦工頭燈在他的帽子上發光。他的牙齒尖利，群蛇結於雙臂。他住在地底生物的世界，他是艾阿帕克，也是在夜間爬行、織網的有毒生物。他在大地之母的肚子裡舒適自得，號令採礦生產。自征服初期以來，神父就稱他為主宰礦坑的惡魔[4]，而且為了順應天主教監工的觀念，礦工賦予他一對獸角、羊頭和山羊鬍。但是他並非邪惡化身，他不是基督教傳說裡的墮落天使。就像基尼奇阿奧和克亞特利庫，他半屬光明、半涉黑暗。一半是升起的太陽，一半是夜晚的朝聖者。礦坑大叔可能會拯救一位礦工，也可能讓人遭到湮滅。他有部分是母親，部分是怪物。他是縱橫美洲的神祇。

古老神靈的集體記憶就這麼跨越千年存續，使猶加敦的綠林與安地斯山區的未竟榮景相連。這些迴響也許不會記錄在史書中，因為歷史向來是由征服者訴說，但倘若我們睜開雙眼，證據就在面前。

以西班牙語中代表叔伯的字「Tío」為例。早期的編年史告訴我們，印地安人發「D」的音有困難，他們的語言裡不存在這個音[5]。因此西班牙語代表上帝的字「Dios」常被念成「Tios」，而當礦坑大叔（El Tío）的可怕形象出現在礦坑豎井時，西班牙人將他跟其餘所有地底神祇皆歸為魔鬼。但是本地人的領域並非西班牙人所熟知，本地神祇也不是《聖經》諸神。上述差異或許在如礦坑一般的尋常之地最為明顯。

對胡安而言，礦坑大叔是一尊有用的神像。在命運可能遭逢慘死或一錠發光金塊的陰暗世界，人們需要一位狡詐的神。礦坑大叔深知所有礦工皆為偷生的褻瀆者，這讓他們在每個今天都願意做一位懇求者。胡安總是記得要多留幾片古柯葉，帶一根菸，並且把這些信仰象徵物擺在礦坑大叔腳邊。

黃金板凳上的乞丐

「噢，滿懷金屬與憂傷的秘魯！」[6]

——菲德里科．賈西亞．羅卡（Federico García Lorca），〈給秘魯人卡美拉〉（A Carmela, la Peruana）

近日秘魯發展蓬勃[7]，是拉丁美洲經濟成長最迅速的經濟體之一。在過往數十年間，秘國數度自誇經濟成長率躋身世界最高之林，可比中國和印度的龐大動能。秘魯是世界上產銀、銅和鉛的領先者之一，擁有拉丁美洲最豐厚的黃金礦源，天然氣產量的前景可期，捕撈與販售的漁獲量超過地表上其他任何國家，僅次於中國。

然而再度全面支配秘魯的是黃金，那由來已久的熱潮曾激起征服，使印加人受挫，並且為一個半球立下決定性方向。五百多年後，這股熱潮陷入全然的瘋狂：某種盲目且超越一切的野心，跟推動皮薩羅夢想的野心不同。礦產是這個國家主要的出口商品[8]，亦即礦業為其外匯的主要來源。秘魯急於順應心血來潮的外國渴望，再一次被所能挖掘與運離之物定義。

二〇〇九年秘魯從山嶺和雨林共開採一百八十二噸黃金[9]，創下全南美洲最高的黃金產量。二〇一六年的產量較少。逐年皆見產量下降並不令人意外，因為此種貴金屬在世上相當稀少。「窮盡歷史，」一筆資料記載，「僅有十六萬一千噸黃金經開採，差一點就能填滿兩座奧林匹克標準泳池。」[10]世界上超過一半的黃金供給在過去五十年間開採。難怪金價在這幾年高漲，也難怪跨國企業爭搶著到全球偏遠角落奪取黃金。

但是跨國巨人並非加入搜索行伍的唯一成員[11]。經濟學家估計非法採礦業在過去十年間成長超過五倍，由新崛起的暴發戶打理，例如雇用胡安的業主。此種擴張大多肇因於犯罪組織。調查人員匯報，秘魯的黃金有超過四分之一屬非法開採[12]。不過該數據在其他地方更高：玻利維亞是百分之三十三，厄瓜多是百分之七十五，哥倫比亞是百分之八十，委內瑞拉產出的黃金高達百分之九十屬非法。與此同時，或能使整個國家得益的合法採礦產量，則於這段期間猛烈下降。「非法採礦排擠掉合法採礦。」一位秘魯經濟學家哀嘆[13]。儘管對環境造成破壞，臨時拼湊、簡陋、使用有毒物質的礦坑在繁榮之中占據穩固地位。在當今秘魯，非法採礦的獲利是走私古柯鹼的兩倍[14]。

惡果難以承受。非法礦工在世上這片區域開闢毀滅路徑，穿越生物多樣性的中樞地帶，沒有伐木工、或任何一種需移除林木農業企業家的破壞力能相比。緊接著二〇〇八年全球金融危機的黃金熱潮發生後，光是在秘魯亞馬遜地區礦業砍伐的森林面積，就從每年五千多英畝增加到超過一萬五千英畝，一下成長三倍[15]。破壞並未減少。大片雨林年年因礦業消失，一直都超過其他產業造成的破壞面積。端視你身處亞馬遜雨林的巴西側或秘魯側，相等於五天內砍除一個曼哈頓的面積[16]，或是在一個月內讓整個丹佛都會區消失。只是地球高度仰賴這片狹長的潮溼地帶，對於曼哈頓或丹佛則不然。亞馬遜雨林是不折不扣的地球之肺，棲息世界上超過半數的動植物物種，清除全球排放量[17]，帶走二氧化碳。少了雨林，我們無法呼吸。

可是非法礦工常前往我們其他人不敢涉足之地，亞馬遜叢林即為其中之一。安地斯山區出奇高聳的山腹則為另一處，胡安的老闆就宣稱他們擁有阿納尼亞山的荒涼高峰。這說明了為何光是拉林科納達的礦坑，每年就能產出多達十噸黃金，在公開市場上價值四億六千萬美元[18]。也說明了拉林科納達冰封、險惡山岩上的居民人數，從二十五年前胡安來時的低於一萬人，為何在那之後會以倍數瘋狂翻漲。

現今有七萬生靈活在那高聳如鷹巢之地[19]。其中超過半數在阿納尼亞山的冰凍地道裡工作，大多帶著家人同住，一起為興盛的全球市場效勞。那裡沒有法律監督，沒有仁慈的雇主，沒有政府運作，沒有自來水或下水道系統，沒有善盡職責的警察。年復一年，愈來愈多新進者湧入這片無法紀的營地，攀上使人發暈的山脊，在幾近垂直的斜坡上搭建石屋。他們心懷希望，也許今天就是探得發光礦脈、劈開石牆發現一錠拳頭尺寸金塊的那天。他們心想，自己只需要待到發現黃金那一天。獲得意外之財的故事充沛，足以讓瘋狂的舉動延續。

秘魯人稱拉林科納達的礦坑為「非正式」，即非法的委婉說詞，若無此狀態秘魯經濟將戛然停頓。迄今五十年來，秘魯政府對這偏遠社群日益惡化的情況視而不見，公務人員不願攀登高峰，勇抗寒冷並掌控情勢。連天主教會都已放棄，不再派遣神父。於此期間，原本有著清澈湖泊與魚隻躍出水面的地區，淪為一個彷彿波希畫中的世界，考驗輕信之人。灌木叢消失不見，大地被翻覆攪動。當你走近那遙遠的冰川，眼前已是一幅月球景觀，坑疤滿布散發氫化物氣味的淡赭紅色湖泊。在安地斯山脈這片廊道曾經豐富的水鳥如今絕跡；沒有鳥群在空中振翅，沒有羊駝在山坡上吃草。舉目望去不見青草。臭味難以忍受，那是事物到了盡頭發出的惡臭：摻雜著化學物質的燒灼、腐敗與人類排泄物。即使是永凍土層、呼嘯疾風和暴雪都無法掩蓋那股味道。當你往上攀爬，兩旁盡是龐然垃圾堆和令人呼吸困難的廢墟，身形單薄的人影遊蕩其間撿拾物品。更靠近時眼見看似搖搖欲墜的錫頂石屋，從七十度角的斜坡往外伸出，窄巷裡冒出未經處理的汙水，人排成線進出使山崖滿目瘡痍的暗黑坑洞。沿著陡峭蜿蜒的山徑，你看見數百名身穿寬裙的婦女快步攀上陡坡，翻撿從礦坑豎井飛散出的石塊。年紀大到能走、但尚未掛上吊索的孩童，肩上也背著自己撿的一袋石頭。

一抵達這座山間地獄就幸運找到工作的礦工，必須在零下的氣溫裡勞動，置身令人氣悶的黑暗之中，揮動原始的十字鎬——跟他的先祖在五百年前做的事沒兩樣。在那樣的工作歷程裡，他冒著罹患肺病、中毒、窒息、神經受損的風險。他讓自己暴露於冰川洪水、豎井崩塌、捉摸不定的炸藥和化學物質外洩的環境。光是海拔就使人負擔沉重：在一萬五千英尺的高度，人體可能出現肺水腫、血栓、腎衰竭等危害；到了一萬八千英尺損傷可能更嚴重。為了對抗這些症狀，礦工嚼食成把的古柯葉。跟古代米塔勞役制度下的奴工相仿，他們攜帶裝滿口袋的古柯葉，用來遏制飢餓、減緩疲勞。倘若他們活著回來、改天還能上工，慶祝方式是把自己喝個爛醉。礦工開採的礦石經磨碎、以汞漂洗、在炙熱熔爐中提煉，也許能讓他們的雇主和雇主的老闆發大財；但是對於在那高聳地獄輪迴裡做苦工的大多數人而言，黃金就像璀璨的虛幻天堂一般難以企及。

整個安地斯山區的承包商皆採用卡丘里歐制度，近似印加人曾用以束縛征服部落的米塔制，其後西班牙再整套挪用來束縛印加人。在今日的卡丘里歐制度下，礦工必須把身分證交給雇主，無償勞動三十天。假使他夠幸運，到了第三十一天，他獲准進入豎井為個人收益挖礦，但是只能帶走背得動的石塊。當一名礦工奮力背出屬於自己的礦石，磨碎後念念有詞希冀浮現發光的金粉，他也許會發現自己辛勤勞動的代價有多微薄。還有更糟的，他必須把手中黃金賣給鎮上握有權勢的組織，這群人毫無章法、不受管制喊著「我買黃金！」（Compro Oro），因此盡可能將交易價格壓到最低。平均而言，拉林科納達礦工的每月收入是一百七十美元[20]——如此艱辛的勞動每天賺得五美元，一名礦工平均要養五口人。如果他這個月運氣欠佳，收入可能是三十美元；倘若收穫非常、非常好，他能賺進一千美元。在大多數情況下，礦工就是去山裡挖礦，再把得來不易的錢拿去買醉或召妓，假如回家前沒鬧事鬥毆便是幸運。犯罪與愛滋病在拉林科納達相當猖獗。如果一個人沒被工作害死，刀子或病毒可能殺了他。本地沒幾個礦工活到五十歲。

當我們逗留於巴黎或紐約、甚至是雅加達或孟買珠寶店的明亮櫃檯，難以想像黃金竟歷經一趟恍若幻想出的旅途，過程依舊與中世紀雷同——在五百年來的人類歷史，進步的幅度如此稀少。不過，若說今日的拉林科納達是五百年前的波托西，不變的唯有礦坑裡的磨難。拉林科納達沒有社交名流，沒有到訪的管弦樂團或歌劇名伶，沒有中國明朝的珍寶，沒有倫敦來的裁縫或巴黎來的調香師，沒有進口佳餚，沒有來自加迪斯身穿蕾絲服飾的交際花。這裡只有破舊的低等酒館和妓院，尚未歷經青春期的數千女孩遭受矇騙[21]，從庫斯科或阿雷基帕（Arequipa）被拐來服務迷茫的年輕男人；他們在拉林科納達的夜晚遊蕩，只圖醉到不省人事。普通的妓女開價六美元，姿色非凡的要二十美元。愛滋病和肺結核是本地的常見疾病[22]，暴力即為法治。舉目僅見的黃澄澄之物是滿桶尿液，從高處窗戶往外潑下到滿地泥濘裡，一路流往孩子們涉水玩耍的淺塘。或是一顆能買下一名十三歲處女的微小金砂。醉漢在霓虹燈照亮的夜裡跌撞行走，幼童咯咯笑著失足跌進汙水。年輕女孩站在陰暗骯髒的門口，目光空洞往外望，只盼在清晨之前賺幾票輕鬆交易。沿著路繼續走，鬥毆後有了一具屍體，沒人會指認凶手。黎明之際屍體就會獻給礦坑大叔，他是變換莫測的礦坑之神，也是長著獠牙萬物之神艾阿帕克的現代化身。

像胡安一般的家庭，代代困於黃金的寄望而勞動，在本地的赤貧環境裡生活，靠著撙節度日勉強能煮頓晚餐。世界繁榮並未讓他們的生活變好。秘魯卡哈馬卡金礦的情形沒什麼不同，那是世界上產量最高的金礦之一，由美國巨擘紐蒙特礦業公司（Newmont Mining Corporation）所有；或者在馬爾多納多港（Puerto Maldonado）一帶，目無法紀的礦坑使叢林遭毀、滿目瘡痍；抑或在墨西哥，同樣以黃金礦坑而言，普通的礦工每天能賺十五美元，是拉丁美洲的最高薪酬[23]。在一年就能供應價值近十五億黃金給全球市場的卡哈馬卡[24]，有四分之三的居民過著麻木的貧窮生活[25]。而今，五分之一的秘魯家庭每天僅以少於一美元度日。在庫斯科的外圍區域，澳洲和美國企業忙於探勘秘魯的黃金欲運往國際市場，則有超過半數人口每月所得低於三十五美元。換句話說，拉丁美洲平民也許棲住於世上最有價值的幾處礦產之上，卻如一位義大利旅者在一百多年前所見，傻得像「坐在黃金板凳上的乞丐」。

新形態的殖民主義

一九〇〇年至今

> 生活永遠受到兩個巨人擺布，疏離地處於兩種殖民奴役形式之間，從未真正自由。[26]
>
> ——馬利歐．巴爾加斯．尤薩

沒有一種產業比礦業更能生動彰顯拉丁美洲敘事的特點。從印加人的時代開始，瓦伊納・卡帕克威逼遠方民族進貢「太陽的汗水」來美化宮殿，到皮薩羅向阿塔瓦爾帕索得鉅額贖金才讓他坐上絞刑椅（garrote vil），再到泥土往胡安身上墜落的災難時刻、使他置身的礦坑塌陷並終結他的生命，自始至終敘事不曾改變，相隔千年仍是一樣。居於敘事核心的是異國的欲望，那是一種外來的渴求，一股向外的吸力。印加人、阿茲特克人或西班牙人強加的征服彷彿從未離去，這片大陸依然被外力定義。

礦業也許是最鮮明的例子，卻非突顯此種迴旋的唯一商業活動。試想聯合水果公司（United Fruit Company）謀取暴利的猖狂行徑，一個多世紀以來這間美國企業控制遼闊土地，範圍從加勒比海一直到安地斯山脈。在一九五〇年代，美國國務卿約翰・福斯特・杜勒斯（John Foster Dulles）和他擔任中情局局長的弟弟艾倫・杜勒斯（Allen Dulles）並肩支持聯合水果公司剝削這塊區域的貧民[27]，利用廉價勞力、賄賂政府官員、支配運輸網絡，並將有利可圖的豐富物產運往北美洲和歐洲。當地人稱呼聯合水果公司為「章魚」（El Pulpo），飢餓至極、大肆奪取，給的卻很少。如同先前的殖民強權，聯合水果公司恣意使大批工人聚集於一處，砍伐森林、排乾沼澤，妨礙本地人的權利、打壓勞工抗議，並使所有獲利流入外國人的口袋。現在這間企業更名為金吉達品牌國際公司（Chiquita Brands International）。它最強勁的競爭者是另一間美國商號標準水果與汽船公司（Standard Fruit and Steamship），由約瑟夫・瓦卡洛（Joseph Vaccaro）創立。瓦卡洛是來自紐奧良的西西里籍甘蔗採收商，從擁有一艘船的些許投資發展成龐大事業。他是屬於美國的成功故事，實現白手起家的奇談，可是他的財富仰賴拉丁美洲付出的代價。最終瓦卡洛的船隊從宏都拉斯與加勒比海的其餘務農據點，將椰子、鳳梨和香蕉運往世界各地城市，使他成為一位鉅富。但是諸如水果等收益持續被外國吞噬。那間公司就是今天的都樂國際（Dole International）。

幾乎不見報紙著墨此事，但是聯合水果和標準水果都在營運的國家動用殘暴手段；報紙更緊追不放的是兩家企業間的競爭，而非它們在當地造成的嚴重損害。為了爭相將收成送上遠方的餐桌，他們雇用敢死隊[28]、促發政變，並且在鎮壓任何一絲抗議跡象時導致謀殺與亂象。一九二八年哥倫比亞政府接獲聯合水果經營層的暗示，在平息罷工時屠殺多達兩千名農場雇工，包括婦女與孩童在內。馬奎斯於一九六七年出版影響深遠的小說《百年孤寂》（*One Hundred Years of Solitude*），在書中描述了這樁血腥事件。但是美國企業並非總是倚靠當地人幫他們做骯髒事。在二十世紀的頭三十五年裡，美國軍隊打著「香蕉利益」的名號入侵拉丁美洲二十八次[29]。

南方的其他資源也有需求。其中最主要的或許是蔗糖，由哥倫布第二度航行至新世界時帶回古巴。哥倫布將因強烈的黃金執迷而死，但是他異想天開從加那利群島帶回的甘蔗幼苗，會在三百年內茁壯為南美最重要的農業作物[30]。蔗糖形塑的廣大全球市場，則成為世界歷史上劃時代的人口驅動力量。正是因為蔗糖，數百萬淪為奴隸的非洲人被迫遠離家園載往美洲。也是出於蔗糖的緣故，這個半球的居民被迫遷往他們體質上難以生存的氣候帶。兩百年來，哥倫布移栽的新苗使歐洲人賺取大量財富，國王和金融家都更加富裕，也在身後留下駭人聽聞的暴行痕跡。一位十六世紀的德國旅者記載，女王伊莉莎白一世擁有十分迷人的雙目，牙齒卻發黑得令人難堪，這是過度嗜糖英國人相當常見的缺陷[31]。甜蜜的結晶體處處都受歡迎。糖是倫敦人口中的「潔白黃金」，在緯度較南地帶的名稱則為「奴隸制度之母」[32]。

十九世紀之際，拉丁美洲蔗糖年產量超過六百萬噸[33]，栽種地以古巴和巴西為最，大多在艱辛的工作環境下採收。當今全球蔗糖年產量接近二十億噸[34]，其中半數產自拉丁美洲國家，一直以來僅有進口商藉此獲利。正如一位編年史家在兩百多年前所述：「我不曉得糖和咖啡對於歐洲的幸福是否不可或缺，但是我深知它們造成世上兩大地區的不幸福：美洲人口因此減少，才有栽種的土地；非洲人口因此減少，才有耕作的人力。」[35]

石油的故事在開採史上尤為顯著：一九一二年倫敦與阿姆斯特丹的石油巨擘荷蘭皇家殼牌公司（Royal Dutch Shell）在委內瑞拉鑽得首座商業油井。值回票價的噴湧不應令人意外，這裡是西半球碳氫化合物蘊含量最高的國家[36]，已證實的存量排行全球第五。七年後，殼牌公司買下墨西哥的大量石油儲備。殼牌未在美洲奪取的很快就被標準石油（Standard Oil）占據，那是美國富豪約翰・D・洛克斐勒（John D. Rockefeller）看中的事業。美國的石油短缺勢必引來外國入侵，至少洛克斐勒是這麼看的。標準石油隨後併入埃克森美孚（ExxonMobil）的霸業，毫不客氣地在委內瑞拉、墨西哥、巴西、阿根廷開採石油——任何發現石油的地方都去。不過拉丁美洲自身終究開始對石油產生需求：一九三八年墨西哥總統拉薩洛・卡德納斯（Lázaro Cárdenas）將本地油井收歸國有，以此回應一九二〇至三〇年間墨西哥革命（Mexican Revolution）的暴力排外恐慌。一九七六年委內瑞拉國有化油田，期盼促進經濟成長；數年後對國際需求讓步，直到總統胡戈・查維茲（Hugo Chávez）的革命性執政期間，於二〇〇七年再度國有化。在整個拉丁美洲，石油或許是各國總統不願完全任由國際貿易擺布的唯一商品。

情況並非總是如此，只要他們懷有足夠膽量衝向拉丁美洲海岸，咖啡、可可豆、棉花、橡膠全都成為商人的獵物。在十九和二十世紀，隨著拉丁美洲勉力掙脫殘暴的革命與三百年來的殖民統治，這地區成為騙子、詐欺犯、貪婪資本家和來歷可疑冒險家的遊樂場，相當近似西班牙征服者的時代。這群富裕白人占有征服者留下的一切財富和權力，克里奧爾人從中支持。外國人受到熱切歡迎，獲邀隨心所欲行事，只要錢財流入克里奧爾人的金庫就好。金錢也確實這麼流動。

隨之迎來的是一個躁動的世紀。一九〇〇年代初期，數間倫敦銀行投資亞馬遜的優質橡膠[37]，這項業務每年可賺取五十億美元[38]，然而在過程中有成千上萬居於雨林的印地安人遭到屠殺。美國的經銷商強力涉足咖啡業，號令一代代中美洲人的生計[39]。華爾街金融家資助了一幫商業殺手，他們在尼加拉瓜、薩爾瓦多和宏都拉斯橫加掠奪，強推貸款並霸占生意。他們的代理商恢復了舊日的奴隸制，導致這片地區倒退回數百年前。然而，與西班牙的征服和殖民相異，此時並無印地亞斯委員會那群委派的賢能人士，各自撫鬚定奪他人的生殺大事。美國總統威廉・塔虎脫（William Taft）懷抱歡欣期待之情，鼓吹此種任意爭奪的局面：「標明我國領土的三面星條旗幟立於三個等距之點的那日不遠了：一面立於北極，另一面在巴拿馬運河，第三面則在南極。整個半球都將屬於我國，事實上，基於我們的人種優越性，以道義而言早已屬於我國。」[40]他只不過是在複述三百年前湯馬斯．傑佛遜說過的話。

隨著時間流逝，當美國商人接管土地、港口、海關、國庫和政府，本地人開始質疑那些手法並群起抗議，海軍陸戰隊就銜命出動「以保護美國公民的生命與利益」[41]。在多數情況下，共產主義滋長是檯面上的原因：基於馬基維利主義的論證，美國不會袖手旁觀，容忍實質或意識形態上的外國干預威脅其神授統治。難道門羅主義（Monroe Doctrine）說得不夠清楚嗎？在一八二三年，這項崇高而古老的宣言指陳「這個半球的任何一部分」皆為美國的勢力範圍。冷酷的軍事強人拉斐爾．特魯希佑（Rafael Trujillo）統治多明尼加共和國時，寫下拉丁美洲史上最血腥的其中一段時期，美國總統富蘭克林．德拉諾．羅斯福（Franklin Delano Roosevelt）評論他的話流傳甚廣：「我知道他是個狗雜種，但至少他是**我們的**狗雜種。」[42]誠然，北方強國願意釋放可觀的軍事力量以證明自己掌控大局。一位在拉丁美洲服役、戰功顯赫的海軍陸戰隊少將省思：

我擔任現役軍人三十三年又四個月，身為我國最精銳部隊的海軍陸戰隊一員。我歷經從少尉到少將的所有軍官階級。而在那段期間裡，我多數時間在扮演大企業、華爾街和金融家的高級打手。簡言之，我是一個勒索犯，擔任資本主義的匪徒……我協助維護美國在墨西哥的石油利益，尤其是在坦皮科（Tampico）。在我的幫助之下，海地和古巴成為國家城市銀行（National City Bank）*1賺錢的好地方。我幫忙欺壓了五、六個中美洲共和國……我協助國際金融機構布朗兄弟（Brown Brothers）清理尼加拉瓜。我為美國在多明尼加共和國的糖業利益帶來光明。我協助讓宏都拉斯成為「適合」美國水果公司之地。在那些年裡，我呢，就像待在密室裡商談的小夥子所說，賺了好大一票。我獲得榮耀、勛章、晉升作為報酬。回顧過往，我覺得我可以給艾爾．卡彭（Al Capone）*2一些提點。他至多在三個區從事敲詐生意，我看管的範圍橫跨三個洲。[43]

大英帝國縱然在殖民事務上橫加掠奪，卻未公然從事政治或軍事干預。一位歷史學家這麼解釋：他們不需要[44]。英國牢牢掌控拉丁美洲的資金。英國外交官會確保商業條約對倫敦的金融家有利。他們討好白人寡頭政治家，鼓勵擴張大型莊園，偏好由少數握有財勢的家族掌權，並使長久以來的種族歧視勞役繼續存在。倫敦金融家在歐洲從事大規模的拉丁美洲貿易，他們成為本國政府的實質上的財庫。最後反倒是倫敦的金融區在管理事務、破壞區域獨立、增加國債，並使這些國家完全依賴英國的投機分子。若說拉丁美洲的商品被美國商人榨乾，那麼它的財務資產則是被英國金融家侵吞。

改變於二十一世紀浮現。這要歸功於拉丁美洲上層階級，他們逐漸體認到這片大陸從來就不真正屬於它自己；此外企業老闆總是置身遠處，無法安撫下層階級的不滿。如同一位睿智的十九世紀智利政治家所述：「對於北方的美洲人而言，唯一的美洲人是他們自己。」[45]那是在另一個美洲深植的觀念，即使到了相隔兩百年的今日，人們仍以一種幾近恭維的積怨心態表達此種看法。他們稱呼美國為**帝國**（**El Imperio**），一個遙遠星系的統治者，也是邪惡傳奇人物達斯・維達（Darth Vader）的家園。錢到哪裡去了？帝國，人們點個頭、聳聳肩說。誰煽動政變和革命？帝國，當然了。是誰維持現狀？帝國，如果那是帝國要的。諸如此類。

倘若工廠較慢來到這部分的世界，那是因為在西班牙禁止本地生產三百年後，新近獨立的共和國察覺自身蒙受外國企業的恩惠；而在超過一個半世紀以來，外國企業有系統地阻撓發展。在過去八十年間，南方的美洲國家漸漸試圖開出自己的路，將企業收歸國有，扭轉權力軸心並與亞洲結盟，他們深切體認到，身處遠方的商人就跟駐地的西班牙副王一樣有能耐削弱國力。就像西班牙施行繁重的分派勞役殖民體系，強迫印地安人購買不需要的物品以換得西班牙渴求的金屬[46]，奪取拉丁美洲天然資源的外國機構也期待在當地銷售貨物，換得一些回報。確實在現今的美國出口市場中，流向拉丁美洲占了驚人的百分之四十[47]。那是個創造北美洲數百萬工作機會的市場[48]。

*1即花旗銀行的前身。
*2著名的芝加哥黑幫老大。

這會帶來一種強烈的權力感。當美國在拉丁美洲做生意，那是因為他們預期獲得獨占與完全的掌控，例如智利的阿納康達銅礦公司（Anaconda Copper），或是卓蒙德公司（Drummond Company）在哥倫比亞的煤礦業務。多年來，美國企業毫不容忍來自當地的競爭，或者對其司法管轄權提出任何挑戰。一九七三年智利威脅要國有化阿納康達銅礦[49]，足以構成美國總統理查・尼克森（Richard Nixon）與國家安全顧問亨利・季辛吉（Henry Kissinger）批准轟炸智利總統府的根本原因，導致薩爾瓦多・阿言德（Salvador Allende）下台，並且為軍事強人奧古斯多・皮諾切的就職鋪路。四十年後，美國採礦企業面臨哥倫比亞工人抗爭時[50]，美國總統巴拉克・歐巴馬（Barack Obama）宣告他將派遣「擁有反叛亂實戰經驗的旅長」前往壓制異議人士[51]。過往五十年間美洲的美軍干預例證比比皆是，從墨西哥到巴拉圭皆然。

但是在此過程中，由於公眾的憤慨，帝國收束了這股狂熱。在二〇一二年，亦即歐巴馬總統威脅派美軍赴哥倫比亞導正的同一年，拉丁美洲領袖於迦太基的美洲高峰會（Summit of the Americas）上聯手質疑美國在此區域的名聲。他們呼籲華府撤銷從一九五八年實行至今的古巴禁運，主張那對這個半球造成太多損害，此外「多做點事去對抗自己地盤上的毒品使用」[52]，而非輸送武器和「顧問」到他們的勢力範圍打擊毒品大亨——失敗得一塌糊塗的策略。到那時，拉丁美洲熱切尋求擴大與中國、印度、中東間的經濟聯繫，這些區域的商業往來並不索求政治回報。他們自行掌控方向，為自身的考量決定經濟未來。二〇一五年，美國總統歐巴馬與古巴總統勞爾・卡斯楚（Raúl Castro）一同出席位於巴拿馬城的會議，而歐巴馬在回應時表達迥異的觀點。他像是在致歉般說道：「有段日子我們在此半球的議題總假設美國的干預能免責，那些日子過去了。」[53]

儘管如此，至少在一個層面上，拉丁美洲依然陷於古老的機制。此地仍然延續渴求金屬的傳奇故事，彷彿無法完全擺脫自哥倫布踏上巴哈馬以來將其牢牢掌控的狂熱。舉例來說，巴西是鐵礦產量最高的國家之一，將多數金屬礦產運至海外。最大的出口份額流向中國，儘管中國是世界上名列第一的鐵礦生產國（遠遠超越巴西）[54]，也儘管巴西在討價還價中損失金錢[55]。舊時殖民措施的傳奇故事也綿延不斷，繼續讓其他人大搖大擺地賺取錢財。秘魯也許是世界前十大黃金產國[56]，但是國內壓倒性多數的礦坑並非秘魯人所有。中國、加拿大、美國、巴西、英國、墨西哥或澳洲的企業擁有、管理並營運那些礦坑[57]；出自秘魯人之手、從安地斯山脈或亞馬遜地區掘出的黃金，大多輸往地球的另一側閃耀。誠然，如今亞洲消費著從地球內部挖出的多數黃金[58]。金屬帝國主義——與十六世紀的常見做法並無顯著差異——仍盛行於哥倫比亞的煤礦、巴西的鑽石礦和墨西哥的銀礦，儘管利潤往外流向倫敦、北京、蘇黎士、墨爾本、多倫多、約翰尼斯堡或蒙大拿州的比尤特（Butte）*。如同多明尼加共和國總統達尼洛・梅迪納（Danilo Medina）幾年前所指陳：企業主住在加拿大的巴里克

*阿納康達銅礦公司的所在地。

黃金公司（Barrick Gold Corporation），每從多明尼加鄉間挖掘價值一百元美金的黃金[59]，公司將賺取九十七元而多明尼加人拿到三元。至少在梅迪納看來，「那完全無法接受。」[60]

假使你相信興盛市場與全球消費主義的勝利，或許近乎半個哥倫比亞被跨國採礦公司管理[61]，或是墨西哥礦坑由加拿大人掌控[62]的事實沒那麼令人擔憂，但是繁榮在拉丁美洲留下破壞性後果：汙染肆虐、雨林遭到恣意摧毀、有毒的河流與湖泊、發病率與死亡率上升、童工盛行、遲未改善的貧窮以及飽受摧殘的地景。跟現今在拉丁美洲倍增的非法礦坑相比，少有地方更顯著暴露於全球經濟的黑暗面，不過即使是合法礦坑也證實具有災難後果。單是每向世界輸出一枚金戒指，就必須搬移兩百五十噸的岩石，有一磅具毒性的汞流入自然環境，而且無數的動植物生命將為此後果苦苦掙扎[63]。這不需要出動一位社會科學家或化學家穿越那片荒地來評估代價。

卡哈馬卡
二〇一一年

黃金在化學上呈惰性……其光輝則為永恆。在開羅，以四千五百年前黃金製成的牙橋，到今天還是可以安進你的嘴裡[64]。

——彼得．L．伯恩斯坦（Peter L. Bernstein）

在二〇〇六年，當後九一一的經濟轟然成形，黃金價格隨之飆升。這股趨勢反映一種新的全球波動：儲備持續增加，黃金成為受歡迎的投資標的。諷刺的是，在邁入二〇〇〇年的第一波牛市期間，龐大黃金產業每從利基市場賺取可觀收入，就因這獲利成長而虧欠全球恐怖主義一分感激之情，從蒂芙尼（Tiffany）在第五大道的旗艦店到孟買的家庭自營小店皆然。在令人警醒的九一一事件發生後，三架遭劫飛機衝進華爾街心臟地帶和五角大廈，於是美元開始下跌，黃金價值一路扶搖直上。人人似乎都想要黃金，特別是以珠寶的形式持有，尤以人口正賣力晉升中產階級的國家為最：印度和中國構成最高的黃金需求量，遽增的消費數字驅使金價持續攀升。以每盎司金價而言，二〇一一年九月十一日的全球市場銷售價格為兩百七十一美元，十年後的售價是一千九百二十美元，大幅增長百分之七百[65]。那股榮景同樣促使爆炸般的人口湧入非法礦區。無論金手鐲或金條、從瑞士伯恩到北京皆然，貴金屬被視為不安年代下的最佳保險。

諷刺的是，這股狂熱擴及四百八十年前，皮薩羅出於雷同動機擄劫阿塔瓦爾帕為囚的山谷。儘管在征服者索求下，阿塔瓦爾帕窮盡大萬廷蘇優各個角落為他運來金銀，結果印加人擁有的最大貴金屬蘊藏就在他們腳下。在卡哈馬卡山谷，寫下如此多殖民歷史那片高聳、強風吹拂的地帶，蘊含世界上數一數二的豐富黃金礦層。在美國擁有的亞納科查（Yanacocha）礦坑，全南美洲最大規模的黃金開採正忙於翻挖岩石觸及那片礦層[66]。

有年春天，住在亞納科查周遭地區的村民決心阻擋道路，向毒害環境的企業和掠奪的行徑宣戰。擁有亞納科查礦坑的紐蒙特礦業公司，剛剛宣布在幾英里開外處將有龐大的新開發案，距離印加人最後一次見證自由的那地方不遠。公司將其命名為康加開採計畫（Conga），很可能比拉丁美洲史上任何金礦更加巨大且產量豐厚。丹佛的經理階層估計，每年康加將會為他們生產等值於十億美元的黃金和五億美元的銅。

卡哈馬卡的居民完全不想要這項開發案，隨後他們跟礦坑的武裝保全部隊之間發生一場血腥對峙。五名抗議者被殺，但康加仍然開始動工。

數年後的二〇一一年，僅能維持生計的卑微農人麥希瑪・阿庫納・德・喬佩（Máxima Acuña de Chaupe）拒絕被趕離自己的農地；她的一小塊土地坐落於康加的藍圖範圍內，為開發案帶來不便。在一個寒冷早晨，武裝警力湧入她的土地：她被毆打到失去意識，她的土棚屋被毀，她的家人受傷。紐蒙特公司與秘魯政府聲稱對這起襲擊一無所知，但是手機清楚錄下大膽且殘暴的畫面，足以激起礦工旋即號召罷工對抗美國巨人。他們的埋怨響亮且明確：礦工一直在惡劣條件下勞動[67]。卡哈馬卡居民名列秘魯最貧窮的國民之一。紐蒙特公司不僅占用他們祖先的土地，致使一位無防衛能力的祖母遭到毆打，破壞環境，並且讓他們的孩子被日以繼夜流入河川的有毒物質危害。

不久前一位德國科學家證實，曾經波光瀲灩的卡哈馬卡湖泊已遭氫化物汙染致危[68]；住在那片青蔥肥沃谷地的兩百萬秘魯人如今冒著化學中毒的風險。但是有爭議的不僅是環境掠奪，也有階級剝削的問題[69]。一旦秘魯的黃金被開採、加工並運往國外，秘魯在紐蒙特公司的龐大獲利中僅留下百分之十五[70]。此外，紐蒙特公司每年從那片高地鑿出三百萬盎司黃金（價值三十七億美元）之際，超過半數的當地居民每月靠著一百美元生活。

利馬的官員憂心示威會對秘魯經濟造成更大威脅，召集配備防暴裝備的部隊前往控制情勢[71]，卡哈馬卡的抗議群眾目睹這般不公義而深感憤慨，全國秘魯民眾也立即表達同情。二〇一三年七月四日，身為抗議領袖的天主教神父從公園長椅上被武力帶離與逮捕，並且在獲釋前遭毆打威脅[72]。靠著社會主義陣營選票上任的秘魯總統歐揚塔．胡馬拉（Ollanta Humala），如今以堅定的自由市場信念表示將繼續進行康加開發案，只不過政府會密切監督。換句話說，秘魯的礦業榮景神聖不可侵犯，不容擾亂。黃金擊敗流水，金錢打壓正義，全球市場優先於鄉間貧民。

驚人的是，結果恰好相反。至少在一小段時間裡，麥希瑪．阿庫納占了上風。這位嬌小的秘魯人邀請抗議群眾到她遭人搶奪的土地上，每當有人提問就坦率發聲，拒絕屈服於美國歌利亞巨人[73]。最終她引來幾間國際組織的關注，他們樂於大肆宣揚紐蒙特礦業破壞人權和環境，包括美洲人權委員會、美洲國家組織和國際特赦組織。紐蒙特礦業被迫中止康加開發案的所有進度。陷入停頓五年後，公司最終於二〇一六年四月決定放棄這項開發案[74]。當地人歡欣慶賀，麥希瑪．阿庫納獲頒具有聲望的國際獎項[75]，另有一位紐約新聞記者稱她為對抗礦業巨人的「祖母級狠角色」[76]。不過即使紐蒙特礦業宣告中止康加開發案，位於丹佛的經理階層汲汲營營擴張公司在亞納科查的礦坑，該替代產地可望帶來近十億美元的年營業額，至少能維持五年[77]。幾個月後一群打手闖進麥希瑪．阿庫納家，又把她和她的丈夫痛毆一頓[78]。

拉林科納達
二〇〇二年

我們不呼喊耶穌、瑪利亞、若瑟，也不做畫十字的手勢，因為這地方屬於礦坑大叔那惡魔[79]。

——安地斯山區礦工，一九七二年

黎諾就像是麥希瑪．阿庫納的姊妹[80]，因為兩人說話的方式，她們共有的克丘亞語音調起伏，她們的嬌小個子，她們生活上不可或缺的堅毅態度，強烈的家庭準則，以及安地斯山區當地婦女具有的勤勉工作特點。不過也有差異存在，黎諾在偏遠的鷹巢之地工作度日，高踞山間，僅有非法礦工涉足。麥希瑪住在歷史城鎮卡哈馬卡近郊，那是南美洲原住民落敗之處，曾是兩個世界相遇的地方，白人在此戰勝棕皮膚的人種，至今本地人仍須配合外人。

兩位女性之間有另一項更顯著的不同。儘管她們在同一年出生，黎諾的年齡看起來有麥希瑪的兩倍：她的皮膚在持續烈日下變皺，因寒風而紅腫。她的牙齒崩落。不像麥希瑪，她說話時並不揮舞雙手。她的手粗糙厚實，是一雙屬於攀爬山崖、翻找飛濺岩石之人的手。那雙手像殘破的聖徒遺骨般覆在她的大腿上。她的眼睛曾如閃爍的縞瑪瑙，已變為灰濁。黎諾一輩子都是撿礦石的人，篩選被遺棄的石頭，麥希瑪則是一名農人。儘管拜受雇暴徒之賜飽受毆打，麥希瑪的雙眼明亮，舉止優雅，笑容悅目。另一方面，生活在黎諾身上留下歷歷可見的傷疤。它的肆虐傷害她的臉龐，正如礦坑使人們稱為睡美人的高聳山峰顯得坑坑疤疤。

自從出生在山腹錫頂小棚屋的那天起，黎諾的生活從沒少過煩憂，但是在她丈夫胡安在世時一切還過得去，至少他們能並肩承擔艱辛重擔。胡安在令人喪氣的卡丘里歐制度下賺取微薄收入，而黎諾鑿開石頭難得會發現內藏微小奇蹟，不知怎麼辦到的，他們藉此攢下僅足以餵飽自己和四個小孩的金錢。他們貧窮，赤貧且總是如此，但是在那座小石屋堡壘裡，他們是一體。他們歌唱。

那一切在二〇〇二年的一個降雪清晨變得面目全非。胡安在山間一處遙遠廊道敲碎岩石，不懈地尋查礦脈，此時遠方一塊巨大冰川從上方崩落，撞上山坡，導致胡安正在工作的豎井塌陷。他十一歲的兒子約翰（Jhon）當時在礦坑，幫忙把礫石往外撥。胡安從未向黎諾詳細描述這樁恐怖事件，不過她能想像：冰發出猛然巨響，岩石撞上岩石，瞬間陷入黑暗。接著是令人窒息的塵土和化學物質的臭味，侵入他肺部的每一吋，刺痛他的雙眼。對於那命運交關的時刻，約翰只記得父親的高聲叫喊，當時男人瘋狂地試圖找到男孩——雙膝跪地四處扒找他，擠過碎石，用一種他自己幾乎認不出的聲音呼喊孩子。

兩人設法一路以手挖掘，從壓垮的洞口脫困。他們感謝礦坑大叔的釋放，但是此後兩人再也不同。胡安無法行走，難以呼吸。化學煙霧灼傷他的肺，靠三個男人把他扛下山，他們遇見黎諾從另一頭跑上山徑。她聽見令人喪膽的爆炸聲，岩石隆隆作響飛越滿布孔洞的山，像是某種惡魔的輪盤賭局。她看見厚厚煙塵不祥高懸於礦坑入口，黑色尾巴飄入寒冷天空。黎諾絕望地四下環顧尋找兒子，歷經心驚膽跳的一刻後發現他尾隨著父親，茫然無助，奇蹟似的毫髮無傷。但是大難不死的胡安罹患印地安人稱為**著魔**（susto）的驚恐症狀：一種就此支配靈魂的恐懼，一種永不消失的驚慌。

日子一天天過去，孩子看得出父親身上籠罩著一道陰影。胡安的身體狀況明顯惡化。過去他總在拂曉前出門，跋涉穿越冰雪與泥濘，在礦坑深處努力不懈。現在他的雙腿膨脹成原本的三倍大，使他失去平衡、困惑且痛苦不堪。他的手臂變得虛弱，關節疼痛，雙手顫抖，膝蓋幾乎無法彎曲。他拖著腳走不出幾碼之遙，更別提攀爬礦坑。不久後他開始發作癲癇，接著是直要拆散骨架的久咳。他扶著牆壁在拉林科納達行走，大口喘氣。

轉瞬之間，胡安變成一名邊緣居民。如今他加入女人、小孩、殘疾人士與無所依靠之人的行列——在崇尚男子氣概的社會裡被歸類為女性。他病到無法負擔婦女的工作，例如**混汞法**（quimbaleteo），這項做法可上溯至印加人的時代，由一個人踩在巨石上來回搖動將礦石磨成細砂，再以汞提煉出銀。或是黎諾的工作撿礦石，由婦女攀爬峭壁，撿拾從礦坑滾出、看似有希望的石塊，把它們全塞進背包。他連最簡單的工作都做不到：**洗礦石**（**chichiqueo**），要一個女人或小孩往受化學物質汙染的常設水池俯身數個小時，從礫石裡挑撿發出光芒的所有石頭。以他的身體狀況而言，這些都是不可能的任務。但是他必須做些什麼：有小孩要撫養，六張嘴得吃飯。不出幾個星期，他決定煮食為生。胡安彎腰對著放在屋內空地上的酒精爐，煮出一鍋鍋的熱湯和燉菜。中午時分，他讓家人到街上賣這些食物。夜裡他喝乾所有剩下的酒，盼能減輕屈辱。

此前胡安孩子的勞動零星且次要，到如今變得不可或缺而主要。雖然他鼓勵小孩去上礦工利用下班時間學習讀寫的破舊小學校，他們全都在有能力時就去工作。他最大的女兒馬利魯茲（Mariluz）十一歲，投身母親的工作撿礦石。約翰到從的的喀喀湖隆隆作響開上山的卡車費力扛水，賣給小酒館的皮條客。五歲的塞納努力幫胡安的燉菜切食材。到年滿七歲有能力賺錢時，她到拉林科納達的公共廁所刷洗蹲坑。

但是他們全都留在拉林科納達。就像大多數世代居於採礦城鎮的家族，這是他們所知的一切。

不到兩年後，他們的父親過世。胡安的腫脹身軀充滿化學毒素而面臨危急關頭，當時他在睡美人的山腳走下一輛巴士，企圖拚命尋求治療方法。他向任何找得到的來源求助：他曾造訪巫醫，向礦坑大叔獻祭，諮詢時不時從胡里阿卡（Juliaca）遊蕩上山的社會工作者。他甚至帶著塞納旅行至庫斯科，到一間蓋在古老太陽神廟上的修道院，希望神父能為他按手禱告。但是歷經一趟顛簸的下山路程後，當黎諾扶著他穿越馬路，他的身體突然間棄守。胡安癱倒成一團，他大口喘氣並緊抓住喉嚨，此時從他身體深處發出低沉粗嘎的刺耳聲響。黎諾記不清此後發生的許多事情，唯有她的恐懼，唯有他凸起的雙眼、驟紅的面容，以及隨後整個變蒼白的臉色。胡安・歐丘丘克與拉林科納達毒物之間的漫長戰爭結束了。

在生命的最後幾個月裡，胡安留給孩子影響深遠的教訓。當他們慢條斯理做雜務、煮飯、說故事、歌唱、盡力把日子過好，是他指出他們並不像他。他們不需要像他。如同阿納尼亞山的多數人，他愚昧無知，彷彿活在另一個時代：不識字、遠離人世、注定失敗。另一方面，他們擁有的未來可以超過困住他的古老循環。

塞納對文字在行，擅長找到正確的字詞，也善於將它們打磨到發出細緻光芒。約翰能修理物品，判別它們如何運作；他有解決問題的本領。倘若馬利魯茲下定決心，或許有天她會做生意，在廣場上有一間自己的小吃攤。亨利（Henrry）只是個嬰孩，他也注定獲得更好的發展，雖然還很難說是什麼。你們會把自己從這片受詛咒的山脈挖出去，胡安對他們說。你們是另一種礦工。

假使在非法礦坑——現今南美洲礦業最活躍且多產的類別[81]——工作的人，勞動條件與五百年前先祖承受的相同，或許是因為有些基本要件從未改變。假使跨國企業為依存的社區帶來貧乏進展，或許是因為拿取的比給予的少。從古至今有種一致性在發揮效用，堅定貫徹，是占領者與被侵占者共有的頑固心態。儘管拉丁美洲的經濟發展大步邁進，諸如成長率、貧窮穩定減緩、中產階級逐漸興起，統治者的思維時常不變如昔。

如同熱情堅定的烏拉圭作家愛德華多．加萊亞諾（Eduardo Galeano）幾近五十年前所述：有些國家勝利，其他國家落敗[82]。確切來說這也許並非零和賽局，但是自從歐洲人滿腦子充塞文藝復興的自我意識，遠渡重洋亮出利牙咬進原住民的咽喉起，拉丁美洲就專精於落敗。在北美，英國殖民者幾乎消滅印地安人並使非洲人喪志，白人環顧四周，發現自己位居多數，覺得自身是毫無疑義的勝利者。然而自從拉丁美洲遠古以來，印地安人環顧四周，發現自己位居多數，卻依然一直是輸家。到現在，他們和他們的後代已是過往的落敗專家。無處不在的大地之母被迫交出財富，包括白銀、蔗糖、石油或人力資本在內，由入侵者搜刮集中，轉化成獲利，接著捲走運往遙遠的大都市。

拉丁美洲本質所導致的失敗存在許多討論。如同全球經濟學者所述，這是世界上最不平等的大陸[83]，此區域的經濟潛能首先被西班牙王室消耗，接著又被繼承權力的白人消耗。在十九世紀期間，當富人或菁英以外的普通北美人躍居全球最創新的公民，他們發明專利、創建公共機構、促進競爭；拉丁美洲菁英採取使自身致富的政策與機制，卻讓周遭的每一個人貧窮[84]。在一九一四年，當美國有近三萬間銀行在營運時，墨西哥舉國僅有四十二間，而且其中兩間掌控全國超過百分之六十的財富[85]。整個拉丁美洲都有相同情況：不鼓勵競爭、妨礙工業化、扼殺創新，連對於眾多原住民和窮人的教育都遭到忽視。當你需要的是一雙手、強壯背部與盲目服從，何必去教育他們？結果導致拉丁美洲的共和國在本質上變得供人強取豪奪[86]：他們集中所有權力在一小群菁英身上，幾未對這群人的驚人權勢設限，並且邀請世上其他人來剝削這片土地及其人民。

難怪征服者時代的統治心態就此延續，差別是現今的政府並不一致，法治毫無系統。從一八三〇至一九三〇年的紊亂世紀裡，由專制者、獨裁者、富裕的莊園主人、謀求致富的無道德機會主義者稱王。身為白人就能成為主宰，棕皮膚的人注定困於卑微階級。擺脫獨立戰爭後的拉丁美洲殘破不堪，儘管革命軍大部分屬有色人種，欠缺規畫的政府讓那些種族繼續從事勞役，把權力高位給了白人。偏見經西班牙人制度化，如今在他們的後代、即膚色白皙克里奧爾人及新加入歐洲移民的統治下更鞏固，使得惡狠狠的種族歧視形成此區域的緊張局勢。當西蒙．玻利瓦垂死之際，他解放的領土變得狂暴而難以治理。在臨終病榻上，他擔憂拉丁美洲畢竟欠缺對抗世界的強大、聯合力量，沒有對抗殖民掠奪者的防線；為革命獻身者耕耘了海洋[87]。而亂象確實肆虐，貪腐變得普遍，道德低落，野心殘暴，政變與欺凌盛行。強者隨心所欲行事，一如美洲這些地區的不變過往[88]。

在這段動盪歷史中，是白銀、黃金和銅礦工人扮演俗稱的煤礦金絲雀*。儘管貴金屬在拉丁美洲出產鉅富——對西班牙人而言財富是征服的首要目標，或對外國人而言，他們來此尋求充沛礦脈與廉價勞力——白銀和其他貴金屬總是讓遠方強權、而非當地居民獲利。市場規則理應很簡單：若你擁有其他人想要的某件事物，你就可能獲得可觀利益。然而對於這些閃閃發光戰利品的狂熱欲求，帶來的洗劫勝過發展，消耗多於獲益。「採礦是讓國家生命力流失的漏洞。」玻利維亞知識分子瑟吉歐・阿馬瑞茲・帕茲（Sergio Almaraz Paz）在五十年前寫道。「三個多世紀以來，它什麼都沒留下，完全沒有……它是過眼繁華，轉瞬成空殼。」[89]

對於如今身處拉林科納達荒蕪冰川地帶的黎諾和卡哈馬卡的麥希瑪・阿庫納而言，那句話當然屬實；面對世上獲利最高的跨國礦業公司之一，阿庫納試圖在夾縫中求生。對於仰賴尋找銀礦為生的許多人來說，那無疑是場賭博。跟礦坑大叔打賭，決定生存與否。採礦也是監工、投資者和政府的極端投機買賣。正如兩百多年前蘇格蘭經濟學家亞當・斯密（Adam Smith）寫的一段評論，至今依然意義深遠：「在所有導致破產的昂貴且不確定計畫之中，或許沒別的能比尋找新銀礦和金礦造成更徹底的破壞。這也許是世界上最不利的抽獎，或說中獎者的獲益占未中獎者損失最小比例的彩券。」[90]

然而拉丁美洲的未來依然仰賴那張彩券。

＊金絲雀可承受的有毒氣體量比人體少，一旦發現鳥吸入瓦斯死亡的預警，工人就可以趕緊往外撤。在此意指礦工就像金絲雀，犧牲生命成就他人。

歷史的鬼魂

國家的財富在於（金銀）豐足……國家的貧窮在於金銀短缺[91]。

——亞當・斯密，一七七六年

我們曉得採礦抽獎揭露追逐金屬夢的機會主義者有何特質。那麼迄今多個世紀受機會主義者支配的人們又顯露何種特質？黎諾・岡薩雷斯的孩子如今住在山下，遠離致盲的化學物質、冰川地帶的寒冷與極端飢餓，她卻從未完全擺脫丈夫對黃金的奢侈追求。儘管如此，每到週五黎明她搭上一輛破舊巴士，帶她從全家人現在住的胡里阿卡歷經顛簸路程到普提納，從那裡搭另一輛巴士，穿越積雪道路和月球般的坑疤荒涼地景上山。六個小時後她抵達拉林科納達，走進胡安為她和家人搭建的石屋。蹲在泥地上顧著藍色爐火，她攪動燉菜，將在礦工從黑暗中蹣跚步入光明時兜售。

胡安從阿納尼亞山礦脈掙扎維生的追求仍然誘惑著黎諾，因為這也是她父親、祖父和曾祖父的追求。在變化無常的千年歷史中，這股渴求困住她的族人卻未帶來多少回報。她當然無法在喧鬧的城市胡里阿卡謀生，她的孩子在那裡奮力向上，需要的技能遠高於她所有，一個不識字的礦坑寡婦難以在此工作。

諷刺的是，縱然全球化始於西班牙的第一艘蒙特蘇馬貴金屬船運——那批貨物引發全球貿易、增加遠地人口並點燃工業時代——數百年來，像黎諾一般的絕大多數拉丁美洲人遭棄於原始的環境中打滾[92]。當美國的開放疆界或歐洲和遠東的貿易航線，為做好冒險犯難準備的平民帶來真正機會[93]，而在拉丁美洲，土地與開放貿易僅供給握有政治力量的人：生於西班牙的統治者、在他們之後到來的白人寡頭政治家、一上岸就坐擁起家資產的仕紳。「plata」在西班牙語裡原指白銀，如磁鐵般吸引征服者，變成拉丁美洲普遍指涉錢財的通用字。過往二十年間取得莫大進展的事實誠為奇蹟，更多白銀往下輸送使許多人脫離貧窮。諸如巴西、墨西哥、智利、秘魯和哥倫比亞等國對於自己的遺產更富警覺心，較不願臣服於外國主宰，這些或許是「世界的改變」，是偉大的印加王帕查庫特克和圖帕克・尤潘基期盼人民在思想上具備的基本革命。

然而歷史是明師。假使這些美洲地區有一個根本基石，那就是開採與剝削的強烈欲望，由征服者開啟授權、西班牙使其完善並隨著歷史延伸。自由、法治與「山丘上的光輝城市」，這些指導原則很晚才進入拉丁美洲。我們是被脅迫與順服形塑的人民，沒別的地方比礦坑更能彰顯這道理，沒別的例子比美洲原住民被派去為遠方主宰挖掘金屬更能說明。說是隱喻或簡化歷史都可以，但這也是事實：從哥倫布踏足此地海岸開始，榨取經濟（extractive economy）一直是束縛拉丁美洲的枷鎖。榨取經濟不利於這片土地的真正繁榮[94]。金錢流動，商業擴展，經濟學者記載成長，但是在世界上這塊區域成長是脆弱之事。通常這意味著富者恆富，強者恆強。假若人的處境有所進展，它為時短暫，而且常因有些事物在交易中喪失而來。

阿根廷、厄瓜多、巴西、秘魯和哥倫比亞的中產階級在本世紀初期顯現增長[95]，但是問題在於中產階級能否維繫他們所肩負的期望。單單一次政變，一次內亂威脅，一波猖獗的貪腐浪潮，一次商品價格下跌，時常足以使進步停滯，而上述事件都算常見。在這個文化衝擊的搖籃、這片暴力合併的土地上，歷史極易點燃。不像北美的印地安人被迫集中、縮減、滅絕，他們歷經的殘忍歷史被打壓或遺忘，拉丁美洲依然活在殖民與後殖民的傷痕之中。遺留下的傷害、憎恨與不信任深深植入我們人民的性格裡。「白銀」是其開端，也將繼續扮演聖杯，而它證明過自己是嚴苛的主宰。

第二部

刀劍

遙遠的過去從未完全消失，它留下的所有傷口仍在滴血，連最古老的也是[1]。

——歐克塔維奧・帕斯（Octavio Paz），《孤獨的迷宮》（*The Labyrinth of Solitude*）

第六章

嗜血欲望

問：確切來說，秘魯是在什麼時候搞砸的[1]？

——馬利歐．巴爾加斯．尤薩，一九六九年

答：誕生那一刻。受精是個徹底錯誤，野蠻殘忍，生出一個受傷的國家，跟屬於自己另一半的印地安人交戰。

——耶利米亞．甘波亞（Jeremías Gamboa），二〇一七年

卡洛斯．布爾戈斯（Carlos Buergos）逍遙法外。沒人知道他身在何方，他的前妻、他的朋友、他的獄警全都不曉得。曾關押他一段時間的維吉尼亞州洛頓監獄（Lorton Prison）不復存在。監控他的囚犯情資系統已失去線索。來自古巴的卡洛斯在一九八〇年赤腳踏上這個國家[2]，歷經揮霍錢財的十年光陰，他被逮捕、監禁，隨後於二〇〇一年某個天空蔚藍的夏日早晨獲得釋放，盡其所能地自由前進。關於他的最後音信是一通打給前妻的悲傷電話：當他不在時他們六歲的兒子怎會死了？男孩病很久了嗎？還在子宮裡就病了？是不是他這個做父親的帶來詛咒？女人只是掛上電話。

卡洛斯繼續過日子。他重回邁阿密戴德郡，當他從快解體的船爬出獲救時親吻過的那片土地。

一九八〇年從古巴到來的所有馬里埃爾偷渡客（Marielito）記憶裡，深深刻畫著從一方海岸的驚恐出走，恍惚中抵達彼岸[3]。那段回憶時不時湧上心頭。傳來的敲門聲，目光冷硬的警察，鄰居揮舞石頭尖喊著「敗類！小人！（Escoria! Gusano!）」。穿越古巴鄉間通往馬里埃爾港的顛簸巴士路程。背著步槍的看守部隊，面目凶猛的狗。宛如聖經場景的大批人群縮成一團，籠罩在附近發電廠的嘶嘶聲下。接著目睹數千艘美國船隻的震懾景象，它們在海中浮沉、等待。

那年四月到九月的短短六個月間，馬里埃爾偷渡事件將十二萬五千名古巴人載往美國，創下美國近代史上最驚人的移民潮[4]。事件開端起於一位尋求政治庇護的司機，在一九八〇年四月一日開貨車衝進哈瓦那的秘魯大使館。一場打鬥爆發，一位警衛被射殺。當費德爾・卡斯楚（Fidel Castro）將古巴維安部隊撤離該區域，多達一萬古巴人湧入大使館所在地，喧鬧要求離開國家。盛怒之下，卡斯楚開放邊界並宣告任何想走的人儘管離去。在佛羅里達的美國冒險家大多是古巴裔美國人，他們開船直抵古巴北部海岸，以數千艘船之姿急切想拯救被壓迫者。

美國總統吉米・卡特（Jimmy Carter）稱之為自由船隊（Freedom Flotilla），這張邀請函明確公開，如同銘刻於自由女神像基石的詩句一般：「把你的疲憊、你的窮困交給我……在你那熙攘海岸遭不幸遺棄者。」[5] 新抵者湧入佛羅里達，把移民機關擠得水洩不通，使警方和社福團體緊張不堪，給美國人多一個不讓總統連任的理由。當馬里埃爾偷渡客登上那些船隻並一同航向外海，他們的生活迅速交會。有些人像卡洛斯一般抵達時衣鞋全無，連一張寫著自己姓名的紙片都沒有。幾個月後他們全都分散到全美各地的數百個城鎮，各自踏上不同的路。少數人一步步實現美國夢，搖身變為成功企業家。其他人接受教育並成為老師、律師和醫生。其餘人找到自己一向在行的工作：擔任音樂家、粗工、建築工人、農場工人、餐廚助手。還有些人依舊被憤怒的過往牽絆。卡洛斯的暴力軌跡最終使他喪失赴美贏得的自由，如此矛盾他將蹲在牢房裡沉思多年。

「美國是機會的寶地與影響力的惡土。」哲學家與作家喬治・桑塔亞納（George Santayana）曾寫道[6]。對於以政治或經濟難民身分赴美的許多拉丁美洲人而言，也許生活舒適且工作有所回報，但同樣有許多人可能陷入迷宮困惑。環境天差地遠，機會令人興奮，誘惑難以抗拒，失敗的潛在可能昭然若揭。成為一位移民的承擔，可能在各方面都跟從馬里埃爾港來此的九十英里航程一樣狂風暴雨。

儘管卡斯楚暗示想離開古巴的任何人若非罪犯就是瘋子，大多數馬里埃爾偷渡客皆為守法公民，為了符合出走資格才假扮成「反社會分子」或「不適應環境者」。根據美國移民歸化局的資料，在十二萬五千位赴美人士裡，絕大多數在古巴過著平凡生活並且繼續在美國平凡度日。他們之中有一小部分是卡斯楚混入的罪犯與精神失常案例，約兩千五百人。[7]

其中一位是卡洛斯，身為碼頭裝卸工人的長子，擁有古巴與東歐血統的精瘦身材、金髮和淡褐瞳孔，個性樂天且是遭定罪的竊賊。當他爬上佛羅里達土地時即將年滿二十五，卻已累積一段不幸過往。

卡洛斯的家庭並非原因。他的父母養育九個孩子，是相當普通的手足規模。但是到他心向美國之時，他已在安哥拉打過艱苦戰爭，肚皮貼地爬過一片曝屍荒野，偷竊屠宰馬匹而在哈瓦那入獄，接著在獲釋後又因企圖逃離古巴再度獲罪。他正是卡斯楚不想要的那種古巴人。

一九八〇年五月九日，因企圖逃離遭判十二年刑期並服刑一年後，卡洛斯的地牢大門打開，他被帶往馬里埃爾港。他最美妙的夢想立即在那裡實現：他被送上一艘航向佛羅里達西礁島（Key West）的貨船。四十八小時後，渾身曬傷、被陽光照得目眩且脫水，卡洛斯跟其他數千名難民被匆匆送往安置中心，搭上開往阿肯色州軍事基地查菲堡（Fort Chaffee）的巴士。五個月後他到了華盛頓特區，自由獲釋走入十月的晴冷下午。

開端

> 人並非生來要像叢林裡的動物一般活得漫無目的，毫無一絲人性——為了文明，我們亟需義不容辭束縛形同活在荒野裡的野蠻人，或是摧毀他們。[8]
>
> ——社論，《水銀報》（*El Mercurio*），智利，一八五九年

乍看之下，卡洛斯的過失在他二十五歲時也許顯得無足輕重。他是一個麻煩人物，毫無疑問；受到某種損傷的戰爭退伍軍人，或許如此；也是有兩次定罪紀錄的違法者：偷馬賊加上被嚴禁的屠宰行為，以及企圖拚命逃離祖國。然而要能更透徹了解卡洛斯的旅程必須回溯歷史——回溯這個島嶼，回溯這片區域，回溯五百多年來赤裸暴力盛行於拉丁美洲造成的緊張關係。

如同加勒比海的許多散落島嶼，在十五世紀末西班牙人到來之際，日後將稱為古巴的島嶼已長久蒙受暴力干預。好戰部族加勒比人（Carib）從南美洲中心地帶向外征討，從己方海岸往北航行，逐漸成為航海專家，並在多個世紀的歷程中突襲溫順的島嶼人口，奴役女人且

閹割男人。因此當哥倫布於一四九二年十月二十八日踏上古巴海岸時，一段恐怖與殖民歷史早已侵擾此區域，使得包括泰諾族和西沃內族（Ciboney）在內的阿拉瓦克人（Arawak）懷抱期待，或許西班牙入侵者會是對抗古老禍害的捍衛者。

結果西班牙人完全不是阿拉瓦克人的救星，對加勒比人也一樣。到了一五一九年，離征服者抵達尚未滿一代，古巴原住民人口已見銳減：由於被迫遷徙、疾病，但最劇烈的是西班牙下令屠殺任何膽敢抵抗新主宰的泰諾人。征服者總督迪耶哥・維拉奎茲因征服墨西哥一事終究與埃爾南・科爾特斯結下夙怨，命令手下強迫泰諾人進礦坑工作。勞力恆常短缺，西班牙人立即開始襲擊周圍島嶼捕捉奴隸，並將所有人口運往古巴奴役。當古巴原住民正在挨餓，他們失去的古老田地變成西班牙牧牛場，於是率先反抗。他們拒絕靜靜離開，也拒絕去工作。許多人起義造反，在隨機伏擊或明顯挑釁下殺害入侵者。

為了導正風氣，西班牙人衝進卡歐納歐村（Caonao）砍掉居民的手臂、雙腿和乳房，把三千名男人、女人和小孩留在原地等死[9]。「我在此目睹的殘酷行徑是沒有生者見過或設想會見到的程度。」修士巴托洛梅・德・拉斯・卡薩斯記載[10]。無論修士再如何懊悔，殺戮並未止息。泰諾族人頭目的擒拿者向他保證，假使在綁上木樁接受火刑前改信基督，他將會上天堂。他怒聲回答：如果天主教徒全都要上天堂，那麼他非常願意下地獄，以免被迫再次目睹此等殘忍行徑[11]。

在新世界深受畏懼的加勒比人之遭遇並未較佳。當哥倫布於一四九三年從第二次航行歸返，他發現留守的西班牙人全都死了，在一波仇外情緒下被殺，他決心採取甚至更加激進的手段。他察覺把遇到的任何部落族人稱為「加勒比人」是便利之舉，這讓他的手下能免責奴役全數人口。傳聞加勒比人奉行食人行徑，雖然他們究竟是先殺後吃或吃掉已死之人仍有爭議[12]，而且這一切主張可能是主要由西班牙人散布的謠言，但卻證明為方便的區別。就西班牙教會的考量而言，有三種印地安人必須捕捉並奴役：食人者、崇拜偶像者和肛交者。據說加勒比人三者皆是。哥倫布的文字透露，他十分清楚指控所有的部落食人或把他們全歸類為加勒比人能獲得的利益和好處，以便他隨心所欲處置原住民[13]。哥倫布藉此方式將「好印地安人」和「壞印地安人」的觀念制度化，接著再隨自己的目的任意分類。隨著時間過去，住在委內瑞拉沿岸和安地列斯群島（Antilles）——北起古巴南至古拉索（Curaçao）——的人全都被指為食人族，因此適合送進礦坑辛勤勞動。最終墨西哥、厄瓜多和哥倫比亞原住民也被歸類為加勒比人[14]，使他們蒙受征服者心中興起的任何念頭：奴役、掠奪，甚至處死。

當哥倫布在第二次航行後把幾個「加勒比人」上銬帶至西班牙，伊莎貝拉女王的宮廷神父抛下書本跑到梅迪納德坎波（Medina del Campo）的露天市場，要親眼見識新世界的怪物。這位神職人員日後寫道，看著「食人族」被驅趕回船上時，他忍不住心想，他們「展現出凶猛非洲獅子意識到自己落入陷阱的那種凶猛與獸性。看到他們的任何人都會承認內心湧起一股恐懼，殘忍本質使他們臉上銘刻著邪惡至極的凶暴。我向我自己以及陪我去那裡看他們的同伴，**不止一次**坦承過這種感覺」[15]。

這正是哥倫布想達到的效果。日後將於美洲上演的猖狂暴行，於今已搭好舞台。在十年後的一五〇三年，女王會明言下述情況也就不足為奇：「假若食人族持續抵抗，堅不歡迎接待依吾之令出航的船長或人馬，也不聽其言領受神聖天主教信仰並順服效忠於我，得捕捉這些人並帶往我的王國領地及其他地區出售。」[16]

這導致當地數千部落人民被任意歸類為加勒比人後強逼為奴，或者趕往叢林或山區，抑或被殺。在二十五年內，古巴的印地安人大多消失，土地改由牲口居住。到了一五二〇年，西班牙島的印地安人被迫遷徙，運往他處從事艱辛勞動。半個世紀內，由於新世界原住民人口在戰爭、疾病和饑饉下劇烈衰減，征服者呼籲放寬解釋可供奴役的當地人標準[17]。女人與小孩變成擒捕目標。一整村的部落族人可能被稱為加勒比人以便捕捉，或者殺害。不受西班牙和葡萄牙喜愛的華特・雷利爵士（Walter Raleigh）即自嘲為加勒比人[18]，因食人而可供獵捕。

最終西班牙王室批准**以血與火（a sangre y fuego）**[19]對加勒比人宣戰，意即徹底剷除所有人口。在佩卓・阿瓦雷斯・卡布瑞（Pedro Álvares Cabral）於一五〇〇年殖民的巴西，葡萄牙人延續在非洲海岸獲利的無情做法，早從一四六〇年代起他們就開始在非洲蓄奴。大屠殺、虐待、暴行成為征服與殖民上便利的權宜之計，歷經十字軍聖戰、驅逐摩爾人的征戰、在非洲的大肆破壞而磨練至完美。畢竟在將穆斯林和猶太人逐出伊比利亞的長久作戰中，目標一直是**「血統肅清」（limpieza de sangre）**[20]，或稱為種族淨化。「血統肅清」的措辭充滿粉飾傲慢，令人聯想到當代的骯髒用語「種族清洗」，說實話後者即代表種族屠殺。

誠如修士拉斯．卡薩斯所記載：「西班牙人會吹噓自己的眾多殘酷行為，人人試圖以新奇的殺人手法搏倒對方。」[21]他們擅長刑求印地安人以獲取情報，屠殺一群人以脅迫整座村莊屈服，練習劍術時將泰諾人開膛剖肚使內臟外露。「我目睹的種種以及更多行徑，是如此背離人性。」拉斯．卡薩斯悲傷地寫道。「我顫抖著訴說此事。」[22]其後在美洲發生的血光殺戮歷經數百年皆未減緩，尚有一千萬非洲人蒙受暴行，他們被劫持強逼為奴，並運送飄洋過海取代美洲原住民銳減的人數[23]。直至一八〇四年法屬殖民地聖多明哥起義，屠殺白人主宰並建立海地共和國，此刻一股集體震顫傳遍拉丁美洲的脊椎，從格蘭河到火地群島，使被壓迫者有膽量思索他們或能嘗試以暴力還手。

西班牙帶著長遠的種族嗜血歷史而來：格拉納達的穆斯林曾屠殺當地猶太人[24]；卡斯提亞的天主教國王親自領軍血洗閃族人；隨著時間過去，又有超過十萬猶太人於一三九一年的大屠殺遭害[25]；斐迪南國王與阿拉伯的異教徒作戰，恰好結束在伊莎貝拉派哥倫布赴新世界履行旨意的那一年，此時已造就數代人歷經「聖戰」及其附帶暴行的洗禮。葡萄牙的情況並無不同。伊比利亞地區習於海上冒險，視為入侵深膚色種族土地並征服異族世界的競逐或好生意，深信自身準備好面對新世界將帶來的一切。中世紀傳說不是相信已知世界外圍藏有食人族、犬面人種和自然界的怪獸[26]？現實不可能更糟。然而不僅有伊比利亞人渴望到自己的領土外探險，役使遠方人口為奴。彷彿命中注定，當舊世界在加勒比海的溫暖沙灘遇見新世界，美洲原住民已對猖狂野心的事業略知一二。他們也曾發動數不清的征服與戰火，以往他們也曾是征服者。

儘管當代修正主義學者一再描繪拉丁美洲印地安人是蒙受西班牙和葡萄牙暴行的溫順、和平受害者[27]，考古證據顯示實情並非如此。美洲原住民之中既有好戰者也有和平的民族。從鱈魚角（Cape Cod）到合恩角，前哥倫布時代此半球不僅充滿眾多且形形色色的人口，也有縱情於擊敗鄰近部落並侵吞其財富的好戰部族。泰諾族被哥倫布形容為美洲愛好和平的「好印地安人」，實際上以戰爭與屠殺聞名。西班牙人最終大幅消滅古巴和西班牙島的泰諾族，在十五年間經由疾病、強迫勞動和屠殺殆盡，使他們從一百萬人下降至僅僅六萬人。但是西班牙人也讓歷史主張，泰諾族在前殖民時期的這個半球並非自豪的戰士。

然而中美洲原住民的好戰是毫無疑慮的。特拉斯卡拉人是技藝高超的戰士，最終與科爾特斯攜手推翻蒙特蘇馬，他們在此前一個世紀大多處於與阿茲特克人持續交戰的狀態。以往阿茲特克人自身也是大屠殺的佼佼者，以砍下的頭顱搭建成令人生畏的巨牆來紀念其暴行。光是在特諾奇提特蘭的骷髏塔，據說就有多達十三萬六千顆斬首頭顱嵌入石塔[28]。人們只能想像墨西加殺戮戰場上的殘殺景象，死屍的恐怖惡臭，把一顆顆頭顱從軀體扯下高舉時發出瘋狂的勝利呼喊。高舉剛剛砍下、帶毛髮的頭顱被視為控制敵人的生命力——當然，頭本身就是支配的器官，但是對於美洲原住民而言，一個人的毛髮蘊含他的精神本質，他的**生命力量**（vis vitae）。在一四八七年，距離征服者來到新世界僅僅五年前，蒙特蘇馬二世的前任帝王阿維索托大規模處決敵人，下令軍隊捕捉並斬首八千受害者以期終結難耐的乾旱和饑荒，振興太陽帝國，並且為他的主神廟（Templo Mayor）聖地獻祭[29]。這些犧牲者是獻給阿茲特克神祇的戰利品，確保四季更迭有序且宇宙不斷更新。

諸神靈的其中一位是**希佩托特克**（**Xipe Totec**），掌管戰爭與大地豐足，他被稱為「剝皮者」，因為他穿戴剝下人皮做成的面具或披風，從活生生俘虜的臉和身體上切下來[30]。阿茲特克人的剝皮儀式跟自然界的觀念緊密相連，是向乾燥種子的奇蹟致敬的一種形式，因為種子發芽前會先褪去外殼；殺戮流血則代表向大地灌注生命力；從胸膛裡扯出一顆跳動的心，相當於把生命本身的奇蹟握在手中[31]。

馬雅人對上述做法並不陌生，他們有惡名昭彰的殺人巷，以牆後之牆誘騙前行軍隊，圍困住後大量屠殺[32]。他們也喜好斬首與刑求，而且不僅在戰時如此。舉例來說，有一種慶祝黑暗與光明力量的球賽，馬雅人稱為**皮茲**（**pitz**）。開賽前馬雅祭師會猛擊一名女囚犯的頭顱，用鋒利的黑曜石刀刃砍下她的頭，再拖行流血的軀體越過球場地面，在激烈的皮茲球賽前餵養大地之母[33]。由於此項及其他傳統儀式，馬雅人和阿茲特克人需要俘虜，由被征服的部落扮演犧牲對象。透過這些方式，上述地區的戰爭在美洲被視為祭拜儀式的一部分[34]——維繫萬物自然秩序的必要手段。

儘管加勒比海和中美洲先民跟南美洲先民之間相隔著時間與遙遠距離，他們對於使用暴力出奇一致。阿茲特克神祇希佩托特克又名「剝皮者」，莫切神靈艾阿帕克則別名「斬首者」，兩者似乎系出同門，幻化自類似的想像。他們都代表黑暗與光明，死與生，混亂與秩序，融入單一形象——或許在我們的西方思考中顯得矛盾。偉大善行歸因於他們的仁慈，滔天暴行奉他們之名犯下。秘魯的印加與莫切文明也許為其人民帶來相似的秩序，並且呼籲大眾遵守法律，然而他們也是植基於戰爭模式的文明，掠奪土地、強迫奴役、活人獻祭皆為當時的指導原則。

試想，這些文明在數個世紀的戰爭和野心後緩和下來，此時面臨如西班牙人和葡萄牙人一般頑強的入侵者。彷彿命中注定，整個美洲的強大文明——加勒比人、泰諾人、阿茲特克人和印加人——恰好在十五世紀末全都察覺自身處於重整模式，若非在消耗的挫敗與內戰後重新整頓，就是被致命瘟疫嚴重損傷；疫病先於入侵行動前席捲當地，彷如大難來臨前的邪惡預兆。

至於那些對大規模會戰措手不及的部族，例如孤立的巴哈馬群島阿拉瓦克人，除了面對猛攻別無他法。哥倫布在新世界海岸初見阿拉瓦克人時，曾評論其天性悠然平和，但是對於奴役數百人、運送時任其死在海上或在西班牙南部的奴隸市場出售，哥倫布毫無一絲愧疚。

穆伊斯卡人的遭遇並未較佳，他們是坐擁豐饒綠寶石的可畏部落邦聯，高踞安地斯山脈間的巴卡塔（Bacatá），即今日的波哥大。到西班牙探險隊抵達穆伊斯卡邦聯之際，從加勒比海港口聖馬爾塔（Santa Marta）啟程的隊員已沿河上溯六百多英里，穿越叢林和山嶺，令人頭暈目眩的旅程使入侵者損失慘重。在探險隊從海邊出發的七百人之中，僅有一百六十人倖存[35]。但是岡薩洛・希門涅茲・德・奎薩達（Gonzalo Jiménez de Quesada）深受黃金國的遠景驅動，他認定波哥大的酋長正是那位渾身撒滿金粉的君王。他鍥而不捨，抵達如鷹巢盤踞安地斯山間之地時，已準備好採取一切必要手段使其臣服。他率領滴垂口水的獒犬和攜帶刀劍的士兵一抵達時，就要求酋長出面相會。對方未現身，希門涅茲・德・奎薩達即下令開戰，有必要就屠殺人口，索取黃金贖回他們的酋長，奪取綠寶石礦，並且建立一座西班牙的城市[36]。他將城市命名為波哥大的聖塔菲（Santa Fe de Bogotá），意指波哥大的聖潔信仰。這是一種損人利己的曲解，鑑於波哥大的酋長被殺，他的繼承人沙吉帕（Sagipá）遭刑求犧牲，假若在此歷程中顯現任何聖潔信仰，唯有希門涅茲就快變成富翁的信念。到勝利無虞且戰利品聚集時，他確將偷走七千多枚綠寶石後竄逃[37]。

骨子裡的傳承

不是我的錯。這就是我的天性[38]。

——伊索（Aesop）

對於數百年歷史養成的思維方式，人類學家有個稱呼：他們稱之為跨代表觀遺傳（transgenerational epigenetic inheritance）。這是一門新興科學，尚有許多可探索理解的空間，但是關於社會環境如何影響一整個世代或人種的生物學，目前正廣為提及且意義深遠。有些研究專注於緊張、社會壓力和艱難如何影響一代代特定種族[39]。其餘研究論斷，單親父母蒙受暴力所造成的效應，可能透過具體的基因途徑傳給胎兒[40]。舉例來說，大屠殺或未遂的種族滅絕可能對胎兒帶來永久影響。家庭暴力和戰爭也可能造成同樣後果。對於歷史深陷於暴力，且當前世代迄今活在殘忍行徑與殺戮迴盪下的廣大人口，這意味著什麼？

拉丁美洲歷史學家召喚古老的希臘寓言家伊索，解釋為何這些過往難以輕易消逝[41]。這是個簡單卻難忘的故事。伊索描述，有天一隻蠍子與一隻青蛙在河岸邊相遇，蠍子不會游泳，請青蛙背他過河。青蛙問：「我怎麼知道你不會在途中螫我？」蠍子答道：「傻瓜！假如我螫你，我們都會淹死！」青蛙相信了，讓蠍子爬上他的背一起出發渡河。但是在抵達對岸的半路上，蠍子躍起螫了青蛙。青蛙感到毒素傳遍全身，倒抽一口氣問：「你究竟為什麼這麼做？」蠍子聳肩回答：「不是我的錯。這就是我的天性。」

對於伊索而言，這種無法解釋的核心衝動就是希臘人真正意謂的天性「physis」，在拉丁文裡則是「natura」。這是一種基本特性，一種與生俱來的傾向，根深柢固到寫入我們的物理、化學和生物自我中。有些生物預設要螫人，其他種預設被螫。隨著時間過去，那些行為獲得學習、理解、印記於自我，就像冰島人十之八九有藍眼睛，而非洲人生來即為深棕色皮膚。

換句話說，暴力傾向可能是一種可感知、可追蹤的模式。我們所知的拉丁美洲敘事始於一場災難性十足的衝突，迅速造成嚴重後果。那並非在真空環境裡發生。涉事主角各自將許多分段過往帶向那一刻。至於原住民，他們之中最有權勢者對其土地和神祇有著通達反應；他們富有野心、對信仰狂熱、信奉軍國主義、凶殘成性，相當深入於其使命與統治的理解。入侵的西班牙和葡萄牙征服者同樣熟知其君王和上帝；他們一樣富有野心、對信仰狂熱、信奉軍國主義、凶殘成性，而且數世紀以來他們以血腥的戰爭正義征討閃族「異教徒」，僅僅十年內就殺害、奴役或驅逐五十萬人[42]，磨利了**他們**是神選者的觀念。

有些當代歷史學者在描述第一次接觸時，視為從一開始就不平等[43]：西班牙人陣營的殘忍暴力，以及原住民陣營的相對敬畏、天真，甚至是膽怯。證據告訴我們實情並非如此[44]。墨西加、印加和穆伊斯卡等偉大發達文明全都擁有作戰的意願和能力，天性和過往歷史驅策他們這麼做。西班牙人來得意外且不適時、他們帶來造成嚴重損傷的疾病、衝刺的馬匹、恐怖的獒犬、神奇的「雷擊棍棒」[45]、陌生的戰鬥技巧、使人困惑的謊言與欺騙，這一切全都對擊敗偉大的本地種族有所貢獻。原因並非他們不曉得如何興戰，也絕對不是他們對前景感到畏懼。

在延續數世紀的衝突核心處深埋著一種信念，既在西班牙陣營也在原住民陣營長久培育，即極端暴力有其正當理由、入侵者常是勝利者、維護新秩序的運作需要強大武力。雖然西班牙的印地亞斯委員會實施法律防止探險家做出過於殘忍的行為，身處征服前線的人們毫不理會。這群人嫻熟於違背命令與反抗上級。科爾特斯、巴波亞、皮薩羅全都在職業生涯的某個關頭打破體制、違抗規則，踏上自己的路[46]。儘管口口聲聲頌揚君主與天主教信仰，他們內心懷藏狂野、反叛的衝動[47]。畢竟巴波亞忽視一切命令，自我任命為黃金卡斯提亞的最高指揮官。科爾特斯在維拉克魯茲效仿他的榜樣。在巴拉圭，其中一位征服者行徑大膽無比，竟將總督阿爾瓦．紐涅茲．卡巴薩．德．瓦卡（Álvar Núñez Cabeza de Vaca）綁上船運回西班牙[48]。皮薩羅不顧上司以利發動自己帶領的征服行動。他們彼此爭鬥，也與上級爭鬥。察覺自己置身異教徒的領土，遠離教會或西班牙法庭的管轄範圍，大多數人恣意鑄下暴行，即使他們之中似乎最有原則之人亦未試圖阻止傷害。貪婪、黃金熱、面對微渺機會不顧一切的勇氣、一種過高的優越感、對於印地安人的基本蔑視——隨你怎麼說——這些衝動刺激著他們，對原住民世界造成形同災難的後果。

當歐洲知識分子開始提出道德論點反對逐漸加劇的屠殺、奴役全部人口、死刑下的艱苦勞動與無限的剝削[49]，西班牙探險家認為這一切都應獲准，因為流放（對於戰俘的慣常懲處）和監禁在這些地區不可行。此外，他們堅稱「印地安人不像西班牙人一般遭受鞭刑，因為他們缺乏相同的榮譽感」。他們主張，實際上艱苦、懲罰性的勞動甚至可能有益於異教徒。在規律、有制度的勞動過程中，一個印地安人或能習得一門技藝，甚至可能培養良好禮儀。

隨著西班牙理解自己的好運多麼巨大並且鎖定新贏得的領土，它所施加的殖民結構嚴苛至極。絕對的統治成為特徵[50]。彷彿西班牙最初就體認到，留住光輝戰利品的唯一方式就是實行嚴格的專制，以此遏止惡習。從殖民伊始，當西班牙開始大批派任治理者、司庫和工匠赴殖民地，白銀和黃金也開始從墨西哥到秘魯穩定、振奮地流入，王室就堅持要副王和總督直接向國王秉報，使君王成為美洲利益的最高監督者。除了貴金屬以外，卡洛斯國王很快就有許多理由保護他對美洲財源的掌控。如今西班牙掌控全世界的可可供應，從新世界獲取銅、藍靛染料、蔗糖、珍珠、綠寶石、棉花、羊毛、番茄、馬鈴薯和皮革，並將上述所有物資從加迪斯的倉庫重新配送至全球各地。

為了防止殖民人口自行買賣這些物品，西班牙悉心建立嚴謹的統治制度。禁止一切與外國的聯繫，殖民地間的活動受密切監控，違者得處死刑。未經國王許可，沒有外國人能造訪殖民地。只有西班牙出生者可經商，美洲出生的國民無論有何貴族身分，皆不得自行種植葡萄、擁有葡萄園、種植菸草、釀酒或繁殖橄欖樹。而且所有美洲人皆不得投票或在政府任職，即使父母在西班牙出生亦然。斐迪南和伊莎貝拉為了牢牢掌控帝國在多年前設置的宗教裁判所，要求對違反以下罪行者一律處以死刑：出版或販售未經印地亞斯委員會明確許可的書籍或報紙。許多反叛的知識分子將因此罪行遭監禁與刑求。禁止殖民地居民擁有印刷機。誠然，當六個共和國的解放者西蒙．玻利瓦於十九世紀初發起獨立戰爭，他提出要把一架印刷機拖到戰場上，以此舉直接挑釁西班牙主宰。在國王的統治下，實行每一項殖民地公文、批准每一趟探險、投遞每一封郵件前，皆需加迪斯首肯，成為漫長而成本高昂的事務。而對於涉足新世界水域的任何外國船隻實屬不幸：非西班牙船隻皆認定為敵船並發動攻擊。

對美洲原住民而言，嚴苛的治理並非新鮮事，有別於以往的是由數千英里外的征服者部族所實施。儘管如此，征服的基本規範顯得熟悉：法律使他們臣服於遠方領主的隨興念頭。他們的語言、習俗、神祇隨著異族需求和欲望而改變，甚至居住地點亦然。這一切之中最令人困惑的，要屬他們世世代代與之搏鬥的征服者——高傲的印加人、無情的阿茲特克人、強大的穆伊斯卡人——如今也成為被征服者的一分子。

人們認為印加統治者帕查庫特克精通征服的技術，他是最成功的太陽帝國擴張者之一[51]。畢竟是他開創了成功至極的征服與分治手段。一待舉戰擊敗某個部族，帕查庫特克會將其劃分成南北兩區；北半部稱為**上**（hanan），南半部則是**下**（hurin）。接著他驅使兩地彼此競爭。在地理與心理上皆分裂的人口，將過於關注其敵對友邦而無心煩憂征服者，並且過於筋疲力竭而無法對印加人發動聯合反抗。為了鞏固此極端分治，並且創造一種蒙太古（Montague）與卡普萊（Capulet）家族間的仇視程度*，印加人在兩地間煽動公然暴力事件，甚至激起戰爭。此種謀略是不折不扣的馬基維利主義，極富戰略性，意圖一舉達成多重目標：維持統治地位、為印加軍隊打造純熟戰士、挑起有利的嫉妒心、確保廣泛的服從，卻能保持整體和平。戰事儀式變得深深植入安地斯山區人民的社會結構，實際上根深柢固的程度就像蠍子的螫刺，形同本能反應般出現。數世紀以來，暴力儀式持續存在秘魯山區。事實上，暴力瀰漫於拉丁美洲的整體秩序。

在這方面有大量證據。正如西班牙人詳細記載他們從新世界奪取的每一盎司白銀、輸入新世界的每一個奴隸、如今靈魂屬於教會所有的每一位新生印地安人，他們也記錄原住民間反覆上演的血腥衝突，因為那持續存在殖民統治的歷程中，且大多未加管束[52]。儀式戰爭依循季節在節日開打，假如村民有鋤頭，他們就用鋤頭彼此揮擊；假如手邊有石頭，他們就扔石頭。據稱那關乎自尊：人們為他的地區而戰——他所屬在區域角落，他的小幫派——殖民監工對此無能為力且難以約束。最終西班牙人將其視為他們得以利用、扭曲的爭鬥，用來控制臣民。突顯一位印地安人對另一位印地安人犯下的暴行變得省事，以此指出原住民人口的本性多麼野蠻殘暴。在一七〇〇年代晚期，上庫斯科與下庫斯科派系間發生的打鬥中，西班牙法庭記載兒童於交火時身亡的多宗案件。不過並無訴訟提告，人人明白事理就是如此。

即使到了現在，正值二十一世紀盛世，高原地區的玻利維亞人仍舉辦一年一度的**交鋒節**（Tinku），此古老儀式已存續七百年。在儀式中，數千位村民聚集於一片開闊土地，喝醉後拿棍棒或石頭互毆，常毆打致死。「假如有人死，對田地比較好。」一位男子評論道，漠然暗指潑灑獻祭鮮血於大地促進穀物生長的古老做法[53]。沒有警察會試圖阻止互毆。主管機關了解在這一天挫折將獲排解，人們的生存憤慨得以釋放，古老的傳統受到榮耀。「交鋒節既暴力又和平。」一位卑微的礦工提出。「就像男與女，上與下，光與暗。」[54]當清晨到來，陽光照耀屠殺原野，對於倖存者而言，生活將繼續下去。搏鬥對手們握手互道：「謝謝你，老

*《羅密歐與茱麗葉》劇中結為世仇的兩大家族，羅密歐出身蒙太古家族，茱麗葉則是卡普萊家族。

兄；我們考驗了彼此。」[55]男人將重拾勞動工作，寡婦將埋葬死去的家人。而大地之母帕查瑪瑪將吞下鮮血獻祭。

叛亂

我們最擔憂的並非印加文明中消逝的部分，而是留存下來的事物[56]。

——何塞・卡洛斯・馬里亞特吉（José Carlos Mariátegui），一九二八年

古代印地安人一向循規蹈矩，按季節定額奉獻鮮血給帕查瑪瑪，或稱克亞特利庫和巴楚（Bachué）。人類被殺以終結乾旱，停止地震，對抗日月遭蝕。處女遭勒斃後丟進大地之臍的的喀喀湖，用以確保繁衍與豐收。戰俘被拖入墨西哥或秘魯的神廟斬首、剝皮、取出內臟，任血流淌於石頭祭壇之上。不過這些屬於事先策畫的宗教暴行，由大祭司悉心籌備，依循禮節審慎實行了一千年。然而從哥倫布登陸到皮薩羅征服秘魯的短短四十年間，暴力提升至全然不同的高度。美洲淪為殺戮戰場，餵養帕查瑪瑪名副其實的人類血海。

學者主張在哥倫布登上巴哈馬群島的僅僅二十一年後，人口眾多且稠密的西班牙島實已空蕪[57]。近八百萬美洲原住民因暴力、虐待或疾病身亡。許多人不願將命運交付給入侵者，選擇自殺或在企圖逃脫時死去。距離加勒比海的第一次接觸僅隔寥寥幾代，絕大多數拉丁美

洲原住民已遭消滅——高達百分之九十五。如今從加拉加斯（Caracas）到蒙特維迪歐遍布的壯麗紀念碑和宏偉大道，更值得以此緬懷諸多證據揭露的征服者面貌：打劫者、騙子、謀殺犯、奴役者、壓迫者——犯下廣泛且綿長至極的屠殺暴行，以今日相隔的距離難以真正全盤理解。

但是好戰與野心並非歐洲人帶來的唯一戰爭手段。還有天花禍害，連西班牙征服者都不曉得自己擁有的祕密武器。一位人類學家宣稱，一五二〇年有位奴隸重病抵達墨西哥，距離科爾特斯登陸相隔數月，單單他一人就足以感染全部人口[58]。在陌生土地上目睹身邊盡是嚴重疫病，科爾特斯和他的部隊不可能訴諸科學因素。對他們而言，垂死人數眾多即為上帝站在他們這一邊的鐵證。而對蒙特蘇馬與墨西加人來說，這是神靈遺棄他們的洩氣跡象。即使科爾特斯只帶著六百多人上岸，並且懷抱自己能與任何規模軍事國家較量的奇特信念，他的野心突然顯得可行。他只需要實行從加勒比海頑強同僚身上學來的殘忍屠殺。當他察覺一名手下不忠，他就當場處決這名惹麻煩的士兵。當他懷疑一名印地安人是間諜，他砍下印地安人的雙手，再把殘肢流著血的人送回敵營。他採取騙術外交，結交幾方有利的盟友，在長矛面前揮舞槍枝，以鋼刀迎戰橡木棍，在征服大業中僅僅損失兩百人。為了理解此後猛烈襲擊的影響，數據最具說明效果：在一六一八年，即不到兩百年後，墨西哥蓬勃的兩千五百萬原住民人口遽減至寥寥一百五十萬人[59]。該地喪失了百分之九十的人口。一年後，大西洋的非洲黑奴貿易開始輸入拉丁美洲。

由於皮薩羅一步步遵循科爾特斯的致勝策略，印加人的總體軌跡基本上如出一轍。皮薩羅只帶著一百六十八人踏上秘魯海岸，在飽受戰亂折磨的土地上往前邁進，對抗坐擁數百萬人口的帝國。天花趕在他之前於航海的原住民商販間相互傳染，直至一五二六年全面爆發為流行傳染病，席捲南美大部分地區。皮薩羅於一五三一年抵達，恰逢病毒降臨的尾聲，對西班牙而言再幸運不過。正當疾病吞噬印加帝國之際，瓦伊納・卡帕克的兩個兒子派軍攻打對方，陷入兩人父親成功策畫的上對下（北對南）狂暴戰爭。一待皮薩羅殺害阿塔瓦爾帕和瓦斯卡爾，又於持續致力消滅統治階級下謀害另兩位印加王，帝國形同遭到斬首。但是他們並未消聲匿跡：在征服後的六年間，印加人發起數波大規模、計畫周詳且大膽的叛亂，對抗他們日後的主宰。最後一位世襲的印加王圖帕克・阿馬魯（Tupac Amaru）生於西班牙人到來的十二年後，他苦守山區與西班牙部隊作戰，直至一五七二年敵軍終於將他擒獲，在他脖子上綁繩索帶往庫斯科，並且浩大公開處決供眾人觀看。據一位目擊者所述，那在被迫見證斬首的一萬五千位印地安人眼裡是幅可怕景象。四十年來目睹抹消印加統治一切痕跡的種種作為後，群眾眼見阿塔瓦爾帕與瓦斯卡爾之姪屈服且遭謀害，迸發奇大無比的悲鳴聲「使空中只聞此音，使天際迴盪慟哭巨響」[60]。

到那時，前來掌管寶貴而遼闊秘魯殖民地的副王法蘭西斯可・德・托雷多，聲稱對於野蠻新世界的「獸性西班牙人」[61]感到震驚。不過他漸漸讓那憤怒止息，將僅存的原住民送進礦坑，塑造出成熟的白銀經濟比刀劍征服更具有慘烈後果[62]。十年後，該半球絕大多數地區屬於西班牙國王，包括整個南美洲、中美洲全境和直到加州的北美大陸[63]。五十年後，此區域超過半數的人口因白人帶來的疾病身亡：天花、破傷風、斑疹傷寒、痲瘋病和黃熱病，以及一些肺部、腸道與性疾病。（在某些情況下傳染經蓄意擴散，手段是分發帶菌的毯子或受汙染的廉價飾品給未起疑的部落[64]。）逃離猛烈襲擊的部落遁入環境惡劣的山林荒野之際，另有百分之四十的人口因戰爭、處決、饑饉和苦役喪生，甚至自殺身亡。

我們永遠無從得知在哥倫布到來前有多少原住民漫步於西半球，因為到歐洲人四處統計人口之際，已有太多人葬生病菌或刀劍之下[65]。學者確實告訴我們的是，當墨西哥副王於一六二〇年代歡慶一百週年[66]，科爾特斯進軍特諾奇提特蘭時遇見的擾攘人口已減至僅餘七十萬人[67]。學者也估計，征服前該半球的原住民人口可能落在四千萬至一億四千萬間的任何一點。一個世紀後，不到九百萬人存活。

由於新世界在西班牙統治下飽受欺壓屈從，以暴力對抗壓迫者的自然衝動最終開始點燃叛亂，遍及整個半球。悶燒的怒火一直存在。但是殖民領主強大到難以推翻，那股勢力把持束縛整個文明，使原住民迷失方向、反應遲鈍且麻木。儘管如此，在哥倫布登陸的三個世紀後，敵意開始更大膽地浮現，尤其當西班牙在世界地位上愈來愈不穩固之際。有色人種——如今實為各人種混雜的彩虹膚色[68]——對「白人」抱持的潛藏恨意開始爆發，構成集體暴怒的短暫劇烈迸發。

其中一樁最壯烈的事件於一六八〇年發生在新墨西哥的聖塔菲（Santa Fe de Nuevo Mexico）。一百五十多年來，普埃布洛印地安人（Pueblo Indians）在一波又一波的西班牙遠征下元氣大傷，叛亂之舉從未取得太大成功進展。他們試圖擊退敵對入侵者，拒絕他們強迫推行的宗教，盡全力逃離大規模奴役，卻被另一方持續不斷的報復行動攻克。一五九八年，墨西哥殖民地副王胡安·德·歐涅特（Juan de Oñate）派遣一支遠征隊，前去將肥沃的格蘭河谷地納為殖民地；那片地區已被四萬普埃布洛印地安人占領，普埃布洛人反擊。但是他們被西班牙的精良作戰裝備擊敗。取勝的歐涅特副王想給普埃布洛印地安人一個教訓，命令部下砍除所有年滿二十五歲原住民男性的右腳。為了加重懲罰，他迫使婦女為奴並拆散孩童與家人，以便全面灌輸他們天主教信仰。

然而歷時近一百年蓄積的怒火勢不可擋，在一六八〇年猛烈的普埃布洛起義中爆發。印地安人衝入西班牙種植園，殺害四百位白人，包括婦女、孩童和神父在內，接著再把另外兩千人趕出谷地，形同清除他們土地上的白人。此時套用的盤算毫不留情：為了讓自身擺脫西班牙統治，並於近兩世紀持續遭受種族文化滅絕後重拾認同[69]，原住民斷定他們必須使領主不復存在。換句話說，白人若不離開就得死。普埃布洛人著手摧毀所有的教堂與基督教意象，解除西班牙傳教士使之生效的婚姻，並且企圖重建歐洲人到來前他們所知的世界。那並未長久延續。在血洗屠殺十二年後的一六九二年，席捲而來的西班牙人重新奪回格蘭河領地。

殖民地的下一次大規模起義於一七六五年發生在基多[70]。不同於墨西哥大多繫於土地與認同的震撼事件，這次則受到經濟驅使。多年來，大多從事編織工的安地斯山區殖民地人民，在生計上蒙受嚴重衰退。事出有因：他們遭逢生產羊毛的山區印地安人口下降，來自歐洲的過多廉價織品湧入，以及急遽的經濟螺旋成形。基多人亟於維生，轉而生產違禁品，例如人人皆可在自家石屋輕易釀製的**甘蔗酒**（**aguardiente**）。他們在蓬勃的地下經濟裡找到工作，屠殺野生動物、鞣製皮革、沿街兜售食物，並且私釀發酵的奇恰酒。為了平息此現象，新格拉納達副王（實際掌管厄瓜多、哥倫比亞和委內瑞拉）專斷管控副王轄區裡所有的私人釀酒器具，並將其販酒所得的可能稅收納入馬德里的王室財政部（Royal Treasury）。他以專橫打壓揚言遏止興盛的非法市場，並且製造甚至更險峻的經濟危機。基多人拒絕落入如此下場。他們起義，走上街頭暴力反叛，最終驅逐了西班牙人，建立聯盟順利治理城市達一年。此後總督率領重軍攻入並重奪權力，開啟一個治理更加嚴苛的時代。

十五年後，困擾秘魯副王轄區數十年的異議之風[71]，以強風之姿吹抵玻利維亞高原。名叫托馬斯・卡塔利（Tomás Catari）的艾馬拉原住民（Aymara）多年來嘗試勸說西班牙領主，減輕對於拉巴斯（La Paz）富含礦產區域印地安人的虐待，但是除了入獄服刑和殘忍鞭打外毫無成果。卡塔利獲釋時，僅因支持者劫持一位西班牙治理官員為人質並威脅殺害他，就讓卡塔利決定發起反抗白人的叛亂。一七八〇年九月，印地安叛亂群眾開始攻擊並洗劫莊園，處決對象不僅有西班牙人，還包括未宣示效忠革命的任何人[72]。

幾個月後，彷彿有只致命的壓力鍋在運作，一場血腥種族戰爭於秘魯爆發。騷亂始於一位麥士蒂索血統的庫拉卡酋長，在西班牙「Tucumàn 土庫曼」長官（Gabernador）安東尼歐・德・阿里亞加（Antonio de Arriaga）享用一頓漫長縱酒的午餐後將他擒獲[73]。這位酋長最終自稱為圖帕克・阿馬魯二世，宣稱自己是印加最後統治者的後裔。圖帕克・阿馬魯把政府官員關在他自己的屋裡，命令他傳喚兩百名區域領袖——西班牙人和麥士蒂索人皆包括在內——前往通加蘇卡（Tungasuca）的廣場。他們抵達後，圖帕克・阿馬魯強力要求「Tucumàn 土庫曼」長官（Gabernador）的印地安奴隸處決自己的主人。隨後他帶領六千名印地安人往庫斯科邁進，殺害途中遇到的每一名白人男女與孩童。這並非衝動之舉，而是企圖扭轉歷史的最後一搏。與托馬斯・卡塔利相仿，起初圖帕克・阿馬魯試過外交手段卻毫無進展。多年來，他懇求阿里亞加廢除印地安人進貢的殘酷規定，並且更人道對待他的所有臣民。誠然，身為負責收繳貢品的酋長，他在未能如數上繳時會跟西班牙官員起衝突。但是他的懇求遭到忽視。既沮喪又憤怒的圖帕克・阿馬魯召集成千上萬大軍，以偷來的火槍和囤積的軍備武裝他們，並且向克里奧爾人發出最後警告，這群美洲出生的白人長久以來支持他們對於西班牙統治者的怒火：「我決心擺脫難以負荷的重擔並趕走這惡劣政府及其領袖……倘若你們選擇支持我，你們將不致承受惡果，保有你們的生命與種植園，不過要是你們拒絕相信警告，你們將面臨毀滅並迎受我大軍的怒火，使你們的城市夷為灰燼……我有七萬人馬聽我號令。」[74]

這場屠殺持續上演兩年，殘忍無情地席捲西班牙領地，一如數個世紀前入侵者血洗印地安人村莊。圖帕克・阿馬魯十分清楚表明[75]，為了重建舊有秩序，他可能必須「消滅所有歐洲人」[76]。

此外，出於洋洋得意的誇大其辭，圖帕克・阿馬魯宣稱接獲來自馬德里的王室命令，要殺盡住在秘魯副王區的每一個「紅脖子」白人。他的追隨者不疑有他，而那正是他們開始致力之事。得勝的反叛群眾亢奮無比，因放縱屠殺發狂，在白人的屍體上醉酒起舞[77]。傳聞他們吃白人的肉；他們扯出心臟，以血汙塗繪臉龐[78]。據說有些人甚至沉溺於古老習俗，拿頭顱飲酒。一位領袖要求斬首所有顯赫白人並將頭顱呈上，好讓他親自刺穿雙目。這些暴行的消息震驚了克里奧爾人，他們支持叛亂無非是想擺脫殖民主宰。如今他們只能在恐懼下退縮。這絕非他們所期盼反抗國王的起義，這是一場種族戰爭。而且對待白人的極端做法，就如同他們的征服者先祖曾對棕皮膚種族所為。

最終王室陣營大軍橫掃擊垮安地斯的叛亂分子，使印地安人損失數十萬條性命[79]。圖帕克・阿馬魯二世被捕並帶往庫斯科的廣場，正如兩個世紀前與他同名的圖帕克・阿馬魯被帶往同個露天廣場。當西班牙審訊官質問共謀者的姓名，他答道：「我只曉得兩個名字，那就是你和我：你是我土地上的壓迫者，我則是奮力要解救土地脫離你的暴政。」[80]此無禮答覆激怒了西班牙人，他命令部下割掉那印地安人的舌頭[81]，當場拖去分屍。以下信件詳述他的成命且成為正式紀錄：

> 他的雙手雙腳會被堅固繩索綁於四匹馬的肚帶上，馬匹將朝大萬廷蘇優的四個角落奔馳，扯開他的身體。隨後將軀體運往名為比丘山的山脊，他從那裡魯莽入侵、恫嚇

> 並圍攻這座城市，軀體將於此公開在火堆裡焚成灰燼……圖帕克・阿馬魯的頭將運往廷塔（Tinta）掛在絞刑架上三天，隨後以木樁戳穿置於城市大門。他的一隻手臂將運往通加蘇卡，在那裡他身為酋長，手臂以相同方式示眾，另一隻手臂則運往卡拉瓦亞省（Carabaya）首府。他的雙腳將分別運往瓊比維卡省（Chumbivilcas）的利維提卡（Livitica）和蘭帕省（Lampa）的聖羅莎（Santa Rosas）。[82]

審訊官的僕從著手落實此不堪指令。他們舉劍猛揮切掉他的舌頭。但是綁住圖帕克・阿馬魯手腕和腳踝的四匹馬不肯聽命。每次馬匹抬起印加人，使他宛若攤伏網上的蜘蛛，他的手腳就從繩帶間滑開，整個人跌落在地。士兵改成割開他的喉嚨；砍掉他的頭、雙手和雙腳；依照命令分送至六座城市，於各地十字路口插在長矛上示眾。他的妻子米卡埃拉（Micaela）遭受相同刑罰。虐刑與處決反覆終日，直到他的所有家族成員全都遇害。當圖帕克・阿馬魯最小的孩子看見母親的舌頭被活生生切掉，他發出一聲淒厲尖叫。傳說那哭喊聲是如此令人心碎且難以抹滅，以至於預示著西班牙統治美洲的末日[83]。

圖帕克・阿馬魯二世慘死命運的消息震撼各個殖民地，使盤算類似叛變的所有人感到憤怒且恐懼。對於黑人而言，奴隸制的違背人道作為難以為繼，反叛的念頭只會愈發茁壯。他們沒什麼好損失的。但是克里奧爾白人畢竟屬於統治階級的一部分——全拜膚色所賜——起義的夢想如今激起他們的恐懼，認為報復將不僅來自西班牙，也可能來自廣大的有色人種。

幾個月後這股恐懼於新格拉納達升溫，當時兩萬名群眾在波哥大遊行，向勢力更強大的副王轄區抗議重稅[84]。其中一位領袖何塞・安東尼歐・加蘭（José Antonio Galán）是不識字的麥士蒂索混血兒，在當下的滿腦狂熱之際宣告黑奴自由，並且力促他們將手中砍刀拿來對付自己的主人。正當他們依言照辦時，加蘭被判處懸吊致死，拖下分屍成四等分並斬首，將肢體分運至他住過的每個地區。為了確保如此邪惡之人永不轉世，他的房屋被撒鹽，穀物深深壓入周圍土地裡。這是在警告叛亂將遭強力反擊——對所有不滿分子的預防措施。

三百年後的砍刀

古巴，一九五五至一九七〇年

> 人懂得怎麼用砍刀削甘蔗，代表有朝一日他們也知道怎麼拿砍刀殺人[85]。
>
> ——費德爾・卡斯楚，一九六二年

卡洛斯一向無拘無束、自由自在，直到他察覺自己陷身古巴監牢，接著又在不到十數年後被關進美國聯邦監獄。他生於革命分界點的一九五五年八月。古巴脫離西班牙的束縛未滿六十年，不過人們再度為獨立感到擔憂。勢力強大的白人、掠奪成性的外國人、暴虐的政府和貪腐的寡頭政治家構成人民的另一種枷鎖。

兩年前，費德爾・卡斯楚帶領一百五十位反叛人士，攻擊古巴最大的軍事防地之一。任務很簡單：搶奪龐大的武器庫以壯大他的革命。對卡斯楚和他那群叛軍而言，富亨西歐・巴蒂斯塔（Fulgencio Batista）政權代表典型的專制腐敗，形同殖民統治。銀行和國家資源如今受美國企業掌控——實際上是巴蒂斯塔治下的整體經濟，包括絕大多數的工業。距離古巴從西班牙贏得獨立沒隔幾年，美國國會於一九〇一年通過普拉特修正案（Platt Amendment），禁止美國以外的任何外國勢力殖民古巴或與古巴締約。法案十分清楚闡明美國得隨時主動干預古巴事務，並且可以在任何有必要之處建立軍事基地。此後這項法案旋即於古巴通過立法，並且存續數十年，使這座島嶼實際上成為美國的殖民地。在巴蒂斯塔當選總統的一九四〇年，普拉特修正案從古巴憲法中刪除，順應羅斯福於一九三三年提出的「睦鄰政策」（Good Neighbor Policy）。然而法案的精神仍在，華府繼續支配此島嶼，巴蒂斯塔也持續與美國企業厚植關係，在此過程中斂財。

根據卡斯楚所述，巴蒂斯塔是**可怕的怪物（monstrum horrendum）**[86]與違法的總統，在他當選的第一屆任期內，來去於紐約聞名的華爾道夫酒店與佛羅里達的戴通納海灘間歡度八年，從遠處操控哈瓦那且與美國黑手黨合作。一九五二年他在軍方支持的政變下重奪大權，並且任命一個完全依賴美國商業利益的傀儡政府。到了一九五〇年代晚期，巴蒂斯塔及其親信圈已將超過百分之六十的蔗糖生產與獲利交給美國企業[87]。近半數耕地皆由美國企業擁有。在卡斯楚看來，是時候將巴蒂斯塔、他的犯罪親信和美國的竊盜統治者一舉趕出古巴。

儘管全力動員基層民眾的支持，卡斯楚對蒙卡達軍營（Moncada Barracks）初發的生澀叛亂結局慘烈，並且讓他落入監獄。不過在一九五五年五月，正值卡洛斯將長成足齡胎兒、準備出生墜入騷亂人世，費德爾和勞爾這對卡斯楚兄弟因特赦獲釋。公眾輿論不滿巴蒂斯塔於一九五二年的公然奪權，加上幾位睿智的美國人開始批評古巴的貪腐、警方的暴行以及對於窮人的輕率漠視[88]，巴蒂斯塔需要他所能集結的一切正面公關宣傳。有人建議特赦所有政治犯或為適時的權宜之計。

在巴蒂斯塔魯莽的公關噱頭下遭逐出古巴海岸，卡斯楚及其叛軍如今在墨西哥的要塞裡重整，他們在那裡遇見信奉馬克思主義的阿根廷醫師切．格瓦拉（Che Guevara），並且開始策畫在哈瓦那的下一次攻擊。正當卡斯楚和切俯身觀看古巴群島的簡陋地圖，琢磨戰略，從西班牙內戰的老練兵士身上學習必要知識之際，卡洛斯降生俗世並初次看見光。卡斯楚和切接受的綜合課程簡單明瞭：他們將運用游擊戰——大衛對上歌利亞的抗爭原則——以渺小、靈活而無懼的力量，對抗更加龐大、笨重許多的武力。就在卡洛斯第一次睜開雙眼時，卡斯楚發表聞名的戰爭宣言：「我相信主張權利、而非請求權利的時候到了——去奪取而非乞求。」[89]

在卡洛斯五歲生日前，古巴已天翻地覆。指揮官卡斯楚帶領一小隊八十二人的叛軍登陸古巴南部嶙峋海岸，他們渾身溼透、飢餓、在海上顛簸不已且曬傷[90]，一路穿越甘蔗田，幾欲昏厥步履蹣跚，直到抵達內陸的亞雷格利亞德畢歐（Alegría de Pío）地區。他們趕在巴蒂斯塔調軍追捕之前，從那裡迅速遁入馬埃斯特臘山脈（Sierra Maestra）藏匿。此後爆發激烈的游擊戰，歷時兩年，並且逐漸號召一股不可忽視的古巴部隊加入叛軍陣營。在一九五九年元旦，害怕命運將猛然扭轉並做了最壞打算，巴蒂斯塔及其副手逃離哈瓦那，數千古巴人湧入碼頭欲撤往他方，而在一週內，指揮官和他的**大鬍子部隊**（**barbudos**）從馬埃斯特臘山脈的根據地邁入首都的驚惶街道。勝利轉瞬降臨，狂歡感染四方。卡洛斯的父親多年來擔任碼頭裝卸工，上上下下扛運糖裝船，把自己喝成蘭姆酒鬼。最終他被派往馬坦薩斯（Matanzas）的翠綠田地裡砍甘蔗，證明他對革命的忠誠。

到卡洛斯滿十歲時，家裡的食物不夠吃。有許多改革讓窮人的生活稍稍變好——更容易接受教育和醫療，改善衛生條件——但是在他父親屋簷下要餵飽七口人，而一名甘蔗砍收工的薪水不夠將充足食糧端上餐桌。更糟的是，從一九〇〇年代初期躍居全球第一的古巴產糖量，如今已在全球商品市場遠遠跌落在後。新近成形、派往田地勞動的革命分子產能，完全比不上巴西、印度和歐洲的蓬勃製糖業榮景[91]。就像古巴人常掛在嘴上的那句話：**沒有糖，我們就沒有國家**（**sin azúcar no hay país**）。而那正是美國政治家的盤算：利用饑饉使古巴脫離與社會主義的短暫邂逅，並且煽動人民重回原有的生活方式。由美國總統德懷特・艾森豪（Dwight Eisenhower）政府實施的大規模貿易禁運，在他的繼任者約翰・F・甘迺迪（John F. Kennedy）治下擴大且經美方盟國採行，如今使古巴經濟陷入困境、瀕臨崩盤。起初在一九六〇年向美國單方面示好後，卡斯楚最終轉往蘇聯尋求幫助餵飽人民。卡洛斯的父親也改採迫切手段：他開始帶長子到酒吧唱歌，換取幾分錢或一盤香蕉。男孩的焦慮是此不安時期的產物，演變成鋌而走險的行為：卡洛斯開始偷東西。一開始是小小的偷竊行為，從鄰居樹上偷水果，拿同學的小飾品。到年滿十三歲並且變聲後，他會趁酒保不注意時偷拿兩、三瓶蘭姆酒，塞進外套下帶去貧民區賣。他從女人的皮包裡偷東西，無所不拿，再暗中變賣換取口袋裡的微薄零錢。

因為這些踰矩行為，卡洛斯常被盛怒的同學、店主、鄰居毆打，但是他學會重新振作，抹掉臉上的血後大笑。他對於權威沒有太多敬意；說真的，除了他當下的立即需求，他不太重視任何事物。在這方面他並非少數，周遭有許多徹底失望的年輕人與他想法一致。很快他就跟一幫生嫩的不良青少年湊在一起，面帶不快佇立街角，盤算著要對抗國家機器。

每當卡洛斯的父親酒醒時，他會試圖糾正卡洛斯的不良行為衝動，但是男孩對於教誨毫無感觸。一九七〇年卡洛斯十五歲時，卡斯楚命令所有古巴人到田裡去，使蔗糖出口量翻倍至一千萬噸並恢復古巴在市場上的歷史地位[92]，卡洛斯的父親斷定這是他向男孩灌輸一些紀律的機會。父親遞給卡洛斯一把砍刀，逼迫他加入砍收甘蔗的繁重工作。正是在那片芳香田地，散發著甜味，非洲奴隸做了數百年苦工之處，卡洛斯目睹將永遠改變他的事件。兩個男人之間的爭執升溫至殘暴鬥毆，導致一人最終揚起砍刀並往下揮，殘忍砍中對手的臉。成灘鮮血，受害者的激動哀號，在那之後攻擊者目光狂暴四望時的一片死寂——此情此景的歷歷細節太過觸動人心，使他永難忘懷。

第七章

形塑拉丁美洲心靈的革命

他們說開創偉大的計畫需要冷靜以對！冷靜了三百年還不夠嗎？[1]

——西蒙．玻利瓦，一八一一年

馬德里

一八〇七年

拉丁美洲蒙受三百年的西班牙高壓統治，此時一扇意料外的機會之窗開啟並永遠改變歷史[2]。那樁奇蹟以席捲馬德里王室的醜聞形式降臨。一八〇七年秋天，個性淺薄且神經質的國王卡洛斯四世（Carlos IV）寄出一封慌亂的信，向法蘭西的拿破崙・波拿巴（Napoleon Bonaparte）乞求幫助。因為他剛得知兒子斐迪南王儲正密謀篡位，還可能會毒殺親母。事實上，卡洛斯國王已成為自己國家的笑柄。他的首相曼努埃爾・德・戈多爾（Manuel de Godoy）讓他戴了多年綠帽。他的妻子瑪利亞・路易莎王后（María Luisa）擁有蔚為奇觀的性欲且好色成性，將眾多年輕英俊的侍衛納為情人。此女子虛榮輕浮，成天跟一個又一個情夫嬉鬧，並且說服愚蠢的丈夫餽贈他們高職，一次又一次的不當任命釀成亂局。誠然，正是她的舊情人戈多爾首相向英格蘭發動災難性的戰爭，耗盡帝國財庫並開啟西班牙邁向破產的漫長下墜。年輕的斐迪南王子難以忍受這一切，開始對王室的荒謬事態感到絕望。他也匆匆去信拿破崙，請皇帝為他選擇一位法蘭西新娘，祝福這樁婚事，以此為兩大帝國聯姻。

拿破崙窺見機會。利用家族，他說服西班牙人自己不僅會捍衛卡洛斯國王的統治，還將征服葡萄牙，使伊比利亞地區全歸國王所有。《楓丹白露條約》（Treaty of Fontainebleau）於當年十月簽署。亟於維持王位，卡洛斯應允拿破崙所請，派遣兩萬五千人部隊從西班牙境內開拔至里斯本。但是在十一月時，拿破崙派出此人數四倍的軍力，於西班牙取得穩固立足點，以兵不血刃的政變拿下里斯本。女王瑪利亞一世（Maria I）＊和布拉甘薩（Braganza）王室家族逃離葡萄牙，計有一萬忠貞臣民隨行並重新定居於巴西，接下來八年他們就從此地治理葡萄牙。四個月後，拿破崙的將領潛入守備森嚴的西班牙要塞，隨後掌控整座半島。西班牙在被占領下形同癱瘓。其殖民政府、所有的財政利益、施以鐵腕治理的印地亞斯委員會突然間完全陷入停頓。

但是殖民地並不知情。就在西班牙平民展現勇氣，發動猛烈游擊戰使法國人震驚之際，西班牙殖民的美洲仍在閒散幸福的無知中度日。儘管拿破崙的將領正在洗劫**祖國（madre patria）**的城市，對其領袖施以絞刑並強暴婦女，殖民地的生活延續一貫的靜止模式。鑑於大英帝國對拿破崙的頑強抗戰，並且封鎖歐洲海岸一整年，拉丁美洲的所有通訊實則陷入封閉。讓事態更糟的是美國總統傑佛遜誤判實施的《一八〇七年禁運法案》（Embargo Act of 1807），實際上扼殺所有的海外貿易並嚴重削弱此半球的市場，加劇了區域孤立。

在加拉加斯，西班牙遭法蘭西暴力侵占的消息傳開，一直要到整整七個月後的一八〇八

＊女王瑪利亞一世（Maria I）：原書此處寫的夏綠蒂皇后（Queen Charlotte）為英王喬治三世之妻，跟當時在位的葡萄牙女王瑪利亞一世身處同個年代，疑為誤植。中譯直接改為瑪利亞一世。

年七月，當時兩份幾經翻閱的舊《泰晤士報》（*London Times*）由千里達一位風塵僕僕的公務人員送抵都督辦公室。報刊看來再尋常不過：寫滿財經告示的四大張報紙。但是在航運新聞和房地產求售之間是一條令人震驚的內情，透露西班牙國王已遭廢黜，如今由拿破崙統治國家。當時委內瑞拉總督的祕書安德列斯・貝約（Andrés Bello）翻譯告示呈交上司，後者僅視為英國人的捏造而不予理會。數日後兩艘船證明了這項事實，一艘法國雙桅帆船和一艘英國巡防艦恰巧同時駛抵委內瑞拉的拉瓜伊拉港（La Guaira），帶著相同版本的消息而來。法蘭西代表團匆匆爬上橫亙於海洋與加拉加斯之間的山頭，穿著華麗軍服現身，宣告西班牙已投降──現在所有殖民地均歸拿破崙所有，包括他腳下站立的那塊土地。在那不久後，英國船長趕至山丘上怒言反駁：法國人是騙子，他說。西班牙尚未屈從。據他所說，代表此艱困國家的軍政府已在塞維亞成立，且獲大英帝國承諾給予無條件支持。

對委內瑞拉人而言這消息令人震驚。難道他們要相信，跟西班牙激戰數個世紀的大英帝國──包括法蘭西斯・德瑞克爵士在內的海盜突襲西班牙帆船並偷走國王的白銀──突然間成了西班牙最好的朋友？對於遭剝奪權力三百年且沮喪憤慨的克里奧爾人而言，這是個關鍵時刻。恰似拿破崙從國王的道德淪喪家族紛爭中察覺機會，加拉加斯處境艱難的本地貴族，如今也在他們國王突然且徹底的失勢中瞥見機會。他們決心接管大權，形塑命運，最終謀求獨立。

阻礙存在，且為數不少。許多富裕的白人殖民者跟西班牙擁有緊密的親族關係，並且堅決反對暴力革命。他們想獲得更多權利，在政府裡更具發言權，也必定想對財經事務擁有更多掌控權。但是他們無意承受法國和海地人為獲獨立而歷經的血腥動盪。克里奧爾人也曉得他們僅是廣大人口裡的一小部分。他們無法倚靠殖民地的黑人、黑白混血穆拉托人（mulatto）和原住民一起起義對抗西班牙。誠然，克里奧爾人一直對膚色較黑的種族發號施令，數百年來利用並虐待他們。奴隸和從事粗活的勞工人數自然遠勝白人，他們抱持深深懷疑看待所有地主。他們擔心少了西班牙的薄弱法律後，白人會變得更殘暴。面對西班牙，至少你可以訴諸譴責不當對待原住民的成文法律，即使那些法規一向受到忽視。面對克里奧爾白人，誰曉得會發生什麼事？

一年過去了，於此期間西班牙殖民官員憂慮未來，克里奧爾人則彼此爭論以求得眾人皆首肯的革命。在一年後的一八〇九年，於基多王家高等法院（Royal Audience of Quito）大廳迎來第一篇獨立宣言，其西班牙語字面意義為**「第一聲吶喊」（el primer grito）**。在八月十日拂曉前一刻的黑暗之中，一群克里奧爾革命分子集團闖入這棟王家宅邸，呈交現任治理官員一份正式命令，宣告他的權責依民意告終。權力如今歸於他們。這場短暫的獨立為期七十三天，且未以任何方式留下勇敢斷言人民有天生權利的一絲迴響。誠然，面對國王富有決斷力和野心的兒子斐迪南七世，起義人士過於心甘情願表示效忠。然而這座微小島嶼在歷經多個世紀的強力統治後宣告獨立，而且或許是首次展現，白人跟原住民同樣堅決要掙脫殖民枷鎖，後者則於數百年來蒙受遠遠更惡劣的處境。最終駐防基多周遭的總督軍包圍城市，並猛攻使其投降，到了十月二十五日，革命人士已在地牢裡沉淪，等待劊子手行刑。幾個月內，在公開處決的恐怖號角聲中，他們全數身亡。人民受到昭告，膽敢表露同情的任何人會被控叛國罪並處死[3]。西班牙人在這一刻施加懲戒，基多人則於此時學到教訓，不過隨之而來的革命巨浪將轉瞬淹沒教訓。

玻利瓦的戰爭

他騎乘而行，一路打鬥，走過的路途比尤利西斯（Ulysses）曾航行的里程更遠。荷馬（Homers）該來記述這件事[4]！

——湯馬斯・卡萊爾（Thomas Carlyle），一八四三年

一場更加勢如破竹的叛亂最終在加拉加斯浮現，對於殖民者而言那裡的賭注更高，最大原因在於委內瑞拉（號稱「小威尼斯」）是較富裕且聞名的殖民地。領導起義的是一對年輕兄弟，來自克里奧爾貴族家庭的豪門子弟，他們在加拉加斯郊外的其中一棟家族房舍籌組祕密會議，並將自己的可觀財富借給革命事業。他們是西蒙與兄長胡安・文森特・玻利瓦（Juan Vicente Bolívar）。西蒙・玻利瓦時年二十七歲，擁有超齡許多的生活經驗。他在三歲時喪父，未滿九歲之際喪母，身為一名偏愛奴隸陪伴的不服管束反叛孤兒，最終由嚴厲且對

他不滿的舅父所撫養，把他送往馬德里培養些許紀律與見識。他學得的反倒是認定**祖國**西班牙為無能主宰的信念。獲得家族的貴族友人接待，供應住宿與浩瀚藏書，成年的玻利瓦在馬德里是宮廷常客。在那裡他難得窺見困擾著王室家庭的醜聞性欲，不過他也前往法國和英國旅行，累積關於啟蒙運動文學與文化的可敬知識。

十九歲時，他在委內瑞拉娶了一位彼此家族熟識的美麗西班牙人，卻在幾個月後成為鰥夫，年輕新娘在他帶她回加拉加斯不久後死去。他到歐洲遊蕩許多年，心碎且迷茫，像個浪蕩子與沉迷酒色之徒般虛擲光陰，把悲傷埋進酒精或舞廳裡，並且急切地閱讀伏爾泰、孟德斯鳩和湯馬斯・潘恩（Thomas Paine）的著作。在巴黎，他遇見知名的探險家與科學家洪堡，後者極其鄙視西班牙對於美洲的殘暴殖民征服。在倫敦，他接受法蘭西斯可・德・米蘭達（Francisco de Miranda）的教導，其人不僅參與美國獨立戰爭，且隨後與喬治・華盛頓（George Washington）和亞歷山大・漢彌爾頓（Alexander Hamilton）變得友好，而且還繼續指揮一支法國叛軍，血腥起義對抗法王路易十六（Louis XVI）。隨著玻利瓦沉浸於自由主義與反君主政體陣營的熱潮，他變得愈來愈激進。當他回到加拉加斯，那是因為他誓言致力於解放自己的祖國。

玻利瓦拒絕參與「柔性」革命。他不願像基多的反叛者那般，於奪權同時繼續效忠斐迪南七世，即如今體制搖搖欲墜、四面楚歌的西班牙君主。他對於同時揮舞著自由旗幟又宣誓效忠某位國王之人無甚耐性[5]。跟同屬克里奧爾人的許多人士相異——也不同於他的已逝親父，曾於數十年前短暫接觸反叛分子——玻利瓦明瞭絕無可能在文雅的政府廳堂贏得一場革命。革命需要人民介入，革命可能必須動用極端暴力。

多年來玻利瓦行遍拿破崙的法國和威靈頓公爵（Duke of Wellington）的英國，赴拉丁美洲眾多殖民地會見革命同儕，他對於獨立的信念變得堅定且絕對。玻利瓦深知斐迪南七世，他從小就跟那討人厭又愛抱怨的小鬼起衝突，對於此人毫無敬意。若說玻利瓦厭惡王儲，那麼他就是痛恨王后；她的性欲惡名昭彰，玻利瓦年少時期的朋友曼努埃爾·馬洛（Manuel Mallo）是她的眾多情人之一，使他熟知她的弱點。不過他最強烈的鄙視保留給卡洛斯四世，其躊躇無能使一整個帝國受害。玻利瓦醞釀敵意的時間太長，如今已無法驅散。他對於西班牙的恨意日益茁壯，大到讓「將我們跟她分隔的海洋」[6]相形見絀。

一八一〇年四月十九日，革命人士攻擊位於加拉加斯的官宅，讓當地長官知道委內瑞拉人要他離開。當地長官抗議，但是當他踏上陽台，眼見一大群人聚集在中央廣場，吼著要他下來。兩天之內，他和副手們登上開往費城的船。新成立的政府自稱為致力於捍衛國王斐迪南七世權利的加拉加斯最高理員會（Supreme Junta of Caracas），使玻利瓦大為懊惱。但是新政府的緊急宣告傳達了他最衷心的盼望：殖民地現在採行自由貿易；印地安人不再因人們無力給薪而被致贈或奴役；奴隸市場將成為往事。

如同成排倒下的骨牌，那一年布宜諾斯艾利斯、波哥大、基多和墨西哥皆宣告主權，成立軍政府，並將西班牙治理官員送出海[7]。可是保皇人士的嚴懲來得迅速且殘暴。儘管西班牙起初無力捍衛其對殖民地的掌控，整個區域的龐大皇軍立刻集結，反擊並遏制起義的蔓延。即使墨西哥猛烈反抗的神父米格爾・伊達爾戈（Miguel Hidalgo），其滴血頭顱懸掛於瓜納華托一處屋頂，好讓世人目睹西班牙如何處置美洲革命分子，該半球爆發的戰爭難以根絕，消耗接下來十四年中的大半時光，使城市徹底夷為平地，人民遭殘忍對待，並以成千上萬人的鮮血餵養大地之母。為了在那片遙遠土地上擴增西班牙軍隊人數，國王的將領動員黑人和印地安人為己方戰鬥，並且歡迎一整隊頑強的義勇騎兵，他們不願涉入克里奧爾白人的奪權賭局。

海外保皇黨與相抗衡的剛起步反叛陣營取得共識，供出玻利瓦及其同類人，盡可能處決革命人士，把他們逼向國內或流亡海外。但是那完全比不上法國最終在滑鐵盧遭擊潰，國王將全副心力轉往重新征服美洲時，**祖國**對其子民迅速施加的苛刻懲罰。歷經拿破崙戰爭後，西班牙在搏鬥中變得更凶暴、低劣且嚴厲，超出革命人士所能想像征服者**「再征服運動」**好似揮往印地安人的一把重劍，充斥著剛開始為了完成任務實行的殘忍好鬥之舉。

最終克里奧爾白人理解，他們必須跨越種族尋求幫助，以對抗西班牙掠奪成性的戰爭機器。在委內瑞拉和哥倫比亞，玻利瓦明白他必須廣召人手並團結種族：為了擴增軍隊，他募集的士兵之中包括原住民、黑人、奴隸、義勇騎兵、體弱者、步履蹣跚的長者及極年幼者。任何有辦法拿起木棍的人都被拉去軍營入伍。從流亡海地回航南美大陸的途中，他決心籌畫一場毫不容情、義無反顧的新革命。他深知像自己一樣的白人貴族為了經濟和政治利益引燃革命，人數遠遠不足以完成大業。海地的黑人總統亞歷山德拉・佩蒂翁（Alexandre Pétion）是他的明師，佩蒂翁給的每一項忠告都更加鞏固他的信念。他將解放奴隸，聽從佩蒂翁的堅定勸說。他將聯合一支民主戰鬥勢力，採用非正規的游擊隊戰術，以使人震驚畏懼的險招為重點。若有必要，他將走向暴力極端，如同海地的黑人以自由之名屠殺白人。無論代價為何，他將解放人民脫離西班牙。

一八一三年，他沿著溫暖潮溼的馬格達萊納河（Río Magdalena），從卡塔赫那騎行至庫庫塔（Cúcuta），接著越過積雪山脈前往委內瑞拉，接觸可能加入他背水戰役的任何人。起初僅有社會底層願意響應號召：貧民窟居民、逃跑奴隸、失業農民、前科犯、近乎赤身裸體的部落族人。他們未經訓練、不守紀律、既沒武器也沒鞋穿，身上僅有一件破舊長褲、一條滿是跳蚤的毯子、一頂磨損脫線的帽子。他逐漸打造出一支猛烈強大的軍隊，以適應力和出人意表為強項。在打了一場又一場勝仗，奮鬥回到他出生的城市加拉加斯後，玻利瓦對所有西班牙人宣告「誓死戰鬥」政策，將革命路線界定為一場零和賽局。他也為此大業犧牲眾多士兵。

但是玻利瓦也讓拉丁美洲人敞開心胸想像未來的可能樣貌。他受到啟蒙運動啟發，好比湯馬斯・潘恩振奮人心的著作《人的權利》（*Rights of Man*），闡述無人應被另一人擁有或征服的基本原則。畢竟是玻利瓦懷抱比華盛頓或傑佛遜更高的道德本能，看出發動一場名為自由的戰爭、卻未先解放自家奴隸的荒謬性。玻利瓦的獨立戰爭耗時比美國獨立戰爭漫長兩倍，從一八一〇一直至一八二四年，而且在出奇暴力的歷程中，他曾遭二度擊退、流放，不過他總是會回歸，在蒙受失敗後變得更激烈。他常說：「勝利的藝術是在敗戰中習得。」[8]誠然，每遭訓練精良、裝備齊全許多的西班牙軍隊擊潰一次，他拼湊組成的部隊就會變得更堅強。

隨著時間過去，東拼西湊的能力成為他最寶貴的武器。玻利瓦的個人魅力——他堅持與士兵並肩騎行，跟他們一起睡在地上，做出難以想像的英勇行為激勵他們——隨著他衝入一場又一場戰役與徵召新兵下傳開。最終他帶領一支令人敬畏的軍隊共赴大業。他們之中有黑人、印地安人、穆拉托人奴隸、海上商人、加勒比海的海盜、平原上的狂野牛仔、醫院裡的病人、年僅十一歲的娃娃兵。玻利瓦比亞伯拉罕·林肯（Abraham Lincoln）的《解放奴隸宣言》（Emancipation Proclamation）早整整半個世紀宣告終止奴役，目標是要激起奴隸的怒火。廣大的城鄉底層工人並未立即響應，不過最終受到他雄辯力爭人的權利所觸動，他們大批湧至加入解放軍。他們在毫無紀律下前來從軍，常常只帶來一把鋤頭或一根木棍。其他人渡海而來，包括從拿破崙戰爭退役的失業英軍，身穿精心製作的軍服，擔任解放美洲的傭兵。另有些人來自心懷不滿的克里奧爾白人富裕家族，從未付出最微不足道的犧牲。但是他們至少有一個共同點：他們全都受到解放者的雄辯辭藻與願景所激勵，而且像他一樣，願意動用極端暴力肅清「哥德人（goths）*」的土地。他們勢不可擋。

---

*指西元五世紀至八世紀統治伊比利半島的西哥德王國。

在這場具懲戒意味的激戰結束時，玻利瓦將一手擘畫、組織並領導六個國家走向獨立：委內瑞拉、哥倫比亞、厄瓜多、秘魯、玻利維亞和巴拿馬，這片大陸的面積等同於現代歐洲。與此同時何塞・德・聖馬丁（José de San Martín）在阿根廷、智利與秘魯首都出色推行的解放運動，需於玻利瓦行軍穿越荒涼的安地斯山區後逐步實現。玻利瓦一路南下大陸，對於以暴制暴毫不容情。到那時，志同道合的革命正強力席捲南錐體（Southern Cone）——在烏拉圭有何塞・阿爾蒂加斯（José Artigas）的英勇領導，在巴拉圭不僅要力抗西班牙人，還要對付有意併吞的阿根廷人。殘殺景象怵目驚心。

無需多久殖民者就理解，將為他們發起的革命付出高昂代價。到了一八一二年，拉丁美洲人民已見多識廣，理解勝利者與受害者之間的可怕盤算。然而情況變得更糟。在一八一三年，玻利瓦的誓死戰鬥使一整營的西班牙士兵遭俘虜或殺害。一年後，何塞・托馬斯・鮑維斯（José Tomás Boves）——徹頭徹尾的大老粗，統領七千義勇騎兵的強大兵眾——宣告支持西班牙，並且屠殺八萬叛軍[9]。不同於鮑維斯，玻利瓦並非天生的暴力之人：殺戮使他感到難受。但是，如同保皇黨的敵人一般，他深知恐懼的效用。他的貴族同志想要、並認為人們掀起的那種革命——迅速、容易、具說服力且文明——如今以極端的殘暴作收。玻利瓦公開坦承，在他初次勝戰時遇到的所有西班牙人「幾無例外遭到槍殺」[10]。那項不容妥協的政策並非毫無緣由：一年前，斐迪南國王的指揮官發布王家命令要求處決所有反叛分子，無一例外。這跟圖帕克・阿馬魯不顧一切的起義相仿，其於三十多年前發起後遭到西班牙的嚴懲。

這是一場全有或全無的賽局，絕無讓步可能，只會有一方存活。結果導致一場血腥衝突，使拉丁美洲人口減少三分之一[11]。多座城市從地圖上整個抹消，鄉間飽受蹂躪，破壞已成。一位西班牙官員簡要描述此景：「省分蕩然無存。擁有數千居民的城鎮如今減少至寥寥幾百或甚至幾十人。在某些地方，僅餘人類居住的遺跡。道路和田野遍布未下葬的屍體；許多村莊整座燒毀；圓滿家庭只能追憶。」[12]

毀滅再次迴盪席捲拉丁美洲，如耀眼的焰火般加速吞噬，激怒遭暴力對待與統治三百年的人口。敵意、懷疑、憎惡成為常態。西班牙從數代人的戰爭中習得的種種怒火，轉變成另一種對付美洲的狂暴。而今被殖民者累積的盛怒高漲，決心以牙還牙。當西班牙遠征軍最終於一八二四年步履維艱返鄉，僅剩餘十年前開抵美洲龐大艦隊的一小部分。

停不了的殺戮

他們是魔鬼之子，而非我們的神靈月亮和太陽之子，因為他們四處殺戮、掠奪、侵占視線所及的一切[13]。

——印加・加西拉索・德・拉・維加，一六〇五年

此種狂怒從未真正退卻。即使於一八一九年脫離西班牙贏得獨立後，委內瑞拉的狂暴持

續不減，在小規模衝突中又犧牲一百萬性命[14]，歷時七十年直至二十世紀。墨西哥在向西班牙爭取獨立期間喪失五十多萬人（一八一〇至一八二一年），不料繼續跟馬雅人打了一場為期三十年的殘忍內戰，聲稱又奪走三十萬條人命。該國四分之一人口湮滅於上述戰火中[15]。從一八四七至一八六一年的短短十三年裡，近五十萬墨西哥人於戰爭中身亡[16]，使得五十年間受到殘殺的人數共達一百五十萬。暴力一直延續至二十世紀初期，在第二次墨西哥革命時達到頂峰，領導者是一名不滿的農民，清楚領悟到革命後的主宰並無不同：通通是白人，受到外國利益支配，並且無情忽視有色族群。至於承諾會讓他們獲得的一切自由，獨立一世紀以來給的只有失和與衝突。

一九一〇至一九二〇年之間，墨西哥人口在屠殺狂潮下衰減[17]。證據歷歷在目：屍體吊在樹上來回擺盪，人民在街頭被殺，沙漠中的萬人塚。難以想像的暴行不斷升溫；在這片土地上，謀殺、處決、斬首、刑求、截肢和綁架成為當今的通行法則。沒人能倖免於暴力，非關政治者也不例外——包括未涉入白人與棕色人種間爭鬥的移民。舉個例子：墨西哥與非法販毒間長達一世紀的傳奇故事，始於地主驅趕或殺害中國鐵路工人，只為奪取獲利豐厚的鴉片田[18]。

儘管歷經種種起義與流血事件，暴力似乎從未促進有色族群的生活。隨著墨西哥邁入二十世紀，整整一半的農民階級[19]——其中超過八十是原住民——仍然在富人的種植園工作或為外國老闆做苦工。在墨西哥城以外，幾乎所有人口既無土地且赤貧。而且不安，他們依舊如此。

在龐丘・比利亞（Pancho Villa）和埃米里亞諾・薩帕塔（Emiliano Zapata）攻擊首都奪取總統府的一百年後，以及伊達爾戈在多洛雷斯廣場的振奮呼喊，以「多洛雷斯呼聲」（el Grito de Dolores）引燃血腥獨立戰爭的兩百年後，墨西哥仍然是世界上最危險的十個地方之一，跟宏都拉斯、瓜地馬拉、哥倫比亞、委內瑞拉和巴西共享殊榮[20]。

誠然，近乎每一個新近解放的共和國都見證過革命後的殘殺。但也許無處及得上十九世紀肆虐巴拉圭的殺戮程度。在這個新生國家，革命使其從遼闊地域大幅削減成內陸小國，由原本沒沒無名的何塞・加斯帕・羅德里格茲・德・法蘭西亞（José Gaspar Rodríguez de Francia）掌握絕對權力。父親是巴西菸草種植者、母親出身本地，法蘭西亞個性神祕，手足之中有三位精神失常[21]，且懷抱著對優秀、富裕階級的明顯積怨而長大。他於一八一一年獨立後旋即奪取總統職位，自稱為「最高領導人」（El Supremo），即巴拉圭的最高永久獨裁者，並且立即著手剝奪殖民菁英的權力。以最保守的方式來形容，他是個無可救藥的怪胎：一名身形高瘦的陰沉男子，要求人民在他過世時轉身背對或拜倒，擺出不致威脅他的姿勢。為了滿足他的偏執幻想，在他過世時亞松森（Asunción）的屋子全都啪噠一聲關上窗戶[22]。人民恐懼顫抖，惟恐自己淪為他其中一波肅清的目標。他從未忘記年少時迷戀的一名西班牙女孩，遭其父母拒絕他的示愛並指責他是黑白混血的穆拉托人[23]：當上獨裁者後，他禁止巴拉圭的西班牙人與白人成親[24]。

法蘭西亞是最極端的高壓專制者。他一掌權就封鎖國界，沒收所有外國資產，國有化教會財產，切斷跟布宜諾斯艾利斯和羅馬之間的一切關係，並且開始肅清國內的外國人、受過教育的官員、公共知識分子，甚至是老師。他的目標是實現完全自給自足的經濟，無需來自外界的資本或見解。如同他的同代歷史學者湯馬斯・卡萊爾於一八三〇年代所述：

於此，就在我們眼前，有位新的暴君誕生！正當人們對於憲法自由開始稍有了解，我們感到自命不凡，藉由預期中的投票箱、登記處以及一波波議會中的雄辯，貌似真正國家議會（National Palaver）的事物在那些國家抬頭——塑造出黃褐色臉龐、削瘦、無可阻擋的法蘭西亞博士；使你迅速面臨全面禁運；用最專制的姿態對憲法自由說，到此為止，夠了！……船隻陷入困境，未上瀝青的接縫洞開，停靠在巴拉拿（Paraná）的黏土河岸邊；除非拿到法蘭西亞的許可，沒人能進行貿易。倘若任何一人入境巴拉圭，博士不喜歡他的著作、言論、行為，或甚至是他臉上的傷痕——那人可能會得到最糟的下場！沒人能離開巴拉圭，任何藉口託辭都不管用。無論你是科學界人士、天文學家、地質學家、占星者、北方的巫師皆然。法蘭西亞博士有絞刑架、獄卒、財政法、官員；而且會處決人，其中有些執行得十分草率。個人判斷的自由在巴拉圭已死，除非能閉口不談。新的狄奧尼修斯（Dionysius）使巴拉圭遭受禁令，隔絕於世界其他地方超過二十年。[25]

巴拉圭成為無法穿透的孤島，不受外界影響，形同一座孤立的堡壘——「唯一不被外國資本扭曲的拉丁美洲國家」，一位歷史學者如此描述[26]。諷刺的是，儘管存在種種暴政，到法蘭西亞統治的末期，巴拉圭已成為南美洲最強盛的經濟體之一。在別處十分猖狂的貧窮和疾病，於其嚴密看守的國界內完全不存在。不識字的情況已排除。法蘭西亞的固執和神經兮兮成功讓巴拉圭變身抵禦外國侵犯的防線，也成為此區域最進步的國家。坐落在這塊大陸的中心，面臨來自各方的侵擾，巴拉圭證明自身能在不需鄰國、沒有歐洲或北美投資、不具自由貿易特權下生存。此種不容侵犯性漸漸惹惱外國金融家和企業大亨，他們在南美洲取得獲利進展，跟就在巴拉圭邊界另一頭的阿根廷和巴西從事活躍貿易。巴西、阿根廷和玻利維亞等周邊地帶以及資助那些新興國家的英國金融家，開始對巴拉圭抱持強烈敵意。

一八四〇年法蘭西亞於過世下葬。日後他的遺體遭掘出、褻瀆、盜走，最終在破舊的乾麵條盒裡找到[27]；他的頭顱奉為遺骨送往歷史博物館（Museum of History）。接替於他政權後的是混亂動盪，隨後三任領導人被強力推翻，迅速如接連閃電。然而在一八四一年，法蘭西亞的姪兒卡洛斯・安東尼歐・羅培茲（Carlos Antonio López）攻進總統府並占據獨裁者高位。矮小、粗壯且極為貪腐的「閣下」（El Excelentísimo）著手建立一支六萬四千人的軍隊，構成南美洲至今最龐大的軍力。他中飽私囊，確保總統職位傳給兒子法蘭西斯可・索拉諾・羅培茲（Francisco Solano López）時，羅培茲家族已成巴拉圭最富裕、最有勢力的地主之一。隨著時間過去，年輕、暴躁任性的索拉諾・羅培茲在偏執心態下轉而對付自己的親人。憂心有祕密陰謀反對自己的政權，他做出令人膽寒的舉動，下令處決自己的親兄弟。為了證實長久縈繞的懷疑，他刑求母親且槍殺姊妹。

然而事實證明，對付索拉諾・羅培茲的真正陰謀遠在國界之外醞釀。阿根廷和巴西覬覦巴拉圭已久，渴望瓜分巴國領土並得以進出巴拉圭河（Paraguay River），使他們獲得肥沃土地，以及位於更北方的豐饒亞馬遜叢林自然資源。為此目的，巴西開始逐步侵占巴拉圭東北部的農地。接著阿根廷受到英國的商業利益驅使，明目張膽入侵緊鄰巴拉圭南方的烏拉圭，並且在那裡建立傀儡政府。玻利維亞長久以來扮演的問題國家，似乎準備好要自行採取行動。

巴拉圭突然間四面受敵。身為一位頑固自負的人，索拉諾・羅培茲如今準備對抗眾敵捍衛國界。他命令強大軍隊驅逐東北的侵占者，引起巴西越過國界發動攻擊，並且跟巴拉圭人全面開戰。為了反擊，索拉諾・羅培茲下令攻擊馬托格羅索（Mato Grosso）的村莊，他的大軍欣然從命，打家劫舍、焚燒農地並強暴婦女。鄰國的機敏應對既猛烈且迅速，彷彿實現一直以來期望的目標：巴西、阿根廷和烏拉圭的傀儡政府聯手組成惡名昭彰的三國同盟（Triple Alliance），對巴拉圭發動粗暴入侵。那是一場種族滅絕的戰爭，甚至清楚表明上述觀點，目標是完全消滅巴拉圭人。屠殺簡直凶殘無情。即使強大的巴拉圭軍隊遭摧毀至僅餘些許殘兵，即使年僅十歲的孩童在臉上黏假鬍子銜命戰鬥，殺戮持續上演。這些苦苦掙扎的新生美洲共和國，就像神話中的農神薩圖恩（Saturn），現正吞噬自己的兒子。瓜分血洗巴拉圭的戰利品時，沒人比英國金融家的收穫更豐厚，諸如倫敦銀行（Bank of London）、霸菱銀行（Baring Brothers & Co.）、羅斯柴爾德銀行（Rothschild & Co.），他們的金庫資助這次入侵。與此同時，九十萬人口的國家被無情削減至二十二萬一千人[28]。多座城市空無人煙；全國男性人口劇減至兩萬八千人。巴拉圭成為自身的幽靈，遭徹底擊潰且閹割，僅餘一片全為女人和女孩的土地。大搖大擺離開碎石堆和屠殺場面時，勝利者也許曾如近四個世紀前瓦伊納・卡帕克所宣告：「現在你們全是孩童了。」

故事在其他新生的拉丁美洲國家重演，只是程度較輕微。在接下來的數個世紀中，出現形形色色的獨裁者[29]。但是軌跡始終相同，**「獨裁者」（el dictador）**成為大眾心目中必要的修正，一種跟拉丁美洲共和國概念相應的神話生物[30]。大多數人起步於宣揚解放的格言、人民的聲音、革命的請求，終至從殖民主義的傷害中獲得自由。最終全都通往相同結局：鐵腕手段，習於僵化統治，通曉已成慣例的壓迫。如同阿根廷作家埃涅斯托・薩巴托（Ernesto Sabato）曾言：「最頑固的保守主義誕生自一場勝利的革命。」[31]而那正是拉丁美洲獨立戰爭的產物，在巴拉圭尤然。若非壓迫、獨裁和鐵腕，就是混亂與騷動。

秘魯是帝國解體的動盪之地[32]，在獲玻利瓦解放的二十年間歷經二十任總統。玻利瓦自身曾斷言，脫離殖民統治的拉丁美洲國家，並未如他的啟蒙運動偶像預見那般準備好接受民主。當玻利瓦騎行過翻騰的戰爭地獄，穿越隨性而為的軍法屠宰場，他不止一次被迫拋開理想，做出未必正確的決定。他判定在這塊歷經西班牙形塑三百年的分裂、幼兒化大陸後，鐵拳治理勢在必須。他很早就開始揚棄民主原則：在大哥倫比亞共和國，玻利瓦擅自將所有權力集於一身，企圖避免在委內瑞拉建國之初造成困擾的動盪局面。最終玻利瓦在秘魯的嚴苛獨裁統治政策，為此區域日後不斷上演的獨裁者傳奇搭好舞台。

如同玻利瓦所擔憂，每一個解放的共和國在他離開後旋即陷入騷亂。暴力面臨更猛烈的暴力，貪腐遇上更加根深柢固的貪腐。在玻利維亞，革命不久後，一位以性事濫交、發酒瘋和受賄聞名的糜爛總統逃出國，卻被親姊妹的丈夫尋獲並在利馬市中心殺害[33]。在厄瓜多，一位深受痛恨的基本教義派專制者第三度連任總統職位時，在清晨陽光籠罩的教堂台階上被殺[34]。在基多，一位企圖掌權太多次的獨裁者被扔入監牢隨後謀殺，他的屍體像一袋上下震跳的垃圾般被拖行於石子路[35]。在拉丁美洲文學裡，鮮血流淌於街道其來有自，構成區域遺產的一部分。過往如此，未來也將持續上演。

島嶼狂熱

古巴，一八七〇至一九七〇年

人民得到他們應得的政府[36]。

——約瑟夫·德·邁斯特（Joseph de Maistre），一八一一年古巴人最終也覺得必須擺脫領主，當他們的不滿於一八六八年轉為怒火時，在接下來的三十年爭取解放，過程中有五十萬人喪生，包括反叛人士和西班牙人[37]。一待贏得獨立並將西班牙趕出古巴海岸，島嶼迅速被另一種主宰席捲：拜金主義，對於富人而言似乎永無止境的貪欲。受到革命後的絕望引發且在美國的野心下加速，為半個世紀的剝削和貪腐播下種子。正如墨西哥的有色人種持續任憑西班牙人後裔支配，古巴的棕色人種依舊被白人約束，為全面發展的蓬勃資本主義經濟犧牲。也正如白銀曾奴役此半球，對於糖的渴求如今使古巴人受到巴蒂斯塔和他的美國保鏢所桎梏。這是整個拉丁美洲無法迴避的現實：西班牙的體制從未真正停息，西班牙領主只是被本地暴君和貪婪的外國人所取代。受壓迫者心中充滿幻滅；獨立戰爭是一場下流的惡作劇。一席騙局。

一九五八年，當卡斯楚和他的革命同袍將不滿浪潮從墨西哥叢林推往哈瓦那街頭，肅清古巴的資本主義主宰，此時刀劍再次落向古巴人民。到了一九六一年，兩千古巴人民在卡斯楚的革命部隊手下遭到處決[38]。截至一九七〇年，五千人被射殺或吊死並棄置萬人塚[39]。另有兩萬人歸為政治犯關在地牢裡腐朽[40]。五十萬人逃出國，前往邁阿密尋求庇護。假使前哥倫布時代原住民部族間的戰爭在五百年前造成嚴重傷亡，日後的每一種「主義」亦然：殖民主義、資本主義、共產主義。全都訴諸流血殺戮：從徹底屠殺到幫派復仇，再到種族和政治壓迫，暴力仍舊是簡便的權宜之計。

潛在的不安於一九七〇年加劇，當時卡斯楚宣誓要生產龐大的一千萬噸蔗糖收成（Zafra de los Diez Millones），打破一切紀錄且為去年（一九六九）產糖量的兩倍。從那專心致志的追求，旨在證明新古巴是一個靈敏活躍的經濟體，於是卡斯楚將全部人口派往蔗田砍甘蔗。到那時卡斯楚自詡為古巴的獨裁者，擔任革命政府總理、共產黨第一書記、武裝力量總司令，以及農業改革主席。他的治理情況正如西班牙殖民時期的哈瓦那侯爵曾言，只要一個人有下列事物就能輕易統治古巴：**一把小提琴、一副撲克牌和一隻鬥雞（con un violín, una baraja y un gallo fino）**[41]。他提出的蔗糖收成並非隨口說說的目標；那句話成為奉行真理。原先領薪受雇為醫生、教授、船塢工人、士兵、農民的古巴人，突然銜命放下專業並開始擔任甘蔗砍收工。用卡斯楚自己的話來說，他的一千萬噸計畫證實其意義「遠比成噸蔗糖、遠比經濟勝利更多。這是一次考驗和一項道德承諾。而正因為是考驗和道德承諾，我們連一克也不能短少」[42]。

所有身強體壯的男男女女銜命投入這項挑戰。大片大片的土地為供種植而清空，砍倒林木，廢棄農田，野生動物流離失所。船隻一連多個月停泊碼頭且未卸貨，學校關閉，醫院和監牢空無一人。如同一位新聞記者所描述：

> 在古巴每一處偏遠角落，男男女女受到號召去為產糖奮鬥，彷彿國家正在打仗。在美國興建的巨大磨坊——如今以革命英雄取名——高聳煙囪下，工人全天候使用收割

機，龐大渦輪引擎不停磨碾，日以繼夜。在黎明前夕的漆黑之中，你可以認出大卡車的陰影，車輛開過泥濘地，載運學生、辦公室員工、囚犯和士兵。數十萬人沿著道路靜靜列隊前行，手拿砍刀，踩踏出一條散發強烈甜香的小徑。他們的臉很快會出現收成的證據，因為每揮一次砍刀就得到堅硬甘蔗稈的回應，像憤怒的刀劍一般猛然回彈。[43]

古巴的臉很快就顯現更多傷疤：海外貿易實則癱瘓——對一個島國而言是嚴苛難題。生產原料的工廠關閉，珍貴的商品遭棄置。古巴的二十萬大軍是當時拉丁美洲前所未見、最具攻擊力的部隊，受命赴甘蔗田辛勤勞動，使高度軍事化且經嚴密管理的國家面臨蒙受危難的風險。數百英畝的香蕉樹無人採收，任憑腐爛枯死。家畜在缺乏飼料的情況下死亡[44]。古巴陷入饑饉，交通瞬間停滯，教育中斷。卡斯楚的執念變得有如來自過去的迴聲：蔗糖收成無異於西班牙征服者輕率、頑固、最終釀成災難的本能，將所有人口驅往礦坑以滿足西班牙對金銀的渴求。此舉在當年造成繁重苦工，現今的後果亦然。饑荒席捲古巴。疾病、貪腐和暴力緊接在後。最終，歷經一切犧牲和破壞，蔗糖收成遠低於目標。一千萬噸的目標從未實現。而且在過程中，國家幾乎遭到徹底摧毀。

卡斯楚並未受阻。不久後他向蘇聯尋求更多協助，並且尋找能讓古巴在外界觀點中鶴立雞群的其他方式。共產黨起義在數個第三世界國家湧現：自一九六〇年代起，一隊隊游擊戰士在瓜地馬拉、委內瑞拉、哥倫比亞、秘魯、玻利維亞和烏拉圭遊蕩，其中許多受到古巴的啟發或支持；一九七〇年代擴及尼加拉瓜、薩爾瓦多、巴西和阿根廷。然而是非洲吸引卡斯楚的注意。對於財源有限卻能提供大量人力的野心勃勃國家而言，位於遙遠大陸的一場戰爭展現獨特的公關宣傳機會。這正是卡洛斯察覺自己失業時身處的古巴，當時他剛度過青春期，處於無所拘束放蕩生活的邊緣，被迫赴安哥拉為共產大業打仗。那是一九七五年，卡洛斯剛滿二十歲，儘管顯然缺乏成就，他是個正值人生黃金時期的年輕人：健康、結實、無畏，衝動的程度正好有利於擔任游擊戰士。他搭船駛向安哥拉，好似數百年前勇於冒險的祖先從西班牙乘船出海——滿懷渴望、期待、魯莽，並且對於將要踏入的世界一無所知。

扭曲

安哥拉，一九七五至一九七六年

> 領導說把一切燒掉。他說的一切就是指一切。女人、小孩、所有一切[45]。
>
> ——班班將軍（Ben Ben），安哥拉

古巴與安哥拉之間的歷史淵源淡薄，政治同情卻很強烈。十年前，這個非洲國家全力與其殖民主宰開戰尋求獨立。這是古巴能理解的奮鬥。在爭取自由前的三個世紀間，葡萄牙實際上壟斷了西非奴隸貿易，掠奪沿岸，擒捕超過一百萬生靈，並將他們銬上枷鎖運往新世

界，賺取可觀利益。當人口販運終於在一八三六年遭禁，里斯本不得不改變策略。如今葡萄牙驅策其殖民化身繼續追捕奴隸，只是不再把他們趕上船，而是逼迫他們在安哥拉的種植園裡勞動。一個世紀內，葡萄牙不僅靠安哥拉的蓬勃農業經濟獲利，還坐收另一項意外之財：活躍的鑽石貿易。但是這片殖民地的命運，就像一百五十年前的西班牙殖民地，在祖國政府突然終結時一夜改變。一九七四年的意外政變使葡萄牙政治動亂，推翻統治國家長達四十年的法西斯獨裁政權，且為葡萄牙在非洲的殖民地畫下句點。長期以來跟殖民者斷斷續續開戰的安哥拉，突然間轉向一場血腥內戰。三股分立的派系為了掌控新近獨立的國家，展開一場激烈戰鬥：左翼的安哥拉人民解放運動（People's Movement for the Liberation of Angola, MPLA），獲得蘇聯和古巴的全力支持；安哥拉民族解放陣線（National Liberation Front of Angola, FNLA），以及爭取安哥拉徹底獨立全國聯盟（National Union for the Total Independence of Angola, UNITA），兩者皆獲實行種族隔離的南非、以色列與抱持熱烈反共務實政治的美國支持。

對於當時發展步調最快、經濟最活躍非洲國家之一的新生共和國人民來說，這是一場極端的權力爭奪。正如西班牙內戰為第二次世界大戰揭開序幕，安哥拉內戰如今成為兩大超級強權的實驗場——分別由蘇聯武裝與美國提供裝備，形成一場慘烈野蠻的非洲代理人戰爭。古巴選擇與共產人士並肩作戰，為使革命分子取勝投入一切必要軍力。那是一場執拗、一意孤行殺戮、似乎永無休止的屠殺，結果導致古巴大舉投入五十萬人，堅持對戰十七年，並且損失數千人[46]。

對卡洛斯而言，為國效力的徵召傳來時並無警告或解釋。古巴軍隊開始召集跟他相似的失業、不良青少年、粗暴流氓——在遠方的難以駕馭戰事，或能填補那無底洞的任何年輕健壯男子。當時卡洛斯失業，跟一名已婚女子有風流韻事，在寂靜的馬坦薩斯跟一群流氓在自由公園（Parque de la Libertad）鬼混，然後在一個溫和的週五早晨，他意外接獲向軍事司令部報到的指令。突然間一陣拳頭落在門上，聽見一聲魯莽的大吼，告訴他當天下午現身，否則古巴革命武裝力量會來找他。那是一九七五年十二月，幾個月前他剛滿二十歲。

那天群聚在貝坦庫爾將軍大道（General Betancourt Avenue）上陰冷、散發霉味軍事總部的年輕人，大多數甚至未滿二十歲。主事的軍官滿臉麻子、嗓音粗礪、態度不耐。「你們這群小子從馬坦薩斯來的？」他低聲咆哮，拱起單邊眉毛。接著他冷哼之後放聲大笑，讓他們嚇了一跳。「你們從馬坦薩斯來，而且你們要去屠殺*。你們去的地方會有很多屠殺。用你們又大、又黑、又亮的AK-47自動步槍。相信我，你們會殺個夠。」屠殺。馬坦薩斯城以屠殺為名，是為了紀念近五百年前西班牙人在那片湛藍海岸遭到屠殺。古巴原住民並未友善對待入侵者。這名魁梧大漢的文字遊戲使卡洛斯不安地大笑。他沒想到軍官是在說真的；受徵召入伍後，他將會一次又一次重溫童年創傷，反覆上演百遍——血流成灘的甘蔗砍收工，高舉過頭的砍刀——只是遠在七千英里之外，而且情況更加難以忍受。

正是在一九七五年的最末幾週，蘇聯致力於大規模空運古巴士兵和數萬支AK-47卡拉什尼科夫突擊步槍到安哥拉的叢林。蘇聯提供軍備，古巴供應砲灰。卡洛斯身邊圍繞著像他一樣的菜鳥——把未經訓練的農場男孩和城市廢物，送進一場他們一無所知的戰爭。數千人聚集在鄰近聖安東尼奧德洛斯巴尼奧斯（San Antonio de los Baños）軍事設施中的**新兵訓練營**（**la previa**），學習如何使用蘇聯武器並操作蘇聯無線電。一個月後卡洛斯和同僚接獲通知，他們將要執行祕密任務。發下載明偽裝職業的假護照後，他們搭上巴士列成車隊去見費德爾和勞爾・卡斯楚，使卡洛斯感到既困惑又開心。在那次信念灌輸的過程中，他們得知任務是要捍衛黑人共產同志對抗南非的帝國主義白人。嚴辭力促他們去跟有錢有勢的財閥作戰，那群無恥、剝削他人的美國吸血鬼正在糟蹋非洲，並且支持約翰尼斯堡的貪腐政府。他們聽見要把這場戰爭想成與偉大的共產革命相仿，前人曾為此甘冒生命危險並且犧牲性命。指揮官向他們保證，他們對此大業的貢獻是展現「無產階級國際主義」。這場戰爭的意義遠大於此，新兵還不知道。儘管如此，在數週內徵召陣容多了三萬人。十年後人數超過七萬[47]。在整場戰爭期間，幾近三十五萬人[48]。一個第三世界國家採取如此大規模的軍事行動，若非史上僅見，亦屬驚人之舉。

卡洛斯旋即察覺他們打的仗是一場殘忍戰火，年僅十一歲的孩童都被召集去打叢林戰。讓耳朵、鼻子、手指等殺人戰利品在皮帶上晃動的強悍士兵是他的同袍。他發現自己帶著一

---

*地名馬坦薩斯跟西班牙語的屠殺一樣拼為「matanzas」。

把AK-47刺刀，肚皮貼地爬行穿越濃密灌木林，趁夜打劫村莊。[49]有時無法分辨敵人是誰。跟共產叛軍作戰的南非白人部隊雇用安哥拉黑人執行突襲。激烈搏鬥之際，難以分辨咬著刀潛行越過綠林的男人或男孩究竟是敵是友。

在一個無月的夜晚，卡洛斯跟一群安哥拉青年銜命出動，要滲透進一小支難以對付的安哥拉民族解放陣線游擊隊，就位於卡洛斯的盧安達（Luanda）行動基地南方，他們擁有美國資金和裝備，在一片滿布地雷的邊緣地帶頑抗。他們往敵營推進時被一個獨行的女人撞見，她正頭頂陶罐步行穿越高草叢。隊員伏倒在地，她邁步往敵營衝，使他們的突襲遇險。其中一個安哥拉人拿出尖端浸毒的吹箭，迅捷射往女人的脊椎，讓她像動物一般倒地。發顫的卡洛斯蹣跚前行，把AK-47緊抓在胸前，揮打飛舞著想喝他汗水的昆蟲，試著不去回想方才目睹的場面。倏忽之間，在毫無預警下，隨著好似從大地深處傳來的毛骨悚然呼喊，一堵人牆從灌木叢躍出，吼叫著拿砍刀向他們衝來。橙色爆裂物在他身旁炸開，黑煙升起刺痛他的雙眼並使黑暗裡難辨方向。他聽見同袍喊叫後悶聲倒地，無從分辨是被刀或砍刀擊中。槍聲似乎是從他身旁發射。在滿是煙霧的夜晚跌跌撞撞而行時，有那麼短暫一秒間，他瞥見一個男人四肢展開倒在草地裡，頭被劈開，粉色物體從頭頂湧出。卡洛斯揉著眼睛繼續前進，驚恐不已。在那片混亂之中，他無能為力。戰鬥似乎是無形的，震天價響，而且不可思議地發生在別處。邊開槍邊跑，他設法抵達樹叢，再繼續深入到森林裡，直到打鬥聲止息成一片詭異的寂靜。

他爬到樹枝間，希望能捕捉到隊員的一絲跡象，卻毫無所獲。眼前什麼都沒有，只見天空的閃爍星辰。耳裡什麼都聽不見，只聞蟋蟀的放聲唧鳴、甲蟲的沙沙作響、青蛙的嘓嘓叫。他整夜待在高處，對身旁的黑暗世界保持警覺。清晨來臨，獲得日出的天然指南針救助，他爬下樹往西南方去，他曉得營地在那裡。走沒多久，一隻黃眼癩皮狗突然擋在他面前。他靠近時狗兒的身體變僵硬，齜牙吠叫。他不敢開槍或引起吠叫，以免暴露位置。他坐到地上，緩慢安靜地滑動過去，舉起刺刀瞄準那身腐爛皮毛。狗兒低吼，口吐灰沫，左右扭動，不過最終卡洛斯靠得夠近，猛衝將刀身刺向惡狗。鋼刀像戳進軟黏土般劃開胸膛，穿透另一側。狗兒來不及發出最後的哀鳴，從站立處重重倒下。

卡洛斯蹣跚步行數小時，筋疲力竭，終於看見頭戴熟悉綠色貝雷帽的古巴同僚，在他們的營地周圍守衛。重返所屬部隊後，他得知除了自己以外，隊上每一位成員都在砍刀下送命。

＊＊＊

有幾段漫長的時光，除了跟安哥拉孩童在泥巴裡玩球以外無事可做，一旁的手提音響播放古巴的倫巴舞曲。有些日子則用在長途跋涉穿越荒野，偵察地形，閃躲奇大無比的蜘蛛和吐著舌頭的眼鏡蛇。敵軍會猛然襲來交火，暴力會招致更粗野的暴力，風險不斷升高，直到卡洛斯領悟最佳武器是自己的原始動物本能。殺人或者被殺。在那盤算下會鑄成錯誤，而他犯過錯。戰士同袍因此死在友軍手裡。然而，在遵從這項法則下，他總是設法活過另一天。

若說卡洛斯在古巴是小偷、騙子和卑微的詐欺犯，那麼他在安哥拉成了老練的殺手。安哥拉的一名士兵曾問道：「他們對我們做了什麼？……坐困在這片內陸地方，在不屬於我們的土地上被成排鐵絲網囚禁，死於瘧疾和子彈，跟看不見的敵人打仗，力抗那像服喪黑紗一般又厚又不透光的黑夜？」[50]他們所做的，是又再塑造一代熟稔殘暴力量的古巴人。卡洛斯發誓如果有辦法活著離開安哥拉，他會試著洗心革面，變得更像他父親。辛勤工作，負起責任。他會把殺戮拋諸腦後。或許安頓下來，找份工作，建立家庭。可是在卡斯楚統治的古巴，他不曾真正獲得一份工作，不曾有過專長。而今他學會了一種。

隨著時間過去，他的營部獲派深入內陸，去跟朝盧安達逼近的南非軍隊交戰。到那時，古巴人用火焰噴射器焚毀村莊，戰機低空飛行向牛群投擲燒夷彈[51]。在一九七六年的某個清晨，卡洛斯聽從衝鋒指令，在萬博（Huambo）南緣的田野上奔跑，此刻他聽見猛然爆裂聲，接著世界陷入黑暗。一枚瞄個正準的子彈射進他頭顱，擦過大腦邊緣，再從頭蓋骨後方穿出。他永遠不會知道，從衝刺穿越那片開闊草地，到在某個非洲灌木叢中的醫療營帳裡醒來，中間究竟經過多少時間。終於恢復意識時，他察覺緊繃且沉重的繃帶包住他的頭，身下是散發惡臭的摺疊床。他的骨頭疼痛，視線模糊。隔了好一段時間，他才辨識出站在前方身穿藍色制服的醫療人員。描述從他頭裡挖出那枚鉛彈有多難時，他們放聲大笑。「美國製造。」他們告訴卡洛斯。子彈在他頭骨裡留下一個洞，前額上還有一道又深又紅腫的疤痕。

他們告訴卡洛斯他受了重傷——嚴重到現在要轉送盧安達的阿梅里科・波阿維達醫院（Americo Boavida Hospital），跟愈來愈多的古巴截肢者、炸彈和刀傷者、燒傷者一同等待退役：身負重傷，或者精神不穩。數週內，卡洛斯被送回哈瓦那重返平民生活。他剛滿二十一歲。

隨著拉丁美洲自未實現的革命往前邁入二十世紀中期，並不僅有古巴使其年輕一代身陷險境。到了一九七〇年代，大量證據顯示五百年來對此區域造成精神創傷的殘忍暴行，仍以各種形式存續，磨損人民的信念，認為國家或許能實現革命承諾過的正義和平等。正當卡洛斯迂迴重返他父親在哈瓦那的房屋之際，戰火如疾風般迅速席捲整個美洲。在古巴的啟發下，其他國家受到共產主義引誘——他國的蒙昧貧民幻想，馬克思主義理想終於承諾神聖的正義——然而美國的看法不同。無論政治分歧如何撕裂美國，民主黨和共和黨的總統輪流主掌，大多數美國人民至少對一件事達成共識：共產主義是敵人，無論在何處生根都必須剷除。假如那意味著要犧牲美洲人的性命，也只好如此。

美國決心維繫在這個半球的權威，並且履行於近兩個世紀前實行的教條[52]，甘迺迪和尼克森政府皆宣誓支持打擊新生共產主義（或社會主義）的任何勢力，並且確保華府在拉丁美洲的優勢。此悖於常理的做法，導致為了保護北美的利益，暴力幾乎在所有拉丁美洲國家變得盛行。瓜地馬拉即為一例，正是出於上述因素，旋即落入由國家支持的恐怖主義考驗。總統卡洛斯・阿拉納・歐索里歐（Carlos Arana Osorio）原為一位上校，報復心強且行事貪腐，在美國大力軍事支持下崛起。他強制實施圍城後派出敢死隊，最終導致五萬瓜地馬拉人遭逮捕、刑求、失蹤與處決[53]，只因被他視為政治不受歡迎分子。

在尼加拉瓜，當時美國主要的牛肉供應國，一場全面叛亂正要發生。正當卡洛斯試著重返哈瓦那的平民生活，尼加拉瓜宣布戒嚴，而且在獲得華府協助下，尼加拉瓜軍隊開始全數動員封鎖國家，所到之處夷平整座村莊。似乎在美國看來，這些動盪國家只要有一丁點蘇聯或古巴勢力，無論在何處都必須剷除，並以軍事控制取代。

在智利，公開信奉社會主義的總統阿言德剛剛當選，失望的右翼將領氣惱不已，急切想奪回掌控權。總統的第一件要務是精心安排鋪張的國是訪問款待好友卡斯楚，席間卡斯楚把自己的卡拉什尼科夫步槍送給阿言德，剛剛刻上他的名字。步槍尾部閃閃發亮的銘牌上寫著：**「給薩爾瓦多・阿言德，他的戰友費德爾・卡斯楚」（A Salvador Allende, de su compañero de armas, Fidel Castro）**[54]。卡斯楚將古巴革命的重要武器致贈智利總統，沒別件事比這更能擾亂右翼智利將領的心神。不久後，在美國中央情報局、尼克森總統和國務卿季辛吉的全力支持下，眾將領開始策畫一場暴力政變以奪回國家[55]。中情局副局長在祕密備忘錄中寫道：「推翻阿言德是堅定且持續的政策……務使暗中行動且周全執行，好讓美國政府與美國的介入不為人知。」[56]尼克森已經對智利發動經濟戰，企圖中斷該國的重要供應路徑迫使其順服。「讓經濟驚慌尖叫！」[57]尼克森命令中情局。

隨後於一九七三年九月，智利空軍對首都發動一場聯合策畫的空襲，低空掃射總統府，迫使阿言德總統自殺。他用來結束生命的武器是卡斯楚的卡拉什尼科夫步槍。政變成效精準而令人膽寒，且由最獲阿言德信任的將軍皮諾切奪權。在這個高度民主的國家，軍隊從未掌握此等權力。誠然，一份右翼報紙提議軍隊發動政變趕走社會主義者時，皮諾切曾佯裝發怒並威脅要向編輯提告，說道：「那種事不會在這裡發生。」[58]然而那種事確實發生了，而且皮諾切握有絕對的權力。被這新國家視為敵人者旋即受到圍捕，並且刑求或殺害。為了不浪費子彈，最獲青睞的手法是強迫受害者躺在地上，施刑者開卡車壓過，輾碎他們的頭[59]。在接下來的十七年裡，皮諾切以鐵腕統治，在兩年間逮捕十三萬異議人士，處決數千人，並造成二十五萬智利人流亡。

同樣在一九六六至一九七三年這段期間裡，阿根廷、玻利維亞、巴西、烏拉圭和秘魯政府全像紙牌搭建的脆弱結構般崩落，在血腥軍事政變中被推翻。蒙受風險的是此區域根本上的不安定，那是拉丁美洲一直以來蒙受風險的事物，五百年前由西班牙和葡萄牙征服者所定義：位居核心的基本剝削、種族間的分歧、絕大多數人淪於赤貧和屈辱、極少數人的特權與財富、惡劣的貪腐文化。

在墨西哥，卡洛斯的同代人於一九六八年在墨西哥城發起抗議，發聲激昂反對大筆金錢投入一九六八年夏季奧運，而非用於解決人民的現實需求。政府的回應殘酷無情，鎮壓就此延續十四年[60]。從一九六〇年代晚期至一九八二年，三任不同的墨西哥政權在愈演愈烈的暴力情勢下，使異議人士、政治反叛者及他們疑心可能涉及煽動不滿的其他任何人遭殺害、刑求或失蹤。他們圍捕村民、焚毀房舍，以不人道的殘酷行徑懲罰嫌犯。數百名學生和政治同情者遭當場處決，在日後稱為「特拉特洛爾科大屠殺」（the Tlatelolco massacre）的地點，士兵和警察朝擠滿一萬名抗議者的廣場開火[61]。隨後近千人失蹤，另有兩千人被刑求[62]。積累的仇恨會在多年後以意想不到的方式浮現。

在哥倫比亞，歷經十年的艱辛內戰後，六〇年代和七〇年代形同一段搖晃不安、走鋼索的路途。在一九五〇年代多數時光中支配哥倫比亞的**暴力時期**（La Violencia），保守派富人與自由主義貧民間上演殘殺暴行，共造成驚人的二十萬死者[63]，而且傷口尚未癒合。當卡洛斯跌跌撞撞度過青春期，與父親同在馬坦薩斯的甘蔗田裡工作之際，著名的二戰中將、綠色貝雷帽之父威廉・P・亞爾布魯（William P. Yarborough）造訪哥倫比亞，並以「團隊合作」方式訓練各個社會階層的夥伴，去追查並根除共產分子。假使一切進展順利，在亞爾布魯的盤算中，那批祕密部隊——農民、工人和專業人士——將構成強大的祕密情報來源，形成一支他們能隨時號召的反叛亂軍隊。卡斯楚在古巴的勝利，及其對於美國在此半球利益所象徵的威脅，使華府身兼多項要職之人與可能失去優勢的大企業感到憂心。威脅必須消除。假使有必要的話，強硬為之。

暴力清算的時刻再度來臨。美國和蘇聯在安哥拉的代理戰爭，不過是格蘭河以南數十座殖民基地往事的迴響。在全世界最艱辛獨立戰爭的一百五十年後，脆弱的政府被推翻、重組、又再被推翻。華府意圖維繫在門羅主義堅定主張下於此半球取得的優勢，大力投入「圍堵」：遏止共產浪潮，維護既得利益。然而，遍及美洲的政變和叛亂使人們蒙受莫大混亂與痛苦，美國公眾卻幾未意識到本國政府在騷亂中扮演的角色——對於美國政府引發的動亂幾乎一無所知。拉丁美洲持續受到大多數美國人的忽視。實際上距離接近，但是歐洲似乎更可親，更容易抵達。對於許多北方鄰人而言，拉丁美洲混亂、費解且需徹底改革。那種態度並非新鮮事。約翰·亞當斯（John Adams）在一七八六年擔任駐英國聖詹姆斯宮廷（Court of St. James）大使時，他主張「美國欣然接受」[64]南美的革命，而且北美應該盡其所能加以促成。然而，一旦當上第二任美國總統，他不想跟「那些人民」[65]發生任何關係。詢問他如何看待對於南美的獨立伸出援手時，他只有這段話可說：「我能怎麼看待南美的革命和制憲？那裡的人民比歐洲，甚至西班牙、葡萄牙或奧屬尼德蘭（Austrian Netherlands）的任何人民更無知、更固執、更迷信，更徹底輕信王室的神聖，更盲目奉獻給他們的神父，更極度敬畏宗教裁判所，而且絕對比羅馬本身的人民更是如此。」[66]

近兩個世紀後的一九七三年，華府的看法並無不同。尼克森堅稱「假使騷亂和暴力革命的毒素」繼續存在拉丁美洲，終將擴散出南半球並「感染美國」[67]。在他看來，南美洲不過是染病的危險附屬品，必須隔絕在外。美國在那些緯度區域的恣意妄為，不致構成日後困擾的隱憂。「拉丁美洲不重要。」他說[68]。「人民才不管那個地方。」季辛吉附議[69]。那裡無關緊要，低微至極。「南邊發生的事沒有重要性。」國務卿宣稱[70]——當然，除非南邊陷入騷亂並使美國資產面臨風險，他都堅持這項說法。為了貶低此區域的人民，將他們歸入不負責任之列[71]，他還說「美國後院」[72]的性格存在根本的弱點。哥倫布使新世界蒙受苦難的五百年後，事態並未改變太多。拉丁美洲仍然是征服者的淘金之地，獵食動物的戰區，掠奪者的野蠻前線。

第八章

強人崛起與攔路惡龍

訴諸武力和暴力的野蠻人栽種不出任何事物。仇恨釀成壞種子[1]。

——何塞·馬蒂，一八七七年

倘若印加與阿茲特克帝王殘忍且專制，倘若西班牙征服者以相同手段回應，那麼他們的後代、即拉丁美洲領導人終將效法。開明之士謀求建立民主國家，受困難所阻的其他人則訴諸極權。許多人察覺自身最熱烈的追求是強人政治。西班牙失勢後，處處上演爭奪統治的景象；卑劣將領和地方軍閥彼此爭奪一塊土地，一片統治的勢力範圍。治理的難度超出任何人所能想像。即使是解放者亦捨棄自由理想而改採獨裁強權，主張他們承接的亂象只能以鐵腕平緩，包括安東尼歐．羅培茲．德．聖塔．安那（Antonio López de Santa Anna）在墨西哥、胡安．曼努埃爾．德．羅薩斯（Juan Manuel de Rosas）在阿根廷、柏納多．歐希金斯（Bernardo O'Higgins）在智利，以及玻利瓦在南美多處皆然。「我全心為自由而戰。」聖塔．安那說，「但是很快我就看出自己的愚昧。即使再過一百年，墨西哥人民也不會準備好迎接自由……專制主義是唯一可行的體制。」[2]

玻利瓦甚至更加悲觀。在他離去後，每一個共和國都受瑣事爭執所擾，他深信一個強硬的時代即將到來。他向一位朋友哀嘆：「我們試過一切可能，什麼都不管用。墨西哥垮了，瓜地馬拉淪為廢墟，智利面臨新的難題。在布宜諾斯艾利斯，他們殺了一位總統。在玻利維亞有三任總統在兩天內就任，其中兩人遭到殺害。」[3] 沒人比玻利瓦更清楚他的夥伴們是如何漫無計畫，解放的後果又是多麼未臻完美。獨立已實現，爭取自由、平等和正義，但是新國家一個接著一個出現同樣根深柢固的種姓體制，白人握有權利的情況甚至更加嚴重。

審視新生的拉丁美洲共和國後，解放者迅速領悟，起初啟蒙運動準則加快了革命的步調，可是至少在當下必須捨棄，改採本地熟知的鐵拳頭治理。在貧民與特權階級、無知者與受過教育者、有色人種與白人之間的差距太過巨大，為叛亂與種族戰爭造成太多機會。玻利瓦在流放加勒比海期間撰寫「牙買加的來信」，出色概括了拉丁美洲的政治現實。他認為，他的人民並非印地安人、穆拉托人、西班牙人或歐洲人，而是全新的種族。君主制已變得令他們憎惡，費城形態的民主則永遠無法在天生發展如此落後的人民身上發揮作用：本地人口受三百年的迫害奴役所威嚇，退化如幼兒。「民主制度非但不能拯救我們，還只會帶來毀滅。」他主張。「我們身處的區域受到從西班牙學得的惡習所擾，從歷史觀之，她教導著殘酷行徑、野心、卑鄙與貪婪。」[4]在他看來，無論國王或制憲會議皆無法控制龐大的美洲地區。然而一個鞏固的專制政府或許辦得到，若能獲得強大軍隊的支持尤然。由於社會秩序是更迫切的需求，使得社會政治蒙上陰影、在拉丁美洲退居次要地位，就此不安穩地蟄伏兩百年。

於是即使殖民地已逝，殖民主義的精神依舊十分活躍。絕對的權力依然使人沉迷。新的共和國變得高壓、保守且孤立，一如西班牙樂見的殖民地樣貌。橫行十四年的獨立戰爭孕育出拉丁美洲的暴力文化，那是一場恆長的殺戮嘉年華，在此半球前所未見。幾乎在一夜之間，暴力文化似乎轉變成一種威嚇文化，要角是世代承襲土地、殘酷天賦愈發尖刻的仕紳，以及似乎永不下台的狂熱軍隊。

這一切使得秩序成為難以企及的目標。使拉丁美洲人口減少百分之二十五以上的艱辛戰事[5]，積累在這個半球不斷交戰的遙遠角落：愛國人士的高呼淪為政治口角，那些陰謀、夙怨、暗殺、國界爭端，深深憑恃武裝力量。除了巴西以外，後殖民時期的每一個拉丁美洲國家都承受這種動盪，從法紀無存演變成極端專制，並在此過程中形成階級劃分。一個接著一個，他們逐漸陷入內戰。一個接著一個，他們使驚人的貧窮成為慣例。政變和分裂形成常態，在基礎上難以團結時，這是再熟悉不過的後果。

墨西哥

一八六〇至一九二〇年

> 我的祖父在喝咖啡時，對我說起華瑞茲和波費里奧……這時桌布傳來火藥味。
> 我的父親在喝白蘭地時，對我說起薩帕塔和比利亞……這時桌布傳來火藥味[6]。
>
> ——歐克塔維奧．帕斯，〈墨西哥之歌〉（Mexican Song）

在贏得獨立的短短幾年內，墨西哥在一任任總統間瘋狂輪轉。聖塔．安那在二十年內十一度取得又失去總統職位，每次就職時都在隆重軍事葬禮和大主教賜福下，一再重新埋葬他在戰爭中切除而失去的腿[7]。他是領導一個新生共和國的不幸人選。聖塔．安那喜怒無常、嚴重貪腐、極度獨裁且過於仰賴暴力，他將公費占為己有，把廣大土地賣給或輸給美國[8]，並且宣告自己是終生獨裁者，堅持要隨從尊稱他為「陛下」。最終，一待他被迫下台流亡，墨西哥就爆發血腥內戰，對立陣營的支持者至今仍意見不合：保守派以及自由派，前者希望權力繼續留在教會、軍隊和舊有白人菁英手裡，後者想要一個更具代表性的政府，能夠捍衛底層階級有色人種的權利。戰爭結束後，墨西哥第一任原住民總統貝尼托・華瑞茲（Benito Juárez）肩負收拾殘局大任。這位律師與前教育部長，曾因強烈反對聖塔・安那的腐敗政府而遭流放。他住過紐奧良且於雪茄工廠工作，直到接受號召回國投入政治運動。

擔任總統後，華瑞茲試圖建立某種貼近民主的體制，並且削減天主教神職人員坐擁的龐大地產與揮之不去的軍隊勢力。他採取行動對抗法國、西班牙和英國的進犯挑釁，他們威脅要入侵墨西哥以取回未償還的債務。儘管有諸多平等的主張與成就，華瑞茲主政的十年仍舊面臨不安亂象。拿破崙三世立即利用亂局，在一八六一年舉軍入侵墨西哥，並扶植地位不穩的君主專制政權，由奧地利大公馬西米連諾一世（Maximilian I）和他的妻子卡洛塔公主（Princess Carlota）統治。這也將在不久後瓦解。

騷動與內戰持續困擾這個國家，直至一八七六年波費里奧・迪亞茲（Porfirio Díaz）掌權，連續三十五年強力鎮壓墨西哥。最終，在嚴格的鐵拳頭治理下，物質層面開始有了進展。儘管迪亞茲竭力翻轉情勢，並且開放經濟迎接大批外國投資，他過度仰賴無情且粗暴的力量來面對每一項挑戰[9]。貪腐、高壓、橫徵暴斂成為迪亞茲的註冊商標，他甚至訴諸舊時的西班牙手段，在資金短缺時向民眾強行索取。小規模的農民、力圖維生的商販、窮人全在這過程中付出高昂代價。原住民擁有的土地被視為無人居住的可利用範圍，迪亞茲政府迅速採取行動、奪走數以萬計印地安人的家園，將等同於加州面積的土地交給外國投機分子和投資客。迪亞茲這麼做只是在效法他的鄰國：賣掉一國土地與產業——實為國家根本——的做法，如今已盛行整個拉丁美洲。西班牙一直不擇手段維護利益，侵吞美洲財富供自身揮霍，諸如迪亞茲等獨裁者則樂意拍賣國土給出價最高者，北美和歐洲資本家湧至爭相購買。在此過程中，迪亞茲將所有亞基（Yaqui）和馬雅酋長綁在一起扔進太平洋，部落的半數男性人口被殺或遭驅逐至猶加敦[10]。優先事項就此確立。

最後墨西哥人民受夠了。一九一〇年他們發起另一波反抗革命，事後證明這次比一百年前吞噬國家的革命更具破壞力。成千上萬農民猛然採取行動反抗地主，發動一場激烈的種族戰爭，最終推翻迪亞茲的統治並使法蘭西斯可・馬德羅（Francisco Madero）當上總統；隨後正是在美國大使的支持下，同樣驟然引發一場無情的軍事政變。一位知名的墨西哥歷史學者認為至少有七十萬國人死於暴力衝突[11]。另有二十五萬人千方百計逃往美國。由於牧場、莊園和城市被毀，工業生產戛然而止，直到墨西哥形同一片末日後的鬼魅沙漠。彷彿獻給戰爭之神的鮮血還不夠，在掌權者與無權者之間的長久分歧旋即釀成另一波屠殺：一九二〇年代親天主教人士的基督戰爭（Cristero rebellion）中[12]，信奉天主教的農民對抗反教權的世俗政府勢力，如同野火般傳遍墨西哥鄉間，又再吞噬七萬生靈。

爭奪尼加拉瓜
一八四七至一九三四年

戰爭將臨，我親愛的，
而且……野蠻人大軍
企圖奪走我們身為與鍾愛的一切[13]。

——吉爾岡達・貝利（Gioconda Belli），〈戰爭之歌〉（Canto de guerra）

尼加拉瓜奮力擺脫墨西哥的影響，不受鄰國變遷所擾，並以獨立國家之姿站穩立足點後，僅僅維繫了二十多年就在一八四七年遭英軍入侵[14]。顯然這被視為一塊任人割據的土地，毫不考慮有誰碰巧居住於此。在三年內，英國和美國明目張膽做出驚人之舉，簽署條約授權自由進出途經尼加拉瓜的跨洋貿易路線。這是倫敦與華府輕易握個手就實行的單方面決策，未經尼加拉瓜同意就正式確立。

螫刺既痛苦且直接。一個受盡掠奪者欺凌的新生國家，再度遭狠狠打擊後乖順臣服。更有甚者，到了一八五六年，看似形同徹底投降：名為威廉・沃克（William Walker）的北美冒險家遠赴馬拿瓜（Managua），輕易矇騙當地政治人物後當上總統，最終謀求接受美國併吞。他的首要之務是恢復奴隸制。邏輯很簡單：尼加拉瓜的資產對美國的野心至關緊要，尤其是勞動力。尼加拉瓜擁有豐沛金礦和高獲利的咖啡種植園。此地有利可圖，可望支撐高度工業化的蓬勃美國經濟。儘管美國如此公然干預，抗議並未取得太大成效。接下來的五十年美國軍艦恫嚇沿岸，並且最終於一九一〇年建立事事聽命於華府的傀儡政府。

美國利益在尼加拉瓜進展順利，直到本地礦坑和農場基層工人察覺事態對**他們**不利。此前尼加拉瓜的暴力事件輕微且間斷發生，在這個容易順服的國家偶爾才爆發。但是在一九二七年，憤恨爆發成一場完備的游擊戰。接下來二十年無異於曾支配這片土地的血洗征服，並使人口縮減至四百年前的規模。奧古斯多・桑迪諾（Augusto Sandino）是國家主權保衛軍（Army to Defend the National Sovereignty）的指揮官，他發動一場戰爭，盼望永遠趕走美國的勢力和商人。然而事實證明，美國海軍陸戰隊如同先前的征服者一般可怕頑強。直到歷經七年和五百次激昂的游擊戰事，美國於一九三三年終告撤兵，讓胡安・巴蒂斯塔・薩卡沙（Juan Batista Sacasa）任職總統，軍事大權則落入別號「將軍」的阿納斯塔希歐・蘇慕薩・賈西亞（Anastasio Somoza García）之手。

然而，透過美國大使的明確指令，清楚傳達蘇慕薩必須使桑迪諾身亡。雖然對於其餘世人而言，桑迪諾似乎實現了完美無瑕的革命——由溫和的年輕人口發動非蘇維埃、非馬克思主義的起義，對抗典型的貪腐獨裁統治——美國斷然展現誓不容忍桑迪諾的國族主義作風。總統羅斯福表明對於門羅主義的推論：美國有權干預任何拉丁美洲國家的公然與「長期違法行徑」[15]。至於桑迪諾，從美國利益的觀點而論實屬公然違法者。

直到最後一刻，桑迪諾仍是冥頑不靈的美國敵人與批評者，一九三四年二月二十一日從馬拿瓜的總統府大門離開時，他跟哥哥、兩位最高將領同遭處決。此後事件迅速開展：國家重回傀儡地位，扶植極端的高壓政權，華府欽點的蘇慕薩將軍在不容置喙下主政，無情施加刀劍，如同任何一位西班牙君主曾有的作為。到他統治的末期，多達五萬尼加拉瓜人被殺，另有三十萬人失蹤或在政府逼迫下流離失所[16]。受到美國的保護與資助，蘇慕薩將軍最終交棒給他的兒子，鐵腕統治尼加拉瓜超過四十三年。

多明尼加共和國

一九〇〇至一九六〇年

符枯（fukú）可不是古歷史……你光是想到特魯希佑的一點點不好，
呼啊，颶風馬上把你家掃進大海，
呼啊，晴空掉下大石壓扁你，
呼啊，你今天吃的蝦子明日就變成致命的痙攣[17]。
——朱諾・狄亞茲（Junot Díaz），《阿宅正傳》（*The Brief Wondrous Life of Oscar Wao*）*

隨著拉丁美洲重新獲得獨立後跌跌撞撞邁入二十一世紀，生靈反覆一次次遭受嚴苛碾壓。在哥倫布首建永久定居點的西班牙島，他征服、奴役並實際上消滅了泰諾族，此後四個多世紀以來暴力統治成為常態。受到西班牙、法國、英國、荷蘭和美國的抱負所擾，這座島嶼長久被視為戰略目標，是價值非凡的貿易港口。對島嶼沿岸的野蠻破壞從未止息：西班牙總督紛紛到達；逃亡奴隸不時衝下山殺人侵擾；由護國公奧利佛・克倫威爾（Oliver Cromwell）下令、海軍上將威廉・潘恩（William Penn）領軍的九千英國士兵入侵；明目張膽的法國海盜，不斷掠奪沿岸並搶劫海上運輸；有錢有勢的荷蘭和葡萄牙奴隸商販，各港口熟知其野蠻行徑；與海地間從未停歇的瘋狂戰爭。從一八二二至一八四四年的二十二年間，島上現今屬於多明尼加共和國的區域被海地占領，實行反壓迫的殘忍統治：禁用西班牙語，不允許白人擁有土地，充公所有教會資產並斷絕與梵蒂岡的一切關係。地主大多逃往世界他處。

邁入一九〇〇年代的多明尼加人，接連遭殘酷且無常的歷史打擊。他們在五十年之間目睹三十八任政府掠過，平均每任政權延續十五個月。不穩定狀態在新的世紀未見緩解，在十六年間有十二任政府進出總統府。美國察覺對其利益造成潛在破壞，迅速採取行動占領首都並重建秩序。接下來八年間，一連串美國將領與傀儡相繼統治島嶼。不過，儘管美國在一九二四年正式整軍撤出聖多明哥，美國海軍陸戰隊繼續駐紮在鄰國海地十年。美國勢力從未完全離開這座島嶼。

原為多明尼加小混混的拉斐爾・特魯希佑，從軍並晉升負責基層警務工作，約莫在一九二〇年，當時占領島嶼的美國海軍陸戰隊注意到特魯希佑，給他機會受訓加入市警隊。五年內他成為警察首長。占領的美軍將他視為在危機四伏年代維持穩定的人物，明確給予支持。當然他站在美國那一邊，是一枚可供操控的棋子。

一九三〇年競選總統時，特魯希佑威脅要凌虐與殺害膽敢支持對手的任何人，於是在相當合乎邏輯的情況下，他以壓倒性大勝進駐總統府。實行以腐敗和貪汙著稱的獨裁統治後，他甚至侵吞所有獲利並阻撓一切反對者。一個接著一個，他公然動用武力或威嚇來掃除敵人。為了嚴加管控人民，他使國家進入戒嚴狀態，成立祕密警察，審查媒體，殺害異議人士。他也用自己的名字重新命名首都，把古老、歷史悠久的聖多明哥變成特魯希佑市（Ciudad Trujillo），以防有人不確定掌權者是誰。

一九三七年特魯希佑展現令人震驚的種族專制，下令屠殺超過兩萬海地移民，他們跨越島上的國界到多明尼加找工作[18]。雖然憑恃美國武力奪權，由美國海軍陸戰隊扶植並維繫三十一年，特魯希佑也在美國的務實主義下垮台[19]：在華府的施壓下，中情局終於開始謀畫將他逐出愈發使人窘迫的職位。暗殺死敵委內瑞拉總統未遂後，特魯希佑於一九六一年遭到一群暗殺隊槍殺，其中有些人證實是他自己軍隊的士兵。他留下無可計數的人權暴行，還將一件事物遺贈給國家：永久彌留的恐懼文化。

＊這段內容引述何穎怡的翻譯，時報文化出版。

哥倫比亞

一九〇〇至一九四八年

那是事物從高處墜落的聲音，一種間歇卻永恆的聲音，一種從不止息的聲音[20]。

——胡安．加百列．瓦斯奎茲（Juan Gabriel Vásquez），《聽見墜落之聲》（*The Sound of Things Falling*）

在那段革命後的形塑時期，從征服者年代就因豐富黃金礦藏、綠寶石、肥沃田地受青睞的哥倫比亞，又寫下另一個版本的動盪拉丁美洲敘事。從委內瑞拉解放者玻利瓦宣告從西班牙獨立的那天起，新的共和國不斷承受玻利瓦將領的彼此激烈內戰，後勢不佳的叛變接連發生，導致一連串不穩固的政府。國家邁入二十世紀之際爆發千日戰爭（War of a Thousand Days），自由派和保守派之間為了咖啡價格激烈搏鬥。自由派代表咖啡農、工人和自由放任的經濟；保守陣營是一群擁有世襲土地的貴族，他們剛在飽受質疑的大選中搶下總統席位，決心盡可能從蓬勃的咖啡業獲利。多達十三萬哥倫比亞人在屠殺下喪生，農田遭焚，銀行倒塌淪為廢墟[21]。在隨後的亂局中，從獨立戰爭以來一直是哥倫比亞領土的巴拿馬，如今在美國政府支持下大膽脫離。多年來，接管興建巴拿馬運河的美國一直渴望完全掌控地峽。如同美國政府的報告所描述，一九〇三年總統羅斯福善用哥倫比亞的紛亂達成他的長久心願。羅斯福政府首先促使哥倫比亞革命人士開戰，現在則越過廢墟，建立對巴拿馬運河區（Canal Zone）的永久專斷管控。

那些年暴力在哥倫比亞變得無比尋常，起源於久遠的古老地方和部族衝突，由敵人的後代重起爭端。數個世紀的文化、民族和種族差異成為新戰火的養分，而且在此過程中，走上街頭的暴徒和流浪者充分利用亂局。他們偷竊、強暴、洗劫鄉間並密謀向夙敵尋仇。過往的流血文化席捲而至煎熬現世。就像在伊索的寓言裡，蠍子忠於天性螫死青蛙。殘殺行為如此普遍，以至於少有人訝異自由派在一九三〇年勝選後，慶祝方式是一連串的屠殺、暗殺與大舉打劫放火，教堂和對立最激烈的桑坦德州（Santander）尤其成為目標。

僅僅相隔一代，哥倫比亞於一九三二年陷入另一場戰爭，這次由於亞馬遜雨林的土地跟秘魯發生國界爭端。秘魯總統察覺哥倫比亞人受到內部問題干擾且缺乏強力的軍事防衛，決心奪回秘魯人一直認為屬於自己的一小片土地。隨後發生激烈打鬥，雙方軍隊在普圖馬約（Putumayo）的叢林野地相互惡戰，衣衫破爛堪稱最好的下場。直到秘魯總統遭刺客的子彈擊中身亡，雙方才不安議和[22]。在幸運的幾年裡，難堪的和平是哥倫比亞的主調，同時保守派與自由派間的對立持續困擾國家。如今二十世紀中將至，自由派連續治理十二年使得國內的保守派不耐。當保守陣營的總統終於在一九四八年當選，自由派的怒火爆發，並且在一位激昂、雄辯的演說家身上聽見自己的心聲。他的名字是豪爾赫．蓋坦（Jorge Gaitán）。不久後，僅存的些微秩序開始以危險的方式演變，哥倫比亞就此迅速墜入獨立後美洲迄今未見的暴力模式。

蓋坦是哥倫比亞自由黨（Colombian Liberal Party）極富魅力的領袖，曾任教育部長，為了譴責暴力與賦權底層階級賭上職業生涯。他堅決反對共產主義，把最嚴厲的批評保留給冷戰年代革命人士普遍使用的粗糙殺人手段。他的演說洋溢熱情，交織一幅善心人世的生動景象，既富吸引力且鼓舞人心。但是當他在一九四八年四月九日遭到冷血暗殺，在費解的情況下，蓋坦之死改變了哥倫比亞的歷史方向，振奮拉丁美洲許多地區的左派人士。他被暗殺的消息引來一陣自發的極端暴行。

不清楚是誰將三枚子彈射進廣受喜愛演說家的頭顱與頸間。有人指控是一名剛好置身現場的年輕人，一名不幸的流浪者。倒楣的青年被暴徒抓住，處以私刑，毆打致死，剝光衣物在街上拖行，沿路留下血印。贏得諾貝爾獎的小說家馬奎斯目睹事件，聲稱三名衣著講究的男人涉案[23]：一人指著不幸的流浪漢，責怪他犯下罪行，另兩人搭上一輛光亮新車悄悄溜走。

但是私刑並未使殺戮止息。「他們謀殺了蓋坦！」[24]的呼喊傳遍街道後不到十分鐘，大批暴民橫行波哥大。他們在幾個小時內席捲首都，留下數百名死者。日後這次事件命名為波哥大暴動（El Bogotazo），最終挾著一波強烈怒火猛襲全國，在自由派和保守派軍隊彼此對戰下延續十年，使哥倫比亞的肥沃田地布滿三十多萬具屍體[25]。一人之死——多方歸咎於中情局、哥倫比亞共產黨、蘇聯、卡斯楚、某名革命學生，還有新當選的右翼總統馬里亞諾・

奧斯皮納（Mariano Ospina）[26]——摧毀首都的心臟地帶，引燃自殺式的內戰，迫使三百萬生靈流離失所[27]，並使國家陷入經濟崩潰。窮盡記憶所及，除了奪走奧地利大公法蘭茲·斐迪南（Francis Ferdinand）性命並引爆第一次世界大戰那枚子彈，不曾有鋼彈的代價是犧牲如此多條人命與苦難。

彷彿命中注定，當蓋坦於一九四八年被殺時，在波哥大伺機而動的正是年輕的卡斯楚。卡斯楚赴哥倫比亞抗議，除了其他事項以外，包括特魯希佑將軍在多明尼加共和國的恐怖統治、泛美會議（Pan American Conference，美洲國家組織的前身），以及美國對巴拿馬運河的盤算。旅途中只要一有機會，諸如學生聚會、革命組織、拜見政治人物，卡斯楚就嚴辭指責他公開點名的敵人，那群守舊獨裁者在過往一百年間於南美洲各地激增。在他口中，法西斯主義、資本主義、帝國主義全都是北方巨人的同夥，皆為需根除的毒瘤。他堅稱獨裁者是拉丁美洲的末日，而多名危害最深者正為了泛美會議群集波哥大。「特魯希佑在那裡！」他日後回想。「他們全都在那裡。」[28]卡斯楚來到哥倫比亞譴責他們，不過他也在那裡召募哥倫比亞人共赴革命大業。

卡斯楚相當成功地吸引巴拿馬、委內瑞拉、多明尼加和阿根廷學生加入他的使命，畢竟馬克思主義世界觀的堅定信仰已在拉丁美洲年輕人間生根。他也猜想，被多年政治動亂撕裂的哥倫比亞可能成為更大規模革命的沃土。沉浸於蓋坦民粹主義願景的一群哥倫比亞大學生受到他的政治熱情啟發，為了協助他朝目標邁進，決心設法把卡斯楚介紹給蓋坦。在蓋坦眼裡二十二歲的邋遢卡斯楚必定是個天真新手，當時他比卡斯楚兩倍的年齡還大，已是哥倫比亞艱辛現實政治的老手。儘管如此，兩人見面時蓋坦客氣對待經驗淺薄的革命家。反過頭來，卡斯楚誇張描述哥倫比亞英雄的態度感覺起來是個親切的「印地安人」，顯得「聰明、機敏、友善」[29]。此人的才智和魅力讓他留下深刻印象。蓋坦彬彬有禮，卻拒絕承諾立即支持卡斯楚，不過他答應再見這位年輕人一次[30]。卡斯楚非常興奮，深信這次會面進展順利。儘管如此，他無法完全擺脫對該國總體氣氛的一種詭異預感。「我來到哥倫比亞時，」他日後表示，「報紙每天公告這裡有三十人死亡、那裡有四十人死亡，讓我感到奇怪。彷彿哥倫比亞天天有屠殺。」[31] 波哥大局勢危急，隨時可能爆炸。

就在卡斯楚再度去見蓋坦前，波哥大果不其然，爆發一場持續五十年的戰爭。就在卡斯楚前往蓋坦辦公室途中，蓋坦被害的呼喊傳來[32]。一群將他奉若神明的抗議者幾乎立刻怒吼著衝上街頭，摧毀眼見的一切。在洶湧失序怒火下，首都陷入火場。卡斯楚毫不遲疑抓起一根鐵棍，像其他所有人一樣加入破壞亂局。「波哥大！另一趟偉大的冒險！」他日後高呼，回想起那股全然的激動之情，交雜著憤怒、復仇、原始的正義。狂暴之中，他一把奪過抗議同伴正試圖砸毀並扔到地上的打字機，將它徹底擊碎。他揮舞棍棒衝向廣場，跟任何一位幻滅憤慨的哥倫比亞人沒兩樣。但是這並非他期許的革命，這不是他追求的目標。他下定決心，倘若他的革命到來時，殺戮會有目的。為了策略優勢，為了戰略目標。對那一點他十分篤定。

歷史見證人

哈瓦那，一九七六至一九八〇年

> 卡斯楚插手安哥拉，僅僅因為安哥拉又是一個對抗美國的嶄新舞台，而且還更加肆無忌憚[33]。
>
> ——喬奇・安・蓋爾（Georgie Anne Geyer），《游擊王子》（*Guerrilla Prince*）

不到三十年，卡斯楚的戰略目標顯而易見。他贏得革命，讓古巴擺脫帝國主義勢力，處決他的敵人，並且證明一個人足以對抗千軍萬馬[34]。遭美國疏遠，受共產陣營歡迎，並熱切介入躁動的拉丁美洲，他下定決心，協助安哥拉新興的馬克思主義革命必能傳達正確訊息，藉此成就更廣大的目的。縱然領土不大且孤立，他將證明古巴能對世界事務造成深遠影響，與正義同在，在全球政治打響名號。為此目的，他將與蘇聯聯手跟美國打一場代理戰爭。

一九七六年十二月從安哥拉返國時，卡洛斯不曉得自己是歷史的見證人[35]。他無從想像在幾個月內，另有四萬五千個像他一樣的古巴人會被派往非洲，延續他那區區一個營隊的小規模起步[36]。事實上，當他頭裹髒汙繃帶踏上停機坪時，幾乎失去思考能力。他的頭在抽痛，明亮琥珀色的雙眼周圍有圈深紫瘀血，短短幾個月以內瘦了二十磅。一年前他與整架飛機的男孩並肩飛越大西洋，跟那時的自己相比，他不再那麼樂天無憂。他在這段期間邁入二十一歲——或許是在盧安達近郊某處，等著被派往灌木叢中之際。他不確定。一直要到子彈從頭中挖出，他盯著上方的診所燈泡時，才領悟到自己的生日早已過去。

十二月三日星期五他飛往哈瓦那郊外的軍事基地，就在同一天，無疑手握大權十七年的總統卡斯楚就職總統。他將在位三十二年，成為拉丁美洲最長久的獨裁者[37]。卡洛斯不曉得這個變化，他也不曉得卡斯楚最近揚言，就在美國迎向建國兩百年慶典之際，古巴已做好充足準備，要扮演最有效率的恐怖分子機器[38]，成為鄰近強國身邊最頑強的荊棘。毫未覺察方才身處的全球戲劇性事件，這位年輕退役軍人從機場被集中載往軍事區，跟其他傷兵一起列隊點名，隨後獲准離開，吐回遼闊藍天之下。他搭上一位富同情心卡車司機的便車，一路穿越哈瓦那街道，於入夜之際抵達父親的小公寓。

在那之後發生的事並不確定，卡洛斯顯然記不得太多。他漫無目的來去，將就度日。逐漸恢復健康後，他試著找工作卻欠缺運氣。工作短缺、房屋不足，非洲的戰爭似乎吸走島上所有能量。儘管第一年充滿迷惘，他異常清楚地牢記來年。餐桌上的食糧愈來愈少。他看著父親日漸消瘦，形容枯槁。他的母親驚慌失措。雖然古巴的高識字率與低貧窮率在世上受到讚揚，市場上買不到什麼東西。更確切地說，肉品明顯匱乏。

全國牛隻在一九五〇年代充沛，足供數百萬人食用，如今情景不再[39]。如今共產黨被迫承認必須將屠宰牛隻定為非法，否則會面臨廣大非法市場的隱憂。這項命令來自高層：任何被抓到殺害和屠宰動物者將面臨十年以上徒刑。古巴人陰鬱戲稱牛變得神聖不可侵犯，就像婆羅門在印度一樣。儘管如此，食欲強烈到假若放牧牛群被火車撞上，或者閃電擊中畜棚，古巴人會像禿鷹受腐肉吸引般趕赴動物屍體旁。最終禁令將馬納入[40]，屠宰販賣一匹馬——即使是死馬——可能讓一個人付出三十年生命作為代價，有時比冷血殺手的刑期還長。然而，儘管對於食用肉類施行諸多禁令，切實存在的飢餓占了上風，需求增長使得黑市激增。旺盛的馬肉買賣成為樂觀的生意機會。卡洛斯從中看到前景，開始尋覓也許能放手一搏的馬場。

他在卡馬圭（Camagüey）發現一個目標，離目睹過砍刀劈開男人額頭的甘蔗田不遠。他在安哥拉見過更險峻的情況，承受過更惡劣的風險。他毫不遲疑。聚集一夥想法相近的朋友，鄰時興起的一群小混混——戰爭的報廢品——他著手策畫犯罪。他們會偷一輛卡車。他們會在拂曉前的黑暗中殺一匹馬。他們會屠宰後裝進防水布運往第三處，其中一人的兄弟在食品冷凍廠做領班，他會存放起來直到風聲過去。最後當局會發現車輛被棄置在一處空地。在那之後，卡洛斯和他的一小群犯罪夥伴遲早會到黑市賣肉，賺的錢足夠餵飽他們的家人幾週。他們會在古巴沉睡的週六凌晨動手，讓他們擁有充足時間完事，包起肢解的肉塊，並在日出之前逃往哈瓦那郊區。

進展一切順利，順得出乎意料。結果馬廄的守衛遠比牛牧場少，第一次殺馬未受察覺，並且獲利驚人。事實證明馬的每個部分都有賺頭：肉、骨頭、皮，甚至陰莖和尾巴都是聖德里亞（Santería）巫毒儀式的必需品。在那之後又有幾次捕殺事件。小犯罪集團很快就落入一種模式，尋找完美的目標，追蹤粗心的牧場主人。悉心監看觀察日常習慣，是否養狗，馬匹受到刺激的反應。搶劫適合的卡車。迅速且致命地割開喉嚨。

食品處理廠的領班十分願意通融，他要求多分點利潤。卡洛斯的商販善於保密每一筆買賣，使買主受到保護，謹慎地親手交貨。小犯罪集團很快就賺飽錢，到酒吧裡痛飲狂歡，出入歡場，口袋裡的銅板叮噹作響。世界似乎是個安逸之地。直到有天警車突然出現在他們恰好在場的泥濘道路，頭燈閃爍射出強光。當時是一九七八年十一月。卡洛斯被捕、定罪，沒過多久就入獄。巧合的是數日後，卡斯楚宣布隔年將釋放三千名「強硬」罪犯到面對佛羅里達的外海，以此回應美國總統卡特呼籲撤銷所有古巴的旅行限制[41]。卡斯楚表示，他們會是政治犯：從一九六〇年代就入獄的反共產人士。

卡洛斯不必等待那麼久。一九七九年六月，距離他被判刑六個月及卡斯楚承諾釋放人犯十個月，他從牢房裡被拉出來，遞交裝著舊衣物的紙袋並通知他回家。可是這次當他敲父親的門，十分清楚得知自己再也不受歡迎。屋裡有太多小孩，他的父親說——就像任何尋常人，卡洛斯的弟弟們都有養育嬰孩——而卡洛斯不過是個壞示範。對他們沒幫助，沒好處。

不到三個月，他再度入獄；這次的罪名是叛國。他企圖逃離古巴。在徹底絕望下，他把舊輪胎用麻繩綁起拼成船筏，跟另外兩個男子一起出海。抓住他的軍隊不像兩年前的警察那麼溫和。他們用繩索圍綁住他，彷彿他是一頭野獸，並且在掙扎著拉他上船時弄斷他的手臂。他們對他又踢又打，帶上岸扔進駭人的坎賓納多東方監獄（Combinado del Este）之陰暗溼冷地牢，位於哈瓦那東鄰，距馬里埃爾港二十五英里。他的兩名同伴沒這麼好運。他們驚懼之下躍入汪洋時遭槍殺身亡。

死亡人數

火地群島也許證實適合養牛；但是這項計畫的唯一不利因素在於顯然必須消滅所有的火地人[42]。

——《倫敦每日新聞》（*London Daily News*），一八八二年

「吃或被吃，無可迴避。」尤薩赤裸、銳利、毫不留情的《城市與狗》（*La Ciudad y los Perros*）書中一角說道[43]。這部小說英語譯本的書名取為《英雄時代》（*The Time of the Hero*），除了其他情節外，描述一位情願寫情書而非學習作戰之道的秘魯青年，如何在軍校中被期待要匍匐爬行、聽令殺人。或許有人會說這是任何戰士教育的目標，只是在拉丁美洲的脈絡下，年輕人的軍事化夾雜許多課外科目：一個男孩在成為軍人的過程中，將會學習貪腐的方法，軍事力量的物質利益；在和平時期動用蠻力的便利。自然而然，當此種好鬥成性普及到人口之中，假使人們夠殘暴的話，回應將是以牙還牙。

對世上大多數人而言，讀到拉丁美洲的極端失序——此觀念也許經偏頗誇大——或許會認定這塊區域一面倒地冷血殺人[44]。確實有充分相關證據顯示，獨裁者、暗殺事件、消失人口、貪腐文化、違法行徑、敢死隊、毒品、恐怖分子、黑幫成員（pandilleros）；更別提我們城市圍牆上架設的通電鐵絲網。這些景象不斷出現在媒體上。誰能忘記墨西哥、阿根廷、宏都拉斯、秘魯、哥倫比亞、薩爾瓦多過往六十年的歷史？那些殘缺不全的屍體，鍋盆空響的寡婦，眼神木然的孩童？此時此刻，在任何一座美國大城市，或是眾多歐洲都會區域，有許多足堪比擬的謀殺率。然而差別是在那些城市，暴力總是令人意外，大多屬於機遇與不幸的產物，拉丁美洲的版本則無驚喜。而且即使數據波動——假使出於某些原因，在任何一年紐奧良的謀殺數超越華瑞茲城、聖薩爾瓦多（San Salvador）或巴西納塔爾（Natal）——深層的運算模式卻無可否認。

有時殘殺會因其冷酷預謀而令人膽寒：一八〇〇年代晚期，在智利和阿根廷南部稱為火地群島的地帶，塞爾克南人（Selk'nam）遭聲明為進步的「危險阻礙」[45]。受淘金熱吸引的歐洲人湧入這片區域，抵抗新來者的原住民被視為麻煩人物。即使存在已久，他們遭鄙視，貶為不如人類，受到有計畫的誹謗。尤其是當英國人回想起達爾文數年前探訪巴塔哥尼亞時，對於火地人有多麼反感：

> 這些可憐蟲的發育受阻，他們的醜陋臉孔塗抹白漆，皮膚骯髒油膩，頭髮糾結，聲音

刺耳且動作暴力。眼見這樣的人，一個人很難說服自己他們是同類，是同在一個世界的居民。推測某些低等動物能享有何種生活樂趣是常見的主題：同樣的問題是否應在這群野蠻人身上探尋還更合理[46]！

「在火地群島有太多事要做了！」倫敦一份報紙上氣不接下氣地進一步主觀評論，但是為了付諸實現必須「消滅火地人」[47]。而那正是殖民者的行為。他們雇用智利與阿根廷傭兵去獵捕殺害塞爾克南人。依據割下的耳朵或睪丸數量付錢給武裝暴徒，作為殺人的證明。假使一對耳朵屬於孕婦並附上人類胎兒，則酬金更高。羊隻被潑灑番木鼈鹼，希望塞爾克南人會吃下中毒。如同倫敦的報紙所呼籲，上演著一場穩健進展的滅絕。到殺戮止息之際，數千塞爾克南人身亡，剩下的寥寥幾百人被集中至保留地，在那裡由疾病解決殆盡。數年後，阿根廷徵求並接納了該國最大的歐洲移民潮——近兩百萬膚色較白種族的移民[48]。

如同蒂娜．羅森柏格（Tina Rosenberg）於一九九一年令人心碎的著作《該隱之子》（*Children of Cain*）所述：

數量並非問題的全貌。拉丁美洲的暴力具有特殊意義，部分原因在於多與政治相關：事先策畫、蓄意而為，由有組織的社會群體對其他群體成員執行。它被用來表明觀點。它由賦予保護公民職責的機構犯下。而且它被眾多人民視為正當行為。它跟美國漫無目的、隨機、個人的暴力不同。它更加邪惡。[49]

而且它依然存在。

打手、游擊隊與施虐者

單單一人被殺是悲劇，一百萬人被殺卻是統計數字[50]。

——史達林，一九四三年

在一九七六年六月的某個時候——確切時間點未明——「消失」這個字眼在拉丁美洲以新的意義流傳[51]。動詞突然從被動變為主動：敢死隊可以消失一個人；那人成了失蹤者（el desaparecido）。這個詞彙在布宜諾斯艾利斯的五月廣場（Plaza de Mayo）鮮活起來，當時數百名男男女女聚集，緩緩肅穆繞行廣場上的自由女神像，手持標語見證突然消失的家人：失蹤的孩童、配偶或孫兒，他們從家裡被拖走、刑求、草草處決，或者丟入浩瀚藍海，再也不見人影。這是一場內戰的可怕尾聲，於兩年前總統胡安・裴隆（Juan Perón）死後肆虐阿根廷。

一九七四年的權力真空相當嚴重。在亡故前，裴隆扶植第三任妻子伊莎貝爾・裴隆

（Isabel Perón）為副總統，而今身為阿根廷的最高統治者，以及世界上首位擁有「總統」頭銜的女性，事實證明她顯然尚未準備好肩負職責。伊莎貝爾極其欠缺前第一夫人艾薇塔・裴隆（Evita Perón）的出色親民魅力，後者至今已逝世二十二年。

裴隆遇見伊莎貝爾時，她是巴拿馬城一間夜總會的舞者：漂亮卻明顯膚淺乏味的女子，受過五年級教育，是在教會得知他與情婦同居堅持下才迎娶的對象。裴隆一死，伊莎貝爾的缺點開始顯現，以及她對於警察局長何塞・羅培茲・雷加（José López Rega）的異常倚重，後者是總統府的前警衛，跟她一樣著迷於玄妙的占卜和算命。她拔擢羅培茲為社福部長，最終卻仰仗他擔任實際上的總理。在他的支持下，成立一支名為阿根廷反共聯盟（Argentine Anti-Communist Alliance, Triple A）的祕密敢死隊，清算日漸造成麻煩的左翼人士[52]。一年內，他殺了一千五百名麻煩分子。凶殘具有傳染力。右翼準軍事部隊衝上街頭跟共產黨游擊隊戰鬥，引發一場似乎挾帶殘忍動力的血腥衝突。包括蒙托涅洛斯（Montoneros）和其他左翼游擊隊——成員大多是大學生和天主教解放神學人士——回以炸彈或縱火，綁架商人以資助他們的運動，並且取走有史以來最高額的幾筆贖金：埃克森石油（Exxon）經理人綁架案獲得一千四百萬美元；阿根廷穀業大亨豪爾赫・伯恩（Jorge Born）和胡安・伯恩（Juan Born）的贖金則為六千萬美元[53]。一九七六年三月時，一場軍事政變把伊莎貝爾趕下台，由豪爾赫・拉斐爾・維德拉將軍（Jorge Rafael Videla）統治、建立名為「審判」（The Trial）的政府——令人毛骨悚然回想起法蘭茲・卡夫卡（Franz Kafka）的同名小說[54]——並且開啟恐怖政權，凶殘程度可比任何的征服者治理。

幾個月後，骯髒戰爭（Guerra Sucia）迅速猛烈展開。在一年內又有近七千阿根廷人失蹤[55]。這不太稱得上是一場戰爭；不再有鬥士或敵手間任何真正的你來我往。在那場戰爭中，強大的武裝軍隊公然著手殲滅數千公民，既猛烈、堅決且顯得隨機。在當時難以領悟其恐怖極致，對於阿根廷麻煩分子的肅清卻已展開。目標是清除國內多年來困擾右翼權力結構的反叛「共產游擊隊」浪潮。但是戰爭迅速變質為屠殺各行各業的左翼人士，包括未明的嫌疑人、稍有關係的熟人、家庭成員，以及軍隊不甚喜歡的任何對象：新聞記者、社會工作者、勞工領袖、教師、神父、修女、心理學家、詩人。換句話說，抗拒強硬**鐵拳頭**治理的眾多阿根廷人口。

當監督殺戮的阿根廷堅毅軍事獨裁者維德拉將軍，被問及阿根廷人民應如何看待遭他隨興司法深淵吞噬的數千人，他詼諧回應提問的邏輯徹底錯了。阿根廷人民看見的是法律為他們服務。他們應該獲得人權，而那些權利在阿根廷受到威脅。在誇大成歐威爾式嚴重性的論證中，他解釋真正忠誠、正直的公民面臨恐怖分子擴散的威脅——共產主義的滲透——他們必須以鮮血作為消除惡瘤的代價。假使稱得上受害者的話，那些受害者是無名小卒。「誰是失蹤人口？」他說，「無名者。誰都不是。他沒有身分，既沒死也沒活著。就是失蹤了。」[56]他的回答正令人想起十五世紀末在塞維亞熱烈辯論時獲得的答案：征服的受害者真能算人類嗎？五百年後仍然是響亮的否定答案。主宰的力量並未做出相反決定。他們如米糠般毫無價值——基於他們的抵抗，完全可以犧牲。

在阿根廷骯髒戰爭期間發生的大規模撲殺，是名為兀鷹行動（Operation Condor）的陰險祕密計畫產物，此多國協商的鎮壓計畫經南錐體國家右翼獨裁者策畫（阿根廷、玻利維亞、巴西、智利、巴拉圭和烏拉圭，並獲秘魯、哥倫比亞和委內瑞拉支持[57]），且由廣大的祕密警察網絡執行。作為合作行動最初的締造者，上述國家的國安官員——其中多位曾於一九六〇年代和一九七〇年代在美國陸軍美洲學校（US Army's School of the Americas）受訓——獲維德拉將軍支持下聚集於布宜諾斯艾利斯[58]，共同研擬對抗「顛覆分子」的可能方法[59]。

該地區反共倡議的當然夥伴美國參與共謀[60]，提供兀鷹行動軍事與技術支援達二十多年。支持始自一九六〇年代晚期的林登・強森（Lyndon Johnson）政府，並持續至一九八九年隆納・雷根（Ronald Reagan）的總統任期結束，即使美國政府官員十分清楚暴行的程度。誠然，一九七三年國務卿季辛吉接獲屠殺的確證時，他主張這些情況「無論多麼令人不快」，整體形勢對美國有利。「我們希望你們成功。」他以明確措辭告訴阿根廷外交部長。「我們不想干擾你們。我會盡我所能。」[61]

一九七六年八月，當季辛吉進一步獲悉重大顛覆不僅是拉丁美洲內部的祕密勾當，還以國外為目標，他毫不遲疑。相反地，九月二十日他命令美國大使們暫時解除戒備，不去干預兀鷹行動，並且「不採取後續行動」遏止可能正在進行的拉丁美洲陰謀[62]。就在隔天的一九七六年九月二十一日，身為皮諾切將軍熱切批評者的前智利大使歐蘭多・萊特列爾（Orlando Letelier）乘車行經華盛頓特區謝里登圓環（Sheridan Circle）時，車底的炸彈爆炸，把車拋向空中並致使他和一位年輕美國助手身亡。接獲皮諾切明確命令的智利祕密警察是行凶者。兀鷹行動的爪子已伸進美國首都正中心。

兩年後，儘管大規模謀殺如今天天在阿根廷上演，軍政府在布宜諾斯艾利斯主辦世界盃足球賽[63]。當女人的陰道被刺進趕牛棒，當男人的肛門被塞入鐵棍，當囚犯被活生生剝皮或趕進集中營，或遭迷昏後從雙翼飛機和直升機扔進大西洋或巴拉那河（Paraná River）之時[64]，咧嘴笑開的維德拉將軍與國務卿季辛吉一起悠然出入盛宴[65]，軍人則使比賽如同其刑求機器般高效運轉。在殘酷行徑正達到頂峰之際，無名屍體被沖上岸，尖叫的年輕女孩從公車上被綁走，在全世界的注目下，一九七八年世界盃以地主國的勝戰作收。阿根廷以三比一擊敗荷蘭。三十年後，當阿根廷慶祝那次勝利時，回憶太過痛苦。二十二位隊員中有十九人未現身狂歡[66]。

最終，在一九七三至一九八三年的悲慘十年間，高達三萬阿根廷人被他們的政府殺害[67]。在智利，我們得知二十五萬人被軍隊拘留訊問，另有一萬人遭羈押且刑求[68]；超過三千人遇害。在同一段期間，巴拉圭軍隊清理了兩千具屍體[69]。由於兀鷹行動的祕密性質，其歷經多年、遍及眾多關係國的總死亡人數也許永遠不得而知，但是學者估計可能多達六萬至八萬人被殺，包括三萬「失蹤者」或推定遭處決者，另有四十萬人遭監禁和刑求[70]。統計數字令人無感，因為完全難以想像而易被忽視。但是這項估算再真實不過。在兀鷹行動中損失的人命，高於獨立戰爭或越戰中的美國死亡人數，高於過去五十年美國所有戰事中的死傷人數，包括在伊拉克和阿富汗的戰爭[71]。也許跟第一次世界大戰的美國戰死人數一樣多。然而，有系統的殺戮在兀鷹行動阿根廷專案關閉後仍長久存續。它像一波惡毒瘟疫席捲這片大陸。

薩爾瓦多和瓜地馬拉

一九六〇至一九八四年

讓學校教導我們所活過的歷史，好讓它永遠不被忘懷，好讓我們的孩子知情[72]。

——歷史澄清委員會（Commission for Historical Clarification），一九九六年

在一九六〇年代席捲拉丁美洲，並於接下來四十年間牢牢掌控此地的革命蔓延間並無一致性。在其感染病徵上體現鮮明差異。畢竟，都市白人與本地香蕉工人不太可能擁有相同的反抗衝動。儘管如此，某種振奮情緒在蓄積。古巴革命向一代拉丁美洲人表明，人民能掌控並改變命運。這導致蘇維埃特務突然間興高采烈地遍布此地區，出現在各座首都、大學，

蓬勃新生的共產組織，向躁動的年輕人播下訊息。邏輯有力且明確：階級或種族間的赤裸區隔、富人與窮人間的鴻溝再也不成立。無論膚色為何，全拉丁美洲的革命如今決心打破舊秩序，希求更自由的社會，摧毀階級，最終實現馬克思主義夢想。但是左翼人士並無如何實現目標的共識。諷刺的是團結合作出現在對立面，在保守派、富裕家族、征服者後代、堅定反動的既有權力基礎之間。隨後從蒙特維迪歐到聖薩爾瓦多的軍事鎮壓具有驚人的共同點：全都以嚴酷將領、開上街頭的坦克、戒嚴、重裝維安部隊、祕密敢死隊著稱。而且他們全都能仰賴美國的支持。

卡斯楚在古巴取勝不久後，位於南美與墨西哥間緩衝地帶的一些國家——薩爾瓦多、瓜地馬拉、宏都拉斯——稱為中美洲「北三角」的群體約莫同時爆發激烈暴動。數十年來，薩爾瓦多一直是枚未爆彈。該國農民於一九三〇年代大規模起義叛亂，卻遭到代號為**「屠殺」（la matanza）**的致命軍事回擊。三萬名底層薩爾瓦多人被屠殺並剷進萬人塚。軍隊由國內的寡頭政治家「十四家族」（Fourteen Families）指揮並獲美國援助，統治接下來動盪的數十年。但是反抗從未徹底止息，於一九七〇年代再度爆發，當時薩爾瓦多的貧窮率達百分之九十[73]，薪資遽減百分之七十，身無土地的農民人數突升。窮人的預期壽命降至三十七歲。嬰兒死亡率與營養不良皆是歷史高點。隨著富人對此視而不見，左翼游擊隊組織成一支戰鬥部隊。當他們準備好去挑戰右翼軍事巨人，一場致命的暴力螺旋式展開。

在接下來整整十年中，游擊隊著手入侵使館、殺害商人並處決軍事指揮官和警察首長——將劃歸為壓迫體制一部分的任何人視為目標。他們炸毀工廠、企業和店鋪。他們綁架富人並索取贖金，獲得數百萬美元並在此過程中以惡棍形象贏得支持度。一九七九年他們終於對舊寡頭成功發動奪權政變，但是撐得不久。獲得美國援助的四百五十萬美元[74]，由曾於美國陸軍美洲學校受訓的多位軍官帶領部隊，並得到雷根新近任命且任期短暫的國務卿亞歷山大・海格（Alexander Haig）熱烈支持，舊右翼軍隊全力回擊。一場惡狠狠的內戰隨之開打。對於游擊隊在十二年戰事中犯下的一切殘忍行徑——以及為了支持革命人士從衣索比亞和越南大批輸入的軍火槍械[75]——薩爾瓦多軍隊回敬使之相形見絀的爆發怒火。他們派出敢死隊消滅所有一切暴力分子，徵召童兵，將平民趕入集中營。為《紐約客》雜誌（*New Yorker*）撰寫報導的馬克・丹納（Mark Danner），描述薩國已淪為屠宰場：

> 殘缺不全的死屍棄置薩爾瓦多城市街道。有時屍體缺了頭或臉，他們被霰彈槍擊或潑灑電池酸液毀容；有時四肢不見了，手腳被切掉或雙眼被挖出；女人的陰部撕裂出血，表示遭到輪暴；男人常被發現生殖器被割下塞進自己嘴裡。砍入屍體背後或胸部血肉的切痕，可能是任何一支執行任務「敢死隊」的簽名。[76]

教會提出抗議，薩爾瓦多軍隊的回應卻是謀殺修女，宣告耶穌會神父為敵人，並且暗殺著名人權運動者奧斯卡・羅梅洛總主教（Óscar Romero）[77]。當二十五萬名信徒聚集在聖薩爾瓦多的大教堂前哀悼聖人逝世，鄰近屋頂上的軍方狙擊手朝群眾開槍，導致四十二人死亡與兩百人受傷。薩爾瓦多軍隊似乎無論做什麼都無法促使華府停止金援。在隨後的殺戮狂歡之中，無以計數的薩爾瓦多人失蹤，一百萬人流離失所[78]，七萬五千人被殺[79]。聯合國估計左翼反叛分子可能造成其中約四千死者。相比之下，超過七萬宗凶殺是由右翼軍隊控制的敢死隊犯下。

瓜地馬拉的情況並無不同，該國多年來一直是實質上的美國利益殖民地。聯合水果公司坐擁瓜地馬拉大片土地，也控制鐵路和船塢，以及所有的通訊管道[80]。但是當公民開始主張自己的權利，此種單方面的控制突然間受到威脅。從一九六〇年起，一任又一任的瓜地馬拉總統與此浪潮抗衡，在反對當今政權的抗議者開始席捲國家時被施以法外處決。就像科爾特斯派出軍隊殺害拒絕赴礦坑工作的任何馬雅人，軍方如今仰賴刀劍去鎮壓反抗。

騷亂開始在更早的一九四四年，當時瓜地馬拉人決心推翻其貪腐獨裁者，舉辦民主大選，將主張普選權和最低工資等強烈自由主義政見的胡安·何塞·阿雷瓦洛（Juan José Arévalo）送上台執政。阿雷瓦洛的繼任者是總統哈科沃·阿本斯（Jacobo Árbenz），他繼續捍衛貧民權利，國有化土地，並且切割分給無土地的農民。在美國眼中，過度偏向社會主義使其無法對這塊動盪地盤感到安心，瓜地馬拉旋即成為嚴厲修正的目標。獲國務卿杜勒斯支持下，一九五四年中情局策畫政變推翻阿本斯政府[81]。他們稱呼對手是「解放的敵人」，但是當運動人士被圍捕下獄、刑求並處決，瓜地馬拉人很快就改變看法。稍有一點反抗就被劃歸為共產黨煽動或外國因素。瓜地馬拉迅速成為美軍與加勒比海地區祕密政治干預的前導實驗——對於任何可能浮上檯面戰事的訓練場。

卡斯楚的成功改變這一切。在古巴突獲勝利後，瓜地馬拉人再度激發自決的夢想。原本草草採取行動且立即受到鎮壓的叛亂變得廣泛，在一九六〇年代展現極盛革命光輝。儘管如此，在革命黨（Revolutionary Party）主席胡里歐・希薩・孟德斯（Julio César Méndez）民主獲選後情勢改變，瓜地馬拉軍方惟恐權力被削弱，於是介入施壓[82]：他們會自行打擊任何叛亂游擊隊，他們不受政府干預，而且他們不接受法官審訊。到了一九六六年，大規模失蹤變得尋常。學生、教授、政治倡議人士、敢言的公民、外國外交官全都成為潛在目標。而且有充分理由那麼做，因為知識分子和見多識廣的群體正是革命之所在。

無差別轟炸村落正是從那時開始。在接下來十五年中，受到剛從越戰亂局歸來的美國顧問所力促，瓜地馬拉進一步自我摧殘。當敢死隊在屍身繫上政治文宣和可怕警告，或者散布死亡名單，或在無人敢有異議下打劫街道，謀殺成為一種高昂的戲劇場面。在其後的每個總統任期，暴力增長似乎穩定且迅速：憲法遭中止，宣告戒嚴，綁架和大規模逮捕成為不變的遭遇。

然而，儘管迎來種種凌虐和失蹤暴行，左翼異議人士拒絕受到恫嚇。僅有一九七六年的大地震似乎讓人口短暫團結，相互依存的精神占了上風是重要原因。但是敢死隊不久就重回崗位：僅於一九七七年八月的一個月內，他們謀殺六十一位有嫌疑的革命領袖[83]。反叛運動的回應是增加一倍人數，並且移往西部高地的荒涼山區。即將到來的種族屠殺於一九八〇年初展露端倪，當時一群原住民代表團赴首都譴責同胞村民被謀殺，遭國會冷落，他們的律師就在警察總署門外被暗殺。為了引起對於迅速增長暴力的關注，抗議人士隨後占領西班牙大使館，但是他們蒙受致命挫敗，警察把汽油彈扔進大門深鎖的使館地面，幾乎活活燒死裡面所有人。如今國際輿論似乎不再重要，軍方鐵了心要奪權。

情緒高漲至一九八二年埃弗拉因・里歐斯・蒙特（Efraín Ríos Montt）將軍在暴力政變下把持總統職位，他失去一切耐心，並將廣大的瓜地馬拉人民視為「內敵」[84]。他下令摧毀整座鄉間村落，屠殺全數人口。一年內達一萬八千名瓜地馬拉人在國家暴力下遇害[85]。大多數是西部桀驁不馴的馬雅農民，數世紀以來他們反抗壓迫，且為訴說正義承諾最有力的對象。涉嫌叛亂的社區被大規模處決，其中許多成員是婦女和孩童。如今軍隊已對異議分子全面開戰，竭力恫嚇平民放棄革命。假使意味著傷及無辜，那也只好如此。對於保守人士而言，那代表維護他們所知的世界；對於支持他們的美國人而言，則代表讓世界免於共產主義的危害。他們洗劫村鎮，無差別強暴女性，不論老少。他們採用外國顧問傳授的手段，襲擊「藏身處」並趕盡殺絕[86]。關於那些年的一項深度研究描述：「暴力手段變得更加可怕……軍隊傾向過度殺戮，將受害者斬首或活活燒死，用石頭砸孩童的頭。強暴倖存女性變得更普遍，甚至包括孕婦。」[87]

正當暴行看似到達種族屠殺頂點，正當總統里歐斯・蒙特政府的國際形象壞到不能再壞時，媒體報導倏乎中斷，人權團體突然不見蹤影，使得恐怖在難以忍受的沉默中升溫。與此同時，美國總統雷根政府將里歐斯・蒙特的政權描繪為瓜地馬拉的重要人權推動者[88]。他是「一位極為正直之人」，雷根聲明，「全然獻身民主」[89]。到瓜地馬拉的驚人傷亡告終時，多達二十萬人死亡或失蹤[90]。每三十位公民之中就有一人犧牲在屠殺下。

尼加拉瓜

一九五四至一九八四年

> 一九八〇年庫阿帕聖母（Virgin of Cuapa）塑像開始滲出汗珠。反對派媒體報導聖母受到唯物主義所折磨。一年後媒體報導聖母不再流汗而開始流淚[91]。
>
> ——德克・克勞茲（Dirk Kruijt），《革命與反革命》（*Revolución y contrarevolución*）

在尼加拉瓜，不滿的回聲滿溢，而且理由充分。受美國資助、在蘇慕薩家族三代——因咖啡和香蕉獲利豐厚的政權——手裡元氣大傷的政府，以貪婪頑強的勢力統治國家。多數五歲以下的尼加拉瓜兒童營養不良，未能正常發育[92]。在鄉下某些地區，百分之九十的人不識字。「我不想教育人民。」阿納斯塔希歐・蘇慕薩・德瓦依萊（Anastasio Somoza Debayle）常說。「我要牛。」[93]到了一九五〇年代中期，由於猖狂的貪汙，蘇慕薩家族已為自身積攢鉅富，實際上使國內農民挨餓，竊占公款，並且全數投入私有的商業和走私營運帝國。一九七二年一場地震震垮馬拿瓜，導致一萬三千人身亡與另外三十萬人無家可歸之際，蘇慕薩和他的家族竊取從海外湧入重建國家的救災基金[94]。他們除了偷走整船的水泥和機具，還包括豆子和米。

對於這些離譜行為的憤慨日深，以致在一九七八年，當拉丁美洲的革命浪潮到達鼎盛時，桑定民族解放陣線（Sandinistas）——以被暗殺的自由派英雄桑迪諾為名的反叛游擊隊勢力——發動激烈的恐怖和綁架計畫，想引起世人關注不公不義。抗議並未讓他們取得進展。在全國各地，他們開始大膽突襲強大得多的蘇慕薩國民兵。蘇慕薩的空軍則大規模轟炸尼加拉瓜多座城市作為回擊，造成嚴重破壞。突然間叛亂分子獲得國際同情：為什麼蘇慕薩要屠殺想表達自己意願、要求心聲被聽見的本國人民？連美國總統卡特都不得不承認該停手了；蘇慕薩總統難以容忍，必須柔性逐離掌權大位。然而「柔性」不在拉丁美洲游擊隊的用語範圍內。在動力驅策下，桑定民族解放陣線的**前鋒部隊（la frente）**於一九七八年八月二十二日中午攻占議會所在地國家宮（National Palace），虜獲在場近兩千人並索取贖金[95]。此為一系列重大暴力衝突的開端，將於接下來十年支配這個國家。最終，在一年後的一九七九年七月，尼加拉瓜叛軍迫使蘇慕薩總統帶著情婦逃亡，國民大舉湧入馬拿瓜的中央廣場，宣告反叛人士大獲全勝。

隨著雷根在華府掌權，馬拿瓜與莫斯科穩固結盟，尼加拉瓜軍火則毫不受限地流向薩爾瓦多叛軍，在兩年半以內美國徹底轉向干預的基調。一九八一年十一月，美國總統簽署一項命令暗中撥款給「康特拉」（contras），即號召驅逐桑定民族解放陣線的反革命勢力。與此同時，美軍在鄰國宏都拉斯忙於訓練中美洲士兵，回擊無論於何處現身的共產分子——在愈發動盪的區域漸漸成為艱鉅任務。幾個月後的一九八二年三月，一項中情局行動炸毀靠近宏都拉斯邊界的兩座橋梁，代表一場新戰事的開始。當打鬥到了尾聲，只見兄弟相殘，五萬尼加拉瓜人橫屍咖啡和香蕉田[96]。接下來的四十年間，中美洲國家一個接著一個吃掉自己的孩子，就像克亞特利庫女神大口吞下子嗣，或是宏偉巨人薩圖恩吞噬自己的兒子。近五百年後，那蒼綠肥沃的漏斗狀土地紛爭依舊，從巴拿馬而上那具有戰略地位的中間地帶，曾激發巴波亞和科爾特斯的野心抱負，並將美洲隔為南北。「你會很驚訝，」雷根在對美國人民演說，描述首次正式出訪中美洲之行時說道，「他們全都是不同的國家。」[97]

登船港口

一九八〇年五月

我曾生活在那怪物體內，熟知它的臟腑；我的武器是大衛的彈弓[98]。

——何塞・馬蒂，關於美國，一八九五年

在九個手足中身為長子的卡洛斯——身材精瘦、有雙淡褐色眼睛的西班牙後裔，樂天的竊賊定罪——再度受惠於政治風向，儘管他對此一無所知。從古巴坎賓納多東方監獄獲釋時他將滿二十五歲，又一次搭上晃得快解體的政府巴士，這趟不是為了飛上天空通往非洲的不確定未來，而是要面對外海。在所有從他母親子宮孕生的孩子裡，他是卡斯楚不想要的那種古巴人。漫無目的、不聽從指令、任性，頭中間有個大洞且常企圖犯罪，卡洛斯是可丟棄的對象。

服完十二年刑期的一年後，卡洛斯的牢房大門於一九八〇年五月打開，他被帶往馬里埃爾港。在那裡，放眼望著洶湧人潮和船隻上下波動的海面，他感到困惑。他曾見過如此令人心神不寧的場景：從垂死甘蔗砍收工頭上噴出鮮血；正當他沉醉在已婚女子懷抱之際軍隊來敲門；助共產主義拿下非洲直到頭顱破碎被送回家；拿馬肉換取毒品來緩解腦袋裡的劇痛。這次他不太明白該如何看待。他從暗處步入光明，眼前的景象眩目，令人驚愕無比。他能確定的是人們——男人、女人、孩童——爭搶登上星羅密布的小船，可是沒人告訴他原因，而他的第一個反應是奔跑。

第九章

怒火悶燒

安地斯山裡的每個人都知道，當魔鬼現身大地行惡，有時他化身為一個說英語的跛腳陌生人[1]。

——尤薩，《利圖馬在安地斯山》（*Lituma en los Andes*）

當美國陷入水門案醜聞，英國遭到憤怒旅（Angry Brigade）炸彈攻擊[2]，越戰在呼嘯中邁入最後一段悲慘日子時，拉丁美洲跌跌撞撞前行，任憑自身落入愈發暴力的劇變之中，更形嚴峻的頭條新聞使其蒙上陰影，鮮少受到廣大外界關注。到目前為止，已在二十世紀犧牲數百萬拉丁美洲人命的衝動革命，像一股悶燒怒火潛伏整塊大陸，在折磨此地五百多年的憎恨下加劇。儘管如此，正如同十六世紀西班牙靠著拉丁美洲的白銀致富，同時施加無情至極的破壞，現今哥倫比亞經濟在二十世紀大幅成長，於獲利之餘堆疊可觀的死亡人數[3]。誠然，在一九四八至一九五三年間，哥倫比亞爆發名為暴力時期的未正式宣告內戰時，國家仍舊是舉世最大的黃金出口國[4]。

一九四八年發生波哥大暴動，後果是在十年間導致將近二十五萬哥倫比亞人送命，那驚人騷亂從未真正停息。暴力無遠弗屆擴散，堆積屍體，創造似乎擁有自我脈搏的暴力文化。一九七〇年代初期，當中美洲革命熱潮的消息傳抵高踞山間的波哥大，哥倫比亞人早有左右派爭鬥的悠久歷史。

哥倫比亞反叛分子躲在內陸，持續頑抗**鐵拳頭**。面對似乎永無止境的戰爭而未獲安全部隊保護，農民開始組成武裝團隊，有的捍衛自身免於傷害，或者像罪犯一樣在猖獗失序之中獲益。不久後，人數超過兩萬的武裝突擊隊在鄉間遊蕩，建立他們自己的「獨立共和國」[5]。從任何層面解讀，這都彷彿重回一個半世紀前野蠻、法紀無存的革命時光，當時平原與鄉間居民的首領自行劃分勢力範圍，好鬥自負地打仗。對於那些自命為鄉間自衛隊的人，軍隊可能發動嚴苛極端的突襲——原本即為殺戮戰場——共產叛軍提供保護，誓言捍衛他們的權利。於是惡名昭彰的哥倫比亞革命武裝力量由此誕生，製造更廣泛的革命。在整個一九七〇年代，馬克思主義的傳說持續激發拉丁美洲人的想像之際，哥倫比亞武裝革命力量擴張，號召更多農民加入行列。在城市裡，不滿的大學生聯合起來組成民族解放軍（National Liberation Army），這支游擊隊聚焦在隨機的恐怖活動，意圖侵擾富人並推翻他們的帝國。在高峰時期，哥倫比亞革命武裝力量和民族解放軍吸收了兩萬三千人的可觀兵力[6]，全數致力於炸彈攻擊、綁架、勒索、槍殺、屠殺，不計代價迫使寡頭政治家交出國家掌控權。

騷亂似乎足以撕裂任何國家。即使如此，情勢持續惡化。在一九九〇年代，鄰國秘魯的古柯樹栽植突然陷入停頓時，強大哥倫比亞毒品集團開啟了擴張生意的門扉。古柯鹼的需求在美國達到新高，超過一千萬熱切的美國癮君子定期埋單[7]，毒品集團難以抗拒增加獲利的機會。到了一九九五年，美國古柯鹼市場創下一千六百五十億美元的紀錄[8]，幾乎相等於美國農業和礦業的總和。當毒品大亨購買土地以助長營運，古柯田開始湧現在哥倫比亞鄉間，塑造益發龐大的非法市場，最終為國內的左派及右派挹注資金。數十億美元販毒所得流入哥倫比亞[9]，使國家最重要的公共機構受到誘惑並做出讓步，包括國會、警察和司法系統在內。驚人暴利塑造了更激烈、隨機度更高的暴力[10]，毒品恐怖分子開始將政府官員、新聞記者和政治人物列為目標，意即任何擋路者。兩大毒品帝國成形，一在卡利，一在麥德林（Medellín），競逐著支配戰利品。

最終，古柯鹼大亨與哥倫比亞革命武裝力量指揮官在內陸聯合行動，結為強大同盟。如今唯有法外規則要緊。毒梟、游擊隊和右翼準軍事部隊爭奪掌控權，形塑一種戒嚴狀態，置身其中的任何公民都可能成為目標。每月上演多達三波大規模殺戮，一天七次綁架事件，叢林和山嶺間有一萬一千個童兵[11]。黑社會風格的處決、斬首、剝皮、強暴、綁架、失蹤，種種不堪的野蠻行徑如今天天發生。幾乎沒有一個在世的哥倫比亞人，其家人未曾淪為某種形式的暴力犧牲者。誠然，三百萬人正在逃亡；他們是**流離失所者（los deplazados）**，被迫遷徙、與家人分離，逃往城市尋求保護。儘管擁有哥倫比亞人民的自豪歷史，儘管有著聞名文化，儘管那片翠綠土地富藏自然資源，哥倫比亞已成為一個由暴徒與屠夫主掌的犯罪組織。

岡薩羅思想

> 權力以外的一切皆為虛幻[12]。
>
> ——阿維馬埃爾・「岡薩羅」・古茲曼（Abimael.“Gonzalo”.Guzmán）

暴力的瘟疫迅速蔓延，幾乎跟五百年前被征服時，席捲半球並留下傷疤的致命力量一般禍害不祥。正當阿根廷和智利的不滿怒火似乎往北疾燒引燃中美洲，哥倫比亞的狂暴厄運則迅速降臨秘魯，在那裡怨恨已成熟，種族積怨一代代茁壯。

一切始自安地斯山區的阿雅庫丘（Ayacucho），位於秘魯最貧窮的省分之一，坐落在安地斯山脈海拔一萬兩千英尺的陽光普照谷地，本地克丘亞人以其頑固、自尊與赤貧聞名。在所有地方中，偏偏是此地秘魯人突然獲得全盛的受教育機會[13]。在提升秘魯識字率的共同努力下，一九六〇和一九七〇年代的接連幾任政府決心在國內最偏遠、赤貧的區域開設學校和大學。成果之一是阿雅庫丘瓦曼加大學（Huamanga University）[14]的驚人成長，六年間在校人數翻漲五倍。一九七七年的學生人數成長百分之三十三，使得大學教職員和學生如今占超過四分之一的阿雅庫丘總人口。

在貧窮省分裡的貧窮城市，教育選項若非掛零也常稀少，如此發展實屬驚奇。眼前是完全來自當地、極具抱負、出奇平等的安地斯山區年輕男女社群，準備充分利用意想不到的好運。回過頭來，振奮無比的大學也準備善用突來的潛力。瓦曼加大學的教室坐滿容光煥發、易受影響的大批年輕人，非常容易接受知識灌輸。遠離保守、偏執的首都——遠離「白人的利馬」（Lima La Blanca），及城市裡享有特權的白人和說英語的外國資本家——學生著手反覆分析祖國不公義的歷史，如同常見的大學生行為。在無畏、富魅力的阿維馬埃爾·古茲曼教授激發熱情之下，瓦曼加的學生成為光明之路的絕佳孕生地：拉丁美洲史上最強大，也最暴力、極端、排他且令人恐懼的游擊運動[15]。

古茲曼是阿雷基帕一位富商的私生子，生於港口城市莫延多（Mollendo）郊外的小村莊[16]。

他在母親家的小康環境中成長，直到八歲時母親亟欲展開新生活，放任男孩面對自身命運。住在卡亞俄港的叔叔接手監護流浪兒，但稱不上仁慈：叔叔虐待他，羞辱他，讓他在家裡做僕人的工作。儘管年少的古茲曼幾乎不認得父親，還是寫信給他，說明正遭受的殘酷待遇，懇求拯救自己脫離折磨。老古茲曼個性浮誇，跟多位女性生下十個孩子，並非特別富同情心之人，不過這封令人鼻酸的信落入他較寬厚的妻子手裡，立即對男孩滋生憐憫。這封信是良善心地的證明，她主張；這孩子值得過更好的生活。十一歲時，古茲曼被接往父親在莫延多的家，在繼母照看下送去就讀好學校。他表現優異，最終立志赴秘魯知識分子匯聚的阿雷基帕一帶求學。

一九五〇年代晚期，古茲曼進入聖奧古斯丁國立大學（National University of Saint Augustine）研讀法律與哲學，一間名聲卓著的天主教學校，位於最具秘魯風格的城市阿雷基帕。以優異成績畢業，並於拉丁美洲不斷擴張的共產黨中取得穩固地位後，一九六二年他獲聘赴瓦曼加大學教哲學和政治，學校高踞安地斯山間，位於寂靜山城阿雅庫丘。古茲曼害羞、肥胖、神祕且拘謹，或許不具有迷人革命者的外表，而阿雅庫丘也非顯著的革命搖籃，但是他對秘魯懷抱具體的抱負及使其實現的意志。

正是在那山間藏身處，大學的校長最終聽進古茲曼的激進願景：數度獲獎學金造訪中國，這位年輕教授進而欽佩毛澤東在龐大、笨重農民社會的作為。毛主席證明革命不必從都市中心開始；星星之火可以來自一場鄉間運動。校長受到觸動：這是行動的哲學，有力量的意識形態，他鼓勵這位充滿憧憬的下屬繼續他的追求。毛澤東的成就是古茲曼的理想，是他認為已放棄安地斯根源且受外力引誘之國應立下的目標。他漸漸相信在自己的教導下，年輕、有希望的克丘亞印地安人——數代以來受忽視者的後裔——有條件擺脫多個世紀的錯待，光耀他們的祖先，並為他們的子孫收復秘魯。需要的正是一場暴力、災難性的革命：印加人稱之為帕查庫特克，意指翻轉世界。新勢力必須摧毀舊勢力，諸如殖民主義、外國的帝國主義、恣意貪腐、殘酷施行的種姓區隔，正如同中國在毛澤東治理下清洗過往。古茲曼將校長的鼓勵視為擁有自主權，開始超越理論目標思考並實踐政治信念。有瓦曼加大學作為改造工廠，毛澤東的教條當成聖經，他教導門徒捨棄歷史，徹底翻轉社會，建立全新的國家。

一九七〇年代中期，古茲曼的秘魯共產黨在瓦曼加大學創建與滋長，組成一支令人畏懼的游擊勢力，隊中男女樂於對政府宣戰，後者在他們眼裡受貪婪支配與外國利益操控。最終古茲曼離開學校，跟一群可信賴的指揮幹部夥伴建立準軍事駐防地，致力於訓練那支部隊投入暴力叛亂。他如同鐵拳頭獨裁者一般專制統治[17]，自稱為岡薩羅同志，要求新兵簽署嚴厲誓言效忠於光明之路與他本人，並且諄諄教誨「岡薩羅思想」，他宣稱那將跨越國界並點燃世界革命[18]。在迅速增長的狂熱支持幫眾眼中，他是共產主義的第四把劍，排在馬克思、列寧和毛澤東之後。

這是光明之路為其恐怖行徑所能找到的最佳沃土。從一九六八至一九七五年，秘魯由胡安・維拉斯科・阿爾瓦拉多（Juan Velasco Alvarado）治理，他是一位溫和的社會主義總統，致力與卡斯楚的古巴和阿言德的智利建立關係。到軍方於一九七五年發動政變時，古茲曼的光明之路已利用一切機會滲透體制，在內部建立戰略據點，並學會其運作方式[19]。光明之路對政府基層廣布政治宣傳，潛伏於警方和軍隊，針對新人發送手冊，並且從此礦坑區域竊取炸藥、獲取大量供給來武裝他們。組織還鼓動重裝駐防地的士兵叛逃並帶走彈藥。到了一九八〇年，光明之路準備好要啟動網絡，在秘魯總統大選前夕的五月發動攻擊。岡薩羅同志的游擊隊襲擊山城丘斯奇（Chuschi）的投票站，焚燒選票箱，並宣告其推翻秘魯政府與消滅統治階級的更大野心。

新獲選的總統費南多．貝朗德．特里（Fernando Belaúnde Terry）、以及身處喧鬧首都利馬的每一個人，都貶視游擊隊為一群笨拙、漫無目標的瘋子。貝朗德以貴族般的鄙視對他們嗤之以鼻，忽視他們的不滿，認為他們不可能打動更多人的決心，而在此期間光明之路成長茁壯。游擊隊穿梭鄉間，殺掉國營企業的工頭，贏得農民的敬重和忠誠，實際上他們一直受到貝朗德代表的利馬網絡所奴役。對政府的批評也許從小處滋長，不過光明之路很快就打著保護窮人的旗號，開始在阿雅庫丘外圍地帶維護治安，並隨後擴及整個安地斯山區。不久後，他們在首都街頭留下恐怖的標記：一覺醒來，利馬發現死狗吊在路燈桿上，身後的布條怒吼著「鄧小平，狗雜種」[20]。

起初，組成光明之路的年輕人生澀、尚未做好準備，對搏鬥技巧或游擊作戰一無所知[21]。但是沒過多久，當勝利接踵而來，他們變成久經磨練的戰士，突襲更加銳利、更富戰略，手段也更凶殘。最終這支部隊表現出不折不扣的軍隊樣貌，在全國造成重大傷亡，殺害不認同他們的恐怖運動或不肯加入部隊的農民。提及鄧小平並非毫無緣由：身為毛澤東的繼任者鄧小平終結了中國的嚴格馬克思主義典範，敞開可能性，重啟海外貿易的前緣。狗屍的赤裸信號成為光明之路告知秘魯人的方式，假使他們如鄧小平一般向資本主義示弱，殘忍處決將隨之而來。喉嚨被割開的狗屍開始出現在屋前門階，吊於工廠大門，扔往軍隊哨所牆邊。信號很清楚：如同在毛澤東的中國，凡當權派皆不可靠，權勢人士是行屍走肉。歷經跟共產革命者波布在柬埔寨恐怖屠殺相仿的大肆瘋狂殺戮，光明之路開始虐待並處決跟國家有一絲關聯之人，諸如警察、軍人、市長、教師，以及任何擋路的不幸公民。

隨著時間過去，光明之路與毒販結為有利可圖的盟友，後者在叢林和山間偏遠地區營運。游擊隊提供保全，毒梟向他們輸送現金。因此光明之路無需外界金主，成為拉丁美洲首見、基本上百分之百無外國支持的武裝起義[22]，仰賴毒品資金訓練、武裝並維持日常運作。日後的恐怖組織將向此案例學習。到一九八〇年代末，光明之路掌控的秘魯遼闊鄉間陷入恐怖局勢，範圍從北部與厄瓜多相鄰的邊界，一直到與巴西和玻利維亞相鄰的邊界。

這並非政治勸說運動，古茲曼的隊員以蠻力恫嚇人民。假使女游擊隊員跟警察調情、而他有所回應，人們很可能發現他喉嚨被割開，槍械消失無蹤[23]。假使一夥游擊隊在大路上攔停一輛車，目的是要擊碎頭顱、挖出雙眼，再把切下的陰莖塞入嘴裡[24]。孩童被派去炸毀銀行。炸彈小隊夷平電廠，使城市陷入黑暗。游擊隊攻擊自來水廠，使鄰近地區無水可用。假使孩子的哭聲有可能暴露伏擊行動，母親聽令親手殺了他們。農民被迫拿刀讓養的狗噤聲。倘若任何人有異議，無論男女都會被當場殺害。計畫是要暗中行動，製造混亂，引起恐慌，根除權力結構，控制全部人口。我們將涉過「一條血河！」[25]古茲曼激勵他的軍隊。我們將擊垮鄉間，清理膿液，遠離荒漠[26]。

為了打破舊秩序，游擊隊受訓衝入山村並殺掉有一絲關聯的任何人。如同一位記者所述，涉嫌跟國家有關係的任何人都是潛在目標：「當地的市長；衛生所的護士；管理農場合作社的籌辦農民；銀行警衛；打擊羊熱病的歐洲農學家；擁有太大片馬鈴薯田的農民；到機場接來自利馬政治候選人的學生。」[27]

從更廣泛的層面而言，光明之路是從圖帕克．阿馬魯二世對抗西班牙統治的迅雷戰汲取靈感，後者曾於兩百年前癱瘓殖民地。那場起義使秘魯從一七八〇至一七八三年染血，最終超越美國獨立戰爭的死亡人數，使十萬具屍體橫陳秘魯山嶺[28]。圖帕克．阿馬魯與古茲曼無疑擁有共同的願景與戰略：他們打的是一場壓迫者與被壓迫者之間的零和戰爭，棕皮膚的人種對抗白人，山間對抗城市。然而圖帕克．阿馬魯的目標是殺掉西班牙行政長官與屠殺白人，光明之路則屠殺不願加入行伍的任何人，包括當初承諾要給予正義的那些人口：原住民。

「那是**額度**（La cuota）。」[29]古茲曼如此描述：殺害無辜者包含在秘魯必須付出的鮮血額度中，好讓國家擺脫資本主義毒害並開創更公平正義的時代。假使光明之路游擊隊會在浴血戰下大批死去，那也只好如此；**額度**要求嚴格的自我犧牲準則，形同不成文的死亡同意書。叛軍惡有惡報。誠然，光明之路迅速展現被推往極端、不顧一切革命組織的最激進作為[30]。玻利瓦以誓死戰鬥描述一個半世紀前那場截然不同的革命，但是訊息幾乎一致。兩者都意味著一場肅清戰，對抗西班牙，對抗利馬的僵化階級——由無政府主義勢力發動的革命對陣，他們已無可失去。相反地，任何進展都是收穫。倘若國家崩塌那就更好了。從光明之路的觀點來看，它將捍衛受踐踏者、遭鄙視者，即國家的最底層，而且要斬斷五百年來掌權勢力的源頭。

不同於圖帕克．阿馬魯的軍隊，古茲曼的叛軍設法滲透到秘魯各處偏遠角落，並且成功進入首都中心地帶，在富裕街區和權力走廊造成混亂，還在利馬市中心建立據點。但是它並未放過窮人。游擊隊橫越棚屋區，殺害社區領袖、神父、社會工作者[31]。目的是要傳達只有一種出路，那就是光明之路。秘魯國軍（Peruvian Armed Forces）加入混亂局面，對游擊隊展開狂暴、絕對的戰爭，掠奪鄉間並處決稍有一絲共謀者，常在衝動之下殺人。到頭來軍隊確實變得像革命分子一樣暴虐殘忍，殺死大批農民，圍捕後刑求監禁的人數也同樣可觀。利馬的監牢關滿嫌疑犯，導致一九八六年在單單一次囚犯暴動中，多達兩百五十人在監獄圍牆內像綿羊一般被宰殺。當這狂暴、血流成河的十年過去，古茲曼的革命使秘魯葬送七萬生靈[32]。鄉間人口流離失所，憂心性命不保下湧入首都尋求庇護，在沙地、斜坡等任何可得地點搭建棚屋，圍繞著利馬市中心打造一環環的汙穢棚屋區[33]。八十萬人的城市變成七百萬人。在一九九〇年，每兩個利馬居民之中就有一個住在貧民窟[34]。生活品質低劣且擔心受怕。沒人會驚訝一場霍亂疫情於一年後爆發，使三十二萬二千人罹病[35]與另外一千人送命[36]。

如今雙方都大量付出**額度**。一九九二年一枚炸彈在安靜的廣場爆炸，並殺害米拉弗洛雷斯（Miraflores）郊區的四十人，兩天後秘魯國軍襲擊利馬外圍的一所大學，假定所有高等教育機構都是問題的孵化場。二十五位師生被綁走、刑求、屠殺、斬首或火燒，並且棄屍溝渠[37]。沒有一個人是光明之路或其他恐怖組織的成員[38]。可是如今極端暴力似乎是唯一法則。

在一九九五年，即古茲曼在首都僻靜角落的兒童舞蹈學校樓上藏身處被捕三年後，頭猛然回咬尾巴：利馬向山間人民展開復仇。總統阿貝多・藤森（Alberto Fujimori）決心遏制不受歡迎的原住民人口增長並提升秘魯的經濟表現，下令秘魯山區的原住民女性接受強制節育。將暴力禍害偽裝成健康措施，並獲得美國的三千六百萬美元援助下[39]，超過三十五萬驚懼的克丘亞和艾馬拉女性未經說明就被迫集中至臨時診所，未經同意即麻醉，遭受生殖系統動刀且切斷一切生育可能的手術。

飄泊在黃金國

美國是機會的寶地與影響力的惡土[40]。

——喬治・桑塔亞納

當卡洛斯接近鬼魅般浮現、他只曉得叫骨頭島（Cayo Hueso）之地時，他感覺自己重生了。那是有著骨頭形狀的礁島，堅毅不屈的西嶼市。陽光無情刺眼，讓他難以看清自己被送抵的世界。在地牢久待使他偏好黑暗，於是他抬起雙手至額頭處遮光，企圖看清發光海面前方的銀色沙灘。「**美國！上帝保佑！**」的喊聲傳出時，他也想歡呼，卻只能發出沙啞低嘶。誰想得到，殺馬並犯法會為他帶來如此好運？他沒穿鞋子跟上衣，一如他們打開牢房大門並推他上卡車時的模樣。他的肩膀與雙臂曬傷，嘴唇乾裂，頭部因舊傷抽痛。有個人拍他臂膀並指向岸邊。「美元、女人和威士忌，我的朋友！」他大笑。他的欲望比較平凡，他已經好幾天沒吃東西。

他只不過是十二萬五千多個絕望人類樣本的其中之一，衣衫襤褸、溼透髒汙，若非開口難以從外表辨識身分。一方面採取措施，阻撓美國人嘗試救援卡斯楚稱為「人渣」和「敗類」的古巴群眾[41]，美國總統卡特同時承諾會「張開雙臂」歡迎他們。美國人租用汽船、帆船、捕蝦艇和貨船，衝往古巴海岸拯救人命，有些動用自己的積蓄這麼做。趕在馬里埃爾偷渡客到達前，美國政府傳單就釘在佛羅里達礁島群的接待大廳牆上：

致古巴難民：

這個偉大國家給你機會展開新生活，富足且完全自由，安全並保障和平有秩序的生活；我們也給你機會重生並且被當作人看待。擁有在上帝與人民面前一切不可剝奪的人權。[42]

當載運卡洛斯及其他幾名罪犯的監獄卡車駛抵馬里埃爾，車門開啟，在港口釋放他們。卡洛斯步履不穩走向最近的貨船，卻被瘋狂人群推開。最終他尾隨看似大家庭的不安人群設法登上一艘船。有穿西裝的人、衣衫破舊的異議人士、不滿分子、亡命之徒、夢想家、同性戀、弱智和精神失常者，全是卡斯楚再也不想要的古巴人。他環顧四周，沒看見任何認識的人。那裡沒有軍隊退役人士，沒有來自坎賓納多東方監獄的竊賊，沒有同夥的囚犯登上船。幾小時後，他跟其他數千人從西嶼市被匆匆帶往一處安置中心，再搭機飛往賓州[43]。

接著他們把他帶往印地安鎮蓋普堡（Fort Indiantown Gap），那裡是國民警衛隊的培訓中心，成千上萬馬里埃爾偷渡客被留置在鐵絲網後，等候美國官員試著決定如何處置。最終他遭驅趕搭上巴士，開往阿肯色州的軍事基地查菲堡。在歷經人類脫穀機般旅程的數千古巴人中，五十五個有犯罪紀錄，其中許多是政治犯[44]。然而，在跟卡洛斯一起抵達查菲堡拘留設施的群體中，他覺得自己似乎是唯一的前科犯。儘管如此，查菲堡附近的小鎮居民眼看古巴人大批湧入，深信卡斯楚所言為真：這些是罪犯和惡棍，對社區構成危險[45]。抗議隨之而來，監獄發生暴動，還有幾樁案例指控美國獄卒虐待。接著在五個月後，歷經漫長的巴士旅途，卡洛斯突然間身在華盛頓特區，自由晃蕩城市街頭。

在位於華府心臟地帶的美國移民歸化局，職員為卡洛斯做了三件事[46]：他們幫他找了份工作，到美國大學的餐廳收碗盤，領最低薪資且沒有小費。他們每個月給他一百五十美元補助，直到他安頓下來。他們還幫他在擁擠的寄宿屋租了一個房間，位於快樂山（Mount

Pleasant）的危險街區。沒人問他之前是不是坐過牢。沒人告訴他日後住的是國內最猖獗的快克古柯鹼街區，位於美國謀殺之都的中央，市長馬里昂・貝瑞（Marion Barry）自己就是個公然的古柯鹼施用者。

迷惘之中奮力學習英語，卡洛斯試著改善自己的處境。幾個月後他找到第二份工作，替高檔的派對外燴公司利吉威爾斯（Ridgewells）洗碗，藉此提升微薄的薪水。但是事實證明，在這座城市裡生活危機四伏。一天深夜裡輪完第二班回家，他被三個街頭暴徒打劫，朝胃部開了一槍。接下來幾個月，他的腸子穿了八個孔。卡洛斯做了結腸造口術，但是他日漸消瘦，憔悴體弱，難以進食。

他很熟悉槍擊，曾在更糟糕的情況下存活。卡洛斯還沒摸透的是他不必聽從移民歸化局的建議；在美國有更快的賺錢方式，而且是一大筆錢。他從同棟樓的美國毒蟲得知，大批快克古柯鹼正流入街頭。城市的領導人似乎不在意[47]。毒品來自安地斯山區——在秘魯種植，在哥倫比亞加工，悄悄北運途經墨西哥——全由恐怖分子助長與保護。加州最逞凶好鬥的瘸幫（Crips）和血幫（Bloods）直接與哥倫比亞毒品集團交易，用卡車載大量古柯鹼磚運入華府。促成此事的毒梟就在卡洛斯住的街區辦事。

傷口復原後，他開始像旋轉木馬般快速轉換工作：侍者、酒保，幫建設公司裝石膏板。可是現在全都不同了：他決心要更認識毒品世界，那筆錢在他身邊毫不費力流動。他舉目四望，似乎到處都是舌粲蓮花之人，衣著時髦，車輛光潔。這裡不是哈瓦那，不是馬坦薩斯，不是盧安達或莫三比克（Mozambique）。他開始為此著迷，每晚無法抗拒地受到毒販、迪斯可、放縱生活、貪歡女子所魅惑。他開始跟朋友一起吸古柯鹼，不久後，毒販要他翻譯電話裡喋喋不休講西班牙語的不知名對象，或者邀他同行前往某間聖德里亞巫毒店、騷莎舞俱樂部、墨西哥捲餅鋪或雜貨店，去幫他們談定交易。他樂意為了小錢這麼做，快快爽一下。他以前沒吸過硬性毒品，那股猛勁讓他眼界大開：亢奮感——妙不可言的永生——滿腦子陶醉幸福。那是他從沒有過的體驗，撫慰他抽痛的頭，分心不去想受損的腸。很快他就別的什麼都不想了。

畢竟，在美國過好生活就這麼簡單嗎？賣點毒品，帶一支槍，建立人脈，毆打威嚇幾個人。到頭來這些並不陌生。他受過舉槍舞刀的訓練。假使有必要的話，他並不排斥偷竊——這些對他而言都不是新鮮事。他跟罪犯同住，跟暴徒廝混，跟殺手結交。那麼，這是他在這片土地上最有賣點的才能嗎？

卡洛斯一步步身陷重罪。他在一間曼波舞俱樂部認識比自己年長的美國女人：有一份好工作的五十多歲金髮女郎，女兒的年紀跟他相仿，擁有一間不錯的公寓。海倫喜歡他跳舞的樣子，他逗趣的英語，他的幽默感，他的躁動能量，他的年輕。她邀他到自己床上，在那不久後，告訴他可以搬進來隨意待著。生活相當舒適，他逐漸開始蹺班。最終在跟毒蟲朋友一起痛飲狂歡時，他犯了些輕罪，吵鬧的夜晚，酗酒遭到逮捕。官方文件顯示卡洛斯因隱蔽持武在一九八二年和一九八三年遭到警方逮捕。「兩次我都跟一群古巴人在一起。」他憶述，

「我們在7-Eleven超商停車場有點亢奮，也許吧。我們有點粗暴，場面失去控制。武器是我做石膏板的刀。」[48]

一九八四年的某一天，有人提議要他送裝古柯鹼的手提箱到城市另一頭，酬勞抵得上幾天工資。不久後他就四處送包裹，穿越州界，幫向他開口的任何人做事。如今首都淪為主要的快克國度，毒品氾濫，由魅力十足的十九歲新老大瑞弗・艾德蒙三世（Rayful Edmond III）發號施令。一九八四年九月二十四日，艾德蒙的其中一個手下派卡洛斯帶厚厚幾疊百元美鈔到麻州的史普林費爾德（Springfield）做生意，但是隨著事情展開，一切都出了差錯。當卡洛斯跟一起上路的墨西哥同伴住進汽車旅館房間，墨西哥人拿出手槍朝他背上射擊，然後捲款逃跑。匆促送進急診室後，卡洛斯住院好幾週。子彈仍然卡在他的左臀裡。

幾個月內，他養出古柯鹼重癮。一九八七年時，為疼痛所苦且被看輕為古柯鹼毒蟲——徹底的失敗者——他幫小毒販跑腿，戴金項鍊穿時髦衣衫，滿足愈來愈嚴重的癮頭。正是在那段期間，時年三十二歲的卡洛斯搶劫馬里蘭州大洋城（Ocean City）一間店鋪兼私人住宅被捕，在牢裡服刑十二個月。

那時他認識卡拉拉，在馬里蘭州貝塞斯達（Bethesda）打掃房屋的委內瑞拉女子。她負責任且認真工作，試圖為他的生活注入一些秩序，有陣子他遠離毒品，固定做石膏板工人。他已經搬出海倫家，誓言讓自己過更好的生活。他跟克拉拉結婚，隔年五月生下一個男嬰。

一九八八年卡洛斯成為華府一間高檔鄉村俱樂部的侍應生，得到有生以來最優渥的薪水，但是這份工作待得不久。領班埋怨他動作慢且對顧客漫不經心時，他發怒辭職。他找了兩份工作來取代前一份：在一間萬豪飯店（Marriott）做房務，接著跟他最好的朋友到巴爾的摩一間假日酒店（Holiday Inn）當服務生。「我走在正軌上，」他說，「非常努力。」[49]但是那位朋友在幾年後死於癌症，無論哪份工作卡洛斯都再也沒現身。很快他就懷著報復心態重回古柯鹼懷抱，沉入怪胎跟惡棍在裡頭交易的底層社會。

一名大型毒販搬進他在十六街的住宅大樓時，他重回跑腿運古柯鹼的老本行，這次不顧高風險大量運送。他不再是他自己了。非洲戰場上的惡夢迴返，他感到怒火瀰漫體內，令人難受地悶燒。不久後，他的妻子住進家暴婦女庇護所，接著她乾脆搬進另一間公寓，決心處理他們三歲孩子的健康問題，就像一些毒癮者的小孩，他開始出現嚴重的注意力缺失和情緒困擾。

現在卡洛斯孤身一人，完全屈服於他的癮頭。他毫無積蓄，只追求下一次亢奮。重回街頭後，他像一片冬天的落葉，被隨他北上的毒品和暴力之風猛吹，乘上他根本無從察覺的恐怖波峰。到毒品販運使他身陷洛頓監獄時，他已成為二十年前邁向安哥拉那年輕金髮男孩的幽魂——面容死灰、不斷抽搐、重一百三十磅的殘缺之人。

卡洛斯坐牢時，他的四歲兒子死於心臟衰竭，妻子離去。二〇〇一年，洛頓監獄關閉後重啟為社區藝術中心。監獄當局被迫將包括卡洛斯在內的所有囚犯送至別處，諸如喬治亞、南卡羅萊納、佛羅里達。隨著時間過去，他獲釋回到美國領土，繼續從事他最拿手的事：偷竊、闖空門、威脅欠錢的毒蟲、亮槍的打手。他從一座城鎮飄泊到另一座，尋找下一票生意[50]。然而無論去到何方，他無法擺脫某些記憶：砍刀落往男人額頭的景象；非洲戰場上的大批血肉殘肢；子彈射穿頭顱時突然眼前一黑；腸胃多穿八個孔時閃現的白光；妻子帶著兒子沿走廊逃跑的景象；鉛彈迅速擊穿他的腹部。情況本就如此。情況一直都是如此。

沒有盡頭的戰爭

征服尚未終止，對征服的反抗也是[51]。

——胡安・阿多弗・瓦斯奎茲（Juan Adolfo Vásquez），一九八二年

古巴的情況當然也是如此。即使在革命後，即使在卡斯楚的奪權騷動及接續的政治肅清之後，古巴仍然是一個高壓的國家。偽裝成為改善所有人的處境而從事改造，共產黨創造一個歐威爾式的政權，一個恃強凌弱的政府，施行嚴刑峻法且關押大批囚犯。任意逮捕、刑求，侵犯人權與猜疑文化成為日常。儘管如此，從一九六〇年代至二十世紀末，古巴模式持續鼓舞拉丁美洲別處的革命。這並不難做到。自有記憶以來，此區域一直是火藥桶，種族的定時炸彈，等待點燃。專制已成為常態，即使是經民主選出的政權亦見強硬專制、鎮壓與殘暴傾向。暴力成為這片大陸的預設值，特定的操作模式——世界就是如此運作。

歷史使其如此。最初形塑拉丁美洲的熔爐中有兩種截然不同且脾氣暴躁的人。西班牙出身自對抗阿拉伯占領者的極端戰爭，以及主導奴隸貿易的運動。大批航向拉丁美洲居住的西班牙人，一直倚靠形同治安隊、鄉警的**兄弟會**（hermandades）來控制人民[52]，常動用殘暴手段。他們在遠方土地遇見的原住民帝國熟知征服戰事。人類獻祭儀式。暴力鎮壓在此地並不陌生。雙方陣營都懂得利用凶殘行為，不僅仰賴、實踐也受其摧殘。那是萬物的自然現象。

隨著歷史進展，似乎有一種模式成形。總有拋灑熱血的戰士無處著力，被征服的階級再無退路。當葡萄牙國王啟程赴巴西居住，他先派遣不受歡迎的慣犯[53]；巴西原住民付出代價。當西班牙士兵被派往拉丁美洲鎮壓革命，他們剛與拿破崙入侵的軍隊打完一場激烈的游擊戰；西班牙殖民地的叛軍召集相等的暴力作為回應。當法國想向墨西哥收取債務並藉機聲稱擁有該國，派出從克里米亞戰爭退役的堅毅軍人，一場屠殺隨之而來。數個世紀後，當拉丁美洲的外國企業需要部署維安部隊，他們雇用打過內戰的殘忍兵士。企業正是需要老練戰士來捍衛生意，他們堅韌、無情且善用武力。

如同過往數個世紀，現在是**「捕狗人的時代」**（la época del perrero）[54]，揚言的報復會被討回——因此犯下的違法行為會受到指控與嚴懲。在秘魯，一個人不得不在社會基礎面目睹「一種原始，一種殘暴」[55]，這段描述由贏得諾貝爾獎的小說家尤薩寫下，在他揚棄政治生活多年以後。過往種種的不公義與罪過，使得秘魯易於墮入邪惡[56]。但是秘魯與其鄰國並無不同，在文化衝擊的磨難下本該如此，自古以來即為如此。

尤薩在領取諾貝爾獎的演說中，進一步闡明拉丁美洲的委靡無奈：

對美洲的征服是殘酷的，如同史上所有的征服，我們必須以批判眼光看待其遺續，別忘懷那些罪惡與掠奪的行凶者就是我們自己的祖父母與曾祖父母……兩百年前當我們從西班牙獲取獨立，在殖民地掌權的那些人並未贖回印地安人並未久遠的罪行贖罪，反而以等同於征服者的貪婪與殘暴繼續剝削他們，並且在某些國家，大量殺戮或徹底消滅他們。明確地說：多個世紀以來，解放原住民完全是我們的責任，而我們並未成功將其實現。這是整個拉丁美洲尚未解決的議題。沒人能自外於這項恥辱。[57]

這正是暴力的根源，白人如此審慎監控種族的原因——為何神父要在古老教會編年史裡一絲不苟記載全體新生兒的膚色，至今掌權者仍小心翼翼守護。這正是為什麼，長久以來有色人種在拉丁美洲遭到排擠、冷落和輕忽。許多頌詞在書寫此區域浩大、廣泛的麥士蒂索混血現象，種族混合確實從一開始就普遍可見。基於西班牙和葡萄牙征服者隨心所欲跟印地安和黑人婦女性交，此事無從選擇。儘管如此，**血統純正**的觀念一直是西班牙後裔的古老守則：摒除原住民、猶太人、華人、阿拉伯人或黑人血統的基因庫——即使久居美洲的「白人」迄今已帶有大量上述血統。儘管現實變遷，偏見如昔。

在十五世紀的一百年裡，血統純正在西班牙納入法律並需要官方證明，旨在排斥猶太人和阿拉伯人[58]。最終此觀念變得更加浮動且腐敗：當西班牙於一八〇〇年代初期亟需金錢，國家斷然販售**恩准排除證書（cédulas de Gracias al Sacar）**[59]，授予殖民地淺膚色人種與所有白人相同的權利——有權受教育、任職較好工作、成為神父、擔任公職、嫁娶白人、繼承財產。在當今多種族的拉丁美洲，血統純正的觀念甚至更加多變，儘管仍是有效的偏見來源。白人適用浮動的量表。「**新娘非常白（Es muy blanca la novia）**」，新郎的驕傲父母會這麼說，樂見他們未來的後代能白一點。這正是為什麼，如同玻利瓦所哀嘆，以及許許多多人仍堅稱的，革命從未真正完成，而真正的平等、啟蒙運動那光明的目標從未實現。探究犯罪的動力，或是恆常怒火的深層原因，種族、階級與貧窮幾乎總是拉丁美洲事物的三大根源。這就是為什麼暴力文化持續不散。

暴力確實存在。在世界上最暴力的五十座城市之中，四十三座位於拉丁美洲[60]。擁有最高謀殺率的二十五個國家之中，近半數位於格蘭河以南。在今日秘魯的特魯希佑——皮薩羅在太平洋岸的自豪之城，也是我的童年家園——只要一百美元，你就能雇用殺手（sicario）去斃掉債主，殺死煩人的鄰居，除掉妻子的情人。只要上臉書或一個稱為「**多麼便宜（Qué Barato）！**」的數位商場，就能輕易以適切價格找到對的殺手[61]。你也可以在哥倫比亞的卡利這麼做；誠然，別無承平國家體現過哥倫比亞的極端暴力層級[62]。在阿根廷的布宜諾斯艾利斯，也許要花比較多錢——今年（二〇一九）快速、有效預謀殺人的行情價是一萬美元——不過一樣辦得成[63]。如同一位新聞記者所述，殺手在拉丁美洲助長謀殺，彷彿電晶體收音機使得廣播流傳[64]。暴行不斷變化、隨處可見，並以其他方式滲入此區域的肌理。舉例來說，在今日委內瑞拉的馬圖林（Maturín），街頭罪犯倘若看中你的錶，可能會切斷你的手；他可能會為了一雙好鞋當場殺了你。自一九六〇年代在拉丁美洲滋長的正當暴力陷入麻木螺旋，此即為其產物，並且進一步激發一股狂熱，身在其中的統治者和反叛者同樣欠缺道德或心理約束對抗其最原始的衝動[65]。

在二〇一八年，天天呈現驚人的規律性，死於幫派打鬥的薩爾瓦多人皆超過十二人[66]。在情況特別惡劣的一天，四十五人被扔上卡車運往停屍間。當時薩爾瓦多有世界上最高的謀殺率——每十萬人中有一百零八宗謀殺[67]——超過英國謀殺率的一百倍，超過美國二十倍，且比全球平均謀殺率的十倍還高。當二〇一七年一月十七日整天過完，一件謀殺案都沒在那多災多難的國家發生，遠至俄羅斯和紐西蘭都報導了這條新聞。然而薩爾瓦多人在殘殺之中並不孤單。整個拉丁美洲區域僅占全球人口的百分之八，卻犯下全球百分之三十八的凶殺案[68]。根據《經濟學人》雜誌，二〇一七年拉丁美洲遭謀殺身亡總數達十四萬，超越二十一世紀至今所有戰爭的犧牲人數。要是算進殘廢、受傷、遭強暴和凌虐者——那些人可能從殘殺下倖存——總數將過於驚人且不可理解。而且這發生在一個犯罪普遍減少、謀殺更是罕見的世界。

在極端暴力較隱微之地，政治派系和犯罪幫派找到更細緻的別種方式去施加殘酷行徑：失手的暗殺企圖、綁架勒索、縱火、煽動大眾恐懼、疑心病、心理傷害、社會破壞、饑饉與流離失所。在二十一世紀的委內瑞拉，我們目睹上述一切。在這裡，從二〇一四年起，當總統查維茲的屍體安放進宏偉陵墓，他的前護衛尼古拉斯・馬杜洛（Nicolás Maduro）接管，街頭犯罪為王，飢餓與營養不良肆虐，貪腐盛行，造成大批絕望的委內瑞拉難民潮為活命出走，行遍整個拉丁美洲。我們永遠不得而知他們逃離的是何等血腥場面：委內瑞拉政府於二〇〇五年停止匯報謀殺數[69]。

即使在低犯罪率、或大幅降低人身攻擊案件的幸運國家——例如哥斯大黎加或巴拿馬——結果人民從周遭的混亂狀態中獲益。畢竟毒品沿此半球北上的貿易路線途經較和平的國家，讓他們在過程中致富，也使他們束縛於整體的苦難。此外，儘管擁有暴力過往的國家也許今日變得安全許多——例如阿根廷、厄瓜多或智利——歷史證明這些動盪國家的政治氛圍可能翻轉，煽動群眾的行徑可能復返，而人民將再次被捲入循環。

拉丁美洲的未能毅然應對暴力——謀殺遭到忽視，失蹤從未起訴，攻擊遲未報案——證明司法嚴重失能，在當今普遍至極的貪腐中顯得醒目異常。在西班牙和葡萄牙殖民統治時期公然且廣泛的詐騙、賄賂、勒索，至今依舊猖狂，深植構成文化的一部分，導致事實證明極其難以約束，遑論杜絕。誠然，在多數拉丁美洲國家，即使主張自由民主，賄賂仍是商業倚賴的默許做法。

此例即為明證，在二〇〇四至二〇一六年間，巴西營建巨擘歐德布萊希特（Odebrecht）以總數達八億美元的回扣[70]買通數十位機構首長和政府官員[71]，實現三十億美元獲利。樹立在秘魯利馬的丘利久（Chorrillos）褐色山丘頂的宏偉基督像——朝里約熱內盧張開雙臂那尊雕像的完全複製品——是歐德布萊希特「企業關係部」對秘魯總統阿蘭・賈西亞（Alan García）的致謝表示。在前六任秘魯總統裡，包括賈西亞在內的五任涉嫌收賄。有幾位已遭訴，兩位入獄。佩卓・帕布羅・庫辛斯基（Pedro Pablo Kuczinski）因證據確鑿遭到彈劾。賈西亞把子彈射進自己的腦袋。但是大多數人逃過懲罰。從巴拿馬到阿根廷的政府官員一次帶走上千萬美元脫身，其中許多人諷刺地堅稱，他們對抗貪腐取得扎實進展。近期兩任巴西總統因受類似譴責而下台。

歐德布萊希特的醜聞蔓延，揭露拉丁美洲政治和商業菁英的貪婪腐敗，卻也使普通人民和廣泛大眾更加堅信，透明和正義在世上這片區域是遙遠目標。貪腐就是日常生活的一部分。根據提倡反貪汙的國際透明組織（Transparency International），每三個拉丁美洲人之中，就有一個曾於過去一年間賄賂警察、醫生或老師[72]。正是這種傲慢自大、當權者自認擁有的權力感，餵養著廣大、憤慨貧苦群眾的不滿怒火。

假使歷史延續，人民的怒火將引起反叛，而反叛將迎來專制統治[73]。或許人民甚至盼望那會發生[74]；軍事獨裁統治顯然能有效平息革命亂象。民主也許會隨之而來，但是極端貪腐——自從征服者矇騙王室、而西班牙回過頭來矇騙拉丁美洲以來，就牢牢困住新世界不放的疫病[75]——勢將不斷蔓延，重新引燃一次怒火。貧窮、附庸、剝削、革命、貪汙，接著再回到鐵拳頭。我們目睹過此循環運行，當承諾美好未來的解放者訴諸獨裁統治，主張那是為了共和國著想：艱難時刻的革命英雄何塞・安東尼歐・派埃斯（José Antonio Páez）將軍，將自己成為十九世紀剛解放委內瑞拉的獨裁者；偉大的解放者玻利瓦在哥倫比亞和秘魯繼承獨裁者的衣缽；墨西哥的解放帶來兩位完美獨裁者，阿古斯丁・德・伊圖維德（Agustín de Iturbide）和聖塔・安那將軍；阿根廷的解放迎來惡名昭彰的暴君羅薩斯——還有更多相似的例子遍布整片大陸。我們看見這個循環在以下政權重生：古巴的巴蒂斯塔、尼加拉瓜的蘇慕薩，巴拉圭的阿爾弗雷多・史托斯納（Alfredo Stroessner）、多明尼加共和國的特魯希佑、秘魯的藤森。如同阿根廷作家薩巴托所警示，革命可能會帶來最頑固的保守主義[76]。那種頑固的獨裁特徵重現於卡斯楚的古巴、查維茲的委內瑞拉、裴隆的阿根廷，全都在活躍、充滿希望的民粹革命及看似開放、民主的選舉後出現。在所有案例中，暴力——或其威脅——皆為強人最有效的武器。

一九七三年當皮諾切將軍的軍方黨羽朝拉莫內達宮（La Moneda）投下炸彈，並且摧毀阿言德的總統職務時，暴力衝動也在智利發揮效用。十年後那股力量在瓜地馬拉再度浮現，總統蒙特宣稱要從恐怖分子手裡拯救人民，發起種族滅絕行動使國內成千上萬馬雅人喪命。這並非歐洲或美國隨機犯罪者的好鬥；這是懷有公眾與儀式性質的集體暴力。當秘魯政府處決關在利馬監獄裡的兩百五十名光明之路囚犯，構成現代拉美史上最極端的政治犯屠殺時，我們目睹過那暴力。當阿根廷數千名「政治嫌疑犯」被趕往集中營，刑求、謀殺、失蹤成為日常遭遇時，我們目睹過那暴力。如今我們在巴西目睹那暴力，右翼想要遏制自由主義和貪腐浪潮，並恢復舊有保守價值——不計任何代價。我們在左派或右派、在每一塊可能的政治光譜都目睹過那暴力，當恐怖分子和政府官員皆仰賴同等的混亂局勢，當毒梟和士兵互相殘殺作為警告。

儘管拉丁美洲傾向培育獨裁者（或選出日後成為獨裁者的總統），暴力並非總是由鐵拳頭施加。民主政府也不必然是恣意暴行的寬慰：以哥倫比亞為例，近七十年來不曾由獨裁者統治。此區域沒有其他國家（甚至包括智利、烏拉圭、哥斯大黎加，或是查維茲之前的委內瑞拉）比哥倫比亞更積極嘗試民主[77]。然而這個國家卻受流血殺戮所困擾，且為世界上謀殺案最多的國家之一。

墨西哥的情況相仿，儘管民主大幅進展且依憲選舉領袖，仍然蒙受痛苦的暴力循環，仰仗政治風向及其犯罪叢生的經濟。民主似乎對此毫無幫助。誠然，墨西哥首任立憲總統貝努斯蒂亞諾・卡蘭薩（Venustiano Carranza），作為該國民主國家百年歷史開端的代表人物，在一九二〇年遭到暗殺。隨後有段動盪時期，不過從一九三四年起，墨西哥人就勤於現身投票選出自己的政府。然而這個國家一直無法擺脫暴力傾向。畢竟那是根本的催化劑；長在骨子裡，難以克服。

如同其他許多拉丁美洲國家，墨西哥是其嚴峻歷史的受害者。一五〇〇年代初期的近兩千萬人口，連遭歐洲的致命疾病和西班牙的殘暴統治大幅削減[78]，到了一六〇〇年代降低至僅僅一百萬。有些人稱之為種族屠殺，另一些人說是「人口崩潰」[79]。三百年後，在墨西哥的農民革命期間，十分之一的墨西哥人死於該半球前所未見的內戰——多達一百五十萬死者散布田野，懸掛樹頭。儘管那樁無法想像的災難使墨西哥人謹慎看待極端革命，該國的暴行發生率持續呈現驚人的規律性。二〇〇七年我們目睹恐怖毅然抬頭，當時總統斐利佩・卡德隆（Felipe Calderón）命令軍隊對毒梟發動十年的誓死戰鬥，使國人同胞遭受一波災難性殺戮，一起屠殺無辜者連同有罪者，將超過二十萬人送入墳墓[80]。

根深柢固的殘暴衝動必定在**貧民窟**（barriadas）爆發得最為慘重，堅定的憤恨在那裡稱王。民主未必能為窮人帶來安全：在過去半個世紀，正當民主實踐散播且變得更加鞏固，貧民窟的暴力犯罪陡然成長[81]。主要原因是拉丁美洲城市人口突然間超過負荷。鄉間農民、山間居民淪為一九六〇年代和一九七〇年代恐怖主義、毒品戰爭與內戰動亂的難民，開始成千上萬湧入都會中心[82]，尋求保護，加入赤貧與失業者的行列。階級怒火最明確展現於幫派暴力，在一九七〇年代後滋長於城市外圍遽增的髒汙棚屋區，如今在整個中美洲、巴西，以及受毒品所擾的南美洲北部形成迫切危機。

在中美洲北三角國家——薩爾瓦多、瓜地馬拉和宏都拉斯——自稱救世鱒魚幫（Mara Salvatrucha）、簡稱MS-13的幫派號召七萬名憤怒年輕男子，全都投入謀殺、強暴、性販運、綁架、勒索、毒品暴力等殘暴行徑[83]。大規模逃亡與流離失所在中美洲變得氾濫至極，這個幫派要負起最大責任。說來奇怪，MS-13起源自一九八〇年代骯髒擁擠的洛杉磯貧民窟，像致命瘟疫一般往南散播，征服了MS-13成員出生的那些國家。最糟糕的暴力輸入於二〇〇〇至二〇〇四年間上演，當時美國履行由總統柯林頓任內開始的強硬移民政策，將全國監獄裡的兩萬名幫派成員——全是國外出生的難民——遣送回他們在北三角的老街區（barrios）[84]。那批罪犯對自己出生的國家少有或毫無歸屬感，難以融入正軌。他們訴諸最熟悉的手段：幫派生活。他們開始召募為數可觀的不滿青年大軍，這群習於貧窮與屈辱的男孩們，形容自己「一出生就死了（born dead）」，特別受到MS-13賦予的地位與權力吸引。他們使索諾拉沙漠到巴拿馬城蒙受大規模殺戮。薩爾瓦多、瓜地馬拉和宏都拉斯的司法體系幾乎不足以應對隨之而來的流血屠殺[85]；自視為民主進程新生典範的國家，如今被迫在形同戒嚴的情勢中度日，身受極端幫派、而非總統或政府統治。

鮮少有比中美洲、巴西，以及被貪腐與毒品貿易緊扼的南美洲廣大領域更暴力的社會。或許最令人不安的是幫派暴力似乎在仿效過去：一千年前中美洲極其普遍的斬首，如今在薩爾瓦多和宏都拉斯隨處可見。挖割雙眼和舌頭，剖出敵人的心臟——這些全都類似前哥倫布文明的古老做法，令人毛骨悚然。人證斑斑可見。舉例來說，一九八三年秘魯正值光明之路的恐怖時期，一位名叫安潔利卡·門多薩·德·阿斯卡薩（Angélica Mendoza de Ascarza）的母親前去尋找她的兒子[86]。二十年來她查探每一座萬人塚，追蹤每一條可能的線索。她在利馬外圍道路兩旁的惡臭垃圾堆裡尋找他；她察看的屍體缺了頭顱或少了眼睛、下巴碎裂、手指遭切除。二〇一七年她死時仍無親兒音訊。

數千英里外在聖塔菲的科里納斯（Colinas de Santa Fe），此城郊小型住宅區鄰近科爾特斯建立的熱鬧港口維拉克魯茲，另一位名叫瑪利亞・德・路爾德斯・羅薩斯（María de Lourdes Rosales）的母親在找她的孩子[87]。尋無他的蹤影，她跟一群失蹤者的母親上街遊行，抗議有二十萬人在墨西哥失蹤，皆發生於二〇〇五至二〇一四年的殘暴十年期間。遊行時一位神祕男子從車上走下，塞給抗議婦女一張手繪的粗略地圖，標出尚未被發現的萬人塚位置。當瑪利亞前往那處位址，氣味臭不可聞，腐爛掉落的頭顱無法辨識。場面醜惡且不真實，你可以輕易目睹在四百年前殖民時期聖塔巴巴拉汞礦旁的死屍坑。或者僅僅相隔一年後，見證巴西馬托格羅索的殺戮戰場，渴求土地的人們仍在入侵原住民領土，並且剷除擋路的每一棵樹與男男女女[88]。每隔一段時間，歷史總有方式潛入未來。

過去與現在之間有其他驚人的相似處。今日的墨西哥幫派頭目稱為「palabreros」，意指傳話人，正如同蒙特蘇馬及其先祖自稱為「tlatoani」，即獲准說話之人[89]。在犯罪叢生的城市華瑞茲，越過國境就是德州艾爾帕索（El Paso），發現被剝皮或身中十三刀的屍體並非罕事——與過往儀式雷同的儀式性殺人。在安地斯的山村，例如胡安在令人暈眩的拉林科納達高處挖金礦的小鎮，礦工會有計畫地謀殺犧牲掉其中一人，再將屍體放入礦坑豎井餵養地底世界的神祇，仿照他們先人的作為。在邁阿密，卡洛斯最終重返犯罪歷程，販毒社區裡的生活低劣不堪，男人把人耳戰利品掛在金項鍊上，正如他們的祖先將乾癟頭顱吊在皮帶上。

到拉丁美洲任何一座凶殺之都詢問，無論男女都將告訴你：在世界上這塊區域，人類學是導師。燧石被刀劍取代，刀劍又被槍枝取代。舊有的事物再次換上新面貌。

第三部

石頭

大人，說服我信任我們的友誼，接著你選擇殺害我，你的朋友和兄弟，這麼做感覺如何？你給我十字架來抵禦我的敵人，然後，你企圖用它毀滅我[1]。

——卡斯奎（Casqui），部落酋長，約一五二〇年

第十章

從前的神靈

充滿天地的偉大上帝有可能選擇降生在馬槽的動物之間，接著與盜賊齊死於十字架上？豈有任何事比那激發更多驚愕與崇敬[1]？

——格拉納達的路易斯修士（Fr. Luis de Granada），約一五五四年

天主教耶穌會（Society of Jesus）[2]身材高瘦、眼神煥發的見習修士哈維爾・艾爾波（Xavier Albó）並未忽略，自己彷彿五百年前的神職人員前輩般抵達美洲[3]。跟他們一樣，他還年輕，對自己來到的世界一無所知，卻肩負堅定任務：為基督信仰贏得靈魂。從船隻奧古斯都號（L'Auguste）的木板走下並踏上堅硬土地時，他有四個最初的印象：廢棄的港口、緊閉的店鋪、在街頭啜泣的女子，以及隨後進入布宜諾斯艾利斯市中心的洶湧人潮。當時是一九五二年八月初，廣受愛戴的阿根廷第一夫人艾娃・杜亞特・裴隆（Eva Duarte Perón）剛在大眾矚目下跟癌症拚搏後過世。三百萬人湧入國家首都到她的棺木旁哭泣。「聖艾薇塔（Santa Evita）」在國內是受人景仰、魅力十足的重要人物，對她的哀悼強烈且明顯。哈維爾從未見過這般翻騰似海的生靈，從未目睹過對寥寥一位凡人的狂熱崇拜。除了從加泰隆尼亞（Catalunya）的山丘前往位於巴塞隆納的學校，他從沒離開過出生地數英里外的範圍。他剛滿十七歲。

他是聖伊格納西奧學校（Colegio San Ignacio）的畢業生，這座不規則延伸、新哥德式的磚造龐然建物依然坐落於巴塞隆納高處。他跟另兩位見習修士、也是自小的友伴同赴玻利維亞，他打算在科查班巴（Cochabamba）度過見習生涯，花兩年時間專注於祈禱，接著再用十年研讀，在那之後他將協助鄉間貧民認識耶穌。哈維爾是一位樂觀、稚氣未脫的青年，臉上常掛笑容，把栗子色頭髮剃得很短。身穿整齊的神職人員黑衫與漿過的白領，他是那種無拘無束出發到世界探險小夥子的對立面，誠然，他的來抵是一項正規事業，為了實現職責。為他送行的神父導師措辭毫不含糊：「向你的家人永別。」那是一句令人深思的提醒。他才剛剛開始長鬍子。

一九三四年哈維爾生於拉加里加（La Garriga），位於加泰隆尼亞地區中心的度假勝地小鎮，四周環繞枝繁葉茂的高大橡樹。多年來，這處小小的綠意盎然天堂一直是巴塞隆納富人的夏日去處。在晴朗的日子裡，從他家前門能看見蒂比達博山（Mount Tibidabo）上的宏偉教堂，想像從城市高處望向發光海面的景色。在那寂靜遠僻的郊區小鎮度日，對於懷抱夢想的少年來說或許是恬靜的生活方式。但那並不是。自從哈維爾在動盪的西班牙一角來到人世間，他的世界就充滿敵對，惡意滿盈。在他出生前幾天，阿斯圖里亞斯（Asturias）的煤礦工人罷工，西班牙軍隊發動激烈軍事攻擊，導致兩千位抗議者死亡、三千人受傷與另外三萬人入獄[4]。街頭暴力、政治謀殺與如病毒般傳播的憤怒在整個鄉間爆發，拉加里加位於加泰隆尼亞和巴斯克抵抗運動的中心，準備好迎向騷動的未來。

兩年後的一九三六年，民粹主義熱潮在西班牙極盛，使得自由主義、社會主義和共產主義黨派聯盟——人民陣線（Popular Front），保守黨人稱為「紅軍」——在全國選舉的意外結果下掌權。包括工業家、地主及天主教會等舊有富裕階級憤慨不已。軍方統帥法蘭西斯可·佛朗哥將軍（Francisco Franco）發動暴力政變作為回應，企圖拿回控制權。最終軍方叛變導致西班牙內戰，共和軍與國民軍間的血腥悲慘衝突導致國家遍地屍首，激起國際怒火，納粹和蘇維埃戰爭機器介入，並且成為第二次世界大戰的排練。在此過程中失去五十萬條生命，另外五十萬人淪為難民逃離[5]。

哈維爾的父親在拉加里加擁有小生意，是鎮上第一批內戰死者之一。根據哈維爾描述他被紅軍殺害，那群沒有土地、飢餓、絕望的西班牙人掠奪鄉間、殺掉保守分子、侵占他們的生意、放火燒教堂，並試圖奪回政府掌控權。才幾個月大的哈維爾對父親遭害毫無記憶，但是他的姊姊記得：他們看著共產黨起義人士把他從家裡架出來，拖進暗巷，將子彈射進後腦杓了結他的生命。哈維爾的外祖父是拉加里加的麵包師傅，在數週後被殺，使哈維爾的母親成為寡婦與孤兒，被迫獨自撫養五個孩子。身處被猖狂暴行癱瘓的國家，艾爾波女士（Señora Albó）決心讓子女安全待在家，親自照看他們的教育。哈維爾凡事皆成為她的門徒，宗教或世俗面皆然。在惶惶不安中度過三年，到了一九三九年，正當希特勒軍隊占領波蘭並湧入法國、西班牙內戰將要結束之際，佛朗哥國民軍部隊的十架薩伏亞—馬切蒂（Savoia-Marchetti）戰機呼嘯升空，做出沒人能理解的教訓舉動，往哈維爾的街區投下炸彈並摧毀拉加里加市中心[6]。

到哈維爾邁入五歲時，佛朗哥大元帥已肅清國內紅軍，緊緊箝制西班牙，自封為「高地酋」（El Caudillo），意指軍政領袖，且開始著手處決或凌虐國內各處集中營裡的四十萬政治犯。在整個行動期間，高地酋獲得天主教會的堅定支持。儘管佛朗哥好鬥成性，他是一位虔誠信徒（身旁還有一位耶穌會告解神父）。他誓言讓西班牙免於無神論侵擾，承諾教會將在西班牙的未來占有要角。艾爾波一家在客廳掛了一幅佛朗哥的大肖像，擺在哈維爾摯愛父親的肖像旁。五年後，哈維爾年滿十歲時，西班牙已有三十九年深繫於鐵拳頭，塞諾拉幫哈維爾打包衣物，懷抱最樂觀的希望，送他進巴塞隆納的耶穌會學校。

他很可能注定要在新世界生活。還是個在拉加里加大教堂望彌撒的男孩時，哈維爾曾在自一四九二年起就掛上的聖斯德望（Saint Stephen）畫像前祈禱，即哥倫布航向美洲的同一年。生在愚蠢殘酷戰爭的現實之中，他決心奉獻自身於和平，改善事物，為社會正義和人類的相互理解而努力。為了實現那些目標，哈維爾願意前往耶穌會指派的任何地點，並宣誓自身將清貧、禁欲與服從度日。半是奉獻、半是對冒險的熱愛，罕見地結合了好奇心與服從的無窮驅力，將照亮他餘生的前路。

目睹最完整展現的艾薇塔崇拜，目睹西班牙的局勢變化任意擺盪、軍國主義與盲目崇拜皆非特例，哈維爾察覺正踏入的世界儘管存在鮮明差異，卻與他自己的世界深深共鳴。當他搭上往北開往玻利維亞的運木材火車，看見壯麗的世界在眼前開展，貧窮、落後、疲弱不振，卻有著難以描述的美麗與無窮的物種，他的信念也隨之加深。他正踏入充滿活力的世間，見證一個國家即將掌握自身的命運，改變未來的方向。

玻利維亞剛經歷一場富有歷史意義的革命。四個月前的一九五二年四月，玻利維亞錫礦工人起義對抗高壓的寡頭政治家，他們的作為如同西班牙的阿斯圖里亞斯煤礦工人，不過結果迥異，玻利維亞人占了上風。此外，民粹的玻利維亞左翼在民主選舉中獲勝，但是跟西班牙左翼不同，他們持續保有權力。玻利維亞正在實施數項基本改革，諸如賦予農民權利、國有化礦業、使女性獲得普選權。在古巴以類似勝利贏得廣大名聲的七年前他們就這麼做了。哈維爾踏入的國家正面臨歷史關鍵時刻，也就是印地安人說的「Pachacuti」——大地翻身，星辰重組——而教會面臨重大抉擇。它會保護舊有富裕權力基礎和鐵拳頭，如同西班牙眾位主教在內戰時期所為？或者它會遵守原則並維護窮人的權利？

天空的根基

誰能征服特諾奇提特蘭？誰能撼動天空的根基[7]？

——《墨西哥詩歌集》（*Cantares Mexicanos*），阿茲特克歌謠，約一五六〇年

哈維爾很快就發現，儘管五百年過去，他在玻利維亞發現的精神性也許有點類似皮薩羅時代的神職前人所見。從他的觀察來看，「新世界」的信徒大多對自然更有領略，人們的宇宙觀與腳下土地、空中的太陽、落在其間的雨水緊密相繫。當西班牙征服者及其神父闖入這片遙遠土地，他們帶來關於罪孽與聖者的教誨、抽象的贖罪觀念，以及要求嚴格遵照書面文本的儀式。那是一次奇特、不相稱的交會。新世界的神靈是解釋，而非問題——是對於世上生命的有形傳訊者。征服者的上帝全然迥異，是一種主張、一道謎題，記載令人費解的規範。科爾特斯曾親自彙報，他踏入的世界「絕妙到不可置信」[8]。特諾奇提特蘭的蔓生大都

市充滿令人難以想像的新奇事物，以致「我們在這裡親眼看見它們，心中卻無法理解」。

如此說來，就不意外哈維爾一如科爾特斯與日後的我們，有多難以理解純粹形式且原始的原住民信仰面貌。畢竟史書記載的根本不是歷史。[9]征服後的歷史書寫受到歐洲偏見的深切影響，西班牙編年史處處認定美洲印地安人充其量是無知，最糟的描寫則是惡魔般的存在。哥倫布、科爾特斯、皮薩羅和其他人的書寫充滿誇張與徹底的謊言，原因很明顯：其任務是要勸說、征服與統治。他們的記述是寫給王室看的宣傳或辯護，而非歷史。然而即使出自最善心、極其敏銳且富觀察力的神父之詳盡日誌，都因明顯的基督教條而扭曲。觀點及我們看待事物的種種方式因觀看者的目光而扭曲，此外，由原住民自身書寫的詳盡記載付之闕如。

每當涉及精神層面的事務，了解過去的任務就變得愈加複雜。從火地群島到格蘭河，從瓜拉尼人到阿茲特克人，我們所能論斷的各色部落信仰何其之少。我們必須研究器物來一點一滴蒐集資訊，不僅令人洩氣地難以解讀，遑論深入或確鑿地理解。考古遺跡可以告訴我們關於入葬方式或普遍神祇的許多資訊，或是戰爭的英勇事蹟、科學進步的狀態、人口分布，甚至是自然世界的中心地位，對於至關緊要的靈魂卻無法透露多少，也無法向我們訴說古老而神祕人民的信仰，藉此得知他們的恐懼和希望。

我們確知的是：早在印加人於庫斯科、薩克塞瓦曼（Sacsayhuaman）或馬丘比丘興建巨大神廟以前，早在馬雅人打造奇琴伊察、提卡爾或烏斯馬爾（Uxmal）以前，瓦里人（Wari）

和奧爾梅克人（Olmec）就建了神聖巨石像，常立於岩石地基上。美洲原住民的聖地必須擁有天然的磁力[10]；那是一種物理引力，代表有能力深入了解石頭的地質特性。石頭的神聖地位似乎確實貫穿整個半球的原住民精神生活。無論是否隨著時光推移而有某種程度的渲染，神話創造似乎有此共通性：從尋找一處理想的自然地貌開始——湖泊、岩石或山脊——從那裡或能向外傳布堅定信仰，且常帶有大地的力量。無論藉由運行夜空的北極星，或是於白日升至穹頂的太陽，頭上的天空會進一步明示神廟的適當位置。

印加人是他們時代最令人敬佩的帝國修築者，深知萬物的有形、物理性質[11]。他們基於此形塑強大宗教。首先確立太陽是至高無上神祇，他們將帝國劃分成四個區域以反映四季，並分成南北各半來代表一年當中的乾溼兩季。季節更迭，當銀河從東北流往西南方，天空恰在此時向大地之母帕查瑪瑪落下不可或缺的雨水[12]。堅定的理性思維主掌著他們的科學及信仰。阿茲特克人也最為崇拜太陽，將世界劃分成四塊，不僅反映四季也符應其文明經歷過的連續四個太陽、或稱四段紀元，以及毀滅那些時期的四場大災難。世界分成四個「方向」，特諾奇提特蘭也分成四個區（campan）。

或許最著名的阿茲特克文物是日曆石，圓盤中央畫著偉大的太陽神，周圍是過往的四次文明更迭。根據日曆所述，最初的阿茲特克人被老虎吞噬；第二紀元被颶風擊垮；第三紀元遭雨水淹沒；第四紀元被大洪水沖走。科爾特斯將見到的阿茲特克人活在第五太陽紀，他們明瞭自己只在取悅神祇時才會壯盛。這一點可以透過活人獻祭做到。神話描述第五太陽紀始於獻祭——人類確實仰息於天地。傳說中宰制世界的力量在創世紀之初相遇，聚集在熊熊烈火旁。他們要求一個人挺身而出，勇敢躍入地獄以示忠誠。他們之中最美麗、臉龐最俊俏且戴滿首飾的人猶豫不決。最醜陋、如侏儒般矮小且渾身潰爛之人一躍而下，並立刻重生為偉大的太陽。美麗的人感到羞愧，跳進地獄後化為月亮升至空中。

假使神靈如我們所知那樣犧牲自己去創造世界，第五太陽紀的人民無疑必須以獻祭作為償還，求得長久延續。對阿茲特克而言，顯然人類獻祭就跟天上的太陽和地上的玉米同樣必要。道理很簡單：大地之神克亞特利庫必須得到餵養，才能餵飽其餘的我們。需要人血灌溉她的沃土。需要把跳動的心臟從胸膛扯出並高舉，向她的另一半太陽展示。阿茲特克人的信仰依此反映周遭的世界。隨著四季來去，時時提醒他們自身的脆弱：他們會延續多久？如何才能壯盛？如何抵禦可能會再度吞噬他們的黑暗力量？宗教有效映照出追隨者的想法。我們由此得知中美洲印地安人的中心思想：若想生存，就必須同時敬愛並畏懼自然。古代人實踐他們的信仰，深刻了解其中的關聯。因為他們是自然界的生物，肉體與精神存在皆仰賴其現實狀況，他們竭力適應實體世界，而非加以改變。

崇拜石頭，以及從石頭裡出現的一切物質——金、銀、銅、硃砂、鹽、寶石——在古代美洲擁有顯著地位，也確實延續至今。印加時代的礦坑被視為神聖所在[13]，是大地賜予的禮物，就像植物、作物及其他所有從土地長出的事物受到崇敬歌頌。世俗萬物是更大疆界的構成要素，更大齒輪裝置裡的一個輪齒，人類在其間扮演不可或缺的角色。石頭是我們所有人的歸宿，僵硬、鈣化、久逝者的領域，大量儲存動植物能量。成堆岩石和高聳山嶺是我們自然界的父親，我們心靈上的山神阿卜，在我們之前長久存活並握有古老智慧。太陽是偉大的賜予者，激發創造的生命力。大地是他的天生伴侶與情人，是孕育一切生命的子宮和所有人都將前往的墳墓。水是流經自然界並維繫其存在的活力媒介，一如樹葉和肉體裡川流的脈動。生命的相互聯繫是原住民思想中最重要的元素，也是其邏輯思想核心無庸置疑的起始點[14]：與生俱來的相互依存，呼吸、空氣等我們全體共享的環境。就像金錢與商業的全球流動之於今日的我們，在古代美洲人看來，有張宏偉多變的網連結著世界既具體且容易理解。

考量到缺乏未經西班牙詮釋沾染的原住民記述，語言的基本問題從中作梗，干擾我們真正理解這一切的能力。西方詞彙根本無法傳達自然界對印地安人的重要性。此種不足始於我們看待共有世界最基本層面的方式。如同美國人類學之父法蘭茲・波亞斯（Franz Boas）曾提出，雖然「形狀不變，詮釋可變」[15]，也就是說，假使你把一根管子放到現代歐洲人面前，再把一模一樣的複製品放到阿拉斯加印地安人面前，歐洲人也許會把它看作圓柱形物體，一個恰好是空心的實質物體，而伊努特（Inuit）捕鯨人或許會注意到內裡的空無。另一方面，文字也許能被理解，意義或許不能：十六世紀的中美洲歷史記載《佛羅倫斯手抄本》（*The Florentine Codex*）陳述，當蒙特蘇馬的特使列隊帶著財寶去見謹慎的科爾特斯，他們「吃了大地」直到科爾特斯讓他們登船[16]。那句話的意思是他們拜倒並磕頭。無庸置疑，語言是阻礙我們理解古代原住民心靈的一堵高牆。在無數的語言歧異外，還要加上我們迥然相異的神話、我們看待人際關係的態度、我們對記憶的運用、我們觀察周遭實體環境的方式——潛在的海量誤解由此而來。假使我們感知形狀的本能跟安地斯山區人不同，那麼我們怎能期盼去理解石頭的精神意義？

然而從所有證據看來，從古至今石頭一直對文化至關緊要。在西班牙已摧毀印加帝國、征服者掌控大萬廷蘇優之際，西班牙探險家佩卓・薩米恩托・德・甘波亞（Pedro Sarmiento de Gamboa）於一五七二年受託撰寫印加人的歷史，書中描述的起源神話迥異於數十年後麥士蒂索混血兒印加・加西拉索・德・拉・維加提出的通行傳說。在印加・加西拉索的版本裡——寫於一六〇〇年代的西班牙，距離他離開秘魯已過五十多年——印加人的亞當和夏娃、也就是曼科・卡帕克和瑪瑪・奧克洛拿著珍貴的黃金棍前去尋找土地。當金棍跳離他們手中並深埋土中，他們就曉得自己抵達了大地之臍、神聖的庫斯科。那是一則美好的軼聞，挑動人心的黃金榮景必能引起西班牙人的興趣。但是甘波亞在庫斯科周遭山嶺高地訪談印加人後代，訴說的故事大異其趣[17]。在他們的版本裡，四兄弟阿雅・烏丘（Ayar Uchu）、阿雅・卡奇（Ayar Cachi）、阿雅・曼戈（Ayar Mango）和阿雅・奧卡（Ayar Auca）在文明初始之際從一處洞穴出發，前去建立帝國。他們漫行於大地，在有希望的地方播種，盡其所能採集收成。他們是不折不扣的農人，極其平凡的旅程持續許多年。可是他們確實把一個惱人的兄弟困死在洞穴裡，又將一位喜愛的兄弟變成巨岩——神聖的瓦卡——讓他們持續請益。

最終他們暴烈且神采奕奕的祖母瑪瑪‧瓦科（Mama Huaco）覺得流浪夠了，將兩根棍棒拋向北方。一根落往科卡班巴（Colcabamba），在乾燥大地上不受歡迎地彈起；另一根順利沉入庫斯科。當兄弟們踏上棍棒消失的確切位置，大地化為石頭。

對於古代美洲原住民而言，石頭可以變化性質和形狀，如同酒在基督教義脈絡中是基督之血的概念般不斷進展[18]。其實體存在顯而易見，意義卻不然。石化只不過是短暫的中止，從暫時的凝結之中或能綻放新生命。正如印加王的木乃伊理應受到保存、餵養與諮詢，因為他們在另一個時空繼續存活，石頭也是生物，具有力量和感知能力，在精神上存活，其靈魂能被召喚來教導我們一些事。這顯然是非西方的觀念，較適合東方思維：舉例來說，北美的歐吉布威人（Ojibwe）相信石頭藏有生命能量，切羅基人（Cherokee）、蘇族人（Sioux）、易洛魁人（Iroquois）亦然。在古代的中國和日本，岩石因磁力而受到珍視。古代居於不列顛群島的凱爾特人（Celtic）德魯伊祭司（druid）也是石頭的崇拜者，擁有堅定的人類獻祭觀念與靈魂可變化的獨特理論，但是一如日後美洲原住民的命運，他們被羅馬征服者貶為野蠻人和異端，又被隨後的基督徒視為異教徒而排擠。

囚於石中的概念深植於古代中美洲人的精神生活，其文化支配著從巴拿馬到科羅拉多的漏斗狀範圍，跨越加勒比海直到太平洋[19]。在林木茂盛多雨地帶人口稠密的馬雅人，製作死者的石像並相信他們的靈魂棲居於上。岩石本身藏有生命力，超越實體存在且混淆了時間。對馬雅人而言，石頭與永生之間的關聯極其基本，他們指涉石頭的字「tun」也代表時間[20]，形同歷史鋪展的逝去年分是以**石頭**計算。就像克丘亞語的「pacha」一字，在安地斯山區意指腳下的大地及時間的推移（無法準確譯成英語的字），這些概念代表超越物理存在的某種事物：一種承諾，甚至可能是一種道德秩序[21]。透過不斷與石頭溝通，人類能抵抗死亡，與死者對話，甚至操控未來的事件。石頭擁有權威和代理性質——向更高權力代表我們的能力。最終，基於明顯原因，人類獻祭變得跟石頭崇拜相繫。鮮血濺於石上；在厚石板上供奉人類祭品以求獲得神的回報，並使生者能脅迫靈魂[22]。

石頭的傳說衍生許多文化影響。馬雅人鑿石建成宏偉金字塔，標示一年中的每一天、太陽的運行、栽種及收割的時間。兩千年前，瓜拉尼人的先祖在巴拉圭的阿曼拜山丘（Amambay Hills）周圍叢林間生活，他們用抽象的天地符號裝飾巨大岩石架。在哥倫布到來的八百年前，居住於巴拿馬與哥斯大黎加的迪奎斯人（Diquís）雕刻巨大**石球**（bolas），重十五噸的火成岩渾圓球體散布叢林和田野間，標示通往一位偉大人物住所、也可能是一座廟宇的道路，不過石球的真正含義仍然成謎。另一個謎團存於奧爾梅克人留下的五十噸重石製巨人頭，為其種族強健、自豪的面容留下印記。

當然還有印加人的宏偉建築，他們深知具磁力岩石的靈性，會尋找天然露出地表處興建神廟。在礦藏不足的地方，他們逼迫數千人民從二十多英里外的採石場挖掘並拖行重達一百噸的巨岩。石頭被安放在偉大印加領袖的墳墓上，好讓他們的靈魂在**墓碑**（stelae）中繼續存活並對生者說話。就像蘇格蘭的**凱恩斯石堆**（cairns），或圖博的**馬尼石堆**（mani），或蒙古的**敖包石堆**（ovoo），安地斯山區的石堆是好運的，旅者會在路過時疊起石堆，在堆上加塊石頭——石頭上堆著石頭。遭遺棄的廢墟受人崇敬，因為有能力連結另一個世界、另一個次元。對於瓦卡紀念碑我們也沒有適切的對應字：就任何抽象意義而言它們皆非神聖，不是神，不若我們知悉的那般超自然。正因為反映了世俗的生命力它們才有力量。一位學者指出：「**瓦卡**是由充滿活力的物質做成」，如同這片大地其他萬物，「而且它們在自然界**內部**運作，並非在自然界之上或之外，如同西方的超自然事物那般。」[23]它們也許看來十分普通，只是崎嶇的山脊、靜止的生命、沉默的旁觀者，但是它們敏銳地意識到我們，如同我們有此能力。顯而易見的神聖性存在我們周圍，這觀念至今仍反映在整個半球雨林地帶印地安人的信仰裡。如同一位歷史學者對他們的描述：「叢林居民住在一整片森林的目光之中。穿行自然界的人不曾真正孤單。」[24]意思是說樹木、石頭、大地，這整個物質世界生機勃勃且充滿活力，充塞滋養我們靈魂的純淨潛能。

石頭可以同時是聖潔與實用的，對古代人來說完全合乎邏輯。致力捍衛原住民權利、對抗西班牙危害的歷史學家及道明會修士巴托洛梅·德·拉斯·卡薩斯，提及中美洲與加勒比海印地安人用寶石捕捉垂死酋長的鼻息，好讓他們的靈魂留存並施展智慧持續指引族人[25]。就像黎諾床頭的安地斯山小圓石承載她丈夫的永恆靈魂，石頭不僅代表死者，也成為他們生命的轉化，代替他們看和說，陪伴活著的人。官員將組成代表團守護印加王的堅硬化身，確保以其名義獻祭，並促進長久保存。不僅握有權勢者能舉行這些儀式，連我們之中最平凡的人都能把最後一口氣釋放到一顆石頭上，只要是從地上拾起的普通天然礫石，爾後永存不朽。

隨著歷史進展，許多具紀念性質的石構（無論是紀念碑、雕像或墓碑）遭到西班牙傳教士剷除，企圖清除他們眼中的殖民地迷信、邪魔和「妖術」。但是即使西班牙神父和征服者將瓦卡的實體夷為碎石，他們無法摧毀人們心中的瓦卡。在安地斯山區，無論克丘亞人、萬卡人（Huanca）或艾馬拉人皆持續崇敬有靈魂的石頭：表現在他們敬畏崢嶸岩石的力與美；或是他們對隨意一塊**「倦石」（piedra cansada）**的同情，即本應用來搭建宏偉建物、卻從未抵達目的地的零落巨石[26]；甚至是他們樂於挑選或雕刻一枚形狀完美或色澤罕見的小石頭，用來代表鍾愛的人。在中美洲，薩滿巫師治療病童的方式是拿一顆天然無瑕的石頭作為孩童靈魂的化身，再埋入溪流或河畔的祕密地點，直到病童在大地之母的治療下恢復健康[27]。古老經驗藉這些方式流傳。

石造祭司住所、神廟、大金字塔等馬雅人最超凡的成就藏在叢林裡，因此終被蔓生林木掩沒，一千年來不為人所知。其中許多遺跡在前兩個世紀才發現，在冒險時偶遇，由一路揮砍穿越亂林的無畏探險家撞見眾多優美建築。奇特的是許多遺跡有一項共同特徵：地基上的三塊巨大岩石。在瓜地馬拉森林裡灌木叢間發現的基里瓜（Quiriguá）高聳紅砂岩單石柱說明了原因。根據石柱上的銘文，最初那三塊代表時間起源的石頭，是天神在西元前三一一四年放置[28]——約與埃及王朝肇始的時間一致。亦即安置三塊岩石作為地基與支柱的「種下石頭」做法，屬於上千年文化的一部分[29]。基里瓜的單石柱也告訴我們，每塊岩石皆有目的與含義：第一塊代表肥沃大地之王斑點豹的王座；第二塊是鯊魚與百合共存的水域王座；第三塊是天空帝王飛蛇的王座。奇特的是這三種含義反映了印加人的信仰，只是稍有變動，而他們生活在四千年後的兩千英里外之遙。跟馬雅人相仿，印加人最為崇敬三種靈魂動物：山獅、蛇和禿鷹，依序主宰大地、水域和天空。此種崇拜相當明智，那些是這顆星球提供生物居住的僅只三種棲息地。

至今中美洲人民仍實行在家中放置三塊石頭的儀式。時常不太曉得原因下，馬雅人或阿茲特克人後裔堅持在屋腳安放三塊實心石頭，或在廚房裝三塊砂漿石，僅僅解釋假使凳子需要三條腿才能站穩，人的居所也是[30]。石頭的中心地位藉此存續於拉丁美洲印地安人的生活裡，他們持續深深崇敬自然，並堅信自己是神聖生命循環的守護者。玻利維亞一位原住民政黨的艾馬拉族候選人從地上隨機撿起一顆石頭，拿到太陽下對昆奎利奇利奇（Qhunqhu Liqiliqi）的潛在選民說：「我們是這顆石頭。」接著把石頭放入手中，他更仔細地為聽眾分析，以免有任何存疑：「這顆石頭就是**我們**。」[31]這是一項與自然聯繫、互惠、盡責的宣言，卻也是信仰的陳辭。

古老的拉丁美洲原住民文化或許四面皆被海洋圍繞，孤立、封閉、不為世上其他地方所知，但是他們高度發展的宗教與對世界的強烈好奇心——想了解事物的緣由——使得旺盛的智識追求成為可能。馬雅人就是一個例子，他們依舊居住在中美洲，繼承近三千年的耕作歷史，全都透過古老信仰傳遞。當不列顛和北歐仍由野蠻、原始的部族橫行，馬雅人已建造宏偉神廟，發明象形文字，構思並精進一種使用零的複雜記數系統，且打造旨在促進天文學發展的曆法。六世紀時馬雅祭司構思的計日公式確實比歐洲的版本精確，一直到近千年後教宗格列哥里十三世（Pope Gregory XIII）採用公曆為止。對馬雅、托爾特克（Toltec）或印加文化而言，科學與宗教是夥伴，同心協力解釋世界的奧祕，而非為贏得人心處於競爭狀態。

科潘（Copán）位於現今的宏都拉斯，是馬雅人的智識基地，在這座浩瀚大學城中仍然可見象形文字最全面的展示之一。誠然大多數的抄本已消失，在西班牙征服者於此半球狂熱推行基督教的熊熊烈火中焚毀，但是我們在諸如《波波爾・烏》（*Popol Vuh*）、《奇蘭巴蘭之書》等倖存書籍裡看見馬雅精神性的證明，充滿詩篇、神話，以及在馬雅人間尚未完全滅絕的種種信仰。誠然，在現今墨西哥廣大幅員內建造的金字塔，不僅出自馬雅人，也由奧爾梅克人、托爾特克人、薩波特克人（Zapotec）、阿茲特克人興建，代表著對恆常信仰的宏偉見證。為瓜地馬拉古老城市提卡爾增色的六座金字塔是建築的壯舉，高聳瞭望台的用意是要勘查帝國的遼闊全景。喬魯拉的金字塔比埃及古夫法老（King Cheops）建的金字塔還浩大宏偉，如今已成一片殘石廢墟[32]。奇琴伊察的金字塔以其觀星台和石柱圍繞的廣大球場著稱，向空氣、風與智慧之神致敬。在前哥倫布時代的整個美洲，特奧蒂瓦坎（Teotihuacán）的太陽金字塔是最重要的宗教位址，也是當時最熙攘且人口稠密的古代大城之一。

儘管歷史學者找不到古代墨西哥與秘魯之間可追溯的交流，兩地人民的宗教象徵與精神生活具有明顯相似處。奧爾梅克人和馬雅人為他們的神靈築廟時，南方數千英里外居於沙漠和山間的民族——莫切文明、瓦里文明和蒂瓦納科文明（Tiwanaku）——正為出奇相似的神祇建造令人敬畏的紀念碑：全能的太陽、肥沃的大地、變幻莫測的雨水、反覆不定的海洋。此外，更驚人的是何以影響彷彿傳越不宜人居的地帶：秘魯考古學家胡里歐·C·泰洛（Julio C. Tello）在玻利維亞高原發現的廢墟，預示了秘魯最古老建物的建築風格，即稱為查文德萬塔爾的壯觀地下迷宮通道，跟玻利維亞的廢墟相隔一座山脈且建於數百年之後[33]。許多類似案例顯示安地斯山區的分立文化彼此呼應且相仿，儘管要到數世紀後印加人統治從厄瓜多到阿根廷的廣大帝國，這些文化才在政治上交會。同樣道理顯現在墨西加人征服的各文化，範圍從墨西哥灣到太平洋。這些互通性顯得合乎邏輯：距離並非難以跨越。然而有尖牙的蛇、大型貓科動物、蜥蜴、蜘蛛、蜂鳥等富神祕意涵的生物圖像，出現於截然不同的地形與媒介，從金屬到石頭，從墨西哥到巴拉圭。這些工藝品有如結締組織，彰顯共通的神靈與準則：太陽、月亮、大地；自然界的必要性欲；神聖世界犯下凡人的錯誤。闡釋時的雷同甚至更令人驚異。以崇拜具有法力、殘忍但終歸掌管繁衍的女性形象為例，她可以是紋身、滿覆蜘蛛的狠毒女王卡奧夫人，在超過十五個世紀前統治秘魯沿岸；或者是神話裡的大地之母克亞特利庫，此阿茲特克女神掌管子宮與墳墓、創造與毀滅，是人類的孕育者與摧毀者，其相仿的群蛇遊走可怕圖像刻在數千英里外的石頭上。

不尋常的關聯也見於創世神話。根據一則安地斯山區傳說，神靈維拉科查（Viracocha）

不止造人一次，而是兩次[34]。初次嘗試時他造出笨拙愚蠢的種族，厭惡之下迅速變回石頭。第二次改用較小的石頭、或甚至是變硬的黏土造人，成果令他滿意。除了造出所有世間生命和一切天體，姓名含義為「海沫」的維拉科查是一位天生導師，投身遊歷至他剛創造的世間以傳授智慧。他蓄鬍——對幾乎無體毛種族的神靈而言屬奇異特徵——高大、異乎尋常明智，此外如一些西班牙編年史基於明顯原因記載的膚色白皙。漫遊之際終抵海濱時，他從太平洋航行離去，誓言有天復返，不過從此未再現蹤。維拉科查的形象無所不在，遍及整個南美洲腹地；緊握兩道閃電，受太陽光芒環繞，永留金屬或石頭上。由於深受愛戴，最終日後的統治者印加王維拉科查沿用了他的名字。

儘管令人驚奇，普遍認為阿茲特克的造物神同樣高大蓄鬍，且據某些編年史者所述有著白皮膚和藍眼珠。他是「羽蛇神」克察爾科亞特爾，外型多變，據說會在每段歷史時期重生，次次展現不同的面貌。當神學家約瑟夫・坎貝爾（Joseph Campbell）著手記錄羽蛇神的顯著不同化身，他旋即發現數量不下一千種，為了引起特定人民、特定區域的關注而創造。儘管如此，跟安地斯山區的對應神靈維拉科查相仿，羽蛇神代表天和地：既是星空的井然有序發散力量，也是大地與海洋的無秩序孕育力量。對印加人與阿茲特克人皆然，崇拜神祕而不可少的生命力量是至高無上的。正如今日的信徒祈求基督教、穆斯林、猶太神祇及諸位聖徒與從屬拯救他們的靈魂，原住民則請求太陽神及其僕從允許他們支配自然。為此目的，南美與中美洲的征服者文明建造宏偉神廟，使異族臣服並改變信仰。這項志業需要不斷翻攪碾壓生靈——充作奴工、獻祭者與崇拜者——以壯盛、不斷擴增、持續宣教的信眾確保更滋潤的降雨，更燦爛的日光，更豐碩的收成。

跟隨我

所以你們要去，使萬民成為我的門徒；奉父、子、聖靈的名給他們施洗，並教導他們遵守[35]。

——《馬太福音》第二十八章十九至二十節

哈維爾深知自己對教會的主要職責是宣揚福音並使生靈歸屬耶穌，如同每位投身聖職的耶穌會修士皆推崇效法聖保羅（Saint Paul）的賽普勒斯傳教旅程。那奉獻將隨歲月變遷展現更深沉的新面貌，然而處於年少的十七歲之齡，肩負梵蒂岡傳信部（Department of Mission）的重責，哈維爾的目標很簡單：他盼望深造、成長並學著跟人們有意義的面對面溝通，而其靈魂將成為他的責任。這些是他在漫遊阿根廷首都時的心之所繫，驚嘆其宏偉紀念碑、顯明的政治力量，以及蜂擁穿行溼漉悲淒街道的滾滾人潮，哀悼備受愛戴第一夫人之死。當哈維爾定下通往玻利維亞的火車旅程，另一位青年豪爾赫·伯格里奧（Jorge Bergoglio）、即來日的耶穌會神父與教宗，正坐在布宜諾斯艾利斯另一頭的教堂裡並領會了自己的命運——此刻在他面前展現時帶有無比的具體力量，他描述為好比從馬匹背上被拋離，恰如聖保羅有過的經歷[36]。這兩位耶穌會青年的人生道路直至六十四年後才將交會。

當哈維爾的火車一路搖晃駛往玻利維亞的科查班巴，窗景展露他連夢中都難以想像的世界。數個月前，確信自己會被派往孟買傳教，他讀遍學校裡所有的印度相關資料。但是教宗庇護十二世（Pope Pius XII）力主將教會年輕人派往拉丁美洲，共產主義正在那裡扎根，揚言在窮人間掀起一股無神論浪潮。想法是見習修士愈年輕稚嫩，就愈容易融入人群。如今，隨著阿根廷彭巴草原沿途鋪展開來，火車上下顛簸通往空氣稀薄的安地斯山脈高原，哈維爾察覺自身實際是多麼生嫩、懂的又那麼少，在自己的天職上處於不利地位。在搭乘的船隻靠岸且於布宜諾斯艾利斯的港口下錨前，他讀了關於這片土地的少許資料。他初次聽聞艾娃．裴隆是在登船時，阿根廷船長要求保持十五分鐘靜默，此刻一名船員朗讀艾薇塔回憶錄《我一生的原因》（*La Razón de Mi Vida*）中整整一章。而今，當火車沿路噴氣、從首都外的農田開到圖庫曼（Tucumán）的仙人掌平原，他看見每座車站都供奉艾薇塔的肖像。那是純粹至極的崇拜，強烈的程度使他驚訝不已。艾薇塔原為演員——而且演得不怎麼好——藉著致力蓋學校、孤兒院、安養院、醫院、慈善機構樹立名聲，並支持女性擁有投票權。她實現了傳教士竭力去做的那些志業。

哈維爾抵達科查班巴時，他已經得知一些事。玻利維亞完全不像阿根廷。布宜諾斯艾利斯大多為白人，其人口以歐洲裔占壓倒多數且清除了印地安血統，至於他將奉獻餘生的國家則顯然以原住民為主。包括最貧窮的女性在內皆穿戴鮮豔多層的波耶拉裙（pollera）、圓頂帽，並以長髮辮顯示婚姻狀態：披散代表單身，綁起代表已婚，有時編入黑色髮穗代表守寡。男性肩膀寬闊、沉穩、嚴肅。他看著男人們充滿活力地沿塵土小徑疾行，或是在田野間驅趕牲畜。一張又一張臉從崎嶇地貌抬頭張望，凝視坐在緩行鐵皮巨獸裡的男孩，每張臉都讓他感覺自己踏入了獨特且永恆的世界。農夫有著紅通通的臉龐，揮砍飽滿的藜麥梗；把嬰兒綁在背上的小女孩搖搖晃晃走下山坡；婦女蹲坐在色彩豔麗的布毯上，展售治療不孕、白內障、痲瘋病的藥物；歡笑的男孩奔跑叫嚷，向他兜售駱馬寶寶；獨木舟上有漁夫孤身一人，悄悄越過泥褐色的河流；喝醉的工人們在小酒館裡爭論。這些是他應照料的人群，他的職責是去關愛他們。

哈維爾早已察覺，自己的天命歸屬於傳教工作而非神職人員。身為具備友善和樂特質、充滿冒險與好奇心的男孩，他在當地既能學習也能傳授。他不想在熟悉的地方擔任神職人員度過一生，例如某座西班牙小鎮。如今，移居至全然陌生的國度，他懷著前所未有的喜悅環顧四周，此地有萬千事物供他學習。在科查班巴，淺膚色的玻利維亞人歡迎見習修士，並邀請他們到豪宅作客；向來握有權力與錢財的這群人當然顯得十分熟悉。他們講西班牙語，擁有一切，支配百分之九十二的可耕地[37]，覺得自己理應坐擁國家財富，且於數百年來享有特權。但是他從火車窗戶看見的克丘亞人和艾馬拉人，那群卑微、貧窮、勞動、山居的人們才是哈維爾最想認識的對象。適巧在他抵達的僅僅幾個月前，國內剛被一波猛烈革命浪潮震動。他眼前的玻利維亞人正處於變革邊緣。哈維爾不可能曉得這一點，他身邊的人民卻有種世界已天翻地覆的感覺，變革之神帕查庫特克顛倒次序，排在最末者如今躍居首位。

哈維爾獲耶穌會接往科查班巴的新住所並在學校裡靜修，他將習得如何活用克丘亞語，且在這段時間內都不曾聽聞革命。學習這片土地的語言時雞和豬在教室裡出出入入，他幸福地渾然不覺外面的世界正翻湧更新；劇變已形成。他毫無所悉，多年來年輕知識分子對玻利維亞的保守統治感到沮喪——種種階級壓迫、經濟效率低落、卑躬屈膝順服外國企業主的要求——他們擁護印地安主義（indianismo），主張國家必須回歸古老根源，並建立跟印加相仿、更有組織且更具廣泛代表性的社會主義國家。白人菁英及其傀儡將領除苦難以外一無建樹。僅僅二十年前他們主導一場跟巴拉圭間的屈辱戰爭，使國家犧牲六萬五千條性命及廣闊土地——蘊含豐富石油的大查科（Gran Chaco）灌木林地帶[38]。多年來，智利、秘魯、阿根廷和巴西察覺對方疲弱而侵擾玻利維亞邊界。不過是玻利維亞國內的寡頭政治家——其錫礦業主、鄉間地主、將領——及高壓的舊權力結構暴虐對待普通工人，把一切賣給外國企業，使財富流失，並讓人民蒙受嚴重饑饉。

一九四六年，人民在不滿情緒下暴衝推翻政府，綁走總統瓜伯托・維拉羅（Gualberto Villaroel）並將他吊死在總統府外的路燈柱上。隨後迎來動盪的五年。上述一切都不令人意外：從一個多世紀前自西班牙獨立以來，玻利維亞經歷過一百七十八次民眾起義[39]。這幾波交鋒癱瘓了經濟，但是他們輕易就被當權者鎮壓。儘管如此，在一九五二年四月九日，正當哈維爾為赴玻國航向布宜諾斯艾利斯之際，玻利維亞的國民革命運動（National Revolutionary Movement）自稱為國人陷入困境的鬥士，拿下拉巴斯的軍械庫並開始分發武器給平民。遠至波托西的善於使槍礦工都湧入首都，阻止軍方取得優勢。儘管美國政府極力阻撓反叛人士，經過三天的激烈戰鬥後軍方投降，新當選的總統、前經濟學教授維克多·帕斯·艾斯汀索羅（Victor Paz Estenssoro）上台，為鄉間偏遠地區帶來罕見的希望震動。艾斯汀索羅幾乎立即將普選權擴及所有人，包括最偏遠之地及不識字者。他也立刻國有化礦業——包括世上傳奇的白銀來源、全球經濟的催化劑波托西——且制定土地改革，廢除強迫勞動並將土地重新分配給原住民農夫。哈維爾抵達的正是這片新擘畫的世界。

***

哈維爾這輩子一直是文化帝國主義的受害者。身為加泰隆語的使用者，他屬於自十二世紀起語言蒙受抑制的人口，當時亞拉岡王國併吞了興盛且十足獨立的加泰隆尼亞人民。在大元帥佛朗哥的嚴控下成長，他只被允許在家中使用祖先的語言，不能在公共場所說。他能同理殖民主義帶來的痛苦，以及為了國家「好」而去打壓、消滅一種當地方言。他曉得這對於克丘亞人必定意味著什麼，他們是古老語言的傳誦者，彷彿在異國文化面前失去了自己的孩子。

在認識溫和、熱心玻利維亞人的過程中，他開始得知更多事；好相處的廚子、牙齒掉光的守門人、友善的店主、熙來攘往的路人歡迎他住在這樂園般的街坊，在聖器室裡受訓並學習他們的語言。哈維爾開始聽聞他們歷經的艱難歷史。當然包括剛剛撼動國家的那場革命，由數個世紀以來承擔繁重工作壓力的礦工所引發。在那之前是殖民統治的黑暗、暴力時光。但即使在上述一切發生前，征戰四方的印加人橫掃這片土地、併吞部族、強加信仰並強迫俘虜勞動，生活對這群人而言早已嚴酷。獻祭儀式繁多。被征服的群眾無所寬慰，古老的宗教渴求鮮血。

誠然，從墨西加人統治的最北端到瓜拉尼人分布的最南端森林，宗教與部落儀式常要求極端獻祭：獻上人類生命以安撫神靈。信仰不只要信徒謹守本分與祈禱，還索求生命本身。

在古代美洲，人類獻祭是對忠貞信仰的考驗。神要被安撫，必須獻上人類、流淌鮮血。在前哥倫布時代、尤以中美洲為最，並非讓自己的族人躺上獻祭石，而是常為獲取獻祭對象掀戰。他們甚至為了這項任務改變戰爭規則：戰士只在搏鬥時打傷敵人，以便囚禁並在獻祭儀式中殺害、甚至吃了他們[40]。阿茲特克人的手抄典籍記載這些宗教儀式，在宏偉的金字塔神廟頂舉行繁複祭儀[41]。由大祭司選擇俘虜之中最強壯者；位階較低的四位祭司將活生生的獻祭者押上儀式石板；第五位祭司持鋒利黑曜石刀剖開他的胸膛，手伸至胸骨裡，扯出仍在跳動的心臟。接著將獻祭者的軀體拋下神廟台階，隨著在帶刺斜坡上跳動潑灑鮮血，隨後焚燒他的心臟，讓煙飄送給飢餓的神。

在秘魯，於慶祝冬至的**太陽祭**（Inti Raymi）期間，在印加帝國大祭司的監督下舉行盛大的人類獻祭慶典與儀式[42]。但是戰士與俘虜不被視為獻給至高無上神靈的最佳鮮血。印加人獻祭青春期前的男女兒童，因其純真美好而中選，為贏得太陽神的青睞並確保豐收而奉獻。他們稱之為**卡帕科查**（capacocha）[43]；此外，每當需要好運時就獻祭一位美麗童女：帝王罹病、慶祝王子誕生、出發征戰前、駕崩或勝戰歸來。身材矮小的獻祭者為周詳儀式做好準備，著衣、下藥，接著帶往冰封山崖，謹守莊嚴習俗下將其頭顱擊碎或勒斃。在這些獻祭儀式中絕不見血：假如獻祭者被割傷或流血，會被認為不完美、不完整、不被太陽神接受[44]。一八九二年在厄瓜多的拉普拉塔島（Isla de la Plata）掘出兩具可怕的獻祭兒童遺體，身上飾有珍貴藝品，在毫不見血下被殺害，並以印加帝王授權舉行此種儀式的方式埋葬[45]。到了一百年後的一九九五年，從秘魯南部安帕托峰（Mount Ampato）的雪地裡挖出十二歲印加女孩的木乃伊遺體，身上滿戴金銀飾品[46]。木乃伊隨後被稱為「冰封少女胡安尼塔」（Juanita），她包裹在織工細緻的鮮豔布毯與最上等的羊駝毛披巾裡，胸前有白銀扣環，額頭上戴著紅羽帽。她的右眼窩有一道顯眼裂痕，在那上方則有大範圍骨折：頭部遭猛擊致死的證據。在智利與阿根廷西北部的冰川山間，常年凍結於永恆積雪的阿空加瓜山（Aconcagua），發現六歲至十五歲的各式兒童木乃伊，有時單獨一具，有時成群，總是精心打扮、遭重擊或勒死。二〇一八年，在阿茲特克大神廟遺跡的一處獻祭坑中，發現不到十歲男童的頭顱，正位於墨西哥城市中心地底[47]。

跟謀害兒童一樣恐怖的是他們被視為具有強大推動力。或許就跟我們相信在戰爭中犧牲士兵將帶來進步相仿——捨棄最年輕力壯者、讓他們投入混戰——古老安地斯山區居民相信，周詳策畫且熱誠奉獻的獻祭儀式對贖罪大有助益，並能帶來好運。更重要的是，他們認為儀式的效用具有實證：當阿雷基帕的米斯蒂火山（Misti）於十五世紀初噴發，周遭地區被熔岩巨浪摧毀時，帕查庫特克・印加・尤潘基之妻要求立即在庫斯科舉行一波獻祭以平息山神阿卜的憤怒[48]。不過一直到帕查庫特克親自面山，火山爆發才止息，隨行大祭司舉行獻祭，終於使火熱深淵冷靜下來。庫斯科最神聖的建物太陽神殿修築時，多名兒童被活埋於聖殿的地基，確保此聖地獲得綿延數代必需的力量與能量[49]。印加人堅信兒童獻祭與帝國福祉間具有深厚因果關係，使得父親奉獻女兒給卡帕科查儀式，相信能為百姓福祉贏得莫大恩惠，而他們「中選的」孩子將獲永恆榮耀並與天上眾神共同生活。

在巴拉圭與烏拉圭，據傳瓜拉尼人也食人肉，除此以外則為溫和且具信仰的人們，相信唯一的神及「道」——此知識深植於內在，而且會傳遞給未出生的嬰孩。儘管他們有詩文學與感受力，仍有食人傳聞。我們不清楚瓜拉尼人究竟是吃敵人的肉，或者更可能如亞馬遜地區印地安人仍實行的，他們吃死者的肉，且明確認為不應將屍體留給野生動物爭奪。吸納鍾愛之人的骨灰，攝取他的精華，使他歸於永生，而非將他的軀體遺棄給嚴酷命運。無論其思索為何，也許基督教征服者為了詆毀並擊敗對方而謬誤指控的瓜拉尼人，因殘忍信仰變得聞名於世。在阿爾瓦・紐涅茲・卡巴薩・德・瓦卡於一五四二年出版的《軼聞錄》

（*Comentarios*）中，探險家記敘戰爭結束後舉行神聖儀式的瓜拉尼習俗。這些盛會以單純的歌舞開場，並邀請遭囚禁者一同加入。瓜拉尼人為俘虜預做準備數週，養胖他們，滿足他們一切需求，甚至讓妻女去取悅他們[50]。最終，犧牲者夠豐腴滿足時，薩滿巫師與兒童前去把他們砍成碎片。屠宰後的屍體在大鍋中烹煮，人肉被吞食品嚐，為了有機會報仇雪恨感謝偉大的神。

無論關於瓜拉尼人的事蹟是否真確，有充分具體證據顯示人類獻祭與食人習俗在新世界其他地方實行。歷史學者描述發現兒童獻祭，在整個安地斯山區建物的牆下挖出遭活埋屍體，顯然是一種建築落成儀式[51]。這絕對不是前哥倫布時代的創舉：耶路撒冷的宗座聖經學院博物館（Museum of the Pontifical Biblical Institute）展示為達同樣目的而被砍頭的嬰兒。根據那檔展覽，他們在死海附近的城鎮被發現，「總是位於房舍地板下，很可能是地基的獻祭，如同近東其他地方所見。」

差別在於安地斯山區的兒童獻祭是在數千年後變得普遍，恰好發生在征服之前——有些人認為是在征服的數年後[52]。在安孔地區（Ancón），我還是小女孩時常玩耍的秘魯沿岸地帶，發現一名孩童被埋在石屋角落地底。她的雙眼放入璀璨的小雲母石塊；胃部放入葫蘆；原來是心臟的位置則有一塊發光的石英。神聖的居所必須供奉此種獻祭。

在往昔的前哥倫布時代，暴力與信仰以此方式聯手，恰如西班牙猛烈驅逐猶太人、舉行信仰審判、發動聖戰對抗征服歐洲的穆斯林軍隊時的情況。儘管西班牙將有數個世紀大舉嗜血屠殺，西班牙人主張原住民的「野蠻」與「瀆神」足以作為奴役這個半球的正當理由。對於天主教王室而言，人類獻祭儀式與食人習俗是必須獨斷剷除的邪魔異端，毫無立足根據。於是拉丁美洲過往的信仰暴行，成為日後施加宗教暴行的完美辯護。西班牙緊抓住原住民「褻瀆」的機會迅速推行征服計畫，使教會獲得穩固立足點。聖經從未如此有助於擊敗一片廣闊未知的土地。無論其文明如何偉大，無論其宗教如何發達，征服者、主教、商人、銀行家全都為此汙衊而背書，批評全體新世界印地安人的天生凶殘。如今，一位敏銳且富同情心的耶穌會年輕見習修士即將察覺，他被送往偏遠的美洲山區腹地，目的正是為了在五百年後繼續牢牢控制那群人口。

第十一章

以石頭壓制石頭

在征服和掠奪拉丁美洲的過程中，刀劍與十字架並肩行軍，船長與主教、騎士與傳教士、士兵與修道士聯手盜取白銀[1]。

——愛德華多．加萊亞諾，《拉丁美洲：被切開的血管》

當舊世界遇見新世界那一刻，就想對這片大地傳教：在所有公共場所設立十字架，在本地人的神聖石頭上疊放建築基石。蒙特蘇馬初次接見科爾特斯時，西班牙人警告帝王西班牙神的至高無上地位，以及在主的領地崇拜偶像屬褻瀆之舉。這些話並不讓人訝異，無論對於說者或聽者皆然。科爾特斯和蒙特蘇馬都活在由信仰定義的世界。對科爾特斯而言，十字架等同於愛國、正義、男子氣概，是認同的根本。畢竟西班牙的主保聖人是聖雅各，別號「摩爾人屠殺者」（Matamoros），數個世紀以來每當刀劍亮相、每波迎向敵軍的衝殺、每趟踏入未知地的冒險都會先呼喚聖雅各之名。

對於墨西加人而言也是如此，統治他們的阿茲特克人尤然；他們的神靈達數十種，如同呼吸的空氣、血管中流動的鮮血一般自然存在。在阿茲特克的神殿裡，天堂有十三層、地底世界有九層，每層都有各自的神與天體居於其間。人們會呼喚天神祈求玉米生長、釀酒發酵、擊敗敵人、嬰孩出生、性事愉悅。**差異**或許在於阿茲特克人並未單方面強制推行信仰。大祭司了解其他文化或許有其強大、有效的信仰。由阿茲特克主掌繁衍的神祇希佩托特克源自約皮人（Yopi）[2]。掌管地底世界的夜空與強風之神特斯卡特利波卡（Tezcatlipoca），是阿茲特克信仰的重要神祇，亦曾受托爾特克人膜拜[3]。

攻克特諾奇提特蘭後，科爾特斯首波宣布的命令之一是不應立即拆毀神殿，它們或許可用來當作堡壘，但是神像必須從殿中移除砸碎[4]。那在歷史長河裡同樣不稀奇，自古以來，基督徒一直在破壞被征服者的廟宇。羅馬或為世上所知最具軍國主義的帝國，當它決心捍衛基督教，其征服「野蠻人」的命令就成為屠殺的現成指南。任何一次征服中首先被剷除的主要目標是神像。基督徒占領雅典時，一幫洗劫者拆毀女神雅典娜（Athena）的雕像，將她斬首並砍成碎片；她的頭被上下顛倒安裝在一位基督徒家門前，作為踏腳台階[5]。當傳教士接管亞歷山大港的塞拉比尤姆神廟（Temple of Serapis），他們下令立刻將其夷平：數千本書遭毀，大批神像被拆解、全城遊行示眾並堆積焚燒。鍍金牆面被運走，銀和銅從拱門被挖下。洗劫者完事後神廟僅餘石頭地板；一座供奉施洗者約翰（Saint John the Baptist）的教堂搭建於上[6]。

日後在拜占庭帝國時代，代表希臘文明極致的帕德嫩神廟（Parthenon）被占領當作教堂使用時，兩位跋扈的主教在其巨大圓柱刻上自己的名字[7]。毀損已樹立千年的神聖古蹟並不要緊，他們只不過是奉命行事：基督降生後不到四百年，一道生效法令宣告凡不信十字架者都將「付出生命與鮮血作為代價」[8]。而人們確實付出了生命。到科爾特斯踏足維拉克魯茲海岸時，此種觀念已存在超過千年。

正因如此，科爾特斯及其追隨者對於毀滅某種宗教、並以武力強迫推行信仰並不感到內疚。征服者從一開始就表明情況將是如此。抵達特諾奇提特蘭不出數日，科爾特斯要求參觀蒙特蘇馬祭拜的其中一座神殿。帝王應允，親自帶他參訪大神廟（納瓦特爾語稱為「Huei Teocalli」）的神聖位址，向他展示高聳的塔樓、宏偉廳堂、染血的祭壇、獻祭的刀、巨大的蛇皮鼓、刻有蜥蜴的柱基、獨眼巨人，飾滿寶石的戰神胡伊齊洛波契特里（Huitzilopochtli）與地底世界之神特斯卡特利波卡塑像[9]。科爾特斯心生反感，他向東道主表達訝異，這麼一位明智之人怎能崇拜如此荒唐且邪惡的神。他提議在神殿頂樹立一道十字架，並在殿堂正中央放置聖母瑪利亞的肖像。蒙特蘇馬受到刺激且震怒，立即回應早知道科爾特斯會如此汙衊神靈，才不讓他進殿。

然而宗教並非征服後的立即要務，黃金才是。當科爾特斯囚禁蒙特蘇馬，使其鐐銬加身，並宣告特諾奇提特蘭屬於西班牙王室，他率先命令士兵盡其所能搜出所有珍貴戰利品。在那瘋狂的餘波之中，蒙特蘇馬的大祭司們被哄騙相信，儘管科爾特斯起初鎮日談論上帝、聖子、聖母和聖靈，他真正信奉的神是黃金和白銀[10]。他們相信能夠維繫自身信仰——至多改變形態，在這裡新增一種神，在那裡多加一道瑣碎儀式，如同他們對被征服者的信仰所為。他們沒想到最終西班牙人強迫人們信仰上帝時的凶殘程度。阿茲特克神靈縱然苛刻、貪婪、挑剔，但是祭司從未認定祂們是唯一的神[11]。帝國建立在多元基礎之上，假定對其日漸擴張的臣民而言，宗教實際上是一道選擇題。

日後阿茲特克祭司逐漸領悟，西班牙人及其掠奪黨羽特拉斯卡拉人將殺死、殘害並毀滅阻擋征服者來獲得至高無上地位的一切。他們也推斷，身為神職人員擁有絕佳的倖存機會。考量到征服者一心追尋「黃色和白色金屬」[12]，及西班牙對人類獻祭的明顯厭惡，祭司有理由確信自己不會在儀式上被宰殺。基於某種原因，儘管周遭日日混亂不堪，他們認定信仰本身安全無虞。尤其是他們至高無上的造物神奧梅堤奧托（Ometeotl）、又稱生命給予者，跟征服者的上帝似乎並非迥然相異[13]。在這裡立一道十字架、那裡擺一座神壇，不必然意味著生命所仰賴的基本信仰陷入險境。他們很快就會改變看法。

歷經三年釀成慘重死亡的疫病、猖狂屠殺與大規模掠奪後，一五二四年十二位方濟會（Franciscan）修士從西班牙來抵，要實行科爾特斯在逞凶之外從未觸及之事：取代阿茲特克的祭司群，並使異教群眾改信基督。那時事態在墨西加人眼中漸趨明朗，西班牙人不會容忍舊做法。相反地，他們拆毀神殿，焚燒神像，殺害並奴役數千人。如今他們夷平本地文化，剷除質疑者，並在最神聖的場所樹立十字架與聖母像。

肩負對整個文明傳教艱鉅任務的一小群方濟會修士，從維拉克魯茲整路徒步到墨西哥城，越過兩百英里的沙地、淤泥與火山岩[14]。他們將以「十二修士」在歷史留名，而那確實是有意而為的數字，旨在效法將基督福音傳至廣大世界的十二使徒。鬍子未刮，在海上一個月而疲憊不堪，穿著破損涼鞋和舊袍子，這群修士外貌悲慘，聚集來看他們的印地安人彼此耳語、說著「motolinia」——納瓦特爾語的乞丐；其中一位西班牙人聽見了，還用來當作自己的名字。從那天起，方濟會修士就被稱為窮人的莫托里尼亞（Motolinía）。當這一小支衣衫襤褸的團體最終齊抵首都，墨西加人驚訝地發現科爾特斯及其黨羽趕來歡迎，並且屈膝親吻他們泥濘已乾的長袍緣。不過，至今印地安人已目睹太多怪異且令人困惑的景象：他們的宏偉都城正處於無法想像的劇變騷亂之中。處處可見遭到破壞的物質世界。他們尚未全然理解的是，在這十二位看似卑微的人到來後，他們文明的最後一點碎片也將被奪走。已然開始精神征服墨西哥[15]。

＊＊＊

於聖戰此刻我們最好回想一下，天主教志業在「大發現」時期的狀態。教宗亞歷山大六世具有貪婪的胃口與世俗野心，亟需錢財；整個教會成為陷入混亂的體制[16]。歐洲本身不斷變動，以經濟體或社會層面而言，必定比中美洲或安地斯山區的統治文明更欠缺穩定與統一，宗教在後兩個地區扮演龐大的整合力量[17]。一位歷史學者曾言，歐洲已變得危險失衡、爭議不斷，有如仇恨的定時炸彈[18]。歐洲宗教並未形塑政治目標或財政統一的意識，不具有阿茲特克與印加精神體系的功能。基督教信仰的天職不是為了實現那些事，但是在創建的一千五百年後，其天職嚴重偏離軌道。

到了十六世紀初，教會未能獻身拯救靈魂，反倒沉溺於貪腐泥沼，利用信眾謀取暴利。就在科爾特斯浴血殺入猶加敦之際，教宗利奧十世（Pope Leo X）掌管教會，每年藉販售業務獲取約五十萬達克特幣（現值一億美元）的總額，考量到歐洲貴族首富的總家產僅及得上一小部分[19]，那是個驚人數字。新近獲得教會認可的神職人員為羅馬募款，企圖嶄露頭角，且利用每年的販售業務收入對奉承者略施小惠，應付宗教差事[20]。違規行為倍增。德國美因茲（Mainz）大主教包養一群情婦而背負重債，企圖向利奧十世買下另一個教區以增加收入。為了籌錢，他命令一位道明會修士去兜售寬赦：向購買者保證他的罪孽——及其相應的懲罰——將於死後世界減少的證書[21]。修士渴望取悅大主教，構思了一段機伶的短句：「黃金一在盆中響／靈魂立即蹦上天」[22]。信眾熱切想要拯救自己的靈魂並購買天堂通行證，十分樂意繳費給大主教。

天主教會變成一組官僚體系，一種銷售活動，一個廣大的財政網絡。目標並非指引謙和貧窮之人，而是追求自身的榮耀。後續的每位教宗皆肩負創造龐大金銀流的責任，用以頌揚信仰並維繫天主教的首要地位。一五〇六年，他們開始搭建足以充分表達其光輝的紀念殿堂：羅馬的聖彼得大殿（Saint Peter's Basilica）。十年後的一五一七年，有個人將挺身發聲譴責此種放縱行徑。來自德國採礦小鎮的年輕修士被眼前公然的唯利是圖激怒，撰寫一份命名為《九十五條論綱》（Ninety-Five Theses）的文件釘在威登堡大學（University of Wittenberg）禮拜堂門上[23]。他在文章裡譴責教會為了圖利從事販售業務與寬赦。

兩個月內，在迅速增長的印刷媒體幫助下，馬丁・路德（Martin Luther）的控訴傳遍歐洲各都城[24]。若無古騰堡（Gutenberg）的發明，教會分裂難以發生。羅馬驚覺，路德的不滿同時說動了王室與平民捨棄天主教，加入新成立的基督新教（Protestant）。到了一五二四年，當十二位不修邊幅的方濟會修士從維拉克魯茲緩行至墨西哥城，宗教改革在歐洲北部核心地帶掀起劇變，威脅天主教的超凡地位。教會及其最大的擁護者西班牙攜手捍衛信仰。雙方都需要科爾特斯贏得勝利，使天主教獲得支配地位，確保西班牙的經濟存續，並鞏固對於舊世界的宗教掌控。在新世界，宗教改革未能根絕數十年來毒害教會的貪腐，卻使紛雜的宗教秩序產生反效果：甚至使貪婪扎下更深的根。假使傳教是征服的關鍵，那麼它也是領土控制的關鍵。西班牙可能實行的所有法令與修正措施，如今對於開拓新疆界者不過是遙遠的隆隆聲，奏著不同的曲調。唯一要緊的聲音是黃金的鳴響。

十足諷刺的是，對於許多捲入此志業的宗教人士而言，新世界代表讓信仰重塑、回歸根源的機會——擁抱一群尚處於白紙狀態的新靈魂，使基督教進程重來一遍的機會。不過，倘若在美洲傳福音曾代表信眾的歡喜收穫，歷史旋即改寫了那項計畫。有財富必須奪取，金錢必須奉獻。方濟會修士團抵達後不久，征服者建立基督教化的例行公事，即精神層面的武力征服，日後將依此號令整個半球[25]。

這套慣例始於**詔令**，即對村民宣讀聲明，宣告西班牙擁有神授權利可占領新世界的任何土地，征服奴役其居民，並在必要時興戰殺戮。一五一三年，當米開朗基羅（Michelangelo）在西斯汀禮拜堂（Sistine Chapel）天花板的創世紀壯麗溼壁畫初次面世，當巴托洛梅・德・拉斯・卡薩斯得出已有三百萬印地安人在征服過程中死亡的結論[26]，且當巴斯可・努涅茲・德・巴波亞擴張入侵範圍至太平洋岸，此時西班牙王室決定，關於奄奄一息的族群仍有必要之舉[27]。王室認定由較低下種族居住的土地不屬於任何人，且少有人提出異議。新世界的存在任人宰割。在征服行動展開整整二十年後，原住民的權利問題這才浮上檯面。

為了減輕潛在的惡果，王室決定在未來所有的襲擊行動前，征服者必須朗讀宣告，好讓印地安人向基督和西班牙和平投降，藉此免除西班牙可能蒙受的暴力罪名。詔令為每波攻擊揭開序幕，起先看似無害地提及諸位天主教天使與聖人，包括聖雅各和聖彼得，卻以明確的威脅收尾：「倘若你不服從——倘若你與我戰鬥——我發誓會在上帝襄助下竭盡全力對付你，在任何地點盡我所能對你開戰，將你套上枷鎖，迫使你服從教會與陛下，而且我將使你、你的妻子、你的兒女成為奴隸，隨陛下的心意出售或處置，我還將奪走你擁有的一切，招來所有厄運及可能的傷害。」[28]詔令從遙遠距離外大喊，有時僅僅含糊咕噥，在印地安人耳裡不過是吵雜的聲音、無法理解的胡言亂語，跟狗吠聲難以區別。有些人平和地來到十字架前，更多人猛烈反抗。最終在火槍、砲彈、馬匹和疫病肆虐下，一塊又一塊土地落入耶穌的士兵手裡。

征服印地安靈魂

最仁慈的國王啊，關於你的印度我只找到一項缺點。那就是他們由邪惡的人口構成，道德敗壞且多疑[29]。

——加斯帕·裴瑞茲·德·維拉格拉（Gaspar Pérez de Villagra），一六一〇年

被征服者直接劃歸委託監護制：土地被強制委託給征服者、官員或神父。他們感到困惑、迷失、害怕，時常被迫跟兒女和家人分離，被統計登錄、強迫集中並給予西班牙名字，

透過不流利的通譯得知自己屬於某個遠方的神明，某個遠方的國王。他們的擁有者叫委託監護人，現在可以自由向他們索取貢品或稅金：這些可以用勞力或黃金給付，回過頭來，印地安人獲得保護允諾，此後成為基督徒。然而實際上給予的相當稀少。委託監護制是公然的土地掠奪。西班牙人就這麼侵占整片土地，奴役所有一切居民，追捕逃亡者，並強迫俘虜到他們的礦坑，在危險、還常致命的環境裡工作，毫不關注精神事務[30]。「在他治理這座島嶼的九年中，」一位修士描述印地亞斯的王家總督，「他對印地安人的教化與救贖毫無興趣，彷彿他們是木棍石頭或貓狗。」[31]然而這位總督正是被派來導正哥倫布治下印地安人蒙受的極端不公。虐待情況極其嚴重，死亡與疾病十分猖獗，與征服者隨行的神父開始回報消息：儘管高倡約束虐行與傳播基督福音的種種主張，征服體系已變得更殘暴、更不人道。

巴托洛梅的成長過程並未教養他從印地安人的角度看待征服。情況正好相反。他的商人父親加入哥倫布的第二趟航程，期盼能改善生活，帶回一個奴隸紀念品使年少的兒子大吃一驚。印地安人胡安尼可（Juanico）正是來自哥倫布的贈禮，立即被派去服侍巴托洛梅[32]。幾年後的一五〇一年，十八歲的俊美巴托洛梅踏入神職擔任見習修士，隨父親一同航向西班牙島。除了教會尚未扎穩根基以外，對於他在島上的最初歲月我們所知不多。對於年輕神職人員而言並無既定道路。跟其餘所有人一樣，他被期許去建立殖民地，追捕奴隸，並為初萌芽的經濟做出貢獻。

幾年後巴托洛梅短暫拜訪羅馬，且在回程前獲授予道明會修士身分，使他成為在美洲初試彌撒講道的第一位神父。他獲分派得到委託監護地及大批奴隸，成為富裕的種植園主人，常成為突襲泰諾人擄其為奴的一方，以擴增不斷減少的人力。由於他深深涉入奴隸經濟，導致多年後來抵的一群道明會修士剝奪他及所有奴隸主的告解權[33]。一位道明會修士對目睹的殘酷景象感到震驚，彷彿不受控制的惡疾，在一場火爆的耶誕日布道中痛斥西班牙同胞：「告訴我，你憑藉何種權利、何種正義權威，使這些印地安人蒙受如此殘酷可怕的勞役？」神父漲紅著臉大吼。「憑藉何種管轄權，你對這些和平溫順的人民興起可鄙至極的戰爭……逼他們工作至死，當場殺害他們，只為了日日謀取積攢你的黃金？」[34]在場者包括哥倫布之子迪耶哥，這位道明會修士不斷譴責，控訴那座小教堂裡所有的西班牙人皆喪失殆盡曾有過的良知——他們盲目不堪，罪孽深重，危險地走向地獄之火[35]。

起初巴托洛梅對那些指控感到意外，並為征服者辯護。畢竟遭控訴的遠征隊是帶著上主的福音來到這荒野邊疆，教宗與國王都曾祝福這項志業。但是不久後，修士察覺自己在審思那位道明會人的激烈話語。恰於詔令頒布的一五一三年，他與科爾特斯、維拉奎茲、納瓦耶茲及其他人一同遠行去征服古巴，最終使島上的泰諾族人口幾近滅絕。身為遠征隊的隨行神父，巴托洛梅正是在那裡目睹恣意暴行、一連串的嚴厲懲罰、恐怖的殘忍行徑、屠殺數千人命，「毫無挑釁或緣由」，使他開始質疑西班牙的教化使命[36]。參與征服古巴而獲贈當地一處金礦和更多奴隸，以及俯瞰阿里馬奧河（Arimao River）的如畫風景委託監護地，他以莊園主人的身分安頓過著平靜生活，卻忍不住權衡，在宗教誓約與歷歷在目不人道行徑間的矛盾。

卡歐納歐村屠殺時他在現場，目睹印地安人拿著籃子裝麵包和魚前來時，征服者則在石頭上磨利刀劍[37]。那一日，七千人被殺，在征服者戲耍之下，大多數人遭開膛、截肢、砍傷，手裡捧著自己的內臟逃跑。他看見戰友圍成一圈，放狗追咬無助的印地安人，在他尖叫求饒、於人們眼前肚破腸流時放聲歡呼。奴隸被迫步行兩百五十英里去開採黃金時，他在旁監工[38]。他們被鞭打要求努力工作，若非死在回家途中，就是抵達時過度耗損、營養不良以致無法圓房。倘若得以出生，嬰兒生來發展遲緩。男人將天花傳染給整座村莊。種族逐漸耗弱，繳不出貢品。

一年內，巴托洛梅轉念變得激進，昭告從此致力於促進被征服者的福祉，使其他莊園主詫異不已。這項轉變迅速且令人震驚：在火爆、憤慨的布道，以及對瓦拉多利德政府高層發送的激烈訊息中，他嚴厲譴責國人獵捕奴隸的暴行與嚴苛的委託監護制。他誓言要終結他們的罪行。關於西班牙主張將基督信仰帶給這片瀆神、難以管束的世界，巴托洛梅回應，倘若使印地安人改變信仰真有必要興戰，那麼不干涉他們會更具基督徒風範[39]。

假使殖民地無人傾聽，至少教會開始投以關注。由於巴托洛梅強而有力的不懈倡議，教會最終封他為印地安人保護者。接下來十五年，他耗費莫大心力造訪盡可能多的偏遠移居地，在布道中宣揚寬容思想，為馬雅人、納瓦人（Nahua）、印加人、泰諾人及征服者高舉十字架征討的各地族人說話。他把傳教工作帶往委內瑞拉海岸，嘗試以和平方式讓原住民改變信仰的實驗。那些努力付諸流水，因為西班牙人相當敵視他們；也因為可能蒙受最大損失的新地主開始宣稱他瘋狂、怪異、被惡魔附身。儘管如此，他持續布道，奉獻給一開始啟發他改變心意的道明會。行旅帶他到墨西哥、瓜地馬拉、巴拿馬、尼加拉瓜，隨後重回墨西哥，在那裡他僥倖躲過暗殺[40]。巴托洛梅的努力並未被忽視：由於他的請願，具里程碑意義的教宗詔書發布，宣告印地安人如同其他任何人可受基督教化。並非所有人皆信服。

但憑不懈的堅持，修士最終說動他的年輕國王。神聖羅馬帝國皇帝卡洛斯一世尚為易受左右的十九歲青年，認為巴托洛梅描述的暴行具說服力且恐怖[41]。當自信滿滿、脾氣暴烈的神父目光如炬地描述野蠻行徑，稚氣未脫的國王忍不住投以同情。早在他執政前從非洲流向歐洲的奴隸貿易，使黑人俘虜擔任清掃工、廚子、馬夫、貼身男僕等家僕，未必使他們承受艱苦而形同謀殺的勞役。這些暴行、這些殘殺是新出現的情況，純然邪惡可鄙。即使年齡漸長，蓄積新世界白銀賦予他的財富與權力，卡洛斯國王從未停止傾聽這位身材結實、孜孜不倦神父的話語。

有充分的理由該傾聽。從卡洛斯國王的祖父母斐迪南與伊莎貝拉死後，暴行就呈倍數成長。隨著對墨西哥和秘魯的殖民，沿著拉普拉塔河屠殺，在波哥大高原殺戮，西班牙勢力在整個半球日益鞏固，印地安人則以驚人的數字死去。滅絕在各地顯而易見：加勒比海、巴拿馬地峽、中美洲和安地斯山區。原住民勇猛反擊，也獲得同等報復；他們並未像某些編年史家宣稱的那般恭敬屈服。但是統計數據無可否認：死亡人口極其慘重，使得另一波大規模掠奪立即展開以彌補勞力短缺，即大西洋奴隸貿易。於絕望之際，是巴托洛梅自己提出這項建議[42]。葡萄牙、英國、荷蘭等歐洲海上強權的船運大亨，如今懷著企業家的熱忱投入此市場。數百萬非洲黑人被圍捕、推入船艙，任其死於途中或赴殘酷的新世界勞動。五百萬人被運往巴西；近一百五十萬人運往西屬美洲殖民地[43]。其中的運算顯而易見：歐洲致富全憑踩在死去印地安人的背上、黑人交易、熱絡剝削印地亞斯，以及不斷擴張的白銀和黃金需求。

有位神父質疑這一切。巴托洛梅設法從肉體、心靈、精神層面理解印地安人的經歷，從他們的目光去審視屠殺[44]。即使要歐洲人完全理解原住民的世界觀是不可能之事，他研究的程度少有他人做到，而他的良知危機引發了一波仇視風暴。巴托洛梅在新世界遭受謾罵，敵對者包括仰賴奴隸經濟獲利的委託監護人、坐擁土地的富翁、有影響力的商販及勢力強大的征服者。諷刺的是，墨西哥十二使徒之一的莫托里尼亞、日後將受封為利馬聖方濟修院守護者的衣衫襤褸方濟會修士，竟成為巴托洛梅的最猛烈批評者，要求查禁他的著作《印地亞斯毀滅述略》（*Brief History of the Destruction of the Indies*），並將這位道明會修士關進修道院，使他無法繼續對日後的征服造成傷害[45]。他們稱呼巴托洛梅為印地安人愛好者、印地安人傀儡、所屬種族的叛徒：「一位令人神傷的人，焦躁不安、糾纏不休、造成騷亂傷害並懷有偏見。」[46]隨著時間過去，他成為聞名的「黑色傳說」（Black Legend）作者，意指誇大譴責在掠奪南半球財富和奴隸方面，西班牙比其他任何歐洲國家更加殘忍可惡[47]。英國人、法國人、荷蘭人及路德教派的追隨者尤其鎖定「黑色傳說」，在汙衊西班牙的運動中大肆宣揚，顛覆其龐大的全球勢力，詆毀西班牙人為施虐的種族、天主教為貪腐的宗教。

到那時，歐洲熱烈展開究竟印地安人是人類或馱獸的辯論，哲學家、神職人員與立法者各執一辭。新世界居民值得耗費心力施以基督教化嗎？你能在肉體上強迫較低下的人種置身較高的精神領域嗎？在激烈的言辭交鋒中，卡洛斯國王決定暫停將來的一切征服行動，直到這些問題獲得解決。為此目的，他在瓦拉多利德的聖格雷戈里奧學校（Colegio de San Gregorio）召開一場會議；那是一座輝煌的十五世紀石造建築成就，詭異地雕刻著銅鈴大眼、多毛獸人低伏於揮舞刀劍和盾牌的俊俏騎士之下。正是在那拱頂廳堂裡，巴托洛梅與王室任命的歷史學家胡安・基尼斯・德・塞普維達（Juan Ginés de Sepúlveda）展開漫長激昂的辯論，後者是廣受尊崇的學者及亞里斯多德（Aristotle）天生奴隸論的擁護者[48]。根據亞里斯多德的《政治學》（*Politics*），尤其是大多數殖民勢力選擇解讀的方式，有些種族本著優越智力生來就應統治，其餘粗野、智識能力有限的種族只適合服侍他們。

塞普維達剛剛完成一篇專文，主張對新世界人民興戰完全正當，因為他們實行食人與人類獻祭等惡劣行徑[49]。依循此邏輯，西班牙若與這群瀆神者作戰並取勝，根據交戰原則完全有權利奴役他們。塞普維達還說，既然作為誓言宣教的團體，西班牙教會有責任強迫印地亞斯被征服的異教徒改信基督：訴諸**「逼人進屋」（compelle intrare）**的律法，那是荒謬曲解耶穌話語「強迫人進來，讓我的屋子坐滿」。西班牙依此主張，強迫異教徒「進屋」接納信仰、印地亞斯信服耶穌完全正當。殘忍的阿茲特克人豈非每年獻祭兩萬生靈，在巨大骷髏架上展示駭人聽聞的戰利品？敗德的印加人豈非縱情於亂倫？邪惡的加勒比人豈非在大陶鍋裡煮熟敵人，恐怖地享用他們的骨頭？還有西班牙人來抵前的一切行徑？塞普維達的信念核心，自然是西班牙人在文化、智識、肉體層面皆優於印地安人；儘管印地安人未必完全是猴子，肯定屬於較低等級的靈長類動物。有位當代歷史學者評論：這種種論點全都出自一位從未親眼見過該種族之人。

然而卡洛斯國王聽信神父的話，而非亞里斯多德。一五四二年，王室頒布《印地亞斯新法》（New Laws of the Indies），禁止新世界所有的進一步奴役，並判定廢除委託監護制。這項法律在西班牙獲一定程度的施行，神職人員和政治人物加以稱許，也有許多西班牙人恭賀堅毅的道明會修士獲勝。但是新法在美洲殖民地並無擁護者，當地每一個殖民階層都提出異議，宣稱會損害他們的生計：有錢人的財富將被剝奪，窮人則失去致富的機會[50]。在墨西哥，派往實行國王新法的特使，最終被說服完全不發布法律。在秘魯，副王企圖執法時遭到皮薩羅的弟弟岡薩洛（Gonzalo Pizarro）追擊、逮捕並斬首[51]。當卡洛斯國王任命巴托洛梅為恰帕斯（Chiapas）主教，教區範圍包括瓜地馬拉和墨西哥南部時，負責龐大藍靛染料貿易的瓜地馬拉市議會寫了一封緊急、驚懼的信給國王，表示「我們相當驚惶不安，彷彿有位公開處決劊子手被派來砍下我們的頭」[52]。當卡洛斯國王慶賀自己的開明判斷，神父變得被世人鄙視，新法對於本應救助的人民毫無效用[53]。這場勝利稍縱即逝，只在印行的紙張上發揮作用。征服者忽視不理，地主嘲笑以對——他們發現譏笑在數千英里外簽署蓋章的法律容易之至。

到最後，國王該怎麼做？他在瓦拉多利德發起的辯論，使人質疑西班牙統治印地亞斯的正當性。卡洛斯國王並不打算完全遵照新法要求的邏輯：撤回施虐的征服者，把白銀拱手讓給在周圍盤旋的歐洲禿鷹，並宣告對新世界的征服不具法律效力。唯一的希望是加速傳教，使印地安人與這半世紀來出生的麥士蒂索人新世代更信奉天主教，更效忠西班牙。但是基於私人厄運的沉重打擊，上述問題對國王而言相形失色。他的妻子生出死嬰，且在兩週後過世，留下他悲痛萬分，幾乎無法照常度日。癲癇發作、痛風、下巴疼痛纏身，他開始漸漸從帝國退位。

當卡洛斯國王放棄一切權力，由他的兒子菲利普二世（Philip II）於一五五六年即位，包括波托西白銀大亨在內的秘魯富裕征服者，竭力遊說新王永久延續委託監護制，好讓他們的可觀財富能永遠代代相傳[54]。他們拿出九百萬達克特幣的重金賄賂，幾乎可支付西班牙十年的年度赤字，菲利普非常心動。父親留給他驚人債務，而且，期盼振興英格蘭的天主教會而前往倫敦迎娶英格蘭女王瑪麗一世（Queen Mary I），嚴重加劇菲利普的揮霍惡習。他下令印地亞斯委員會立刻採納征服者的提議。一直以來為廢除委託監護制搏鬥的巴托洛梅，聽聞此事時怒不可遏。勤奮不懈的神父著手說服他的盟友與秘魯的印地安人，提出相同金額叫價，而他們也這麼做了，無論這項表態顯得多麼虛張聲勢。

然而西班牙殖民官署讓全盤大業終告休止。秘魯的第一批征服者得到能永久保留家產的保證，少數地主獲准在有生之年持有財產，其他人必須將所有財產交還王室。印加人的後裔已在殖民統治腳下掙扎超過一個世代，如今獲得些微希望，他們的後代或能脫離剝削循環。

「曾經勇敢高貴的我們，」一位印加人哀嘆，「如今不過是可憐的**奴僕**（**yanakuna**）。」[55]如此一來，導正印地安人錯誤觀念的事業完全留給漸增的托缽修士團體，他們信守清貧生活，深知傳教任務在科爾特斯與皮薩羅手裡進展不佳。縱使征服者在衝進村落前高吼聖徒之名，於神聖瓦卡碑上樹立十字架，刀劍從未把印地安人帶到耶穌面前。

傳教士的職責

> 有了信仰，上帝的苦難來到這國[56]。
>
> ——《耶穌會訊》（*Jesuit Relations*），一六五三年

擔任見習修士的兩年期間，哈維爾常思考著把印地安人帶到耶穌面前[57]。對他而言，傳教士的職責似乎相反：神父不是應該把自己帶到印地安人面前嗎？傳教士的職責豈非服事、而不是強加於人？他難以擺脫下述想法：自己被派來教化的種族蒙受一整套的自卑迷思。心理層面的攻擊仍在進行，那是深植種族偏見的結果。在過程中的某個時間點形成假定，若是真正的征服，勝方必須使子民蒙羞喪氣，相信自己一無是處。如同五百年前一位憤怒神父對信眾所高喊：倘若原住民成為困頓、疲累的種族，也許是因為他們的征服者並未真正奉行基督的榮耀。「你曾如何盡心彰顯造物主上帝，使他們或能理解受洗、望彌撒、以祂之名訂定

聖日的意義？」神父說道。「也許你認為他們缺乏理性的心靈？身為基督徒你不是應該愛他們如愛己？」[58]

哈維爾全心相信，他所認識的玻利維亞印地安人，無論謙和或勇敢，常比他們白人主子所認定的更具性靈能量、聰敏智力與天生才能。但是他們罕有機會茁壯綻放。

他變得敏銳意識到自己正踏入分裂的社會與種族隔離的國度。居於城市的白人和膚色較白者繁榮興盛，全都講西班牙語。鄉間的印地安人和膚色較深人民赤貧，說克丘亞語。城裡的雙語麥士蒂索人常隱瞞自己能流暢說克丘亞語，羞於宣揚原住民血統。種族和語言的深刻分別區隔出兩個玻利維亞，難以融合。對於遭推往偏遠地帶的百分之六十二人民，新手神父有許多可著力之處：需要正義的礦工，需要教育的農民，需要寬慰的母親，需要醫生的兒童，需要水的村莊。除了上帝的僕人之外，誰會來滿足這些需求？政府似乎卸除了一切責任。

在農民革命的數個月後抵達，哈維爾不可能知曉玻利維亞的劇變，一九三二至一九三五年間於查科戰爭（Chaco War）慘烈敗給巴拉圭，或是國內新上任的社會主義總統，但是他從烘焙麵包、清掃道路、照顧豬隻的人身上察覺充滿可能性的氣氛。幾乎與世隔絕，未獲這方面的培訓、也無法接觸報紙，他必須藉由觀察蒐集證據。會不會是這個國家正處於變革邊緣？那是大膽的想法，不過哈維爾設想自己一路推動那過程，為窮人贏得某種程度的自尊，盡到能被稱為真正基督徒的職責。為了那個目標，他決定全心投入學習安地斯山區的古老克丘亞語。在他學習神職人員基本教誨的同時，他仔細研讀多變的克丘亞語文法、細碎的音韻與奇特世界觀。屆滿兩年後，習得耶穌會創辦人聖依納爵（Saint Ignatius）所著的靈性修煉，宣誓清貧、守貞並服從，他的見習期結束，也握有扎實的克丘亞語基本知識。

哈維爾擁有語言天分，他的耶穌會導師熟知這一點。這些年來，他能初步掌握拉丁語、法語、義大利語、英語。身為天性頑皮、直言不諱、性喜冒險的外向男孩，泰然處世，活用語言對他輕而易舉。需要致力研讀的是禮拜儀式課程、嚴謹的歷史與哲學。儘管課程緊湊且思想狹隘，他設法享有一些融洽歡愉的時光。他的見習修士同伴是加泰隆尼亞和玻利維亞青年；加泰隆尼亞人來自小康家庭，玻利維亞人則出身豪華莊園。有個來自巴塞隆納的熱情男孩，為了旅行四方而加入耶穌會，日後他將離開修會跟一名玻利維亞女子結婚。一位優雅的玻利維亞人出身著名礦業家族，是波托西富翁巨擘的後代，因為是由印地安保母照顧長大，他能說流利至極的克丘亞語。教師們同樣有趣，舉例來說，年長的耶穌會天文學家把透鏡存放在廁紙卷裡，時時鑽研天體圖並凝望夜空，從不太信任科學家了解那片璀璨光芒。沉默寡言的**山區居民（serranos）**來來去去，懷疑玻利維亞正要成為更好世界的主張——他們已經聽過太多次了。穿戴寬襬裙和圓頂帽的女子兜售著奇恰酒，跟哈維爾親切聊天，在他講錯並脫口吐出粗俗咒罵時咯咯發笑。從這些一閃即逝的情景能看出他對玻利維亞人的喜愛，既觸動人心、強烈且直接。他一直感覺玻利維亞是自己命定擁抱的土地，印地安人則為真正的子民。

兩年後，耶穌會決定派他到厄瓜多進行下一階段的培育。了解屈服本身是修士的部分課程，哈維爾靜靜收拾僅有的世俗財物——幾件衣服、一本私人祈禱書、一疊以整齊字跡寫滿成行的符號之筆記本——搭上開往基多的噴煙、尖叫鐵製巨獸。他還不曉得，夾在手臂下的紙頁意味著他第一本著作的雛形，那是一本克丘亞語入門書[59]。

厄瓜多使他驚愕：一個受時間錯亂所困的二十世紀國家，其聯合政府沉浸於殖民過往。目睹基多城內與周遭印地安人禁錮於奴役與苦力生活，他開始理解在玻利維亞發生的革命。克丘亞語也是厄瓜多的語言，由於印加帝國幅員遼闊並長久統治，遂成為跨越這些區域的通用語。但是印加人的膽識，那股天生的獨特自尊——不說謊、不偷竊、不懶散——已在本地原住民身上流失殆盡。他們似乎不明白或能重新激發的內在精神能量，他們已丟失那古老力量。儘管如此，哈維爾持續進修語言，尋覓能教他更多的人，隨機結交或能提升他口語能力的路人。隨著認識更多人，貧富皆然，他總是感覺自己踏上一片受恫嚇的土地：五百年統治造成的死傷。往南行至皮烏拉（Piura）與利馬海岸，他在原住民和秘魯的**混血兒**（cholos）身上察覺相同的命定順從。

他的觀察準確無比。厄瓜多跟秘魯一樣，於一九五〇年代正值嚴峻的政治反彈。席捲此半球的共產主義浪潮在兩國皆遭逢強硬手段：在厄瓜多，總統何塞・馬利亞・維拉斯科（José María Velasco）實施嚴格的反動清單；在秘魯，將軍曼努埃爾・歐德里亞（Manuel Odría）組織全面的軍事行動，對付質疑白人統治正當性的任何人。誠然，整個拉丁美洲正在策畫剷除共產主義的激烈行動，背後獲得美國支持，且由統治的克里奧爾白人階級全力推動。哈維爾也許是在玻利維亞的變革時刻抵達，然而舊派打壓仍在玻利維亞的鄰國大行其道。從一九五〇至一九六六年，超過半數拉丁美洲人口被迫接受獨裁統治，十四任政府被暴力推翻。左翼與右翼、即富人與窮人之爭引起哈維爾的興趣，他開始系統性研讀拉丁美洲革命者的哲學，尤其是厄瓜多共產黨創辦人曼努埃爾・奧古斯丁・阿基雷（Manuel Agustin Aguirre）。不像其他神父與征服者同行，他發現自己跟毫無權力者站在一起。對於一位「上帝之兵」來說，這並非不尋常。耶穌會士長久以來在拉丁美洲反抗權力。

身為新人，哈維爾如今邁入第二階段，他將奉獻十五年為服事耶穌會做好準備。他將花三年待在基多，研讀哲學、形上學、天文學、人類學、認識論——全數使用拉丁語。需要更深入理解或更充分論證的幾個科目，例如物理學或哲學史，則以西班牙語進行。若說在天主教神職人員中，耶穌會士的教育被看作最為嚴格其來有自。四個世紀前，巴斯克出身的創辦者羅耀拉的依納爵（Ignatius of Loyola）建立了「上帝之兵」的形貌，且自創始後少有改變。

哥倫布巡察加勒比海、獵捕奴隸時，依納爵正在歐洲作戰，為斐迪南與伊莎貝拉的軍隊獻身。當砲彈使腿部嚴重炸傷，這位貴族被送回封地羅耀拉的家，在那裡體驗到幻象召喚他投入宗教生活。那幅幻象依序受到教宗和西班牙王室的支持，旨在打造一支堅毅的基督徒大軍，所有學術科目均受嚴格訓練，做好派往世界各地的準備，在最清苦的條件下也能傳播基督福音。培訓期漫長艱辛，用意是測試任何一位未來勇士的忠貞、韌性、靈巧與耐力。依納爵的想法對西班牙而言來得正是時候。眼前有一個新世界等著接受基督教化，需要好戰的基督徒使印地安人的半球順從。

然而耶穌會士常發現自己與印地安人並肩作戰。十六世紀晚期，即哈維爾立誓加入修會的幾乎恰好四百年前，在西班牙小鎮馬迪納（Medina）有名十一歲的男孩立下耶穌會誓約，最終加入修會的秘魯和墨西哥傳教團。他是何塞・德・阿科斯塔（José de Acosta），這位神父心胸開明，拒絕接受原住民宗教只是野蠻人的邪魔崇拜[60]。阿科斯塔認為印地安人居於另一個思想世界，憑著自然理性之光認識上帝。他堅決反對基督教化的白紙策略，以及征服者傳福音的做法：覺得砸毀神像與夷平神殿就能贏得靈魂，以血與火為人受洗。「在印地安人自發領受福音前以武力剷除偶像崇拜，」他主張，「我一向抱持跟其他睿智警醒之士相同的看法，會將福音門扉對外面的人重重緊閉，而非敞開。」[61]阿科斯塔希望耶穌會嘗試不同做法：一點一滴的傳教，不求躁進而採漸進，讓印地安人聚集在一起，向他們學習，透過實例傳布上帝的話語。為了達成目的，他在秘魯各地為原住民人口設立學校和大學，引起總督的擔憂。

在整個一五〇〇年代與一六〇〇年代，遵循阿科斯塔教誨的耶穌會士籌辦廣大、經濟自足的傳教村，那些隔絕的印地安人移居地遍及安地斯山區、巴西，以及從阿根廷延伸到秘魯、名為巴拉圭遼闊土地。王室熱衷應允，假定這些偏遠社群將捍衛西班牙邊界，對抗葡萄牙的擴張[62]。另一方面，耶穌會士認定這些偏遠移居地能保護部族安全，在殖民統治的剝削外提供他們完滿、富饒的生活。布道所成為征服的避難地，在此庇護所神父像企業家一般營運，看管廣大玉米或棉花田地，畜養豬隻和牛群；瓜拉尼人、亞基人或亞馬遜部族在此學習讀書奏樂；他們在此學習禮拜基督教的上帝；他們在此免受高舉國旗的葡萄牙民兵探險家（bandeirantes）掠奪侵害，及其殘忍突襲捕捉奴隸。到了十七世紀晚期，在拉普拉塔河周遭的廣袤地帶，超過半數印地安人口於耶穌會的土地上生活與工作[63]。

然而事實證明，過於成功是耶穌會的失敗原因。在一百五十年間，他們的布道所變得興盛無比，導致王室判定他們是競爭的經濟制度——國中之國——必須受到制止，從美洲徹底驅離。一七六七年二月二十七日，國王卡洛斯三世將耶穌會逐出所有西班牙領土。神父迅速被召集至港口，驅趕上船遣送回家。他們的建物被充公，移居地的一切財產被搬走，成員遭審問徹查仍然持有的財產。最終教宗宣告耶穌會「永遠消失並緘默」[64]。數千一貧如洗的神父立刻成為遭蔑視者，在歐洲流浪尋求庇護。住在南美洲與中美洲荒地傳教村的印地安人四散至叢林和山嶺，茫然迷失方向，任憑環境變遷主宰。許多人被奴隸販子和狡猾地主捕捉，他們利用治理空窗期突襲布道所[65]。全數人口遭綁架賣往巴西奴隸市場。屍體懸吊於布道所裡的樹上。許多印地安人就此躲進雨林，消失無蹤。提琴、長笛、書本、圖書室、犁頭全扔進火爐，烘煉製成火藥筒。堅持留守、盼望奇蹟般重建者逐漸罹病，死亡人數遠超過替補的新生者[66]。

除了哲學與科學的難解習題外，哈維爾也吸收了這些幽暗歷史。不過他得知弟兄的韌性時才學到真正的教誨：遭解散的近五十年後，耶穌會於一八一四年恢復原有地位。就像一株枯死的植物留下強健種子，耶穌會的新一代成長茁壯，超越原有會眾數目並在美洲各地設立聲譽卓著的大學。一九五〇年代晚期哈維爾在厄瓜多完成進修時，修會已成全球事業。黑色的神父長袍遽增，在南半球尤然，耶穌會士在新教歐洲漸漸被人稱為「教宗的黑色守衛」[67]，創紀錄的人數達到頂峰，布道所遍及全球。在拉丁美洲，政治氛圍愈發動盪，壓迫的定時炸彈再次面臨爆炸危機，布道所肩負起數百年前的顯赫工作：為失去財產者謀求福祉。哈維爾將成為其中一位領導人物。

在野蠻人中傳福音[68]

難道你不明白這些修士所說盡是謊言？我們的父親，我們的祖父——他們認得這群修道士嗎[69]？

——安德列斯．密克斯克亞特（Andrés Mixcoatl）向梅特佩克（Metepec）人民所述，一五三七年

普遍認為哥倫布首次航行時並無神父隨行，這是個驚人的假設，考量到他宣稱自己要踏上神聖航程，而且伊莉莎白女王清楚，他的嘗試正是要為西班牙達成傳教目的。早期的學者質疑這項命題，拒絕相信一位虔誠的天主徒，如同哥倫布定然如是，竟會在缺少隨行神父下

出航，甚至提出一些**必定**在他身旁的可能人名，諸如胡安・裴瑞茲修士（Fray Juan Pérez）、佩卓・德・阿里納斯修士（Fray Pedro de Arenas）和其他人。但是哥倫布的日誌嚴謹引述了首次探險的多位同伴，從未提及神職人員，很難相信他在那奇特、蕪雜的手記裡會不記下神父的姓名。時間順序與後勤補給方面的顯著出入，使得那些早期的主張更加站不住腳。較可能的論斷是哥倫布初次探險航程並無神父隨行。也許因為他不認為此行會超過六個月——此為重要論點，由於天主教航海家根據天主教義務來航量航程，而在十五世紀，常規是信徒每六個月領一次聖餐、或至少每年一次。可信資料告訴我們，遠征隊員全部前往告解與領聖餐，才在一四九二年八月的無風夜晚從帕洛斯的港口出航。對於前往的無邊際未知領域全然無知，他們也許假定寥寥幾個月的航程無需神父隨行。

然而記載清楚無疑，無論是科爾特斯初次接觸蒙特蘇馬，或皮薩羅與阿塔瓦爾帕的對峙，或者奎薩達在波哥大傲慢地擊潰穆伊斯卡人。上述皆為新世界最重要的征服事件，每個案例都有神父在場見證，於接續的戲劇場面扮演關鍵角色。奇特的是三位征服者各為遠房表親，且三人皆依循身處時代具約束力的守則，即戰爭與宗教——即刀劍與石頭——屬於國族認同的一部分。那是個戰士與神父並肩行軍的時代，教宗親自領軍征討違抗他們的所有人。也許更要緊的是，三人皆知針對哥倫布的可惡瀆職指控是由神職人員提出。讓一位神父隨行祝福勝戰，是平息王室一切可能反對的便利陪襯品。

兩位神父在科爾特斯的傳奇征服中扮演要角。首先是傑若尼莫・德・阿圭拉，這位不幸的方濟會士擱淺在猶加敦海岸，流浪於金塔納羅奧州（Quintana Roo）的疏林草原上，被馬雅人俘虜為奴八年，接著在科爾特斯前往阿茲特克都城途中，純屬偶然被他發現[70]。幾乎認不出阿圭拉是西班牙人，他的膚色深褐，像奴隸一樣剃頭，卑微且骯髒，他向科爾特斯含糊吐出幾個西班牙字詞表明身分，並從殘破毯子下拿出一本老舊的時禱書。阿圭拉獲救遠離獻祭石板，那是繼續待在馬雅人部落必定遭逢的下場，他對本地語言的通曉立刻幫上科爾特斯。最終，阿奎拉與科爾特斯的可愛納瓦情人瑪琳切，在征服者與蒙特蘇馬談判時扮演關鍵角色。

另一位神父是岡薩洛・格雷羅（Gonzalo Guerrero），他跟阿圭拉同樣在擱淺後倖存。不過格雷羅最終加入本地人，宣誓效忠他的馬雅擒拿者並無懼地與他們並肩戰鬥。晉升至酋長身分後，他的雙耳與下嘴唇皆遵守穿孔儀式，跟一名馬雅女子成親且養育成群兒女。阿圭拉恪守單身誓約並在獲得自由後展現忠貞，格雷羅則在放棄宗教、文化、一切過往後獲印地安人賞賜。可是如今局勢生變，六百名西班牙士兵帶著大砲、火槍與大批盟軍朝特諾奇提特蘭進軍，格雷羅不願表明自己是墮落的方濟會神父。他遁入叢林，忍氣吞聲，只為了在西班牙人橫掃墨西哥、鞏固征服成果時再度現身與其作戰。

另一位與科爾特斯同陣線的神父是巴托洛梅・德・歐梅多（Bartolomé de Olmedo），科爾特斯最初的幾場勝利應歸功的對象[71]。歐梅多心地和善，是一位深思熟慮的神學家。一次又一次，他約束征服者原本更殘暴的本能，敦促他發揮同情心。科爾特斯志向遠大且性喜漁色，是少有顧忌的政治家，深知需要像歐梅多一般的人物來緩和自己的暴烈本性，並塑造他在國內的形象[72]。然而歐梅多並非傾向將印地安人視為同胞的開明英雄人物，他的經驗老到，閱歷豐富。抵達西班牙島時已是一位老練神父，他肩負使餘下泰諾人改信基督的任務。偶然捲入科爾特斯反覆多變且違法的征服墨西哥計畫後，他贏得征服者的信任，除了神職義務外也獲委任迂迴的任務。他為女奴瑪琳切改宗並施洗，讓科爾特斯能隨心所欲跟她廝混。他為第一批墨西哥基督教婦女施洗，讓士兵毫無顧忌享受性事，不致與異教徒交歡。他被派往安撫多艘船隻載運的憤怒軍隊，獲派來譴責科爾特斯公然抗命。歐梅多也在蒙特蘇馬被殺、送去見他的神祇前，負責教導帝王基督教的基本宗旨。

最重要的是，當科爾特斯衝動之下要將特拉斯卡拉人的神像搗成碎片，歐梅多建議採用較溫和的手法，堅稱以武力推行基督教化只會迎來暴風。他強調，還有更好的方法向無知者引介耶穌教誨。事實證明他是對的。起初特拉斯卡拉人不願接受基督教的上帝；那對其他神靈或先知並無用處。不過隨著歐梅多的沉著堅持，他們最終向十字架屈服。這件事的重要性奇高無比。特拉斯卡拉人是阿茲特克人的宿敵，少了他們的支持與軍事武力，西屬美洲殖民地史將於維拉克魯茲幾英里之遙處戛然而止。少了這群改信基督的印地安人與科爾特斯並肩攻打阿茲特克都城，今日的墨西哥不會講西班牙語。隨後，一待攻下特諾奇提特蘭：若非納瓦人易於改變信仰，習慣接納異族神靈，事實將證明征服更加桀驁不馴的奇奇梅克人（Chichimeca）或馬雅人滯礙難行[73]。到十二位疲憊、消瘦且邋遢的方濟會人步入蒙特蘇馬帝國都心、由屈膝的西班牙人迎接之際，墨西哥已徹底敞開精神征服之路。

諸多證據告訴我們，科爾特斯出於強勢本性推行宗教，在施展抱負時欠缺基督徒的仁慈精神。他富謀略、狡詐、具驚人暴力傾向，如同每一位戰果豐碩的征服者。儘管有眾多飄飄然美言宣稱科爾特斯是完美的英雄、虔誠的基督徒[74]，如同一位法官對國王誇讚他是「真心虔誠之人，具有殉教者的本質」[75]，亦有相等的證據表明他是無情的暴虐之士。以救贖應許為出發點的傳奇故事，是如何轉變成無需確鑿理由或挑釁就大開殺戒？蒙特蘇馬的膽怯、科爾特斯的天縱英明、白種人的命定到來，這些是代代西班牙敘事者羅織的幻象。也許人們永難解析五個世紀來悉心編造的政治敘事，事實仍像缺少的拼圖使我們持續存疑，然而無論我們選擇如何解讀歷史，有兩項不容挑戰的事實在開端和結尾時作為見證：科爾特斯在未受限制下踏入特諾奇提特蘭，跟隨行神父和大批從眾一同受到歡迎；兩年後，歷經慘重死亡與毀滅，一個帝國被攻下。

儘管不識字且不夠世故，歷經貴族私生子必須承受的種種羞辱，皮薩羅力爭上游，甚至在參與遠征前就為自己贏得歷史桂冠。他很富有，受人尊敬。此外，曾與巴波亞同赴迦太基、巴拿馬、太平洋探險，他熟知教會在**征服**這項荒野榮景中能起何等作用。他明白在盡速進攻傳說中的「秘魯」土地時，僅有少數虔誠神父會提供道德支柱。在那遠大計畫的早期時日，他還身在巴拿馬夢想一次大膽的南征探險，就已經跟富裕的神職人員埃爾南多・德・路克結盟，後者的指引將在皮薩羅與王室交涉時成為關鍵。當卡洛斯國王最終批准遠征，皮薩羅決定讓同家族出身的神父參與實際航行。這並不反常；涉及有利可圖的冒險時偏好選擇家族成員作為夥伴，幾乎已成征服者的某種本能。在財富與榮耀的狂熱追求中，僅有兄弟或誓約同袍值得信任，因為叛變或偷竊的誘惑十分龐大。皮薩羅確實終將與第二位夥伴阿馬格羅撕破臉，原因是爭奪富藏黃金的庫斯科管轄權，別號維耶荷船長（Viejo Capitán）的皮薩羅最終下令處死阿馬格羅[76]。此魯莽舉動引起的激烈反應，導致阿馬格羅的支持者於多年後對皮薩羅做出報復，他們在年老總督驚愕下闖入宮殿，揮劍刺穿他的喉嚨。

皮薩羅認為，由親戚組成的遠征隊可以避開此種命運：三位異母兄弟胡安、岡薩羅、埃爾南多，其中兩人跟他一樣是私生子，以及多位表親。其中之一是貴族出身的道明會修士文森特・德・瓦維德，他是皮薩羅的遠房親戚並且共赴卡哈馬卡，跟阿塔瓦爾帕進行那次決定性命運的會面。後來的故事眾所周知：正是瓦維德在印加王面前揮動十字架，對他大聲朗讀祈禱書經文，堅稱自己的基督教上帝比印地安人的神更優越，還說崇拜太陽愚蠢至極[77]。當阿塔瓦爾帕接過修士的祈禱書，察看後扔到地上，瓦維德要他的表親為此瀆神行為復仇。皮薩羅一直想攻擊並俘虜印加王，沒別的情況比獲得修士的指令更有效。這是宗教與權力間的巧妙合作，也是教會在大部分西班牙殖民地扮演的角色。

刀劍與石頭的結合已構成民族性的一部分。正如卡斯提亞或亞拉岡王國對抗異教徒的聖戰形塑出戰士民族，於暴力關頭接受鍛鍊與考驗，聖戰也培育露骨的好戰信仰。打造征服新世界功績的西班牙人具有英勇、宿命論、堅毅、傲慢與自豪等強烈特質，他們也深信自己的基督教信仰特殊不凡[78]。他們將耶穌的話語當作旗幟揮舞，視為西班牙語族裔的象徵與北極星。征服、殖民、傳教熱忱，三者在新世界齊步行軍。當征服者為探險果敢開路，當殖民地居民湧入賺取財富，神父則動員社群並教化被征服者。就跟實情一般驚人，基督宣教使命成為系統化的力量與帝國的尖兵[79]。

急欲重塑這片新贏得土地的神職人員，施展著在世上他處從未擁有的權力。天主教擴張主義在早期的美洲是生活現實與組織準則，且隨西班牙在此設立的強大官僚體制而茁壯。王位與聖壇間擁有相互強化的關係，不容質疑，結果形塑支配力量興盛的教會，此制度將於征服者和殖民者消失後仍獲長久延續。天主教將成為汙濁世界裡長久不變的現實，也是日後大部分成就的基石：拉丁美洲菁英的教育、白人統治的延續、窮人的社會安全網、普羅大眾對於進步抱持的堅定希望。那是傳統、保守的教會，但仍然滿懷聖戰精神。在遠征胡亂隨機應變至極時，事實證明教會比王室更機敏且富想像力[80]。最終，教會在美洲將比任何拓荒者更加足智多謀。神父踏足王室特使不敢前往之處，突破征服者設下的界線。教會收到諸多請求，大多終能達成。然而行事核心是奮力謀取強烈而長久的控制權，如征服本身般。

初於新世界取得進展的道明會、方濟會、奧斯定會（Augustinian）托缽修士，旋即爭搶著對「異教徒」子民樹立獨占權威[81]。他們相信唯有自己能使不信神的群眾轉變成完美基督徒，讓這個社會呈現腐敗、唯利是圖機器的反例，有別於天主教會在歐洲的現況。他們投入遷徙人口至傳教村的志業，讓人們工作並灌輸上主的話語。他們忽視大規模搬遷移居導致的強烈衝擊，專注在征服者心目中最要緊的事：占用廣大土地，獲取大規模教化所需的人力[82]。隨著持續進行強迫集中印地安人，此龐大活動需要愈來愈多的土地。在修會之間出現強烈競爭，各自與總督結盟，獲取更廣大的面積，並擴展對此事業的所有權[83]。道明會士控訴方濟會士侵犯他們的土地並占用其業務[84]；奧斯定會士埋怨道明會士傳教使用西班牙語而非原住民語言，導致天主教成為異端[85]。尚有一事為天主教的內部失和火上加油，剛加冕的國王菲利普二世以其教皇身分，決定將整個新世界的傳教工作從修會手中收回，歸由國王掌控。如今王室擁有挑選主教並分派至殖民地的最高權威，讓他們前往困難重重的混雜之地，並期望他們維護紀律。

主教抵達時發現一個功能齊備的基督教體系[86]，被迫融入並強制施加信仰，試圖獲取原本承諾賦予他們的有利地位。於是主教與修會之間、即世俗教會與修道士之間的永久裂痕進入美洲，再也沒離開過。如同一位歷史學者所述，隨著主教與修士企圖對贏得靈魂的熱誠奮鬥謀取控制權，就有一道裂縫深入殖民地教會的核心處[87]。天主教會從未傳達一致觀點，留給本地人口利用不同派系、趁分歧獲益的揣測空間。一方面是世俗體制，由主教領導，獲副王支持，奉國王命令，並準備授封美洲出生的神父以增長勢力。另一方面有數種零亂的托缽修會，身為該半球的傳教先鋒卻彼此競爭，爭奪主導權，不願將棒子傳給在新世界出生或屬於新世界的任何人。

顯而易見，雙方陣營的神父皆為西班牙籍或西班牙人後裔、白人、跟權力階層擁有深厚關係。但是他們之間的對立相當驚人，常擴及世俗社會，裡頭似乎人人都有一個兒子或兄弟為宗教生活獻身。情緒激昂無比、鬥毆如此尋常，以至於在墨西哥一次教會職位選舉時，對立陣營碰頭導致亮刀且宣告叛變，直到副王被迫親自介入，與神職人員同席直到情緒降溫[88]。

托缽修士對抗主教，克里奧爾人對抗西班牙出生者，修會對抗修會，宗教權威地位的競爭如一股電流般迅速遍及西屬美洲殖民地[89]。然而儘管天主教會內部缺乏共識，其影響力唯有更加茁壯，無論形式為何。強制徵收的什一稅、富人與窮人皆需繳納的獻金、要求印地安人努力工作以獲得上帝的祝福：這些共謀全都使教會成為富裕的事業。秘魯和墨西哥是黃金白銀的巨擘，開始產出難以想像的財富，副王因此連忙興建一間又一間教堂來頌揚自己的統治，每間都要比先前的更加壯麗鍍金。宗教修會變得沉迷於占用房產，狂熱購置都市地皮填入女修道院、修道院、學校和大學。到了一六二〇年，距離科爾特斯在蒙特蘇馬的神殿中央釘入十字架僅隔一世紀，上帝的榮耀在拉丁美洲處處可見，使得英格蘭神父湯馬斯・蓋吉（Thomas Gage）感動寫道：

（墨西哥）城裡不及五十座教堂與禮拜堂、修道院與女修道院及教區教堂，然而本地那些是我雙眼曾見過最美的。其中許多座的屋頂和屋梁皆有鍍金。多座聖壇有各色大理石墩，其他則飾以巴西紅木扶壁層層交疊，數座金碧輝煌的聖徒像供人禮拜，以至於其中多間教堂的普遍造價是兩萬達克特幣[90]。這些引來普羅大眾的讚賞，繼之形成日日敬拜……所有的大圓衣、宗座華蓋、掛飾、聖壇布、燭台、聖徒的珠寶、金銀冠冕，以及黃金和水晶做成的神龕供列隊領聖餐，其價值等同一處尚可的銀礦，對於有能力善用財富的任何國家來說皆為垂涎目標。我不多加談論那座城市中修士與修女的生活，只言及他們比歐洲地區享有更多自由，而他們犯下的醜行必將昭告天國之報應、審判與毀滅。[91]

這教訓彰顯了一個人的神聖場所，在另一人眼裡可能是世俗殿堂。即使兩人都膜拜同一個神。

興建比印加太陽神殿或阿茲特克大神廟更宏偉富麗的大教堂，確實要比英屬美洲殖民地進行的任何計畫耗費更多西班牙人的資源和印地安人的耐力。什一稅屬強制繳交、常繁重不堪，早於一五〇一年就由教宗亞歷山大六世施行，目的正是為了維持在印地亞斯的教會。此後栽種於美洲土地或從中開採的一切均需繳稅，收益「永遠」歸屬「天主教國王的教會」。加上施洗、聖餐、婚禮、葬禮與特殊祈福收取的費用，金庫總是充實，確保出巡隊伍更浩大、祭袍的刺繡更華美。殖民地神職人員變得富裕非凡，以至於十九世紀革命人士襲擊宮殿爭取從西班牙獨立之際，教會實際上擁有近半數的墨西哥市總財產。在加拉加斯，玻利瓦繼承的財產使他富有到足以資助六個共和國獨立，遺產來自一位當神父的叔伯，死後留下大筆不屬於教會的財富。在利馬，富開創力的神職人員有太多閒置金錢，使得秘魯教會成為強大銀行，扮演副王轄區人民的主要貸款方。

地主和商人、礦工和農戶皆仰賴教會組織提供借貸，有時交出資產作為抵押。穿上長袍變成屢試不爽、通往財富的大道，導致教宗格列哥里十三世表示不滿，斥責置身墨西哥與秘魯白銀熱潮的方濟會修士脫下了長袍，以有錢貴族之姿回到西班牙，花費更多力氣「讓自身致富，而非掛心救贖他們的羊群」[92]。然而不僅個別神職人員追求物質野心，他們的組織也竭盡全力從傳教工作獲利。到了十八世紀末，殖民地教會積存龐大金錢對王室來說昭然若揭。耶穌會人被剝奪傳教使命、逐出美洲且遭不光彩地解散時，耶穌會是殖民地最富裕的地主，在整塊大陸擁有四百多座營運良好的莊園，並掌控大片耕地。

在殖民地統治的三個世紀間，教會變得純熟於榮耀自身與斂財，不過也達成相當多善事。當拉斯・卡薩斯遊說西班牙法院將印地安人列為**不幸之人**（**miserabiles**），即需要王室保護的正式法律名稱[93]，教會則設立印地安人普通法院（General Indian Court），旨在傾聽任何自覺受冤屈的印地安人心聲[94]。至少其立意是公正的，無論判決是否受人遵從。教會也興建並監管醫院、布道所和學校，基本上獨立運作提供服事。當征服者著眼於他們能開採什麼，教會則考量或許可以留下什麼。起初是方濟會、道明會和奧斯定會承擔本地貧窮群眾的教育職責。最終耶穌會建立學校與學院網絡，為遍布西屬美洲殖民地的克里奧爾白人提供教育，構成也許是新世界最大的單一教育勢力[95]。

由於修會林立，王室和宗教裁判所認為以一套天主教課程確保思想一致是便利之舉，即設定好的教義問答與連貫的信仰體系[96]。數個世紀以來，天主教教育似乎是日漸龐雜殖民體系的唯一共通點。最終玻利瓦將主張，單一信仰與單一語言原為嚴苛征服的先決條件，結果成為拉丁美洲最有利的希望：這兩項共通特質意味著結為堅強有力同盟的可能，使南美洲有機會聯手創造對抗世界的巨大屏障[97]。這是向西班牙在所有惡行之中成就的好事之短暫致敬。然而玻利瓦展望的團結從未實現。縱使雜亂無章的基督教化運動發揮鞏固成效，卻比不上西班牙規定殖民地實施的嚴格分立。事實證明，祖國善於維持領土的孤立、無知、相互猜忌，儘管信仰使其成為一體。

上述皆非表明教會並未對誓言「教化」的人民犯下滔天不公行徑，主教與修會皆然。教會有善惡兩面，當暴行以傳教之名發生，善的一面往往別開頭去。方濟會修士對所有上宗教課遲到的印地安人施加嚴厲體罰，用有尖刺的棍子重擊違規者背部五下[98]。直至十八世紀，他們持續讓不服從規則或做法的原住民戴上枷鎖監禁。要塞與布道所雇用武裝士兵擔任警衛，在神職人員逐漸被視為征服的強力手段後，這樣的關係變得微妙[99]。然而神職人員常是兩者結盟的肇因。出於剷除舊信仰並植入新信仰的難以壓抑熱忱，傳教士摧毀大部分前哥倫布文化，使大量原住民知識落入歷史的垃圾堆[100]。

有時他們也被捲入時代的暴力。受挫於墨西哥奇奇梅克人的激烈反抗，有些修士加入呼籲全面滅絕戰爭，以血與火開戰，肅清整塊土地的好鬥印地安人，以利全面占用印地安人領土[101]。十六世紀晚期，馬雅人依然私下膜拜其神靈的證據，使猶加敦的方濟會領袖迪耶哥・德・蘭達（Diego de Landa）盛怒之下發動諸多暴行[102]。數千印地安人被判**吊刑（la garrucha）**：以手腕銬在腳上的姿勢吊起，是宗教裁判所最恐怖的一種刑罰。必然的結果是數百人死去。接著蘭達要求將五千座馬雅神像和珍貴書籍拖入大廣場砸毀或焚燒，一勞永逸地教訓印地安人，他們的歷史令人憎惡；唯一的救贖是十字架。也許有人會主張，以今日較高超的感受力去評斷十六世紀的野蠻行徑實屬不公，不過有一項事實顯而易見：信仰應受自由接納是天主教會遵循的基本神學原則，古今皆然[103]。新世界的修士忽視了這準則。那般舉動，以及奴隸掠奪、暴力入侵、傳教村、剝削、疾病、大規模強暴等涉及征服者的種種不滿，易於使本地人背離基督教[104]。如同一位平凡墨西哥人的說法：倘若天堂有西班牙人我就不想去[105]。

不可否認，有些神職人員格外盡力保存印地安文化與其歷史，例如方濟會修士柏納迪諾・德・薩阿貢（Bernardino de Sahagún）和莫托里尼亞，或者道明會的拉斯・卡薩斯，他們堅信為了使本地人改信基督，必須先認識了解其作風。英屬美洲殖民地從未出現一位可比擬那群西班牙人的美洲印地安人捍衛者[106]。同樣地，在瓦拉多利德，拉斯・卡薩斯與塞普維達奮力證明原住民是否完全屬於人類，光是發生這番辯論已屬驚人之舉，更別說是由國王所號召。在世界歷史上，這般熱烈的討論無可匹敵[107]。

但是西班牙以神職人員為先鋒的殖民地傳教體系，其本質就是一種入侵，目的是侵擾、轉變、強迫原住民遠離不信上帝的邊緣地帶，踏入基督教義的軌道[108]。原意也許是要婉轉說服，結果卻使原住民的世界天翻地覆。身穿長袍的男子是手無寸鐵的開拓者、冒險赴他人怯於踏足之地，他們的到來預示著將臨的奴役、喪失舊文化與強迫接受新事物。跟英國對北美的殖民不同，他們的拓荒者強行推進疆域、定居並暴力驅逐印地安人，西班牙人則相反：他們強行推進、定居並**吸納**印地安人。西班牙人削減印地安人的族群，使他們受洗，與他們生育後代。這套方法大多奏效，有時則否。在今日的智利，阿勞卡尼安印地安人（Araucanian）強烈反抗殖民者，傳教士謹慎避開延續數代的血腥戰爭，最終為西班牙帶來獲利豐厚的奴隸貿易。

隨著宗教修會進入美洲內陸，信念灌輸成為精心盤算的過程。除了對大眾傳教，教會竭力從事殖民政府在種種貪婪腐敗以外未盡的職責：培育並提升文化，照應人民福祉。拜神職人員之賜，墨西哥於一五三九年出現印刷機[109]，也是他們的緣故，大學在利馬、墨西哥市、拉普拉塔、聖多明各、波哥大接連成立以服事白人子弟，扮演反映**祖國**蓬勃智識文化的正統堡壘。隨著時間過去，儘管採取的方法迥異，托缽修士成功帶領愈來愈多印地安人進入基督信仰，原因正是他們提供的服事。方濟會在千禧年與末日的遠景中滲入，從一村趕往另一村，一次為整群墨西哥人施洗，省略傳授基本教義的耗時工作。繼承偉大智識傳統的道明會是秘魯的第一批傳教士，也率先教導原住民西班牙語，不過在傳授一些基礎後旋即中止，拒絕教他們太多[110]。想法是讓印地安人真正受教育，跟驅動蓬勃奴隸經濟所需的種族征服背道而馳。另一方面，耶穌會人把所知的一切教給原住民，從拉丁語、巴哈到天文學。他們在城市中心設立聲譽卓著的學校，專供有力人士的孩子就讀；隨後輻散至叢林偏遠角落教育其餘所有人，建立面向他們的世界，證明他們是比主子更好的治理者。

實現烏托邦

所有修士皆成就了全然的搶劫與壓迫，靠著印地安人的汗水與痛苦致富[111]。

——圖帕克・印加・尤潘基，一七八三年

起初，當神職人員充斥高原與低地，散播基督的話語並警告原住民崇拜偽神的危險，印地安人懷疑他們是惡魔[112]。這群人必定是克丘亞傳說裡的**皮許塔科**（pishtaco），在艾馬拉傳說中稱為**凱里席利**（kharisiri）：在大地漫遊的邪惡白色妖怪，奪取受害者的脂肪作為洗禮的油膏[113]。印地安人驚恐目睹西班牙士兵尋遍戰場，找到死去的敵人並割下一塊塊脂肪，塗抹自己的流血傷口。在舊世界教會醫師用熱油加速癒合的時代，這是個常見做法，然而在新世界謠言甚囂塵上[114]。眼前是一種白皮膚異族人，武器精良、富有魅力、力量強大，舌粲蓮花承諾好聽，卻需要印地安人的脂肪好讓他們的教堂鳴鐘、轉動車輪、發射大砲。

西班牙神職人員的許多層面顯得陌生、超脫塵世、古怪至極。原住民的大祭司儘管握有權力且與眾不同，還是跟妻子兒女過著普通生活。他們崇拜的太陽、雨水、大地是生命的永恆現實，顯得明智且務實。但是這些詭異、蒼白的幽靈誓言遵守獨身，膜拜釘在木十字架上、看來怪異可笑的破敗先知。倘若從未透過最基本的自然法則、即性的繁殖力塑造人格，一個獨身的修士要如何成為全人[115]？假使如此天真看待生命本身，那麼穿長袍、頭頂剃光的部族又怎能傳授性靈事務？

三個世紀後加入耶穌會的哈維爾，將於玻利維亞和厄瓜多遭遇相同質疑。許多時候會有個咯咯發笑的孩子跑來，大膽掀起他的衣襬喊叫：「**這小修士裡面還有一個人！（Dentro de este padrecito hay un hombre!）**」[116]男子身穿長袍顯得過於怪異；一個高瘦白人男子在偏遠村莊閒晃更是如此。他分外費心討好在市場裡耳語的婦女，從礦坑返家的勞工。他熟知歷史。他明白被一位來自西班牙的陌生人接近並布道意味著什麼。事實上，他會說明自己是加泰隆尼亞人——就像他們一樣是外人，有著跟西班牙截然不同的文化和語言。他的聽眾點點頭，禮貌地微笑。最終他開始稱自己為玻利維亞人。隨著時間過去，他將完全脫下黑長袍。

基礎課程結業時，哈維爾常想起參與征服的神職人員，那是在他完全獻身此領域前必須歷經的耶穌會培訓歲月。他從沒打算過要當一個入侵者。在凶殘內戰的混亂中成長，人們的父親和祖父被一時的激憤謀害，他在那般世間獲見上帝之光；他只想把那光傳下去。如今哈維爾發現比起改變人們的信仰，他更關心自己能伸出的援手，自己能做些什麼來彌補周遭歷歷可見的驚人疏漏。他沒想過原住民的語言、傳統、完整的精神性會讓自己如此著迷。最卑微、赤貧的**不幸之人**變成了他的老師。他來這片主的領地致力奉獻正是為了他們。城市或許充滿富裕、飛黃騰達的拉丁美洲人，如同他曾在拉巴斯與現在的基多所見——經濟情況良好、健康、受過教育的百分之二十人口[117]——然而他確信，正是竭力保留祖先歷史、維繫日常儀式與信仰的這群鄉間印地安人及其後代，手中掌握著拉丁美洲的命運。

心存省思的哈維爾與五百年前的耶穌會人無甚差異，他們於現今為巴拉圭與巴西邊境地帶之處設立布道所。作為新創的修會，試圖在那片荒野找到自身定位，耶穌會盡心照顧瓜拉尼人的福祉：為逃離奴隸制他們不斷遁入森林深處，對西班牙人用處不大。耶穌會建立一支全由瓜拉尼人組成的軍隊，保護其族人免於葡萄牙襲擊者與殖民地官員的侵擾，開啟智取總督與主教、以專屬方式行事的悠久傳統。耶穌會傳教村多屬人道志業，在這些社區裡神職人員沉浸於部落文化，尊敬他們也許未能全然理解的傳統。他們還能藉此獲利。歐洲有些觀察家甚至認為，在一片滿懷敵意大陸的偏遠森林中，耶穌會正在實現烏托邦[118]。

儘管聽聞古巴與那場承諾要形塑拉丁美洲未來的重大革命事蹟，哈維爾還是待在馬迪迪（Madidi）的叢林裡。當卡斯楚和格瓦拉挨擠在古巴的水晶山（Sierra Cristal）松葉林，等待入侵哈瓦那的適當時刻，哈維爾正在玻利維亞做田野調查，盡其所能學習古老語言的種種特點。克丘亞語有著驚人的奧妙，變化似乎無窮無盡。抖掉毯子裡的跳蚤，從一村移往另一村，他決心抄錄從未被充分記載的語言系統。他心中最具革命性的事物並非馬克思思想，西班牙內戰讓他打消了那類念頭，而是「ka」和「kha」的發音，能否掌握其間區別將決定他是可信的克丘亞語講者或是荒唐笑柄。哈維爾聆聽一位年長、經驗豐富修士清晰發出這兩個子音的喉音跟軟齶音區別，反覆直到他的假牙掉落，促使哈維爾打趣說那是他斷無可能重現的發音。

他不經意晃進妓院，看見「女士們」群聚在陽台，誤認為這是適合閒聊的跡象。他著手詳細記載北方和南方語調的差別。有天為了刻畫某種聽來優雅的口音，他訪問一位聲音悅耳的老婦，結果她是內政部長的母親，因此以間諜嫌疑遭到逮捕。簡言之，他同時在記錄一種文化和語言。他成為人口普查員，藉此擴展聯繫：敲敲門，往石頭坐下，跟母親談孩子，跟父親談志向，小孩在旁玩耍。他騎著一輛劈啪作響的老摩托車跑遍鄉間，長袍在風中飄揚。他以少有外人做到的方式走訪拉丁美洲，學習當個安地斯山區居民的意義，固守邊緣地帶，活在有錢有勢者以外的世界。他在見習期間持續這項工作，且於美國康乃爾大學攻讀社會語言學博士之際繼續赴玻利維亞做田野調查。

新結交的玻利維亞朋友問他關於信仰之事時，哈維爾只對他們描述自己的導師：一名在動物環繞下生於馬槽的男子，死於盜賊環繞的山腰。耶穌會弟兄問他關於工作之事時，他回說自己正試圖解答一個國家要如何療癒其靈魂[119]。他並未確切說明那是指什麼國家。

第十二章

神殿

政治面臨危機，在拉丁美洲更是處於深深的危機之中……它稱不上健康，更接近病了[1]。

——教宗方濟各（Pope Francis I），二〇一八年到十八世紀末耶穌會遭逐出基督徒生活之際，包括白皮膚、棕皮膚、黑皮膚與麥士蒂索人等眾多殖民者已明瞭，關於拉丁美洲的舊時歐洲寓言是錯的：魔鬼並非不信神的印地安人；魔鬼是殘忍的西班牙人。[2]殖民主義是邪惡化身的觀點開始在新世界出生者之間滋長，那是拉斯・卡薩斯數個世紀前植入種子的產物，如今隨反叛勢力茁壯，並受到歐洲「黑色傳說」的迴響推波助瀾。受過教育、熟知身處半球的克里奧爾貴族對遭貶低的地位感到不滿，被印地亞斯委員會實行的法律刺傷。他們是白人。他們是西班牙人之子。但是因為並非出生於西班牙，他們無從施展權力。他們被法律禁止擔任公職、制定法律或有實權的職務。縱使掌管興盛的莊園、企業與礦坑，他們無法從自己的成功中贏得完整獲利。無論商業、司法或社會領域（而那包括教會在內），在任何機構的最頂端都有一位來自**祖國**的監督者，叫他特使、重要人物或暴發戶都可以。許多時候祖國並未派任最優秀聰慧者，讓見多識廣的克里奧爾人必須聽命於無能外人而發怒。正是這些悶燒的餘燼引發了獨立戰爭。當怒火於一七〇〇年代晚期爆發，並於一八一〇年火力全開，革命像點燃的燭芯般從拉普拉塔河迅速延燒至格蘭河，引燃整個半球並使數百萬人死於戰爭的地獄火。從屠殺的開始到結尾，教會站在西班牙那一邊。那不令人意外，因為神職人員曾與征服者並行，教宗與國王結盟，證據在每一處中央廣場名示眾人：最宏偉壯麗的教堂總是坐落在副王宅邸旁，而主教的家就在幾步之遙。

當拉丁美洲革命告一段落，西班牙被逼回大西洋另一側，破壞形同巨災。[3]城市被徹底從地圖抹去。平民人口減少三分之一[4]。西班牙的遠征軍幾乎全滅。單單在委內瑞拉，死亡人數就超越美國革命與內戰的相加。國王的軍隊跛行登上受損船艦，帶著副王、大主教與主教隨行，使拉丁美洲領導階層出現真空，讓未來好幾個世代陷入幾近混亂的局面。布道所被整座清空。未在怒火下遭毀的教堂與修道院淪於失修[5]。克里奧爾神父的人數，根本不足以維繫星羅密布美洲土地的天主教事業恢宏網絡。在較小的城鎮，當地人接管教堂，不確定該如何處置。鄉間的印地安人完全跟信仰失去聯繫。當白人乘虛而入，攫取西班牙人留下的所有權力與財產，膚色較黑的種族只好自求多福，繼續度日。

沒人真正關注教會在較貧窮的社區失去多少掌控[6]。代代以來未留下他們的宗教或精神習俗記載。零落獲得授命的克里奧爾神父依然傾向固守都市中心，那裡有熟悉的環境、膚色較白的信眾和他們認得的擾攘街區。讓情況更形複雜的是，新近獨立共和國的政府儘管混亂失序，小心翼翼不讓教會涉入任何帶有舊時殖民跡象的做法。在中美洲某些區域，反教權的政府著手將教堂的影響力降至最低，並遏止其擔任梵蒂岡募款代理的舊傳統[7]。舉例來說，墨西哥於一八〇〇年代晚期沒收並國有化教堂的所有財產，使教會與國家分離，隨後也必須承擔後果：國內神職人員變得激進，處處與政府作對，直到墨西哥執法者厭倦他們的抗爭，將所有外國神父逐出國境，並頒布僅有墨西哥出生者得以傳教的法令[8]。瓜地馬拉的反應甚至更嚴厲：一項法令嚴格限制全國天主教神父人數上限為一百人。原意是暫時的導正做法，卻成為超過七十年的規定。

在這段期間，上層階級與向上流動者仍然效忠教會。諷刺的是白膚色成為最明確的權力門票，在後革命時代的西屬美洲殖民地，賣弄一個人的西班牙、以及與之相連的天主教純正血統，變成一種權力手段。居統治地位者必須是白人，配戴耶穌受難十字架，公開表露宗教信仰。不過，從整體與純粹的數據來看，拉丁美洲教會處於嚴重危機[9]。跟西班牙人相比，後革命時期的領袖甚至更殘酷地要求農民服從；農民赤貧度日還需承擔大部分繁重勞動，懷著憤恨滋生的復仇心態，開始重拾祖先的本土儀式。不可否認，他們的精神習俗一直懷藏古老過往的遺續，即使在殖民統治的最嚴苛政策下亦然。然而任其自主使用後，鄉間教堂允許自然與神靈崇拜，創造一種高度融合的宗教，結合基督教與部落信仰，在教會前所未見：聖母像可能呈現山嶺的形狀，向大地之母帕查瑪瑪致意，太陽冠冕環繞她的頭，半月輕托她的腳。或者，在紀念基督教節日的慶典中，隊伍領頭的男子扮演惡魔，面具上無疑是克亞特利庫或艾阿帕克的尖牙。

貫穿整個半球的革命就這麼引起意想不到的餘波，重新定義群眾眼中的拉丁美洲基督教。膚色較黑的種族急於擺脫嚴苛教義，例如基督教對罪的執迷向來陌異且難以捉摸，他們重拾對人性弱點更寬容的古老傳說，與周遭自然世界更加契合的信仰。加勒比海黑人恢復巫毒及聖德里亞、約魯巴（Yoruba）或曼丁加（Mandinga）信仰的催眠習俗：崇拜眾多奧里薩（orisha）神靈，如他們所知那般與生命應和[10]。印地安人再度接納他們的大地、太陽、海洋神祇，以及人作為自然生物的角色。

從阿根廷的彭巴草原到猶加敦的叢林，奔逃基督傳教團遺棄的人民開始用先祖的宇宙觀改造信仰。舉例來說，在偏遠的墨西哥納亞里特山脈（Nayarit），科拉人（Cora）是遭武力傳教的最後一個墨西加人部族，從一七六七年耶穌會遭逐後就未見過神職人員[11]。他們隔絕於基督教達兩個世紀，直至一位方濟會修士於一九六九年踏進這座方山並恢復傳授福音。他發現在兩百年的孤立期間，科拉人重新崇拜太陽。不過令他訝異的是，現在太陽神變成耶穌基督，附加了受難、釘上十字架和復活的經歷。有些印地安人甚至有能力以近似拉丁語的某種音調朗誦整段彌撒。對科拉人而言，猶大（Judas）是難以理解的人物，跟他們曾有過的任何神靈都不同。如今猶大不復存在，但是他的族人猶太人成為**「不存在者」（los borrados）**，渾身抹著灰燼泥濘的近裸男子，然後塗上鮮豔顏料，配戴野獸的口鼻。在延續至今的春季儀式中，科拉人扮成那般外觀演出將耶穌釘上十字架者，他們相信那人是猶太人。伴隨響亮、持續的鼓聲，扮成惡魔的男子奔越村莊追趕代表基督太陽神的男孩。以基督教禮拜未盡的方式重現陰間，科拉儀式是寬容的一課：這些人是世間的敗類，一群奔馳的惡人，縱有斑斑惡行，他們就像我們一般是容易犯錯的人。放縱食用致幻的烏羽玉仙人掌（peyote）來慶祝邪惡，不存在者跳舞到入夜，等待復活節的太陽升起，這時他們躍入河裡，洗盡灰塵與邪惡，再如基督一般重生。

哈維爾還不太清楚，不過，如同四百年前走遍那片高原的神父先鋒，他受期許要再次重啟基督教進程。在他思索自己的未來，考量如何能好好服事顯然抱持自我堅定信仰的人民時，有一波外國神職人員加入他的行列。如他一般，他們調來拉丁美洲帶頭推動天主教重生。行走於玻利維亞和厄瓜多的寂靜山城，或是布道所牆內的畜欄，他渾然未覺自己置身於全球行動的中心處。他從未完全了解，直至一九六〇年代晚期赴康乃爾大學攻讀博士學位，此時全球加速進展和平運動，解放神學（liberation theology）由此誕生。教會以從未預見的方式改造自身。

就像十六世紀的主教投身於動盪的半球，二十世紀的修士受期許去介入，制止頹勢，導正事務。然而如今情況大不如前：教會握有的政治權力衰弱許多。拉丁美洲人對基督教並不陌生：他們過往曾經理解，想像過其可能性，並根據自身用途加以調整。這一次修士們的工作並非強加信仰、而是拯救信仰，重新踏入遭遺棄超過一個世紀的世界，並以較溫和的手段重獲人心。若非如此，就會將拉丁美洲撒手讓給新教、福音派、無神論、不可知論或漠不關心者。天主教傳教士來自世界各地，多為令人抱憾世界大戰的倖存者，他們僅有贏得信眾的模糊對策，開始埋首於當地文化，全心投入社區。這是一種類型迥異的傳教。

在城市裡，菁英延續基督徒傳統，如同其西班牙先人所為。孩童就讀天主教學校，父母讓嬰兒受洗，為死者舉行基督教葬禮，途經教堂者盡責地在身前畫十字。但是在更廣闊的拉丁美洲鄉間地帶，農民重塑信仰，使精神生活比在殖民強權統治下更加切身。就算宗教的名稱不再是天主教，如今宗教完全成為社區的搭檔，構成群聚、分擔工作、扶助弱者的理由。

此種順應當地的基督教領袖比起神父更接近薩滿；他們慶祝冬至夏至、季節變遷與豐收；他們保留本地節日，連同當地習俗在內，甚至是歃血儀式。他們重回崇拜自然以鞏固文明的恆久原則，此信仰體系比白人教他們的任何事物更易於理解。假使耶穌與瑪利亞依舊留存聖人之列，其身分並非救世主與聖母，而是永恆存在的太陽和大地。

當歐洲的天主教修會於一九五〇年代著手再次征服拉丁美洲，尋求恢復並強化掌控時，他們並不孤單。來自美國的瑪利諾（Maryknoll）傳教士將重心從中國移往拉丁美洲，湧入此區域後，卻發現亙於鄉間地景的舊西班牙教堂裡不見獲授命的神父蹤影[12]。相反地，他們遇見的精神領袖對侵擾厭惡至極，公然抱持懷疑態度。北美人被視為篡奪者、入侵者與現代征服者。當傳教士試圖接管革命前教會留下的地產，事態更形惡化。印地安人拒絕交出建物鑰匙，或放行進入廢棄學校，甚至不讓他們見證本地人世代守護的珍貴主保聖人畫像。

無庸置疑，天主教會面臨重獲五千多萬原住民心靈的激烈對陣戰[13]。從梵蒂岡到最基層的布道所，教會重返是一項艱鉅任務，急迫程度有如教宗亞歷山大六世的冒險計畫，要使新世界所有不信上帝的異教徒改變信仰。天主教傳教士如今更具有文化感知能力，意識到教會必須為人民調整而非反向為之，他們湧入偏鄉與內陸，準備要挽救損失。在墨西哥，教會與國家的關係失和超過一個世紀，烏拉圭亦然，與梵蒂岡的外交關係破裂已久；傳教士蜂擁而至，懷抱這次會做對的新信念。

這種新方法不可或缺的是「文化濡化」（inculturation）概念，默認在傳福音的過程中，神父自身也接受傳教[14]。假使做到學習語言和習俗、深入了解人民，他們就是融入而非改變文化，以情誼而非武力贏得人心。為了達成目的，神父召募印地安人與混血「教義問答導師（catechist）」以擴展傳教陣容，讓圈外的本地人擔任化身：傳授信仰，照顧病人，完成簡單的教堂事務[15]。教會藉由本地人贏得本地人，靠著當地人口創造皈依天主教的人際浪潮。這項策略並不陌生，五個世紀前方濟會修士就曾利用納瓦人協助反叛的部族改變信仰，不過從未像如今教會統率的大規模實踐。

諸多事項需導正。多個世紀以來，赤裸的歧視體制在這區域的城市成形，似乎難以改正。膚色較黑、較卑微的種族每天遭逢新的侮辱：身穿原住民服飾的克丘亞人被利馬的電影院拒於門外；漫步於白人社區的亞基人在墨西哥市被逮捕；天賦異秉的馬雅人進不了聲譽卓著的天主教學校；艾馬拉裔神職人員無法獲得教堂裡的職位。「我們申明艾馬拉與基督宗教皆教導生活的愛與敬意。」一群宗教領袖在玻利維亞的神職人員集會中宣告。「這些並非由恨出發的宗教。然而從行為看來，基督教自相矛盾。它分化。它不信任本地領袖。我們是它的左右手，卻不是領頭者。神學層面的殖民主義仍在主宰。」[16]情況顯然如此。歐美傳教士的浪潮為這項任務帶來新的感知能力，但是他們一如往常是外國人，拿國際資金，形同某種入侵者。自從一五六三年神父佩卓・德・奎洛加（Pedro de Quiroga）帶著一位秘魯人的苦澀證辭返回西班牙家鄉後，似乎少有改變：「我們無法說服自己相信你傳授或講說的任何事，因為對所有事你總是說謊或欺騙我們。」[17]

隨著時間流逝，迥異的內戰、革命與恐怖主義侵擾於一九七〇年代與一九八〇年代撼動拉丁美洲，傳教士如今愈發熟悉他們服事的、較其先祖更本地化的人口，察覺自身欣然接受當地的激進政治。拉斯・卡薩斯的憤怒激盪了數個世紀，挑起二十世紀的反叛。那是張牙舞爪的解放神學，在拉丁美洲的舞台上引爆，力道震驚梵蒂岡並激發至今仍困擾天主教會的認同危機。

改變之風

> 我來自一個超過百分之六十人口活在貧窮處境下的大陸，其中百分之八十二身陷赤貧……你要如何告訴窮人神愛他們？[18]
>
> ——神父古斯塔沃・古提耶瑞茲（Gustavo Gutiérrez），《解放神學》（*Theology of Liberation*），一九七一年

當哈維爾於一九六九年獲得康乃爾大學人類學博士學位並回到玻利維亞，決心利用所知來改善美洲印地安人的處境時，他年方三十四歲。他花了至今超過半數的歲月待在玻利維亞，為耶穌會的服事準備近二十年。他目睹解放神學在同輩中興起，那是種目標虛幻的觀念，初萌芽的想法符合他的同理心，卻尚展翅翱翔。同一年，來自米納斯吉拉斯的年輕修士

魯本・阿維斯（Rubem Alves）針對可疑共產黨人的暴力打壓將他逐出巴西，在美國完成普林斯頓大學的博士論文，論文題為「邁向解放神學」，是美國學術圈最早提及此用語的案例之一。但是內容並未有力傳達席捲南美洲許久的情況，僅貧弱宣告巴西窮人理應獲得教會的更好對待。阿維斯認識到自己論文的不足；普林斯頓打了所能給的最低分。

十足巧合的是大約在相同時間，於歐洲完成基督教研究學業的秘魯人古提耶瑞茲，在擾攘的秘魯漁港欽博特（Chimbote）籌辦一場神職人員會議，使多年來為此區域商討新做法的那些人群聚一堂。他將會議命名為「直到神學的解放」，即邁向解放神學。古提耶瑞茲對這項新運動的定義大膽且清晰，受到在那動盪年頭席捲此半球的社會主義激情助長，強有力地指涉神職人員的角色：「假使信仰是對神與世人的承諾，假使神學是對那信仰的理解，那麼要緊的並非理論。是承諾。是行動。解放神學企圖在人的世俗解放——社會、政治、經濟層面——與神的國度間形塑一種主動關係。」[19]

換句話說，假使拉丁美洲最迫切的創傷是不公正，是在富與貧、白皮膚與棕皮膚、特權階級與受漠視者之間的鴻溝，那麼教會就有義務以上帝捍衛者的身分，處理這些公然違背基督教義的事態。貧窮並非致命疾病，而是一種可治癒的情況[20]。壓迫並非不幸，而是一種可導正的不公。同樣道理：造成拉丁美洲廣泛貧困的迫害，是由不公的社會、扭曲的心態、征服者的文化後天強加；假使那壓迫並非固有、而是外力施加，就能夠扭轉。為所有暴君代言的伊索寓言邪惡蠍子——「不是我的錯，這就是我的天性」——在此無法成立。教會必須將自身置入造成苦難的社會經濟結構，並致力洗刷藏於暗處的罪。畢竟教會的職責若非救贖基督徒，還能是什麼？而救贖若非解放人，還能是什麼？

這是一種革命性的概念，呼籲神職人員比傳統角色更加入世，並意欲如同五百年前的征服一般深刻改變社會景觀。然而這一次改變將來自底層，從草根、從人們之中最弱小者出發，而非來自任何統治君主。而且這一次，解放神職人員將在鬆動醜陋歷史時扮演活躍角色，而非協助征服者恫嚇原住民群眾。假使神職人員為了治癒拉丁美洲的貧窮必須加入反叛陣營，假使他們必須武裝自身為窮人贏得些許公正，那就這樣吧。

梵蒂岡的回應迅速且具譴責意味[21]。依其觀點，新形態拉丁美洲神職人員追求的解放更具政治連結，而非基督教信仰。至少就教會的官方看法而言，人的解放是使自身免除罪的過程。並非拯救人免於壓迫。梵蒂岡關切的重點是個人靈魂，而不是身處更廣泛政治領域的個人。還有更關鍵的一點，教會完全不想扯上六〇年代與七〇年代在全球具有惱人優勢的馬克思主義，其理論形態反對所有信仰、包括基督教在內，並建立於無神論的教條基礎。然而拉丁美洲激進神職人員考驗法則與禮儀的方式，是向信仰本身提出基本問題。假使不擁護人權，那麼教會的立場為何？教會準備做什麼來修復本地所受的歷史傷害？基督教只是一種口頭上的信仰，或是依其最偉大導師耶穌基督教誨與指示而活的信仰？人要蒙受何種程度的苦難，神職人員才會採取行動捍衛他們之中最弱小者？

遙想過往，回顧歷史漩渦，解放神學顯然是梵蒂岡自身的產物。許多羅馬高層最終理解那一點，使這股新神學帶來的刺激更加強大。起點始於一九五九年一月，教宗若望二十三世（Pope John XXIII）宣布召開梵蒂岡第二屆大公會議（Second Vatican Council）並呼籲重整教會[22]。（第一屆大公會議於一八六九年由教宗庇護九世〔Pope Pius IX〕召開，應對唯物主義及其他威脅。）梵二會議對於傳教士職責的較自由解讀，為教會及全球年輕神職人員帶來深遠影響。但是在鮮有教會人士預料到的命定歷史偶然中，恰巧於同一時刻的一九五九年一月，卡斯楚揮軍闖入哈瓦那，古巴革命就此躍居世界舞台。

一九六〇年代古巴革命在拉丁美洲掀起激勵人心的效應。長久以來，貧富之間的鴻溝構成這個區域的定時炸彈，助長憤怒，準備引爆。古巴的失控貪腐社會遭到激進改革，失序無章地轉變成一個共產主義國家，在鼓舞拉丁美洲廣大底層人民的同時，也使此區域的寡頭政治家和支持他們的機構與勢力感到恐懼。不過革命也撼動拉丁美洲教會的基礎。古巴使其完全措手不及。

然而這也讓肩負重啟拉丁美洲傳教職責的新一波神職人員獲得機會。當哈維爾在康乃爾大學攻讀博士研究，梵二會議開啟了教會的窗戶，重新定義天主教教義。如同古巴擺脫惡行昭彰的獨裁者巴蒂斯塔及其貪腐舊統治體系，教會呼籲要斷然劃分過往的守舊結構。教會不再全然是由高層裁示的組織，而更貼近信仰的盟約，「一群上帝的朝聖者」[23]：此活躍宗教實體說著群眾的語言，樂見創新，接受各民族的信仰版本，並且更加嚴肅看待信眾的社會經濟問題。過時的舊拉丁彌撒不再。眾多牧師與修女身穿法衣和長袍的情景不再。結合天主教與民俗傳統是為瀆神的觀念不再。或許最重要的一點：窮人僅有的慰藉不再是到天堂獲得獎賞。現代教會有責任制止人類的苦難。就在當下。

沒人猜得到下一波天主教思想新浪潮會來自拉丁美洲。但是這個區域的壓迫、暴力、制度不公，以及種種問題跟天主教會的歷史連結，為重新思考宗教角色、形塑一種新方法創造絕佳機會。過程並不容易。解放神學的迸發也使羅馬的主教們驚惶不已。確切而言，誰是這股憤怒信念的敵人？為何密切隨著馬克思主義思想起舞？沒人能質疑共產主義造成宗教組織的危機，可是為權力與長期社會不公服務的教會同樣帶來危機。為了實現梵二會議承諾的更公平社會，也為了將不信神的共產主義拒於門外，教會決心從貧窮的源頭著手，投入如哈維爾般年輕神職人員放眼的田野與村莊。解放神學家也將窮人視為目標對象，但是他們採取更激進的觀點。貧窮是種族歧視、種姓社會與系統性壓迫的產物，他們敢肯定馬克思主義的平等力量，及其關於宗教是人民麻醉劑的種種聲明，或能讓將要重塑拉丁美洲的任何人學到一些教訓。

這是一個充滿敵意的年代。當羅馬的神職人員持續爭辯細微的教義論點，全球戰火正加劇吞噬人口：越戰、寮國的爭端、古巴飛彈危機、美國民權抗爭、歐洲興起的激烈抗議、以阿衝突、超過十二位世界知名人物遭暗殺[24]、非洲三十二國的獨立呼聲。這似乎是讓梵二會議真正扭轉舊秩序的成熟時機，但是教會只願意到此為止。儘管新任教宗保祿六世（Pope Paul VI）一生致力於打擊貧窮，他明言解放神學的宣言過於政治化、過於挑釁，過於嚴苛對待數個世紀以來供教會經濟無虞的權力菁英。

這並非教會首次譴責捍衛拉丁美洲弱勢群體的神職人員。五百年前，拉斯．卡薩斯痛斥征服者冷血至極的暴行，導致教會最終厭倦了他的控訴，把他打發到歷史邊緣。傳教士被期許要聽從羅馬的命令，服從主教，遵守通常由神職人員居首的西班牙印地亞斯委員會嚴格法規。反其道而行者不被認可且遭排擠、免職，包括為被征服者挺身抗議者在內。

到了三百年後的一八一〇年，與西班牙王室站在同一陣線仍為既定位置。罕見的是有一位神父發起運動，對抗西班牙政府所體現的恢宏軍事—神職複合體。就在同一年，米格爾．伊達爾戈神父發出殊死的「多洛雷斯呼聲」並領導一場農民革命往前衝，使他可能成為拉丁美洲首位真正的解放神學家時，制度化教會的所有壓力都落在他身上。起初他的正義訴求獲得眾多墨西哥神父支持，窮人大軍高舉瓜達盧佩聖母（Virgin of Guadalupe）旗幟上街遊行，抗議折磨墨西哥數個世紀的不義行徑[25]。但是一紙火爆的通諭記載，教宗的譴責堅決落在另一邊。就教宗而言，西班牙是美德的典範，它的國王擁有絕對君權，它的人民是上帝之子。反叛的神父是「邪魔歪道」，革命則是「從不祥水井湧出的瘟疫」[26]。副王手持那紙憤怒通諭，要求大主教動員整個墨西哥教會去對抗革命分子[27]。大主教被迫同意。神職戰士被派往捍衛西班牙，高喊「天主教信仰萬歲（Viva la Fe Católica）！」且在雷梅迪歐斯聖母（Virgin of Remedios）的旗幟下作戰。如同一位歷史學者的諷刺評論，這是在墨西哥殺戮戰場上的聖母對戰，各自受到反叛者與統治者的召喚，直到伊達爾戈神父遭緝捕並斬首。他的頭顱戳著鐵鉤，在瓜納華托一處屋頂外晃動。

＊＊＊

諷刺的是，一百五十年後靠著另一位教宗的推波助瀾，教會異議人士再度壯起膽色。梵二會議催生了渴望塑造改變的新一代拉丁美洲神職人員。他們的目標毫無懸念。在擁有最多原住民與黑人人口的國家，百分之八十以上人民的生活水準低於貧窮線，墨西哥、秘魯、玻利維亞、瓜地馬拉、巴西、委內瑞拉等國皆然。疾病、飢餓、苦難、文盲、犯罪盛行，且事實證明政府無能應對明顯是上述問題根源的種族歧視。有些事必須付諸實行。梵二會議宣言的三年後，由三十位神學家組成的團體在麥德林召開會議，討論思考天主教的新方法。他們稱之為「給窮人的優先選項」[28]。假使神如聖經明言一般偏愛赤貧者，那麼將他們列為教會的工作重心，就是在實踐聖經所願。在二十世紀的衰敗時光，在一個充滿貧窮至極上帝子民的半球，教會理應服事的靈魂似乎永無止境。

哈維爾於一九七〇和一九八〇年代踏進的世界，有許多人將解放哲學帶往巴西棚屋區（favela）、貧民窟、鄉間與村莊，即拉丁美洲最糟糕的街坊。巴西方濟會士李奧納多．波夫

（Leonardo Boff）是其中一員，他堅定擁護此種新思想，公開支持共產主義者，痛斥美國是恐怖主義國家，並控訴梵蒂岡是堅守基本教義的僵化王朝[29]。羅馬的捍衛者不止一次譴責波夫的無禮，尤以樞機主教若瑟・拉辛格（Joseph Ratzinger）為最，他日後成為教宗本篤十六世（Pope Benedict XVI），埋怨解放神學帶來的只有「叛變、分歧、異議、冒犯與無政府狀態」[30]。倡導解放神學者則不過是亂局的創造者。

在那理應腐敗組織之中出了一個佩卓・卡薩達利加（Pedro Casaldáliga），這位巴西主教致力捍衛農地勞工，且因此成為馬托格羅索富裕地主雇用打手的暗殺目標[31]。（出於誤認，換成他的代牧人遇害。）卡薩達利加就跟波夫一樣，最終由於太同情左翼並支持丹尼爾・歐提加（Daniel Ortega）在尼加拉瓜的反美政權，遭到教宗若望保祿二世（Pope John Paul II）訓斥。假使共產主義是敵人，那麼它的所有層面皆無可容忍。霍布斯式（Hobbesian）的抉擇是讓事物保留原狀，意指貧窮是唯一選項。

巴西群情高漲，使得軍隊迅速發動全面暴力鎮壓計畫，包括反對或批評國家社會政策的解放神學家在內[32]。軍事將領一步步消滅自由，設立祕密警察特別部門監督教會的政治活躍人士，加以逮捕、羈押，甚至謀殺神職人員，只因他們在國土內最貧窮的棚屋區服事。儘管如此，在巴西及美洲他處，哈維爾的年輕友伴仍然受到社會革命的前景吸引。

教會開始按部就班整肅不服管束的成員作為回應。除了波夫、卡薩達利加，以及隨哈維爾一路從基層做起的其他幾位同儕，教宗若望保祿二世還將另兩人免職：耶穌會的智者費南多（Fernando Cardenal）和埃涅斯托・卡爾迪諾（Ernesto Cardenal），這對兄弟出身自馬拿瓜的富裕家庭，公開堅定反抗尼加拉瓜毫無轉圜的壓迫[33]。數十年來，梵蒂岡也輕蔑對待秘魯的解放神學家古提耶瑞茲，指控他減損教會權威且將信仰扭曲為一種叛變手段。在哥倫比亞，信奉馬克思主義的神父卡米洛・托瑞斯（Camilo Torres）加入民族解放軍的游擊鬥士並在行動時遇害，他曾被教會多次警告面臨免職風險。托瑞斯只回答：「假若今日耶穌在世，他會是一個游擊隊員。」[34]然而一個接著一個，解放神職人員不被認可，遭到停職與除名[35]。

哈維爾可以加入同儕神職人員的較激進作為，但是他從未這麼做。他是跟解放運動者展開辯論的一員。他觀察到他們與日俱增的激進主義，目睹他們的怒火加劇。對哈維爾而言，問題不在於他深切懷抱的同理心，而在於目標。如何才能實現亟需的社會良知？跟足以改變世上這破敗角落的一項基本事實相比，轉瞬即逝的政治抱負相形見絀：種族偏見全然錯誤、有害且惡劣。你無法透過脅迫或暴力使他人信服這一點；可行做法唯有借助和諧與緊密聯繫。他期盼與小馬丁・路德・金恩博士（Dr. Martin Luther King Jr.）或尼爾森・曼德拉（Nelson Mandela）相仿的人物，或能扮演真正的理性燈塔、揭露長年的偏見多麼不人道，從而改變拉丁美洲。到頭來道理顯得簡單：倘若我們每個人都希望自身獲得尊嚴與正義，那麼我們定然也希望他人獲得這些價值。道理顯而易見。這是耶穌最強而有力的教誨，理性的心智將勝出。

在好戰的年代，哈維爾選擇了和平。如他所見，刀劍在世界的這個角落擁有足夠宰制力量。從波托西及其遺留的廢墟而論，貪婪亦造成拉丁美洲的毀壞。他懇切期盼教會並非第三項禍因*。他與日漸熟知的印地安人一般，會往石頭疊上另一枚石頭，低著頭工作。他成立一個為農民福祉服務的團體。他致力使克丘亞人與艾馬拉人自豪於他們的語言、他們的歷史、他們的悠久文化傳統。在強烈毅力與東拼西湊下，他為青年設立學校，召開族群自豪會議，組成和平與人權委員會。哈維爾持續協助最底層的社群，他們的深切精神支撐著他。

完全出於偶然，有位神父涉足此低調信念，成為哈維爾最親近的友伴與知己之一。他是路易・艾斯皮諾（Luis Espinal），同事都喊他路丘（Lucho），這位加泰隆尼亞出身的同僚選了一條激進許多的路徑[36]。他在哈維爾籌組農民研究與促進中心（the Center for Research and Promotion of Farmers, CIPCA）之際來到拉巴斯，兩人察覺彼此有許多共通點：同為加泰隆尼亞人、耶穌會士、獻身改善周遭的世界。路丘是一位詩人、記者、影片製作者與評論者，對於眼見之事懷有記述的衝動，使他偏向更貼近同時代解放神學家的行動主義。當路丘談論行事更積極、反覆要求、猛烈批評的迫切必要，哈維爾聆聽。當自然災害發生，他們攜手挺身面對。當哈維爾為玉米田的童工發言，路丘在他的電視節目《有血有肉》（*En Carne Viva*）中廣為宣傳。當格瓦拉在玻利維亞被特殊部隊及其美國軍事顧問於一九六七年搜捕殺害，路丘跋涉進入山脈訪談切的倖存游擊隊員。當阿言德在自己的總統府裡被轟炸殺害，路丘飛往智利聖地牙哥，行走於屍體間禱告。他的工作愈來愈激進，尤與此區域的白銀礦工站在一起，路丘成為不義虐行的發聲者。在改善舉國上下生活條件的追尋中，他合創了人權常設大會（Permanent Assembly for Human Rights）。

一九七七年，已是勞工權利重要人物的路丘參與原住民婦女絕食罷工，她們的丈夫因要求改善礦坑工作條件遭到監禁。出於對克丘亞與艾馬拉婦女的同情，哈維爾也加入罷工。不久後，可能基於他的勇於行動，路丘被總統胡戈・班札（Hugo Banzer）的極右翼政府民兵綁架、刑求後殺害，裸屍扔在查卡塔雅（Chacaltaya）路旁一側[37]。日後獲悉，稱為兀鷹行動的大規模國家恐怖計畫獲季辛吉容許、美國出資[38]，肅清了路丘跟其他六萬名遭疑為「危險顛覆分子」的拉丁美洲人[39]。哈維爾從此不同於以往。回顧礦工罷工的漫長時日，那痛苦至極的飢餓，保持警覺，與遭囚者的憤恨妻子固守在報社的硬地板，他腦中最鮮明的景象是驚鴻一瞥某個男子身影，前來查看這群挨餓印地安人中的兩位外國神父。他的名字叫埃沃・莫拉萊斯（Evo Morales），有著一頭墨黑頭髮與嚴肅堅決神色的小個子年輕人。日後莫拉萊斯將成為玻利維亞首任艾馬拉人總統[40]——五百年來獲選治理其人民的第一位美洲原住民。

假若解放神學家自認找到方法拯救窮人並贏得他們的靈魂，還有其他群體強烈致力於同一目標。在一九六〇至一九九〇年的數十年間，即自由主義者、獨裁者與軍事將領爭相主導

＊從本書脈絡來看，作者指的前兩項禍因是白銀（礦藏）與刀劍（暴力征服）。

此競技舞台的動盪嗜血年代，至少有四種精神上的方案在競逐拉丁美洲的靈魂。羅馬天主教會宣告已看見光明前景：教會將修正行事，並透過梵二會議的新改革致力於解決貧窮。解放神學家抱持近乎好戰的熱情，決心對抗政府、礦業公司、出口商、銀行等掌權者以保護無權力者，若有必要甚至包括教會在內。無神論者置身於從尼加拉瓜到秘魯撕裂此半球的恐怖分子叛亂，企圖藉由一舉抹殺宗教來贏得追隨者。在一九八〇年代，由於貧困社區渴求非西班牙、非天主教、非共產黨且能真正自在禮拜的場所，五旬節教派與福音派新教徒開始湧入拉丁美洲，熱切競逐戰利品。膚色不分棕或黑的城市流浪漢與鄉間窮人開始塞滿教堂，其中半數嚮往宗教仍具部落凝聚力的古老年代，另外半數意在抗議教會屬舊時入侵一員。這些新教信仰最吸引人的地方，在於棕皮膚人口容易了解各教派戒律：信徒或能說方言，儀式能治癒罹病者，驅魔是必要手段，先知可能行走於我們之間。換句話說，新教福音派的實踐承諾生命中充滿奇蹟、徵兆與驚奇，而非不苟言笑的贖罪者。或許更令人信服的是，新教主張憑藉信仰及對於高尚道德生活的堅定承諾，貧民有可能沿著社會經濟階梯往上爬。窮人也可能變王子。

看哪，都變成新的了

現在看來，輕率的千禧年主義顯然錯了。天主教會在這裡（拉丁美洲）的未來業已決定。對此我一直很篤定[41]。

——教宗本篤十六世，飛往巴西的航班上，二〇〇七年

教宗本篤十六世原為樞機主教拉辛格，他於一九七〇年代的行徑形同拿虛擬的帶尖刺棍棒擊打解放神學家後背。當本篤十六世於二〇〇七年首次教宗訪問飛往巴西，到訪的大陸是他絕大多數信眾的家園[42]。當時超過半數虔誠天主教徒住在拉丁美洲，對於一個在五百年前強制、甚至暴力推行的宗教來說是個驚人數字[43]。不過他這趟訪問出於迫切需要。

教宗慎重挑選巴西作為首次出訪地點有其充分道理，巴西是全球擁有最多天主教人口的國家。但是這項抉擇還有一個更迫切的正當理由：儘管人數眾多，巴西教會正以令人擔憂的速率流失信眾。僅於一代的時間內，天主教就有整整四分之一的信徒流向新教，多數人是在近十年內離去。速度相當驚人，更糟的是這次大出血似乎未見止息。來到美洲的五百一十五年歷史裡，天主教會一直在這些土地握有宗教方面的獨占。僅有的挑戰是無神論或某些邪惡印地安儀式的惱人重現。事態改變了，而且發生的速度飛快，等到教會察覺時血已流失太多。

拉丁美洲精神生活的重大變遷發生得太快，導致難以準確描述。數字天天變化，不過趨勢顯而易見。如今五分之一的巴西人是新教徒；其中絕大多數為五旬節教派。在尼加拉瓜、薩爾瓦多、宏都拉斯和瓜地馬拉等受流血衝突折磨的國家，三分之一的居民捨天主教信仰而

採信重生福音。從哥斯大黎加到阿根廷的整片地區，追隨信眾數量驚人，促使數千間福音派教會湧現，天主教堂則出售資產以求延續。不過在二十五年前，改信新教對多數拉丁美洲家庭而言難以想像，但如今幾乎沒有一個家庭在晚餐桌旁全無福音信徒。據估計，確實有近百分之四十的五旬節派信徒住在拉丁美洲。他們出生時幾乎全都是天主教徒，幾乎全都出身於底層階級。淪為漫長殖民主義與惡毒種族主義受害者的窮人，正在逃離控制他們超過五百年的教會。

從許多方面來看，此現象屬於更廣泛顛覆性重新定位的一部分。在二十世紀的歷程中，基督教信仰本身歷經徹底蛻變。它使半球翻動，實現帕查庫特克世界終將翻轉的預言。「北方世界」（北美洲、歐洲、澳洲和紐西蘭）[44]曾住有四倍於「南方世界」（世界其他地方）的基督徒，如今則不再是全球基督徒最多的區域。一百年前整整百分之九十的北方世界居民自視為基督徒，今日僅餘百分之六十九如此認為[45]。為了詳細說明，試著這麼想：在已開發地區，身為虔誠信徒的一對夫妻，孫兒從不去教堂禮拜的機率較大。或者如此：在歐洲，四百年前新教徒與天主教徒在人類史冊上最血腥的宗教戰爭中相互屠殺的那片土地，宗教志業日漸衰微[46]。在倫敦，空無禮拜者的教堂以餐廳之姿重新現身[47]。二〇〇〇年代在荷蘭關閉的千餘座教堂中，許多成為現今的豪宅[48]。其中一處變成滑板公園。在德國，從柏林到門興格拉德巴赫的廢棄教堂改建為清真寺，以因應日漸增長的伊斯蘭人口[49]。在西班牙和葡萄牙，征服者曾一見神父長袍就下跪之地的修道院，變成以「老饕天堂」為號召的度假村[50]。美國對此現象亦不陌生：距離白宮不遠處，禮拜場所出售後改建為豪華公寓[51]；神聖的老教堂變成啤酒廠重新亮相[52]。

相反的情況發生在南方世界。同一段時間裡，基督教無比興盛於撒哈拉以南非洲與亞洲，導致目前絕大多數基督徒如今居於南半球，使得天主教修道院在開發中地區迅速擴張[53]。當天主教會掙扎於財務，流失歐洲信徒給不可知論、無神論或純然的漠不關心之際，也在膚色較黑的種族間贏得大批堅定信眾[54]。這番成功大多歸功於哈維爾世代的神職人員，他們在一九五〇與一九六〇年代立定目標要往第三世界傳福音。若言天主教日漸沒那麼屬於白人，那是因為在棕皮膚的人群間取得重大進展。

儘管如此，當教宗本篤十六世在里約熱內盧走下飛機，他正為兩個迫切問題煩憂：巴西人、智利人、阿根廷人、中美洲人等這許多個世紀以來構成天主教核心的虔誠人民，為何加以棄絕教會視為外來的、基本教義的信仰？他的神父又要如何留住這群基督信眾，他們完全沒有遺棄耶穌，卻以每天一萬個靈魂的速率背離天主教會[55]？教宗本篤十六世逐漸領悟，未來若寄望於拉丁美洲，就必須發動全面攻勢。如此觀點在教宗選舉展現得最為激烈，使得來自德國、年長易怒的本篤十六世於二〇一三年辭職震驚世界時，由樞機主教伯格里奧登上教宗寶座，讓這位開朗的南美洲人負責重修舊好。如今天主教信仰的未來重擔徑直落往教宗方濟各一世肩頭，人們寄望這位耶穌會士實現他所屬世代五十年前應達成之事，他還堅持教會應屬於窮人並為窮人服務[56]。

民眾疏遠教會的原因紛雜。如同教宗本篤十六世所指陳[57]，其中格外重要的是暴力迅速蔓延於二十世紀後半[58]，恐怖分子或毒品走私犯席捲拉丁美洲鄉間，主張左翼觀點的任何人皆面臨殘忍反擊。從巴西到尼加拉瓜，獨裁者與軍事將領清楚表明，神職人員、同情共產主義的自由派、為耶穌而戰者就跟任何新興革命人士一樣，無論現身何處都會遭到鎮壓。一個接著一個，勇於承擔民粹志業的激進神父和修女被列為目標、殺害、放逐。

戰火迅速波及梵蒂岡。教會曾於梵二會議之初敞開大門，以對抗貧窮的堅定立場使神職人員燃起期待，接著又認為他們行徑過火而猛然關閉[59]。在所有為窮人所做的英勇舉止、所有獻身的殉難神父與修女眼裡，二十世紀後半席捲拉丁美洲的暴力及教會的牽連其中，嚇跑了農民與貧民窟住戶，他們開始湧向五旬節教派會堂，選擇性靈生活以遺忘日常險境。如同一位美國新教牧師所述：「天主教會選擇窮人，但是窮人選了福音派。」教宗本篤十六世飛往巴西企圖重獲此大陸的反覆靈魂，或許未能察覺這項關聯：藉著一再冷落參與社會運動的神職人員，藉著支持當權者，藉著保護教會相關人員不受任何一絲批評，藉著未能回應地土上溫柔的人，藉著放任變節神職人員建構其解放神學版本，梵蒂岡迎來了暴風。石頭顯然正交往他人手裡。

＊＊＊

教宗本篤十六世並不孤單。他的前任教宗若望保祿二世支持「給窮人的優先選項」，因而成為在拉丁美洲最受敬愛的其中一位教宗[60]，同樣忽略了出走的跡象。一九八〇年代赴南美洲巡迴訪問時，若望保祿二世察覺福音派湧入，可是他造訪每一國皆不缺熱烈接待，熟讀聖經的信眾簇擁迎接並樹立榮耀他的紀念碑。很容易把那想成一時的熱潮。儘管如此，到了他教宗任期的尾聲，令人煩憂的跡象顯示事態出了差錯：解放神學家甘冒的風險倍增，對於好色神職人員性虐待行徑的加劇怒火，教會顯然不願處理組織內部的罪過，諸多歷史修正必須從事。最終教宗若望保祿二世對於遠太平洋地區原住民發表擲地有聲的道歉：「必須坦白承認對於原住民犯下的過錯。」他向澳洲人和玻里尼西亞人直言。「在其子民參與不正當行為之地，教會表達深沉遺憾並請求原諒。」[61]但是教會尚未承認曾參與美洲的征服與鎮壓，年復一年在每個國家現身迎接他的數百萬本地信眾並未忽略這項事實。

在那趟拉丁美洲訪問中，波蘭出身的教宗集中關注解放神學的弊病，嚴辭譴責其拉丁美洲提倡者，且以專制的、歐洲中心主義的觀點處理解放神學特有的區域本質。他全力反對普遍的左派政治立場、尤以共產主義為最，導致難以更審慎評估拉丁美洲的失能現實。當薩爾瓦多主教奧斯卡・羅梅洛代表國人懇請他予以同情，去譴責派敢死隊對付國內人民的政權[62]，若望保祿二世只告誡羅梅洛要當心政治並固守反共立場[63]。「可是聖父，」羅梅洛抗議，「反共產主義是右派（暴力擁護者）竭力鼓吹之事！」[64]主教堅稱，固守反共立場意味著容忍敢死隊。薩爾瓦多的暴力右派政府的確證實對其人民構成生命危險。國家衛隊清楚表明，且於公開論壇如此說道，假使平息左翼叛亂的代價是殺害多達三十萬薩爾瓦多人，他們準備好付諸實行[65]。至少已有四萬農民遭到屠殺，占國內人口的比例令人震驚。以同等比例計算，在美國將是超過四百萬人。儘管如此，教會並未聽從羅梅洛的懇求。拜訪教宗為同胞尋求憐憫的數個月後，主教在光天化日之下遭到槍擊殺害，當時他正在薩爾瓦多一間醫院的禮拜堂主持彌撒。

即便如此，教宗若望保祿二世仍未信服。三年後訪問尼加拉瓜時，他公開譴責表明政治立場的神職人員，儘管身邊盡是人類苦難的證據：三分之二的國民生活貧窮，嬰兒死亡率達歷史新高，百分之九十三的人口缺乏安全無虞的飲用水。當他向聚集聽講的五十萬尼加拉瓜人發表演說，其中許多人耐心用盡，「我們要和平！」「權力歸於人民！」[66]的質問喊叫聲一再蓋過他，顯然因此惱怒的他不止一次回吼「肅靜！」當解放神學家卡爾迪諾雙膝跪地後親吻教宗的戒指，若望保祿二世把手抽回，在神父的臉面前搖搖手指，並責備他要「改正你的立場，跟教會一致！」[67]隨後卡爾迪諾嚴辭回應：「基督領我通往馬克思！」[68]他主張。「我不認為教宗了解馬克思主義。」梵蒂岡未能察覺新教的急遽擴展有其原因：過度忙於向自己的神職人員興戰。

當若望保祿二世終於把注意力轉向福音派在此區域的斬獲，他表現得無禮且輕蔑。一九九二年在多明尼加向拉丁美洲區的主教演說，旨在慶祝哥倫布踏上這片海岸五百週年時，教宗警示福音派裡存在「貪婪狼群」[69]。他指控這些不速之客是掠奪者，推動「偽性靈運動」，只會引起分歧不和。他語帶不祥地警告，他們的錢和計畫大量來自國外資助。這項訊息藉由遍布整個區域的主教傳遞，他們斥責福音派倡議是赤裸裸的北美入侵，受到美國中央情報局的默許與金援[70]。某種程度上，他們忘了曾藉由入侵強加天主教會於新世界。聽講的群眾意識到「慶祝」無情征服五百週年的諷刺之處，等著演說多少提及教會在此暴行的共謀，卻沒能聽見。「打從一開始，天主教會就是印地安人的不懈捍衛者。」教宗若望保祿二世反倒這麼告訴他們，毫無諷刺意味地舉出教會在十六世紀譴責的修士曾發聲對抗暴行[71]。

在那事實的五百年後，教會領袖重申教宗亞歷山大六世於一四九三年提出的論點：假使原住民信仰基督教會將保護他們，即使人人明知並非如此，即使一九九二年的印地安人地位幾乎等同於一四九二年的先祖——同樣屬於社會最底層。隨後教宗迂迴提及當今的解放神學家，暗示他們令人分心，也許正是拉丁美洲人對天主教信仰持審慎態度並尋求其他精神主宰的原因。「大眾欠缺適當的宗教關注。」他擔憂。「信眾在他們的牧靈神父身上找不到強烈的神性。」[72]

解放神學家已失去掌握人民的脈動，那一點倒是千真萬確。拉丁美洲人厭倦了暴力連連，厭倦解放神學不斷跳入刀劍交鋒。相反地，五旬節教派、靈恩運動（Charismatics）、耶和華見證人（Jehovah Witnesses）及其他新教分支提供處境艱難階級能夠理解的信仰體系：更加鞏固跟精神生活及其社區的連結；回歸使其先祖得以強盛的美德。在古代印加人的思維中，強大的道德規範對於社會至關緊要：不偷竊，不說謊，不怠惰。征服給了他們什麼替代品？奴役、貪腐文化、恣意違背道德、赤貧。整個美洲都在尋求更良好的治理，更受控制的社會，要求準則並通往更好生活的體制。福音派恰好提供了那些願景。

五旬節派傳教士湧入這片衰微且憤怒的地帶，提出非關政治的另一種選項。他們談論更樂觀的未來與前方的道路。如同一位牧師所述：「我們全都聽過那首老曲子——關於仇恨、罪孽、種族主義、不寬容、分裂、衝突、破碎的歌。該唱點新的了。」[73]他們主張，在他們的團體中禮拜能與上帝直接交流，在人與他的造物主間較少中介。在後災難年代，五旬節教派承諾的秩序性甚至更具吸引力。其道德規範不僅如同先祖一般嚴謹，還抱持極端的斯巴達主義：皈依者必須定期出席宗教禮拜、結交鄰居、不接受同性戀、禁止飲酒、摒棄婚前性行為、譴責墮胎、抨擊種族主義，並且以男人為家庭中心（儘管福音派傳教士強調需要一個好女人把他留住）[74]。無須拜苦路以尋求救贖——只要改變信仰就能辦到。他們稱之為精神重生、瞬間再生、重生的恩典。根據傳教士的說法，最重要的是五旬節教派之路是向上流動的途徑。當天主教會告訴信眾貧窮是高尚的，受苦者將在天堂獲得一席之地，五旬節教派堅稱信徒在世時可以過得不錯。他們稱之為富足神學（prosperity theology），一個人想在此時此地獲得財富並沒有錯。

今日的福音派基督教為拉丁美洲平民帶來開創性影響。在歷史上最受貧窮與邊緣化所苦的女性，如今自視為變革的驅動力。儘管加入福音派未必能改善政治處境，女性可以藉由引導男性皈依來推動家庭改革。不容忍飲酒、婚外性行為或家庭暴力的宗教能為家庭帶來顯著影響。此外，較健康、教育程度高、更具生產力的家庭將沿著社會經濟階梯往上爬。在整個拉丁美洲，新的中產階級成形[75]與多個保守政黨的轉型[76]皆歸功於福音派教會。在所有過往歷史的哈哈鏡中，福音派加入一直扮演窮人壓迫者的右翼政黨，認同他們對於同志人權、墮胎與女性角色的保守社會觀點。詭異的是，基於這些長久的文化陳規，天主教會無法表達反對。

如今在巴西，四分之一的人口生活赤貧[77]而福音派牧師搭乘價值四千五百萬美元的私人噴射機穿梭城鎮間[78]，極端的經濟差異似乎只起了鼓舞作用。成千上萬處境低迷、失業的巴西人湧入福音派會堂，學習他們靠祈禱踏入財務天堂的方式。巴西牧師艾迪爾・馬塞多（Edir Macedo）是某些洗錢與詐欺案件的嫌疑人，卻掌管一間主要報社、幾間音樂公司、一家電視新聞台，以及價值十億美元的個人財產。身為梵蒂岡的猛烈批評者，他恭喜前天主教信眾拋棄了那有缺陷的思想。他向信徒保證，只要效法福音派典範，他們也能如他一般富有。他們確實如此。在南非納塔爾省一個陽光明媚的早晨，珊德拉・阿布達拉（Sandra Abdalla）去應門時看見兩名男子到她家應徵建築工人[79]。他們的訴求很直接：兩人很清白，他們告訴她——敬畏上帝，且為馬塞多的天國環球教會（Universal Church of the Kingdom of God）正直成員。他們不喝酒、偷竊或惹麻煩。夫人可以放心，他們每天早上七點會現身她家門口，而且跟天主教的求職競爭者不同，她能信任他們不會碰她的威士忌、她的銀器，當然還有她的女兒。

其他較不受金錢驅策的福音派傳教士採取更溫和的路線。他們涉險到天主教神父不願踏足之地，深入拉坎冬雨林、高攀至冰雪覆蓋的安地斯山區。他們不僅僅是路過，匆匆對村民施以改信儀式。他們住在當地人之間，吃一樣的食物，並肩工作，從同一條河流汲水，在同一個溪谷幫孩子洗澡。他們不把五旬節運動稱為一種宗教，而是「一種路線」。他們不占據教會土地，而是簡陋小屋。在一個刺寒拂曉，當黎諾走出位於拉林科納達敞亮高地的石屋，準備去挑撿從礦坑飛濺而出的石頭，她看見一塊簡陋招牌釘在附近的門上。黎諾問女兒塞納招牌寫些什麼，得知那是一句邀請：「進來吧，朋友。我們正留下足跡。我們是神召會（Assemblies of God）。」那間小屋就跟黎諾的一樣，是用石頭搭的。

神怒般的打擊

生命中有些打擊，沉重到……我不明白！那些打擊像神的怒火，彷彿轉瞬間一切曾有過的苦難湧入吞沒靈魂……我不明白[80]！

——西薩．瓦列赫（César Vallejo），《黑色的先驅》（*The Black Heralds*）

哈維爾並非對解放神學家的熱情毫無所動，也不是不曉得他們提出的根本問題。如同拉丁美洲的許多神父同僚、其中絕大多數來自西班牙，他從小在虔誠的天主教徒間長大，他們深陷於西班牙內戰的波折變遷，遵從教會並頌揚大元帥佛朗哥。曾選擇站在處決近五十萬人的陣營，如今擺盪至左翼似乎是人們對那過錯的自然反應[81]。還有一個關鍵在於，哈維爾及其同代人細思歷史，研究征服，明察儘管教會竭力表現得無關政治，卻鮮少真正如此。教會從未離刀劍與君權太遠。自從所屬神父踏足拉丁美洲那刻起，教會就一直是征服者的宗教，屬於遠方的國王，屬於暴君、專制統治者與權力走廊。教會建立莊嚴的制度，受人信任、順服、尊敬，卻沒有照顧礦工、農業雇工、砌磚工——那些貧窮、受迫害與鄙視之人。教會怎能如此偏離基督立下的典範？

哈維爾年過五十舉目四望，才意識到從當年臉頰紅潤的十七歲少年抵達那日起，他生活與工作的這片大陸常受暴力所擾。他的夢想一直是將自身沉浸於這塊新大陸：去學習，去了解瓜拉尼人、艾馬拉人、克丘亞人、非裔拉美人（Afro-Latin），深埋在廣泛美洲認同之下的偉大繁盛文化。這並非感情用事或輕鬆寫意的抱負。在投身南美洲的五十年裡，他見過貧窮支配一個人的能耐。他曾在處決、衝突、仇殺下失去神父友伴；對著他們遭肢解的屍體祈禱；冒險探入最偏遠的叢林，與解放神學家及其背著槍的同志見面。他從未被引誘至發動攻擊的一方，但是他能理解對方。或許那是因為，身為人類學的學子，他受過訓練要從他人的角度看世界，避免驟下判斷。當然，他從未謀求使自身免於拉丁美洲現實的較嚴苛層面。不過憑藉旺盛好奇心及探究移居家園核心的高度渴望，他並未面臨最壞的遭遇。他躲過了刀劍。

文森特・卡納斯（Vicente Cañas）則否，這位哈維爾的耶穌會友人全然沉浸於巴西與巴拉圭的原住民文化，以至於脫下長袍、在臉上穿孔並加入厄納威尼—納威（Enawenê-Nawê）部落[82]。卡納斯不懈保護部落土地免於礦業公司與夷平土地的牧場主侵擾，被巴拉圭的殘酷獨裁者史托斯納看作眼中釘，鄙視他為只會擋路的「愚蠢小傳教士」[83]——麻煩人物，討厭鬼，翻騰貪腐世界中的一粒微塵。由於跟瓜拉尼人合作遭巴拉圭逐出，卡納斯隨後落腳巴西的一棟小木屋，從厄納威尼—納威部落乘獨木舟順流而下六小時航程處。在此他能進行靈修並定期造訪部落，幫助他們種植、抵禦入侵者、照顧病患。在一個晴朗的早晨，卡納斯在小屋旁被發現，中刀癱倒在浸血的泥土地上，他的頭顱被擊碎，陰莖被切除，僅有的世俗財物被毀。當巴西法官試圖徹查這起罪行，受到貪求土地、富裕牧場主（fazendeiros）賄賂的警方偷運走傳教士被砸爛的頭骨，即罪行的初步證據，使得無人需為此負責。他的頭骨最終在米納斯吉拉斯一處偏遠巴士站的棄置箱中被發現。

若昂・波斯可・柏涅爾（João Bosco Burnier）也未能倖免，這位哈維爾的耶穌會同僚住在開採鑽石的小鎮，他在試圖救兩位原住民女性免於遭到野豬撕碎時揮舞手槍，卻被有爆炸效果的達姆彈近距離射中脖子[84]。在若昂兄弟插手這項血腥活動前，一群無聊的士兵將女人綁住並驅趕野獸去生吞她們。女人獲救了，耶穌會士卻沒有。經過二十多年軍隊才坦承女人只是誘餌；那位愛管閒事的傳教士一直都是他們的目標。

相同的情況遍及整個半球。一個接著一個，參與社會運動的傳教士持續成為軍隊、外國企業、富裕莊園主，以及受罪酮驅使、高地酋專制領袖的目標。他們較保守的兄弟一如既往趨向城市與特權中心，在聲譽卓著的學校與大學裡安全無虞地工作，關照富人與向上流動階層信眾。偶爾他們涉足危險之地，如同以往的神職人員所為。

神的道

他們天生有權被視為有別於西方文化的文化，一種貫徹他們信仰的文化[85]。

——主教薩繆爾．魯伊斯（Samuel Ruiz），恰帕斯

墨西哥裔的恰帕斯主教魯伊斯屬於較無懼者，他為窮人從事的志業最終發展為成熟的抗爭：一九九四年的薩帕塔（Zapatista）起義。起始點是教會派教義問答導師去服事拉坎冬雨林的激增人口[86]。在一九五〇年以前，拉坎冬雨林居民相當少，可是當政府開始力促地主建立牧場而非農田，原本在恰帕斯農地工作的數十萬農業勞工遭大量解雇。逃進雨林似乎是唯一選項，被驅逐、無家可歸、憤怒的印地安人湧入叢林，教義問答導師與革命人士緊隨在後。

魯伊斯主教立即對於他們的困境感到同情，親自引導這群新近流離失所的人口。他決心保護他們免於剝削，並且為此設立一種新的神職工作者類別：多達八千人的輔

祭（tuhuneles）[87]，有別於教義問答導師，他們在布道外也能從事施洗、領聖餐、婚姻等儀式。此種新形態順應了數個世紀以來印地安人的盼望[88]：有能力選出自己的領袖，晉升自己的神職人員，培育自己的宗教。魯伊斯及其神父同僚稱這項較有力的改變信仰行動為「神的道」（the Word of God）。最終魯伊斯察覺自己在恰帕斯建立了一整個帝國，吸引持槍的武裝縱隊（brigadistas）與輔祭一同組織蜂農與咖啡農，高倡政治意識，要求人權。隨著時間過去及魯伊斯的朋友羅梅洛主教在薩爾瓦多被槍殺，恰帕斯村民開始擔憂一九八〇年代不受控制席捲尼加拉瓜、宏都拉斯、薩爾瓦多和瓜地馬拉的軍事恐怖（在那些年遍及整個拉丁美洲）。教會的輔祭尋求更強大的支持者與捍衛者，最終找上更加激進的團體：於一九八三年遁入拉坎冬雨林的民族解放陣線（the Frente de Liberación Nacional），隨後轉型為薩帕塔民族解放軍（Zapatista Army of National Liberation），準備好跟墨西哥全面開戰。已成為恰帕斯受欺壓人民先知、神父與國王的魯伊斯主教[89]，就這麼見到了副司令馬科斯（Subcomandante Marcos）。

兩人之間構成暴躁對峙。副司令馬科斯是眾所周知的恐怖分子與游擊隊員，頭戴黑色滑雪面罩、抽菸斗的獨具魅力人物，在拉坎冬異想天開地隨興發號施令，如同羅賓漢號令雪伍德森林一般。政府奪去三百五十條人命、血腥的一九六八年特拉特洛爾科大屠殺使得馬科斯憤怒且變得激進[90]，他在幾年後溜進叢林，跟民族解放陣線餘黨聯手，打造一支將困擾墨西哥當局二十年的軍隊。馬科斯受古巴游擊隊訓練，且為格瓦拉的熱衷門徒[91]。他牙尖嘴利、狂熱、明確，完全對立於面容慈祥的「神父」（tatic）、語調平穩眼神溫和的主教。

然而馬科斯與魯伊斯在許多方面意見一致：兩人都確信，他們推動的新農民運動是回歸根本[92]，討回征服者造成的破壞，復興種種過往中最古老的、印地安人的墨西哥[93]。他們了解假使壓迫是抗爭目標，那麼這項運動天生就是一場政治鬥爭；只要存在政治歧見，暴力從未離得太遠。他們也認同馬克思主義觀點：第三世界的未開發是第一世界貪婪發展的直接產物。海外富裕國家的投資在美洲前景可期並確實帶來一波波進步，然而整體的影響是征服，而且首當其衝的總是底層階級、膚色較黑的種族、貧窮人口。

上述皆為游擊隊員與神父的共識。但是魯伊斯主教相信，以馬克思主義解讀聖經的「神的道」、他的輔祭和教義導師本身即為救贖力量與解放軍，副司令馬科斯則堅持並非如此。儘管游擊隊員的書寫具有無庸置疑的聖經語調，譴責印地安人總是成為敗德的犧牲者（賣淫、酗酒、大男人主義、家庭暴力）[94]，而且薩帕塔軍人全都迅速採用聖經裡的名字（摩西、約書亞、大衛、但以理）[95]，馬科斯絕非神的信徒。「神與祂的道不值半毛錢。」[96]當他斜背著一把半自動步槍、菸斗從註冊商標般的面罩外伸，策馬穿越綠林時，人們常聽他這麼說。

最終馬科斯跟魯伊斯主教劃清界線：「這裡將不存在神的道。」他向拉坎冬雨林的居民宣告。「這裡將不存在共和國政府，這裡只會有薩帕塔民族解放軍。」[97]他不曉得魯伊斯主教已經越線。為了統率神的道，魯伊斯成立一個名為根（Root）的激進組織，在馬雅的澤塔爾語（Tzeltal）稱為「slōp」[98]，此祕密組織的職責是為恰帕斯人民及共和國突擊部隊間的可能武裝衝突預做準備。根的原意是擔任後備防衛部隊，但是當副司令馬科斯衝入拉坎冬偏遠角落為他的薩帕塔軍隊召募恐怖分子，已有一群核心武裝農民等著入伍。神父的教義導師為他們做好培訓。魯伊斯主教搖著頭哀嘆，「這群人（薩帕塔軍）前來騎走上好鞍的馬匹。」[99]教會播下種子，如今墨西哥人民收割痛苦成果。一九九四年元旦全面爆發薩帕塔起義，這波縱情殺戮造成超過一百五十人喪生。三年後，即使和談已展開，屠殺仍持續上演[100]。民兵侵入教堂槍殺所有信眾。四萬政府軍隊派往那座叢林天堂鎮壓反叛分子[101]。印地安人賣掉牲口購買武器。「事實是對於原住民而言，」歷經數週猖狂殺戮後神父悲悽地說，「除了槍別無出路。」[102]

＊＊＊

由於身涉血腥起義，魯伊斯受到各方抨擊：梵蒂岡企圖不讓他發聲[103]；政治敵人嘗試暗殺他；墨西哥政府發起不留情的宣傳詆毀他的名聲。魯伊斯被對手冠上「紅色主教」稱號[104]，在拉丁美洲持續不斷的危機中，他象徵著解放神學家扮演的爭議角色。從一九六〇一直到二十一世紀，從秘魯光明之路罕見由自身造就的屠殺，到巴西與其左翼反對人士結下的傷疤夙怨，到瓜地馬拉有計畫地肅清近二十五萬人民[105]，教會被視為與反叛人士同一陣營，驅使順民認為他們或許是土地的繼承者。接下來數十年，整個半球持續餘波震盪。誠然，自二〇〇六年起，墨西哥使恰帕斯的怒火顯得微不足道。國內的毒品戰爭造成災難性的死傷，使薩帕塔起義相形見絀[106]。在過去的十年間，超過二十萬墨西哥人死於非法販毒。新教傳教士在格蘭河以南募集靈魂，成果如此豐碩有其原因：對於天主教神父和修女而言，墨西哥是拉丁美洲最危險的國家[107]。毒梟格外重視出席天主教堂的禮拜，攜帶並分發聖經，辯稱他們的暴力是「神聖正義」或天主下達的指令[108]。有時神父就是擋了路。

如命運所繫，一九九〇年代末哈維爾於恰帕斯和談期間拜訪魯伊斯[109]。在神父地盤的一座鮮黃色泥飾牆面大教堂見面，他恭賀主教與原住民的合作，卻溫和穿插提及自己對於非暴力抵抗的想法。這並非他們的初次見面，魯伊斯記得這位玻利維亞的耶穌會士，如他一般奉獻生命給日益紛擾新世界中被剝奪選舉權的人民。哈維爾舉目四望，感受那歷史性的調解場面。景象令人震驚，但絕非他所不熟悉——對於願意關注過往五百年的任何人來說皆為常態：在一條警戒線後方是印地安人，等候聆聽裁決。另一條警戒線後方有群人身穿白衣，是支持印地安人的國際和平組織。第三條警戒線後方是軍隊和警察，拿著槍枝和手榴彈蓄勢待發。

靈魂棲息處

「宗教」暗示某種有結構、教條化、固著的事物。對我們來說，它更深入內心。不是一種崇拜，不是一棟建築物，不是一本聖經[110]。

——大衛・丘基萬卡（David Choquehuanca），玻利維亞外交部長，二〇一七年

評估拉丁美洲信仰現狀時，為何納入不再被奉行的宗教——不過是五百年前遭摧毀文明的遺緒？也許因為火從未完全被撲滅，因為征服後的瓦礫仍在這片土地握有長存力量。

除了在北美幾乎根絕，美洲的原住民人口於拉美的倖存數量各異[111]。原住民在阿根廷、智利、烏拉圭和巴西被殺害或驅趕至瀕臨滅絕，在其他地方的身影依然活躍，只是在此區域以眾多混血人口著稱下血統不再純粹。英國人與法國人鮮少在北美、非洲和印度與殖民地附庸結合，西班牙和葡萄牙則與拉美有色人種不受限制地配對，塑造大規模的種族結合。此般多樣性演變成充滿仇恨、制度化的種族主義，受到冷酷奉行。一待西班牙有能力對殖民地實施某種程度的控制，隨即強加嚴格的種族隔離[112]。西班牙人在最頂端，緊接著是美洲出生的白人後代，再往下是大量的混血兒：麥士蒂索人、桑博人（zambo）、穆拉托人、四分之一黑人與四分之三歐洲人的混血兒（quadroon）、八分之一黑人與八分之七歐洲人的混血兒（octoroon）、摩里斯科人、卡尤特人（coyote）、恰米索人（chamizo）、吉巴洛人（gíbaro）及其他，由教會在官方出生登記嚴謹記錄每種膚色色調。在普遍的種族認同光譜下，每種色調皆指向實質的社會經濟意涵。假使新生兒看起來像印地安人並如實記錄，他長大後必須向西班牙繳交貢金；倘若付不出，他被迫以艱辛勞動償付債務。銬上鎖鍊、成群驅趕、與家人分離、人性全被剝奪，印地安人可能被運往遠方以滿足西班牙的需求。現今那些殖民苦難也

許消散，但是種族主義依舊久長。

總有時候，深植的種族偏見回頭襲來，侵擾那些也許不曉得自身家世背景之人。隨著基因檢測盛行，自視為「白人」的拉美人逐漸明白他們可能只有部分白人血統，絕大多數由代表著各色種族的祖先繁衍而來。我自己就是一個例子。儘管我們家族的歷史可追溯至五百年前的南美洲，我在整個孩提時代一直聽聞，我們家族是**百分之百的西班牙血統（cien por ciento criolla）**，其後我從基因檢測得知，我只有略超過一半的高加索人血統：我是棕皮膚，我是黃皮膚，我是黑皮膚，如同墨西哥哲學家何塞・瓦斯康塞洛斯（José Vasconcelos）所述，我屬於**宇宙種族（La raza cósmica）**[113]。我們這群在美洲擁有深厚根源的人都是。

這提醒了我們拉丁美洲特有的一個現象：明顯可辨識為印地安人或非洲人後裔者，以近乎防衛的態度明確堅稱他們不是。對許多人而言，說破一個人的深膚色血統是種汙辱，揭露我們大多數人自有色人種繁衍而來的「汙點」（la mancha）。但是如同墨西哥作家卡洛斯・富恩特斯（Carlos Fuentes）曾寫道：「我們全都是有汙點的人。」[114]或者像那則老笑話的說法，跟香蕉一樣，我們拉丁美洲人終究要現出黑斑。富恩特斯更詳盡地說明：「當我們了解，我們沒有人血統純粹，我們全都既樸真且完美，既英勇且荒謬，既由欲望想像也由血肉組成，我們每個人都有一部分是基督徒、是猶太人、是摩爾人、是高加索人、是黑人、是印地安人，無須犧牲任何成分——唯有如此，我們才能真正理解西班牙的壯闊與附庸。」[115]

此種固有且深植的種族主義有能耐以不可思議的方式出現。在安地斯山區，直到近日的本土化（indigenismo）浪潮前，一個印地安人鮮少提及他或她的種族：玻利維亞印地安人自稱為鄉下人[116]；秘魯印地安人自稱為山區居民。委內瑞拉黑人自稱為摩瑞諾（moreno），字面意義指摩爾人、也指黝黑或古銅膚色，就像「azucar morena」是指黑糖。此外，只要稍有一點種族特徵的所有人都有外號（並不總是友善）：鳳眼叫基諾（chino），原住民叫喬洛（cholo），黑膚色是桑博（sambo），金髮是古耶洛（guero）。這就是拉丁美洲做人口普查時確切記錄種族極其困難的原因[117]。一項外顯特徵可以掩蓋基因，一個人可能被認定成他不屬於的族裔。日本人常被誤認為華人，就像秘魯總統藤森的外號是「中國人」（El Chino）[118]；阿拉伯人被稱為突可（turco），就像全球首富、墨西哥億萬富翁卡洛斯・史林（Carlos Slim）的外號是「土耳其人」（El Turco）[119]。矛盾比比皆是。古怪的是，在壓倒性多數人口說瓜拉尼語的巴拉圭[120]，要是你稱一個路人為瓜拉尼人，他很可能會感到訝異。在一個曾經完全屬於他們的國度，瓜拉尼人僅占百分之二的些微人口[121]。然而在所有巴拉圭人當中，百分之九十說瓜拉尼語[122]。

這在精神層面意味著什麼？對於百分之八十自視為天主教徒的人而言[123]，在這部分的世界，信仰就跟種族一樣是種融合體。即使在都市，即白人占多數的區域，信仰更常呈現融合而非訴求正統。無論是天主教或福音派，拉丁美洲基督徒充滿迷信、驅魔、獻祭儀式、治療儀式、黑暗力量、巫毒、自然崇拜與超自然力量[124]。這在此區域的文學中最獲豐富記載，描述虔誠天主教徒在向聖母禱告外，也尋求先知與死者溝通，或請求薩滿幫生者趕走惡魔。拼湊的精神生活，在馬奎斯的小說或帕斯的詩中同樣歷歷可見。自前哥倫布時代起，宗教在這動盪領域必須調整、變形、讓出空間給新來者。如哈維爾在南美洲開始神職工作時，耶穌會總會長所說：「假使不從事宗教對話，你就不算真正虔誠；假使不促進各教派合一，你就不算是個天主教徒。」[125]換句話說，在緊張不安的區域，信仰必須靈活適應才能生存。前哥倫布時代的印地安人明白這一點。儘管早在科爾特斯或皮薩羅或哥倫布之前，自古以來拉丁美洲土地的脈動是去信奉神祕力量，渴求超越俗世生命的接納，不過在這反覆無常的地景中，人心所望也趨向改變[126]。

＊＊＊

改變也許時常縈繞方濟各一世心頭。首位出身於拉丁美洲的教宗在歷史關頭獲得任命，而他的家鄉同時意味著天主教最大的希望與最危險的傷口。二〇一八年赴此區域進行教宗訪問時，方濟各小心避免著墨太多教會的嚴重性虐待醜聞[127]，不過他坦率談論使拉丁美洲人蒙受深深傷害的貪腐、貪婪與暴力。「政治面臨危機，在拉丁美洲更是處於深深的危機之中……它稱不上健康，更接近病了。」[128]他向聚集在利馬聽講的人群說。他譴責巴西的歐德布萊希特醜聞[129]，那是史上最大規模的海外賄賂案，重重貪腐涉及數十億美元及從加勒比海到南錐體十多國的總統和政治人物。「秘魯出了什麼問題，」方濟各痛斥，「導致一個人當完總統就會入獄？」[130]

教宗顯然決心在他的領域匡正風氣。更引人注目的是，幾年前他實現五百年歷史裡從未有前人做到的事：他為了嚴重侵害拉丁美洲印地安人而道歉。一場在玻利維亞具里程碑意義的演說中，對著包括總統莫拉萊斯在內的滿室原住民聽眾，他提出不帶矯飾言辭的深刻道歉：「許多重大罪惡以上帝之名施加於美洲原住民。」[131]他直言。廣大的艾馬拉裔、克丘亞裔、瓜拉尼裔玻利維亞人群眾立即站起身，意識到那句簡單陳辭的重要性而欣喜不已。教宗抱持一貫的謙遜，表示不同意見。他補充，自己並未真正說出什麼新意；他歸功於教宗若望保祿二世為教會「不忠於耶穌教誨……尤其是在第二個千禧年期間」[132]道歉。但是方濟各無疑說出了新的觀點。在場的哈維爾受他的深刻、坦誠認錯所觸動。然而教宗並未就此打住；他繼續道歉，不僅代表羅馬、也代表西班牙、葡萄牙、英國、法國——所有不請自來的美洲征服者。「我謙卑地請求原諒。」他說，「不僅為了教會自身的罪行，也為了在所謂的征服美洲期間對於原住民犯下的罪。」[133]

導正無可彌補的錯誤

假使有人問我是否相信凱里席利（捕食印地安人的白皮膚鬼怪），我會說不，我不相信，可是我對於相信的人懷抱最高敬意[134]。

——哈維爾・艾爾波，二〇一七年

哈維爾在摯愛的玻利維亞持續贏得相當重要的地位。他投身於無邊際廣大弱勢族群的需求與渴望，八十五歲仍充滿活力，人稱為「tata tapukillu」或「el cura preguntón」[135]：我們有著無窮問題的神父，懷著友善的好奇心，溫和地打擾人們。頭戴安地斯山區傳統的編織遮耳帽（ch'ullo），身穿破舊的羊駝毛衣對抗寒冷，他悠悠行過拉帕斯的街道，停下腳步用艾馬拉語與水果販聊天，或者跟一群學子講克丘亞語。這是他的日常儀式：持續不斷與人們交流，彷彿延續數小時的禮拜，一本活生生的經書。

如果他來到這些濱海國家是為了學習而非傳教，那麼他的抱負已然完成。如同拉斯・卡薩斯或薩阿貢等更早的著名神職人員，他是位聲譽卓著的原住民學者。由於貢獻良多，二〇一七年他獲頒玻利維亞最高榮耀的安地斯神鷹騎士勛章（Knight of the Order of the Condor of the Andes）。他就原住民族群提供總統建言；他調停交戰部族間的和平；他與福音派傳教士並肩工作；他設立基金會、圖書館和學校，教印地安人認識更廣大的世界及他們身處的自豪土地。哈維爾同時是玻利維亞首任原住民總統莫拉萊斯的顧問與批評者，前砌磚工與可可農於二〇〇五年的勝選使他歡欣慶賀，其後轉變成頑固、專制的領袖則導致他大力譴責。

哈維爾有源源不絕的絕佳幽默感，稱呼耶穌會同僚為「這座山間堡壘曾出現過的最可怕部族」[136]。他說這句話時混雜著兩種情感，一方面為弟兄奮力導正歷史而驕傲，另方面為教會太常與暴君並行而遺憾。他代表拉丁美洲與羅馬教廷主教大人密切磋商，在破敗小村舉辦的尋常聽證會上以克丘亞語發表證言。對他而言，新教牧師選擇說西班牙語──征服者的語言──來跟看管這片土地數千年之久的人們溝通顯得荒謬。

哈維爾代表的拉丁美洲教會正面臨轉型考驗。當然，他關心長期蒙受精神折磨的信眾遠勝教義。若將他的傳教工作比作行醫──另一項同樣搖搖欲墜的專業──你可以說他診斷出病人的症狀且正尋求治療方法。在獻身拉丁美洲的六十多年間，他發現很難向偶遇的談話對象說明自己的工作。不過最終他直言：「我不想征服靈魂。我不想成為任何人的主宰。我來這裡跟人們待在一起。」哈維爾說[137]。僅此而已。

他這輩子看過許多自封的救世主來來去去：卡斯楚、曼努埃爾・諾里耶加（Manuel Noriega）、莫拉萊斯、裴隆、藤森、查維茲，這些領袖滿口承諾，實現其中一些，緊握權力遠遠太久。他看著經民主程序獲選的總統變成可鄙獨裁者，有如此區域歷史上眾多貪得無厭的統治者，開端從哥倫布上繳巴拿馬的珍珠，或是科爾特斯打劫蒙特蘇馬的財寶、皮薩羅要求滿室金銀。對哈維爾而言，真正的寶藏是三根支柱[138]。健全社會的三大支柱，不亞於一張好桌子必備的三支桌腳：在經濟正義、社會平等與受教機會間取得平衡。或者，你可以這麼說：不偷竊，不說謊，不怠惰，即古老文明的基本守則。「這無關宗教。」他說[139]。然而這關乎基本準則，基督徒的戒律，人類能達成共識的具約束力承諾。這是關於性靈的問題。

「我不是那種會禱告的人。」他告訴我。「至少不是任何儀式化、強制性的形式。我不是那種神父。它更深入內心。」[140]接著他稍作停頓，看我是否意識到那句話出自玻利維亞的艾馬拉裔大臣丘基萬卡曾對他說的話，幾天前他曾跟我提過。大臣說明「宗教」這個字沒出現在玻利維亞憲法裡，因為信仰並非有形或見解僵化之事。「對我們來說，它更深入內心。不是一種崇拜，不是一棟建築物，不是一本聖經。」[141]

不意外哈維爾從未對教會的例行公事感興趣，也不意外他堅決不碰政治。遠離西班牙內戰後遇上玻利維亞革命，他謹慎看待黨派效忠。上次在拉帕斯訪談後，我走出他的簡樸房間時，他看起來似乎比我以為的還矮小，被我無止境的問題、我的好奇心、我的打擾拖得有些疲憊。但是他的眼神發光。

「有個畫面我不太能忘懷。」我收筆記本時他說。「那是有點古老的歷史，不過也許能多少讓你知道我是怎麼想的。」[142]他腦海中的畫面是年輕的巴斯克神父胡里安・德・利薩迪（Julian de Lizardi），一七一七年離開西班牙隨耶穌會至巴拉圭傳教。利薩迪獲派深入未經探勘的內陸去向奇利瓜諾人（Chiriguanos）傳教，那是深懷敵意的一支瓜拉尼部落，激烈抗拒改信基督。他抵達後不久，奇利瓜諾人在臉上塗抹出征顏彩，對他舉辦彌撒的臨時小教堂發動攻擊。他們抓住他，脫掉他的長袍，在他們洗劫聖壇、焚燒教堂、殺掉周遭所有人時將他裸體綁在一塊巨石上。幾週後，耶穌會士被發現綁在高聳的白色石頭上，被割開、重擊、遭一百支箭刺穿。

我的眼神必定浮現疑問。

「我告訴你這件事，這樣你就理解為什麼我無法大力推動此人的封聖。」他說[143]。畫著利薩迪肖像的祈禱卡表明：「被野蠻人凶殘暗殺身亡。」[144]

「野蠻人！瓜拉尼人！正是我當時共事的族群。」哈維爾揮了揮手。「所以你看，這是會引起擔憂的志業。對某些人而言，以上帝之名介入可以解讀成戰爭行為。」[145]

結語

這就是我們的天性

壓力會隔代（遺傳），父母承受壓力可能造成後代罹患壓力後創傷症候群的風險[1]。

——《生物精神病學》期刊（*Biological Psychiatry*），二〇一五年九月一日拉丁美洲最傑出的小說家之一胡安・加百列・瓦斯奎茲是煎熬哥倫比亞數代、令人心碎的大屠殺之雄辯見證人，他描述二〇〇〇年代初期雙胞胎女兒在波哥大出生時的故事[2]。那時處於殺戮高峰，成千上萬人淪為毒品、民眾鬥毆與恐怖的完美風暴犧牲者。將一對新生兒安放進年輕父親的臂彎後，婦產科醫師突然認出他是那位小說家與記者，細密記錄哥倫比亞不斷發生的暴力創傷。醫師堅持邀瓦斯奎茲到他家一趟，說要讓他看重要的事物。幾個小時內，瓦斯奎茲穿行於安地斯山區首都令人暈眩的蜿蜒街道，去目睹那位男子急迫想讓他看的東西。敲門後他被迅速帶進房間，遞給他散發化學臭味並裝滿濁黃液體的密封小罐。他立即明白，懸浮其中的可怕片狀物是人的脊椎骨。

如同安放新生嬰孩般溫柔地把罐子交到瓦斯奎茲手裡，醫師說明那些骨頭生前屬於總統候選人豪爾赫・蓋坦，近六十年前在波哥大被暗殺，開啟一段稱為暴力時期的殺戮狂潮。不知何故，標本從一位醫師傳到另一位醫師手中，最終放入婦產科醫師屋子裡的一格抽屜。

然而骨頭只訴說故事的一部分。蓋坦於一九四八年四月九日遭謀殺後的十個小時內，人民暴動，往總統府丟擲石塊，放火燒城市裡的車輛與房屋，引發政府的凶惡回擊，使波哥大淪為廢墟。幾個小時內暗殺新聞傳遍全國，暴力盛行，在麥德林、布卡拉曼加（Bucaramanga）、伊瓦格（Ibagué）引起混亂與屠殺。接下來十年間，哥倫比亞人民設法為蓋坦的謀殺案復仇。那股怒火將引發內戰，招致軍事鎮壓，形塑憤怒的游擊隊與民兵幫眾，並促成毒品社區成形，其集團與打手散布鄉間，挾持著哥倫比亞進入二十一世紀。超過五百萬哥倫比亞人被迫遠離家園，四萬五千名孩童身亡。

瓦斯奎茲手捧裝蓋坦脊椎骨的罐子，在數小時前，同一雙手曾懷抱著女兒胡亂擺動的嬌小身軀。在這裡，他手中是曾引發起義並孕育恐怖統治的謀殺遺物。暴力時期開啟於他父親尚為嬰孩的一九四〇年代，於瓦斯奎茲初見第一道光的一九七三年加劇，歷經三個世代後的今日仍然炙烈燃燒，一步步邁入他孩子的生命。瓦斯奎茲警覺閃現這幾個問題：關於暴力的衝動、恐懼與必然性是否刻畫在他祖國的基因中？那是會遺傳的特徵嗎？殘忍是否深深銘印在他的國人身上，導致那成為公認的準則與生活方式？反覆上演數代的暴行，是否刻畫在幾個小時前剛降生人世雙胞胎女嬰的顱葉、基底核與心臟之中？

跨代表觀遺傳研究是一門年輕的科學，許多相關內容還不明確且需證實，遠未掙脫科學疑慮的陰影而被接受。現在我們知道一位孕婦的創傷，能以化學方式改變腹中嬰孩的細胞，至於其父母與祖父母承受的恐怖與虐待會不會標記於一整個世代的去氧核糖核酸（DNA），則是另一個問題。不過，要拉丁美洲人相信這件事無需科學驗證。在這區域的許多文化、且必然也在天主教的脈絡裡，普遍相信詛咒有能力代代相傳。直到我父親這輩的近世，人們認為祖先的罪可能使你出生時長尾巴。目睹暴行的女子注定產下醜陋的畸形小孩。嬰孩將受到先人的詛咒束縛。稱之為迷信、錯誤的宗教教育、邪魔歪道的思想也好，這些觀念仍在拉丁美洲眾多地區繼續流傳。無論科學是否確鑿證實，暴力、恐懼或膽怯可以顯現在人類的雙螺旋基因編碼中，數個世紀以來我們皆深信如此。

或許那是我們極度傾向相信神話、誇大政治承諾、全然謊言的原因[3]。或許那是我們學會抱持某種無力感去見證歷史的原因。儘管過去一百年間拉丁美洲締造種種非凡進步，舉凡經濟增長、生活條件改善、逐漸消除貧窮、新興中產階級的崛起，我們總是恐懼憂心那些脆弱結構可能輕易崩塌。它們時常如此。突發的叛亂、外國的干預、頑固的專制統治者、一場猛烈地震都可能掀翻紙牌屋。二〇一八年當秘魯的貧窮率於十六年來首度上升[4]，成千上萬秘魯人重又絕望行乞，你幾乎能聽見集體的嘆息：我們為何竟認為情況有可能相反？在一國的總統遭到彈劾與另一國的極右派總統崛起後，浮現即將發生政變的傳言[5]，而那不僅僅是傳言：那是瀰漫於歷史的恐懼，被過往深深刻下的焦慮。

一九三〇年代曾為世界第五富裕國家、人均所得與法國相等並擁有比英國更多汽車的阿根廷，是如何成為貪腐、停滯、失序的長期受害者[6]？坐擁全球最大已探勘石油蘊藏量、有潛力成為南美洲最富裕國家的委內瑞拉，是如何到今日顯然難以自給自足[7]？當委內瑞拉的經濟在馬杜洛執政下觸底，所有查維茲編織的美麗夢想皆陷入絕望與飢餓的漩渦，理想幻滅的數百萬人踏上前所未見的流離，遺棄他們的國家，搖頭疑惑究竟從哪裡開始全出了錯。無論貧富，較睿智的腦袋一點都不疑惑。出錯的問題點正是永遠出錯的那些：獨裁者、掠奪、似乎難以克服的貧困、貪腐、效率不彰。這就是我們的天性。

著名的委內瑞拉知識分子卡洛斯・蘭格爾（Carlos Rangel）說過，從墨西哥到阿根廷之間的十萬公里意味著地理距離，而非精神距離[8]。通行西班牙語的美洲擁有充足的歷史與特徵共通性，使我們得以整體概括而論。蘭格爾同樣鄙視卡斯楚的共產獨裁及皮諾切的法西斯獨裁，主張較低階層的拉丁美洲人身陷壓迫與反叛的永恆迴圈，若非聽命於高貴凶殘之人，就是要迎向革命的挑戰[9]。窮人的捍衛者將拉美的弊端全歸咎於掠奪成性的外國人：我們貧窮是因為富裕國家的剝削；因為他們奪走我們的財富，使我們淪為服務強大第一世界的附庸。富人的捍衛者守護種姓制度與現狀，傾向偏袒獨裁者、鐵拳頭、軍隊、教會，甚至是外國干預，讓富人保有對他們有利的權力，使事物一切如常。較富足階層的拉丁美洲人追求鐵腕統治。蘭格爾斷言，無論階級為何，我們惟恐天生注定遭逢厄運。我們假定自身終究要淪為或貧或富對立陣營的犧牲者，蒙受怨恨歷史、制度缺失、我們最低劣的本能所害。我們相信失敗根深柢固，代代相傳。如果就像黎諾、像太多拉丁美洲人，我們仍在鑿石，仍在汲水，仍多半過著數百年前祖先的生活，我們又怎能不這麼想？

必定有許多制度缺失的證據。儘管我們熱愛家庭與傳統，儘管我們秉性友善且具備天生的創造力，儘管我們有勇氣面對逆境，拉丁美洲處處失能。若以死亡人數當作唯一指標，我們是地球上最險惡之地。置身從街頭暴力到政府暴行的永恆擺盪，我們對於刀劍的文化適應力驚人。近半個世紀沒有其他地方展現更顯著的極度麻木，拉丁美洲國家變故連連[10]，叛亂演進成恐怖主義、恐怖主義演進成「毒品經濟」[11]，失序肆虐大地引來軍事鎮壓屠殺。數十年來，從索諾拉沙漠到秘魯的高原，軍隊組織膨脹形成堅強的反叛亂勢力，當行動結束後，大批失業的戰士流入城市與村莊，成為毒品貿易的現成戰鬥部隊[12]。於是一個世代的軍隊將領，在下個世代變成罪犯。曾為哥倫比亞革命武裝力量作戰的退役士兵受毒品業召募至麥德林郊外森林，一如曾替光明之路作戰的秘魯部隊最終為瓦亞加溪谷的古柯鹼大亨舉起槍。在這片土地上，從民兵變成毒品罪犯是一條常見軌跡。卡洛斯的情況即為如此，本為赴安哥拉獻身共產主義的年輕古巴戰士，在華府找到的賺錢門路是為毒販跑腿。

一位經濟學家指出非法毒品是拉丁美洲的新白銀，正是從全世界歷史上輸出貴金屬的那些地區貪婪榨取：哥倫比亞、秘魯、玻利維亞、墨西哥、巴西[13]。一如白銀與黃金曾於拉丁美洲深處挖掘並運走長達五百年，古柯鹼與海洛英已在此採收、處理並運輸達五十年。雖然難以估算確切規模，我們知道這個地下市場涉及名副其實的毒品營運大軍[14]，而在毒品大規模製造的國家，少有市民的生活與此無關[15]。一經洗錢後，毒品資金流入營建業、服務業、旅遊業、銀行、食品業、政治組織，甚至教堂，改變了經濟的本質。自一九九〇年代起，非法古柯鹼業號令龐大網絡，囊括從農夫、走私者到戒毒中心諮商師的成千上萬雇員。憑藉數千億美元的營收[16]，古柯鹼成為世界歷史上價值最高的單一商品鍊之一[17]。

儘管毒品資金常資助犯罪幫派、賣淫與人口販運組成的非法地下世界，近日人們在某些拉美城市目睹的繁榮景象可能是毒品資金注入的成果，從聖地牙哥到墨西哥城皆然[18]。誠然，整個國家都能從黑市榮景中獲利。總統馬杜洛執政的委內瑞拉將其生存繫於非法毒品交易：藉由石油、古柯鹼資金與軍隊力量的邪惡鐵三角，委內瑞拉將自身改造成一個毒品黑幫國家[19]。於是拉丁美洲的毒品金流似乎在我們身邊各處。我們常將其無所不在的身影握在手裡：科學家指出，百分之九十的美鈔帶有微量古柯鹼[20]。

身為北美母親的女兒，我對於兩千三百萬人的身體遭到名副其實的銀白色消防水帶奴役而憤怒，其中近半數是美國公民[21]。身為南美父親的女兒，我對於美國和歐洲貪得無厭渴求非法毒品，及其如何束縛拉丁美洲經濟於犯罪幫派和無止境的外國毒癮感到震驚。責怪沒完沒了。

然而海洛英、大麻和古柯鹼貿易為此區域帶來極其繁榮的地下市場，強而有力地產製暴力。從犧牲人數的層面而言，毒品戰爭的代價高於恐怖主義，在整個美洲皆證明為醜陋的收割者。沒有其他公認和平的區域見證如此高的暴力層級。自二〇〇六年起，超過二十五萬墨西哥人在美國支持的政府行動中被殺，意在根除墨西哥的非法毒品[22]。殺戮變得如此尋常，導致二〇一一年前九個月有一萬三千人因毒品相關暴力而遭殺害時，報導少之又少[23]。近四萬墨西哥人失蹤[24]。當五顆頭顱被割下、以「神聖正義」之名扔進米卻肯（Michoacán）的擁擠舞池，狂歡群眾在恐怖中四散，但是沒人感到特別驚訝[25]。

哥倫比亞也有同樣的情況。相等數目的哥倫比亞人在肆虐數代的毒品戰爭中犧牲，精確地說是超過二十二萬人[26]。近八百萬生靈流離失所[27]，數萬孩童被綁架並收編為戰鬥人員[28]。自二〇一六年起在哥倫比亞展開的和平進程大幅降低謀殺率，減少達三分之一[29]。即使如此，迄今哥倫比亞仍擁有全世界國家最高的國內難民人數，超過敘利亞、剛果、索馬利亞、葉門或伊拉克。同樣地，在委內瑞拉的暴力與失能範圍漸增下，數百萬難民逃離[30]，接連越過國界到他處尋求安全。長串名單延續不斷：據聯合國統計，巴西在一年內的毒品相關謀殺人數，超過敘利亞內戰的死亡總數[31]。秘魯是當今最大的古柯葉生產國及古柯鹼製造環節的強大勢力，長久蒙受毒品黑幫造成的猖獗街頭暴力之苦。倘若舉世最危險的五十座城市裡有四十三座位於拉丁美洲，非法毒品必定是箇中主因[32]。

正如白銀為西班牙菁英帶來巨大財富，卻讓美洲原住民遭受難以言喻的殘酷行徑，非法毒品文化也使極少數人致富且讓絕大多數人陷入戰火。這是無盡反覆的歷史，由此區域推動最嚴峻的苦楚：極端不平等。拉丁美洲是地球上最不平等的區域，主因在於從未停止遭到剝削者、征服者、傳教士殖民，而在過去的兩個世紀，則是被一小群國內菁英殖民。長久以來經濟學家主張，諸如拉丁美洲等社會建立於社會不公義之上[33]，由統治階級規畫與維繫，主要目標是使自身致富與權力長存，當絕對的特權凌駕，絕對的貧窮則獲興盛。不過榨取式的國家也注定衰敗。無止境掠奪自然資源造成的破壞將長久存在，假使要舉例的話，白銀即為如此。後果是暴力、憎恨、貧窮、環境破壞與犯罪。用我的方式重述玻利瓦的話：留給你的是無法治理的美洲，革命僅僅耕耘了海洋。

若說地球上少有地方如拉丁美洲一般暴力，貪腐情況也是如此。根據民調，絕大多數拉美人認為他們的政府充滿惡習[34]。在最需正直之處，貪腐的危害最大：此區域的維安部隊。在拉丁美洲，警方和軍隊常與政治人物共謀，服務對象更可能是碰巧掌權的任何人而非法律條文[35]。當拉美獨裁者著手重修憲法，撤銷對其權力的抑制，警察首長與將領則獲授予毫無拘束的宰制力，對人民施加暴行。二〇一五年在薩爾瓦多，原為游擊隊首領的副總統[36]批准警察總監「不顧後果」[37]圍剿幫派成員的政策。在宏都拉斯，一位緝毒特派員調查政府與古柯鹼集團的勾結，發現國家警察直接向毒梟報告，並執行他們下達的謀殺令。「我們從核心處腐爛了。」這位緝毒特派員由於工作表現太亮眼被開除後說。「我們置身深淵的邊緣……你寫一份報告，你交給上司，接著發現你記錄的犯罪正是他的作為。」[38]兩週後他死了。

在貪腐文化中扮演要角的，正是殖民主義最忠貞的幫凶：教會。當教宗方濟各得知歐德布萊希特案件揭露的系統性與大規模賄賂——巴西鉅商共付給遍布半球的政治人物數十億美元賄款，構成史上最大宗的外國賄賂案[39]——他回以明確的憤怒。他宣稱，拉丁美洲的政治面臨危機[40]。深深的危機！稱不上健康，更接近病了！此言不虛。不過在這區域眾人皆知，那並非一時的微恙。貪腐的盛行從哥倫布在西班牙島立起十字架就已開始，就算善良的教宗出言哀嘆，教會依然置身貪腐的根基。

畢竟，教會願意與王室聯手販售恩准排除證書[41]，授予膚色較黑的種族「白人」證書好讓他們獲得學校教室、政府辦公室甚至婚姻接納，被殖民者從這樣的教會學到什麼？信徒從強迫他們祖先繳納貢金，若辦不到就判他們苦役的制度學到什麼？他們從樞機主教和主教跟強人科爾特斯、皮薩羅、裴隆或佛朗哥站在一起，如智利樞機主教勞爾・席爾瓦・亨里奎斯（Raul Silva Henríquez）一度服事皮諾切將軍般服事暴君[42]，只為了在極端政變「放上正確臉孔」的宗教學到什麼？他們從吹噓收下走私販的獻金並使教堂金庫放滿不義之財的神父學到什麼[43]？或者，當神父如羅梅洛主教般拒絕向專制統治者屈服，而在光天化日下遭槍殺時，他們學到什麼？儘管將種種慈善舉動擴及拉丁美洲且作為豐碩，教會一直是模稜兩可的高塔。教會常展現兩副面貌：一面支持卑微者，另一面為有權勢者辯護。以歷史的長河衡量，教會未能實踐最基本的任務：傳授真正人道、守法、平等社會的恆常美德。如同耶穌會士哈維爾所適切指出：那些美德早於基督教義抵達美洲土地前就存在已久，明載於教會廢除的文明規範中[44]。此即：不偷竊，不說謊，不怠惰。

事實證明，黎諾無法離開堆積惡臭垃圾的拉林科納達到山下生活。儘管好運降臨，一位美國紀錄片工作者安排她孩子的教育交換拍攝她的家庭[45]，黎諾從未能夠好好適應別處的生活。遠離非法黃金礦坑的赤裸暴力與毒害，踏入離普諾三十英里、秘魯機場小鎮胡里阿卡的熱絡生活，在人們眼中她不過是個穿寬裙的不識字鄉巴佬，身無一技之長的外地人。儘管她的孩子在學校註冊，迅速適應機場後方貧民窟兩房水泥棚屋的生活，黎諾很快重返金礦，靠雙手和膝蓋碰運氣，再度翻找飛灑出的石塊。每個星期四，她拿起代表丈夫的小石子放進圍裙口袋，花六小時搭乘上山的搖晃小巴士，行過崎嶇的泥土路；每個星期一，她回去確認孩子有吃飯讀書，準備下星期穿的乾淨衣裳。她最小的女兒塞納從奈斯特卡瑟瑞斯安地斯大學（Universidad Andina Nestor Cáceres）畢業。她最大的女兒瑪利（Mari）從情人的自殺漸漸恢復，對象是酒喝太多的拉林科納達年輕礦工，在礦坑豎井裡上吊，留下她和一個嬰兒。她正在學習成為一位藥劑師。年紀最長的約翰仍承受多重創傷，在殺害他們父親那次礦坑崩塌導致眼睛、腦和肺部損傷，不過他設法一週從事四十五小時的電纜安裝工作。黎諾最小的孩子亨利是十六歲的奔放青年，本可能赴阿納尼亞山充滿氰化物的礦坑工作，如今奪得他那間破舊學校所能給的最高分。

卡洛斯身處北方數千英里外、佛羅里達與路易斯安那州之間的某處，實際地點沒人真正曉得，同樣過著邊緣生活。處處討求工作，從城市飄泊至郊區，做警衛、餐館雜工、送信人餬口，憑著機智在街頭求生。如今年屆六十，且為射進頭顱的子彈、刺進腹部的刀等舊傷所擾，他必定察覺連起身上街都難。陌生人的慈悲讓他得到拯救，他們大多數是渴求遺忘過去的年長女性。與身材圓潤、富有魅力、個性務實的委內瑞拉妻子結婚前，他跟海倫一起住，那是在華府一間酒吧的舞池裡遇見的屆更年期金髮女子。因買賣古柯鹼服刑十五年後，在六歲病兒過世、妻子跟他離婚後，卡洛斯發現自己又用上相同手法。他在曼波酒吧尋覓成熟、獨立的女子，提議以些許溫柔交換地方留宿。時不時他能贏得幾個月的恩寵，尤其是美國女人覺得他調皮好看的臉與厚重古巴口音迷人時。但是年歲、疲憊和長長的犯罪紀錄似乎使卡洛斯陷入困境。在戴德郡常出沒的地方或紐奧良周圍令人神經緊張的單身酒吧，再不見他的身影。尋無法庭紀錄記載他的竊盜輕罪，或他短暫為之的古柯鹼買賣，或跟暗示他在一個地方待太久的警察爭執[46]。在那些報告裡，「可能雇主」一欄的記載很清楚：查無資料。他交手的最後一個古柯鹼老大只稱呼自己為「上帝」。

神父哈維爾奉獻六十七年生命給印地安人的文化與福祉，與系譜相比更傾向以精神歸類，自視為印地安人、艾馬拉人、克丘亞人，他可以斷然宣稱自己不再是加泰隆尼亞人，甚至不是西班牙人。他是玻利維亞人，見證玻利維亞的重生，目睹國家經歷一切有如地獄的變身輪迴。竭盡所能鼓起一切希望，選出國家首位原住民總統莫拉萊斯後，哈維爾看著那希望擱淺。莫拉萊斯從一名貧窮的古柯葉農民出身，成為拉丁美洲諸多經民主程序當選總統的模樣：富裕，極端專制，冥頑不靈的獨裁者。就像查維茲、藤森、裴隆和歐提加，他利用民主破壞民主[47]。哈維爾不怯於這麼說。他對夢想坦然，也對失敗坦然。然而宛若一位無論犯多少錯還是疼愛孩子的父親，他不願捨棄尚有可能的希望。拉丁美洲的救贖即將到來，只要有更好的法院，更好的學校，更好的領袖。或許已年屆九十，但是哈維爾依然努力不懈擁護他一直以來相信的，勢將救贖拉丁美洲的三種美德：正義、平等、教育。就這麼簡單，也如此艱難。

黎諾、卡洛斯和哈維爾永遠不會相遇，但是他們的故事緊密交織，如同白銀、刀劍與石頭的歷史並行於這片既艱困又滿懷希望的大地。拉丁美洲當然存在其他敘事，比較快樂的敘事。不過正是這些敘事及其解答，定義了這個半球與它的未來，也必然定義了它的過去。

早在我們所知的征服催生這片土地前，拉丁美洲的天然資源、暴力與宗教即為關鍵力量。前哥倫布時代的人民無比熟悉推行掠奪、暴行與信仰。但是哥倫布堅稱他發現亞洲而砌下了謊言的第一塊磚，說他到了一片富產黃金的土地，人民溫馴、易於奴役、能輕鬆智取[48]。他從未發現亞洲，美洲並無豐饒黃金，人民也不像他說的如此。儘管原住民最終淪為奴隸，男人付出體力，女人付出身體，新主人從未真正了解他們。美洲原住民從未真正受到欣賞，從未被視為最終或許會主張基本權利的人種。他們被送進礦坑，驅入農田，生命力量被吞沒且文化被抹消。意在恫嚇他們的暴力成為傷口，意在安撫他們的信仰成為藥膏。最終他們遭到吸納、同化、灌輸。或者，以智利、阿根廷、烏拉圭、巴拉圭等南錐體國家為例，他們完全被抹去。而謊言仍在延續。歐威爾用盡所有才智也想像不出一個更超現實、更費解的世界。歐洲是拉丁美洲迷思最多產的編造者，也是拉美最強大的獲利者，主張拉美文化無關緊要的觀念，歐洲比較優越，天生要號令他們並帶領他們進步。隨著時間過去，北美洲擴展了這項觀念，而拉丁美洲人相信這一切。

詹姆斯・鮑德溫（James Baldwin）曾寫道，美國歷史比我們訴說過的一切更長遠寬廣、更多樣、更美麗也更可怕[49]。對於南方的美洲來說那必定屬實。舊時編年史家習於從入侵者的目光看待歷史，採用征服者的觀點。如同一位前哥倫布時期文化的著名歷史學家所述，我們從一開始就想像拉丁美洲會遇上征服者[50]。這是一樁西班牙的故事。其餘皆散進迷霧裡，遁入歷史的雙翼，遭到忘卻。我們傾向將這片中美洲島弧想成是哥倫布**與**泰諾人的故事。科爾特斯……**與**阿茲特克人的故事。皮薩羅……**與**印加人。卡巴薩・德・瓦卡**與**瓜拉尼人。西班牙**與**殖民地。低劣獨裁者**與**不幸受害者。羅馬天主教會**與**異教徒。廣大的世界經濟**與**引人垂涎、蟄伏於大地的礦脈。即使在此，在這本書中，贏家與輸家的並置似乎是描繪過往的唯一方式。

然而正是這些「後者」，每一組二元群體的第二方，才揭露了潛藏在故事裡、時常更加難以磨滅的層面：泰諾人、阿茲特克人、印加人、瓜拉尼人、殖民地、異教徒、受害者、蟄伏於大地的礦脈，他們訴說著更深層的故事。無論受到多少踐踏，這些構成要素依然深深銘刻在整個區域的心靈裡。我們無法倒轉時間，我們不能重塑已形成的世界。但是除非我們理解「後者」的歷史，那些體制中的鬼魂、集體失憶下的受害者，我們才能指望去理解這個區域當下的面貌，也才能理解本地人民的特質。是時候去直視，拉丁美洲敘事的核心即為一長串的不公正。除非拉丁美洲理解諸多不公正如何形塑、磨難與壓抑人民，否則白銀、刀劍與石頭將持續交融，書寫拉丁美洲的歷史。

謝辭

這本書源於與已故阿姨暨教母María Isabel Arana Cisneros的長談，她的洋溢才智與浩瀚博學一再使我拓寬眼界，並且深思事物為何呈現當前樣貌。我們曾坐在她於利馬的舒適客廳，談論北美洲與南美洲革命間的差異，這次交流催生我的著作《玻利瓦：美洲解放者》（*Bolivar: American Liberator*），我從當時開始羅列讓拉丁美洲獨立戰爭（一八〇四至一八九八年）在歷史上如此獨特的要角。我的查巴阿姨（Tía Chaba）視線越過鏡框邊緣說道：「嗯，那全都非常棒，小瑪利，不過假使你真有興趣向我們說明，就必須達成一個目標：觸及究竟是什麼讓拉丁美洲跟世界其他地方如此不同，那麼你就能釐清一些事了。」

「確切」觸及事物正是難題所在。我想起偉大的阿根廷小說家埃涅斯托．薩巴托令人警醒的一席話，他曾描述歷史是由謬誤、虛假論點與遺忘構成。這種種讓我聯想到華特．雷利爵士，倘若曾有不切實際的故事敘說者存在，那麼他必定是其中一人；被判終身監禁於倫敦塔，正著手書寫浩瀚的英格蘭歷史。傳聞說他在寫開頭幾章時，樓下街道傳來響亮喧鬧聲，簡直不亞於企圖暗殺國王引起的騷動。傳抵他位於高處小房間的消息既混淆且矛盾，導致他雙手一攤、放棄了整個計畫，埋怨說連窗外發生的事都不曉得，他不可能再寫下分毫的歷史。

我的情況相仿。企圖撰寫拉丁美洲史是一項愚蠢至極的任務，考量到過往的種種扭曲，更別提我們許多國家蒙受的不斷變動與改造。改變持續上演，動盪屬於常態。當那麼多事就在窗外發生，決定性的歷史不可能存在。如同我的阿姨要我去做的釐清事情，屬於薛西弗斯式的任務。試圖觸及「究竟是什麼」讓拉丁美洲人成為當下的面貌，讓我在每一章都心生絕望。所以請容我直言：這不是一本關於歷史的書，儘管我翻遍編年史書堆來描寫內容。這也不是一本新聞採訪著作，儘管我拿出飢餓獵犬的投入程度追蹤每位書寫對象的生活。如同來自拉丁美洲的所有事物，這本書是混合的品種。一隻雜種狗，擁有許多父親。

我獲得分外好運能結識歷史學家、新聞記者、知識分子並與其合作，有的在世有的已逝，他們的著作以萬般方式指引我。他們之中無人應以任何方式為這本書的錯誤負責，我的缺失不該影響他們的卓越。舉例來說，我從已逝的偉大哥倫比亞歷史學家Germán Arciniegas身上獲益良多，我還是個紐約的年輕編輯時協助將他原創性十足的著作帶進英語世界，他對於拉丁美洲不可盡信的過往抱持幽默感，總能引我開懷大笑。我從朋友身上學到許多：我的傑出同胞馬利歐・巴爾加斯・尤薩，他的小說與非虛構作品皆傳達敏銳洞見，充分闡明此區域的特質。烏拉圭人愛德華多・加萊亞諾，我跟他共度多個夜晚談論在我們之前一千年的長遠觀點。卓越的英國歷史學家約翰・黑明關於拉丁美洲文明的深遠知識與慷慨無私，是我的著作不可欠缺的一部分。無畏的美國探險家Loren MacIntyre，他在世的最後幾日來電要我取得正確的地形資料。以及墨西哥智者（sabio）卡洛斯・富恩特斯和Enrique Krauze，他們堅定凝視墨西哥的光輝與動盪歷史，使我受教匪淺。

還有其他太多人在這過程中曾為我師：Julia Álvarez、Cecilia Alvear、José Amor y Vázquez、Elizabeth Benson、Patricia Cepeda、Sandra Cisneros、Lawrence Clayton、Ariel Dorfman、Ronald Edward、Gustavo Gorriti、Alma Guillermoprieto、John W. Hessler、Leonardo López Luján、Javier Lizarzaburu、Colin McEwan、Alberto Manguel、Senna Ochochoque、Mark J. Plotkin、Elena Poniatowska、Jorge Ramos、Laura Restrepo、Tina Rosenberg、María Rostworowski、Ilan Stavans、Richard Webb。我虧欠他們無盡感激。還有一些人也許我不熟識，但是他們的著作深深刻畫於書頁，都列在參考書目中。

接著是對於這本歷史與報導文體的奇特雜交品種做出實際貢獻者。我要感謝已故的James H. Billington，他是美國國會圖書館館長與出色的導師，在二〇一三年歡迎我進入國會圖書館，邀我坐在他身邊並成為那偉大機構的一分子。我還要鄭重感激Jane McAuliffe，她是國會圖書館約翰·W·克魯格中心（John W. Kluge Center）的前主管，曾邀我離開辦公桌、花一整年擔任南方國家文化主持人，梳理豐富的拉丁美洲與西班牙藏書。如今克魯格中心成為我兩本歷史著作的贊助人。感謝喬治城大學的Erick Langer，多年前他碰巧建議我該閱覽玻利維亞一位年長耶穌會神父的著作，其人生活似乎反常地映照過去。那人是哈維爾，而他的故事構成這本書的核心。同樣地，我想感謝紀錄片小組製片公司（Documentary Group）與女力崛起計畫（Girl Rising）的理查·羅賓斯與Kayce Freed Jennings，他們把我送上安地斯山區一萬八千英尺高的天際，撰寫拉林科納達黃金礦坑裡一名十四歲少女的故事。我在那裡遇見黎諾，她過的生活跟五百年前住在那些山頭的先人無甚差異。也要感激我的朋友Clara，同意我在《華盛頓郵報》的文章撰寫她的古巴丈夫卡洛斯，並在本書中擴展至更多細節。

我親愛的朋友與可靠的文學經紀人Amanda Urban是這本書的基石。Binky照顧的所有文學雛鳥皆知，她無人可比。她是一位有著黃金之心的戰士，我有幸與其站在同一陣線。我在Simon & Schuster出版社的編輯Bob Bender，當兩年延長為五年、從站不住腳的概念變成蔓生的計畫時，他展現耐心情操。他是我的理想讀者：堅定、嚴格，並且全心投入於他的作者。感激他和他的可靠助理Johanna Li，仔細的文字編輯Phil Bashe，才華洋溢的設計師Carly Loman和Jackie Seow，以及永不疲倦的公關Julia Prosser。尤其要感謝Simon & Schuster出版社董事長Jonathan Karp的鼓勵與支持。

若缺少朋友和家人的幫助，這一切不可能完成：我的孩子Lalo Walsh和Adam Ward，他們與我同坐在廚房餐桌邊，容忍我喋喋不休談論寫作生活的歡愉與失落。我的繼子Jim Yardley，當我們閒散待在他舒適的倫敦家中，與我不斷腦力激盪書名。另一位繼子Bill Yardley，不止一次激勵我走出危險的作家絕境。我的父母Jorge和Marie，即使離世已久仍然精神長存，他們必定會為這本書的成就與失誤爭論至夜深。我的兄弟姊妹George Arana和Vicky Arana，在我企圖收束發散的結尾時，扮演陪我行遍美洲的忠實旅伴。我的鄰居Don

Hawkins和Betty Hawkins，他們熱情地從利馬把最終校訂的手稿帶至華府，接著寄往紐約。最後也是最重要的，我已故的、無可取代的查巴阿姨，她會瞇著眼、透過眼鏡看我，問我是否真正寫出想說的一切。

最多的感謝仍要獻給我的忠貞丈夫Jonathan Yardley，二十年前他鼓勵我離開編輯工作，開始寫書。是他輕拍我的背，放任我獨自凝視牆面，負責煮晚餐、購物、遛狗、替貓梳毛、繳帳單，告訴我繼續從事我在做的任何事，接著在一天將盡時用微笑和一杯調酒迎接我。以上是我所謂的釐清一些事。

門的地理資訊科學專家。2019年10月18日，約翰在圖書館麥迪遜委員會所舉辦、緬懷已故基斯拉克的會議中提及「後者」。我在最後段落複述他的評論。

online, last modified April 9, 2018。

35. Rachel Kleinfeld, "The Violence Driving Migration Isn't Just Gangs," *Wall Street Journal*, November 10, 2018. Kleinfeld's的文章*A Savage Order: How the World's Deadliest Countries Can Forge a Path to Security*（New York: Pantheon, 2018）。
36. This is Óscar Ortíz Ascencio. Kleinfeld, "Violence Driving Migration."
37. Ibid.
38. 此人為宏都拉斯前緝毒特派員古斯塔沃·阿貝托·蘭達維德（Gustavo Alberto Landaverde），他遭到開除與誹謗告訴，在進行訪談的兩週後被騎摩托車的打手殺死。見：Frances Robles, "Honduras Becomes Murder Capital of the World," *Miami Herald*, January 23, 2012。
39. 迄今歐德布萊希特因賄賂買通，共計遭罰鍰四十五億美元。見：US Department of Justice, Office of Public Affairs, "Odebrecht and Braskem Plead Guilty," December 21, 2016，以及Fieser, "Colombia Reveals Odebrecht Bribes Were Three Times Larger Than Previously Known," *Bloomberg*, August 15, 2018。
40. Stauffer and Pullella, "Pope Ends Latin American Trip"
41. Bethell, *History of Latin America*, 3: 30.
42. 說句公道話，席爾瓦也許是希望踏入總統府。一待皮諾切掌握絕對權力，席爾瓦就變成獨裁者的頑強反對者。見: Rosenberg, 344。
43. 發生於1980年代與1990年代的哥倫比亞。見: Rosenberg, 62。
44. 出自我於2016年2月21日與哈維爾的訪談。印加社會的三項戒律確切對應三大支柱，即哈維爾主張健全政治的必需，有如凳子的三條腿。不偷竊對應經濟，不說謊對應政治，不怠惰對應教育。
45. 曾獲奧斯卡提名的導演理查·E·羅賓斯（Richard E. Robbins），拍攝紀錄片《女力崛起》（*Girl Rising*, New York: the Documentary Group, 2013）關注全球十位貧困階級年輕女孩的生活，黎諾最小的女兒塞納是十人之一。影片的相關計畫也叫「女力崛起」，幫助這家人讓塞納和弟弟亨利接受教育。我是這部紀錄片的其中一位編劇。
46. County court records, Dade County, Florida, and Metairie, Louisiana, 2004 to 2017.
47. 此描述取自恩利克·克勞茲（Enrique Krauze）寫查維茲的傑出文章，見：Enrique Krauze, "The Shah of Venezuela," *New Republic*, April 1, 2009。
48. Rangel, *Del buen salvage*, loc. 258-319.
49. James Baldwin, "A Talk to Teachers," *The Price of the Ticket* (New York: St. Martin's Press, 1985), 332.
50. 關於拉丁美洲歷史中「後者」的洞見要歸功於我的同事約翰·W.赫斯勒（John W. Hessler），他是傑伊·I.基斯拉克（Jay I. Kislak）藏書的傑出館長，皇家地理學會（Royal Geographical Society）研究員，多本書的作者，以及國會圖書館地理與地圖部

非法毒品所得在委內瑞拉洗錢；三十七年後，在委內瑞拉洗錢的金額等同於50至60公噸販毒所得。販毒利潤賦予毒梟控制該國政治的力量。詳見座談：Ambassador William Brownfield and Juan Zarate, moderated by Moisés Rendon, Center for Strategic and International Studies, October 12, 2018, www.csis.org。

20. 此實驗由麻州大學達特茅斯分校生物化學教授左躍剛（Yuegang Zuo，音譯）執行。在以下城市鈔票驗出古柯鹼的比例：100%的有底特律、波士頓、奧蘭多、邁阿密、洛杉磯，88%的有多倫多，77%的有鹽湖城。見：Madison Park, CNN online, last modified August 17, 2009。
21. 確切數字是2千2百85萬人；美國6百萬人，整個美洲1千萬人，歐洲5百萬人。見："Number of Cocaine Users Worldwide from 2010 to 2016, by Region（in Millions）," Statista, accessed February 3, 2019, www.statista.com。
22. "Drug War Statistics," Drug Policy Alliance online, accessed February 3, 2019, www.drugpolicy.org/issues/drug-war-statistics; 也請參考：José de Córdoba and Juan Montes, "It's a Crisis of Civilization in Mexico," *Wall Street Journal*, November 14, 2018。
23. "Mexico Drug War Fast Facts," CNN online, last modified July 16, 2018.
24. Córdoba and Montes, "Crisis of Civilization."
25. "Human Heads Dumped in Mexico Bar," BBC News online, modified September 7, 2006.
26. Nick Miroff, "The Staggering Toll of Colombia's War with FARC Rebels, Explained in Numbers," *Washington Post* online, August 24, 2016.
27. "The Countries with Most Internal Displacement," in *Global Trends: Forced Displacement in 2017* (Geneva: United Nations Refugee Agency, 2018), https://www.unhcr.org/5b27be547.pdf.
28. Hudson, *Colombia*, 335.
29. "Murder South of the Border," Editorial, *Washington Post* online, September 30, 2018.
30. Brownfield and Zarate, discussion.
31. 指2017年。見：Chris Feliciano Arnold, "Brazil Has Become a Gangland," *Foreign Policy*, June 6, 2017, https://foreignpolicy.com/2017/06/06/brazil-has-become-a-gangland-prison-riot。
32. Macias and Engel, "50 Most Violent Cities."
33. Acemoglu and Robinson, 399.
拉丁美洲依賴採礦與農業的代價在十九世紀末期展露無遺，當時某些地區的預期壽命低於二十七歲，識字率低至2%，超出半數人口生活赤貧。見：Fuentes, 281-82。
34. 五分之四拉美人認為政府貪汙，四分之三不信任政府機構。自2010年起又再下降。四分之一人口生活貧窮，40%拉美人屬於「脆弱的」中產階級，而今年某些國家的中產階級再度回歸貧窮。《2018年拉丁美洲經濟展望報告》見："Confidence in Government Institutions, the Key to Growth in Latin America," CAF Development Bank of Latin America

7. Jessica Dillinger, "The World's Largest Oil Reserves by Country," World Atlas, last modified January 8, 2019, www.worldatlas.com/articles/the-world-s-largest-oil-re serves-by-country.html.
石油蘊藏量前三名是委內瑞拉的30萬8百78桶、沙烏地阿拉伯的26萬6千4百55桶，及加拿大的16萬9千7百9桶。
8. Rangel, *Del buen salvage*, loc. 258-319.
9. Enrique de Diego, "Retratos: Carlos Rangel," Club de Libertad Digital, no. 2, www.clublibertaddigital.com/ilustracion-liberal/2/carlos-rangel-enrique-de-diego.html.
10. Specifically, Brazil, Colombia, Peru, Mexico, and Central America's Northern Triangle (Guatemala, Honduras, El Salvador).
11. 這是湯姆・溫萊特（Tom Wainwright）的用語，在他擔任《經濟學人》墨西哥特派員時首創，且於他的著作中闡明，見：*Narconomics: How to Run a Drug Cartel*（New York: PublicAffairs, 2016）。
12. Bello, "Peace, at Last, in Colombia," *Economist*, June 25, 2016. 也請參考："Growth of Bandas Criminales," US Department of State Bureau for International Narcotics and Law Enforcement Affairs, *International Narcotics Control Strategy Report*, vol. 1, Drug and Chemical Control（Washington, DC: March 2012）, 170-71.
13. Steven Topik, Carlos Marichal, and Zephyr Frank, eds., *From Silver to Cocaine: Latin America Commodity Chains and the Building of the World Economy, 1500-2000*, esp. ch. 12, Paul Gootenberg, "Cocaine in Chains: The Rise and Demise of Global Commodity, 1860-1950" (Durham, NC: Duke University Press, 2006), 321-51.
14. Jeremy Haken, "Transnational Crime in the Developing World," Global Financial Integrity online, last modified February 8, 2011.
15. Saalar Aghili, "The Rise of Cocaine in Peru," *Berkeley Political Review*, May 16, 2016.
16. Haken, "Transnational Crime," 4.
17. Gootenberg, "Cocaine in Chains," 345-46.
18. 安地斯山區的毒品貿易流經智利，一如哥倫比亞與加勒比海的毒品貿易往北流經墨西哥。根據非營利調查機構洞察犯罪（InSight Crime）:「智利扮演古柯鹼離開古柯葉生產國玻利維亞與秘魯後的轉運點……估計71%來自玻利維亞的古柯鹼途經阿里卡（Arica），這座智利港口顯然成為該國的主要轉運點，包括其他海岸城市伊基克（Iquique）、安托法加斯塔（Antofagasta）和梅希約內斯（Mejillones）。」見：Tristan Clavel, "Report Finds Drug Trafficking Through Chile Is on the Rise," InSight Crime, last modified December 19, 2016。也請參考：Jason Lange, "From Spas to Banks, Mexico Economy Rides on Drugs," Reuters, January 22, 2010。
19. 委國石油巨擘委內瑞拉石油公司（Petróleos de Venezuela, PDVSA）獨立運作數十年，但是在查維茲和馬杜洛執政時資助政府計畫。1979至1981年，整整一公噸的

134. 西班牙原文為："Si me preguntan si creo en los kharisiri, diré que no, pero respeto profundamente a quienes creen en eso."
凱里席利等同於艾馬拉人的皮許塔科（克丘亞語），是從陌生土地來剝削印地安人的邪靈。見：Albó and Ruiz, 301。
135. Ibid., 288.
136. 2016年2月20日哈維爾接受作者訪談時，引述自加泰隆尼亞社會學家卡門．薩西多（Carmen Salcedo），當時薩西多在跟他談論玻利維亞的耶穌會。
137. Ibid., February 21, 2016.
138. Ibid., February 22, 2016.
139. Ibid.
140. Ibid., February 20, 2016.
141. Albó and Ruiz, 301.
142. Ibid., February 22, 2016.
哈維爾日後在他的回憶錄中概述這段故事。見：*Un curioso incorregible*, 218, 313。
143. Ibid., February 23, 2016.
144. Albó and Ruiz, 218.
145. 2016年2月22日哈維爾接受作者訪談時所述。他基本上在回憶錄重述了這想法，見：*Un curioso incorregible*, 313.

結語

1. 為了明確起見本段經改寫，完整引述為：「重要的是，壓力經驗的後果是隔代的，父母承受壓力會影響後代的壓力反應與壓力後創傷症候群風險。遺傳的潛在分子機制已採專門檢驗父系傳承的齧齒動物實驗研究，判定雄性生殖細胞的表觀特徵是可能的跨代編程基質。」見：Ali B. Rodgers and Tracy L. Bale, "Germ Cell Origins of Posttraumatic Stress Disorder Risk—The Transgenerational Impact of Parental Stress Experience," *Biological Psychiatry* 78.5（September 1, 2015）: 307-14。
2. 2018年10月5日，胡安．阿多弗．瓦斯奎茲與喬納森．亞德利在華盛頓特區的Politics and Prose Bookstore之一場對談。
裝有蓋坦部分脊椎骨罐子的照片也印在他的小說裡，見：*The Shape of the Ruins*（New York: Riverhead, 2018）, 66。
3. Carlos Rangel, *Del buen salvage al buen revolucionario* (Madrid: Editorial FAES, 2007), loc. 258-319.
4. Reuters, "Peru Poverty Rate Rises for the First Time in 16 Years," April 24, 2018.
5. Natalia Sobrevilla, "El espectro del golpe de Estado," *El Comercio* (Lima), November, 7, 2018.
6. Rosenberg, 118.

Slim is actually of Lebanese origin.

120. Simon Romero, "An Indigenous Language with Staying Power," *New York Times*, March 12, 2012.
121. Ibid.
122. Oishimaya Sen Nag, "What Languages Are Spoken in Paraguay?," World Atlas, last modified August 1, 2017, www.worldatlas.com/articles/what-languages-are-spoken-in-paraguay.
123. 整整80%，不過其中僅有25%定期上教堂。見：Ronnie Kahn, "Religion in Latin America," *Newsletter of the Outreach Services of the African, Asian, Latin American, and Russian Studies Centers University of Illinois at Urbana-Champaign*, 86（Spring 2002）。
124. Aldo Rubén Ameigeiras, "Ortodoxia doctrinaria y viejas ritualidades," in *Cruces, intersecciones, conflictos: Relaciones Político-Religiosas en Latinoamérica*, 212-26.
125. 哈維爾並未明言講這段話的總會長名字，但可能是佩卓．阿魯佩（Pedro Arrupe），巴斯克人，於1965至1983年間擔任耶穌會總會長。見：Albó and Ruiz, 307。
126. 如今9%的巴西人說他們並未皈依宗教。40%的烏拉圭人宣稱不屬於任何宗教。見：Philip Jenkins, "A Secular Latin America?" *Christian Century*, March 12, 2013。
改變的其他跡象：新聞記者保里納．特魯希佑（Paulina Trujillo）在基多成立一個無神論者新聞機構。見："Gracias a Dios soy Ateo, Thank God I'm an Atheist," https://www.atheism andhumor.com。
波哥大的著名小說家與新聞記者瓦斯奎茲也自稱是無神論者，他堅持讓小孩接受世俗教育。如此大膽公然拒信教會的行為，在一個世代前難以想像。
127. "Iglesia y abusos," editorial, *El País* (Madrid), September 15, 2018.
128. Pope Francis I, in Stauffer and Pullella, "Pope Ends Latin American Trip,".
129. Linda Pressly, BBC World Service online, last modified April 22, 2018, www.bbc.com/news/business-43825294.
130. Stauffer and Pullella, "Pope Ends Latin American Trip,".
131. Pope Francis I, 摘自：Jim Yardley, "In Bolivia, Pope Francis Apologizes for Church's 'Grave Sins,'" *New York Times* online, July 9, 2015，以及"Pope Francis Asks for Forgiveness for Crimes Committed During the Conquest of America," uploaded to YouTube by Rome Reports on July 9, 2015, 1: 42, www.youtube.com/watch?v=xi-KjE HBFjg。
132. Pope John Paul II, "Homily of the Holy Father, 'Day of Pardon,' Sunday, 12 March 2000," https://w2.vatican.va/content/john-paul-ii/en/homilies/2000/documents/hf_jp-ii_hom_20000312_pardon.html.
133. Pope Francis I, 摘自：Yardley, "Pope Francis Apologizes,".

102. Womack, *Rebellion in Chiapas*.
103. Molly Moore, "Embattled Chiapas Mediator Steps Aside," *Washington Post*, August 3, 1998.
104. Ibid.
105. "Press Briefing: Guatemala Historical Clarification Commission, United Nations, March 1, 1999"; Mireya Navarro, "Guatemalan Army Waged 'Genocide,' New Report Finds," *New York Times*, February 26, 1999.
106. "Mexico Drug War Fast Facts," CNN online, last modified July 26, 2018, https://edition.cnn.com/2013/09/02/world/americas/mexico-drug-war-fast-facts/index.html.
107. "Mexico Is One of the Most Dangerous Countries for Priests," Aid to the Church in Need (CAN) online, last modified March 8, 2018, www.churchinneed.org/mexico-one-dangerous-countries-priests.
108. 販毒集團米卻肯家族（La Familia Michoacana）的作為使其「在2006年變得聲名大噪，當時其成員襲擊一間舞廳，把割下的五顆頭顱與一塊告示牌扔往舞池，寫著：『家族不為錢殺人，不殺女人不殺無辜者。那些人死不足惜。讓每一個人都知道，這是神聖正義。』」見：Dudley Althaus, "Mexico Catches Reputed Leader of La Familia Cartel," *Houston Chronicle*, June 21, 2011；也見George Grayson, *La Familia Drug Cartel: Implications for U.S. Mexican Security*（Carlisle, PA: Strategic Studies Institute, 2010）, 5, 35-37, 46, 101。
109. Albó and Ruiz, 465-66.
110. David Choquehuanca, chancellor of Bolivia, in conversation with Xavier Albó. Ibid., 357.
111. 中情局世界概況可找到實用且不斷更新的資訊。舉例來說，根據中情局資料，巴西人口47.7%是白人，43.1%是穆拉托人，僅僅0.4%是原住民；阿根廷有97.2%是歐洲裔，2.4%是美洲裔；厄瓜多有71.9%是麥士蒂索人；玻利維亞有68%的麥士蒂索人與20%的原住民；哥倫比亞有84.2%的麥士蒂索人／白人，10.4%的穆拉托人。見：www.cia.gov/library/publications /the-world-factbook。
112. Arana, *Bolívar*, 11-12; John Miller, *Memoirs of General Miller* (London: Longman, Rees, Orme, Brown & Green, 1828), 1: 5.
113. José Vasconcelos, *La raza cósmica* (México, DF: Espasa Calpe, 1948), 47-51.
114. Fuentes, 192.
115. Ibid, 193.
116. Albó and Ruiz, 385-68.
117. Peter Wade, *Race and Ethnicity in Latin America* (London: Pluto, 2010), 155-61.
118. Gille Fromka, "Why Did Peruvians Call President Alberto Fujimori 'El Chino' When He Was of Japanese Heritage?," Quora, April 7, 2017.
119. "A True Eastern Star: Carlos Selim El Turco," World Turkish Coalition, March 12, 2010.

Pastors,"。

79. Marie Arana, "Preparing for the Pope," *New York Times*, June 19, 2013.
80. César Vallejo, "Los heraldos negros," *César Vallejo: Antología Poética* (Madrid: EDAF, 1999), 67. (My trans- lation.)
81. J. Rodrigo, *Cautivos: Campos de concentración en la España franquista, 1936-1947* (Madrid: Editorial Crítica, 2005).
82. Tamara Fariñas, "El Jesuita español que se volvió indio," *El Confidencial*, November 8, 2017.
83. Ibid.
84. C. Machado, "Secretaria de Direitos Humanos reconhece que religioso morreu vítima do regime militar," *Agência Brasil*, April 19, 2010, 以及"João Bosco Penio Burnier, S.J.," 1976, Ignatian Solidarity Nework online, https://ignatiansolidarity.net/blog/portfolio-item/joao-bosco-penido-burnier-1976-brazil。
85. "Bishop Samuel Ruíz Garcia," Emily Fund online, accessed February 3, 2019, www.doonething.org/heroes/pages-r/ruiz-quotes.htm.
86. Enrique Krauze, *Redeemers*, 414-16.
87. Ginger Thompson, "Vatican Curbing Deacons in Mexico," *New York Times*, March 12, 2002.
88. Krauze, *Redeemers*, 419.
89. Ibid., 420.
90. James McKinley, "Bodies Found in Mexico City May Be Victims of 1968 Massacre," *New York Times*, July 11, 2007.
91. Krauze, *Redeemers*, 437-38.
92. 這句話直接引述自歐克塔維奧・帕斯，見：*In Search of the Present: Nobel Lecture 1990*（San Diego: Harcourt Brace & Company, 1990）, 22。
93. 引自：Krauze, *Redeemers*, 433。
94. Ibid., 446.
95. Ibid., 424.
97. Ibid., 425.
98. John Womack Jr. et al., in *Rebellion in Chiapas: An Historical Reader*, ed. Womack（New York: New Press, 1999）, 以及引自：Enrique Krauze, "Chiapas: The Indians' Prophet," *New York Review of Books* 45, December 16, 1999。
99. Krauze, *Redeemers*, 425.
100. 1997年12月22日在名叫阿克提爾（Acteal）的小村莊，45人（21名女人、15名兒童、9名男人）在當地教堂被殺。見：Krauze, "Chiapas."
101. Ibid.

1999)。
60. Cleary, *How Latin America*, 90.
61. Pope John Paul II, "Ecclesia in Oceania," given in Rome, Saint Peter's, November 22, 2001, Apostolic Exhortation, Catholic News Agency online, www.catholicnewsagency.com/document/eccles ia-in-oceania-675.
62. Gina Pianigiani, "Pope Paves Way for Sainthood for Archbishop Óscar Romero," *New York Times*, March 7, 2018.
63. Holly Sklar, *Washington's War on Nicaragua* (Cambridge, MA: South End Press, 1988), 51.
64. Ibid.
65. 國家衛隊統帥卡洛斯・尤金尼歐・維德斯・卡薩諾瓦（Carlos Eugenio Vides Casanova）獲引述說道：「現在武裝部隊做好殺20萬至30萬人的準備，假使那是阻止共產黨接管的代價。」見：Ibid., 50。
66. Christopher Dickey, "Pope Heckled During Mass in Nicaragua," *Washington Post*, March 5, 1983.
67. Pope John Paul II, 引自：Alan Riding, "Pope Says Taking Sides in Nicaragua Is Peril to Church," *New York Times*, March 5, 1983。
68. Michael Novak, "The Case Against Liberation Theology," *New York Times* online, October 21, 1984.
69. Brian Smith, 4; Edward L. Cleary, "John Paul Cries 'Wolf': Misreading the Pentecostals," *Commonweal*, November 20, 1992.
70. Brian Smith, 4.
71. John Paul II, 1993年在墨西哥的一場演講。"Discurso del Santo Padre Juan Pablo II," Viaje Apostólico a Jamaica, México y Denver, Santuario de Nuestra Señora de Izamal, August 11, 1993, Libreria Editrice Vaticana。
72. John Paul II, discourse in Santo Domingo, 1992, 摘自：Brian Smith, 7。
73. Samuel Rodríguez, "America: It's Time for a New Song," sermon, 2016, National Hispanic Christian Leadership Conference (the largest Evangelical/Pentecostal organization in the world).
74. 五旬節教派的所有期望與承諾摘自：Pew Research report "Religion in Latin America,"。
75. Anderson Antunes, "The Richest Pastors of Brazil," *Forbes*, January 17, 2013.
76. Javier Corrales, "A Perfect Marriage: Evangelicals and Conservatives in Latin America," *New York Times*, January 17, 2018.
77. Jay Forte, "More Than 50 Million Brazilians Living Below Poverty Line," *Rio Times*, December 16, 2017.
78. 這是艾迪爾・馬塞多於里約熱內盧的天國環球教會。見：Anderson Antunes, "Richest

October 5, 2006。

44. 嚴格說來這也包括日本，不過基於日本並非基督教國家，所以在此論點將日本排除。
45. "Global Christianity," Pew Research Center online.
46. 歐洲緊接著宗教改革後發生的三十年戰爭（1618-1648），奪走8百萬條性命，引發饑荒與疾病連連。
47. Lindsey Olander, "13 Grandiose Churches Reincarnated as Restaurants," *Travel + Leisure*, May 12, 2015.
48. Naftali Bendavid, "Europe's Empty Churches," *Wall Street Journal*, January 2, 2015; "Netherlands: Abandoned Church Converted into Skatepark," video uploaded January 31, 2015, by RT, 1: 18, www.youtube.com/watch?v=fV3k5UntyL4.
49. Soeren Kern, "German Church Becomes Mosque: The New Normal," Gatestone Institute online, last modified February 13, 2013, www.gatestoneinstitute.org/3585/german-church-becomes-mosque.
50. Alice Newell-Hanson, "19 Hotels That Used to Be Churches," *Condé Nast Traveler*, March 29, 2018.
51. Helen Wieffering, "DC's Old School and Church Buildings Are Getting New Life," *Greater Greater Washington*, February 1, 2018.
52. Dake Kang, Associated Press, "Holy Spirits: Closed Churches Find Second Life as Breweries," October 6, 2017.
53. 確切數據是61%，出自："Global Christianity," Pew Research Center online；Joey Marshall, "The World's Most Committed Christians," FactTank, Pew Research Center online, last modified August 22, 2018。
54. 以我在秘魯利馬的鄰里而言，此刻知名的法蒂瑪聖母教堂（Iglesia de la Virgen Fátima）正被譴責出售比鄰的修道院給一間五星級連鎖飯店。街坊得知此舉是因為教會的錢從拉丁美洲流往亞洲或非洲，管理階層急需籌措資金。根據2013年2月17日的《財富》(*Fortune*):「儘管壯麗非凡，梵蒂岡幾近破產……以五億美元左右的投資額而言，梵蒂岡可運用的財務資源少於許多間美國大學……詭異的是，梵蒂岡察覺自身陷於財務危機的同時，教會正在世界上展現新的活力……非洲與亞洲天主教徒獲見滿滿的富能量傳教工作及頻繁、凱旋式的教宗訪問，尤其是奈及利亞和印度。」
55. Brian Smith, *Religious Politics in Latin America: Pentecostal Vs. Catholic*, 2.
56. "Pope Francis Reveals Why He Chose His Name," *Catholic Herald*, March 16, 2013.
57. "Interview of His Holiness Benedict XVI."
58. Brian Smith, 6-7.
59. John Berryman, 引自：Kenneth Serbin, "The Catholic Church, Religious Pluralism" (working paper 3263, Kellogg Institute for International Studies, Notre Dame, IN, February

30. Pope Benedict XVI, in a December 7, 2009, address to Brazilian bishops, 引自：Stephanie Kirchgaessner and Jonathan Watts, "Catholic Church Warms to Liberation," *Guardian* (UK edition), May 11, 2015, www.theguardian.com/world/2015/may/11/vatican-new-chapter-liberation-theology-founder-gustavo-gutierrez。
31. Juan Arias, "Casaldáliga reta a Roma," *El País* (Madrid), January 16, 2005.
32. Schwaller, *Catholic Church in Latin America*, 234-35.
33. "Father Fernando Cardenal's Decision," *Envío*, Información sobre Nicaragua y Centroamérica 43, (January 1985), www.envio.org.ni/articulo/3387.
34. Manlio Graziano, *Holy Wars and Holy Alliances* (New York: Columbia University Press, 2017), 249.
35. Ibid.
36. 艾斯皮諾廣為玻利維亞民眾所知，因為他不僅身為神父，還是位詩人、劇作家、新聞記者與社會運動人士。他最著名的出版作品可能是《在瞄準距離內的祈禱者》（*Oraciones a quemarropa*），知名影片則為《丘基亞普》（*Chuquiago*，艾馬拉人稱呼拉巴斯的方式）和《我土地的魔咒》（*El embrujo de mi tierra*）。
37. "El cuerpo de Espinal tenía 17 orificios de bala," *El Deber* (Bol.), January 1, 2017.
38. "Operation Condor: National Security Archive Presents Trove of Declassified Documentation in Historic Trial in Argentina," George Washington University National Security Archive (legacy online site), last modified May 6, 2015, https://nsarchive2.gwu.edu/NSAEBB/NSAEBB514; Ben Norton, "Documents Detail US Complicity in Operation Condor Terror Campaign," Truthout online, last modified May 23, 2015, https://truthout.org/articles/documents-detail-us-complicity-in-operation-condor-terror-campaign; John Dinges, *Condor Years*.
39. "El Papa rezará en silencio por el jesuita Luís Espinal," *Periodista Digital*, May 15, 2015.
40. 南美洲首位血統純粹原住民後裔總統是秘魯的阿列杭德羅．托雷多（Alejandro Toledo），於2001年當選。莫拉萊斯則於2005年當選。
41. "Interview of His Holiness Benedict XVI During the Flight to Brazil, Wednesday, 9 May 2007," accessed on March 16, 2009, https://w2.vatican.va/content/benedict-xvi/en/speeches/2007/may/documents/hf_ben-xvi_spe_20070509_interview-brazil.html.
42. Cleary, *How Latin America*, 1.
43. 本節關於天主教會與五旬節教派的所有數據皆出自以下報導：Pew Research Center online, Washington, DC: "Religion in Latin America," last modified November 13, 2014；"The Global Catholic Population," last modified February 13, 2013; "Global Christianity—A Report on the Size and Distribution of the World's Christian Population," last modified December 19, 2011；"Spirit and Power—A 10-Country Survey of Pentecostals," last modified October 5, 2006；"Overview: Pentecostalism in Latin America," last modified

(Madrid: Iberoamericana, 2009), 505.

18. Gustavo Gutiérrez Merino, *Teología de la liberación* (Salamanca, Sp.: Ediciones Sígueme, 1971), 15. 也請參考：Gutiérrez, "Teología de la liberación y contexto literario" [Theology of liberation and literary context], www.ensayistas.org/critica/liberacion/TL/documentos/gutierrez.htm。
19. Gutiérrez, *Teología*, 15.
20. Gustavo Gutiérrez Merino, in *Páginas*, vols. 191-96 (Lima: Centro de estudios y publicaciones, 2005). 也請參考：the Jesuit website Pastoralsj, https://pastoralsj.org/creer/1298-gustavo-gutierrez。
21. 關於此見解的各種觀點，見：Juan Luis Segundo, *Theology and the Church: A Response to Cardinal Ratzinger and a Warning to the Whole Church*（San Francisco: Harper & Row, 1987），以及Christian Smith, *The Emergence of Liberation Theology: Radical Religion and Social Movement Theory*（Chicago: University of Chicago, 1991）。
22. 見："Second Vatican Council," *Encyclopædia Britannica* online, www.britannica.com/event/Second-Vatican-Council。
23. *Lumen Gentium* 48, Pope Paul VI, November 21, 1964, Vatican Council; Father Joshua Brommer, "The Church: A Pilgrim People of God," Diocese of Harrisburg online, accessed February 2, 2019, www.hbgdiocese.org/wp-content/uploads/2013/05/042613-Vatican-II-article-the-Church.pdf.
24. 遭暗殺者包括葡萄牙的恩貝托・德加多（Humberto Delgado）、越南的吳廷琰（Ngo Dinh Diem）、美國的梅葛・埃弗斯（Medgar Evers）、玻利維亞的切・格瓦拉、美國的約翰・F. 甘迺迪、美國的羅伯特・F. 甘迺迪、美國的小馬丁・路德・金恩、希臘的格里戈里斯・蘭布拉基斯（Grigoris Lambrakis）、剛果的派崔斯・盧孟巴（Patrice Lumumba）、美國的麥爾坎・X（Malcolm X）、多哥共和國（Togo）的斯瓦納斯・奧林皮歐（Sylvanus Olympio）、剛果的傑森・山德威（Jason Sendwe）、多明尼加共和國的拉斐爾・特魯希佑、南非的漢德瑞克・維沃爾德（Hendrik Verwoerd）。
25. Diego Barros Arana, "La Acción del clero en la revolución de la independencia americana," in Miguel Amunátegui and Barros Arana, *La Iglesia frente a la emancipación americana*, 111-21.
26. Amunátegui and Barros Arana, *La Iglesia*, 18.
27. Ibid.
28. Cleary, *How Latin America*, 53.
29. "Nao existe Guerra justa," Comunità Italiana, last modified November 2001, www.comunitaitaliana.com.br/Entrevistas/boff.htm.

Database（WIID）, version 2.0a, www.wider.unu.edu/project/wiid-world-income-inequality-database?query=Latin+America。

117. Girolamo Imbruglia, *The Jesuit Missions of Paraguay and a Cultural History of Utopia*, Studies in Christian Mission 51 (Boston: Brill, 2017): 22-23, 144.

118. 哈維爾指的可能是一位原住民消息來源，他曾坦誠以告：「這個國家使我受苦（el país me hace sufrir）。」見：Albó, Television interview, La Paz, "No Mentiras PAT," April 9, 2016。

第十二章

1. Pope Francis I, 引自：Caroline Stauffer and Philip Pullella, "Pope Ends Latin American Trip with Warning About Political Corruption," Reuters, January 21, 2018。
2. Cañizares-Esguerra, 71.
3. Arana, *Bolívar*, 458.
4. Christon Archer, ed., *The Wars of Independence in Spanish America*, Jaguar Books on Latin America 20 (Wilmington, DE: SR Books, 2000), 35-37, 283-92.
5. Hanke, "A Modest Proposal," 126.
6. Cleary, *How Latin America*, 115.
7. John Frederick Schwaller, *The History of the Catholic Church in Latin America: From Conquest to Revolution and Beyond*, 132.
8. Arturo Elias, consul general of Mexico, in the *New York Times*, February 21, 1926.
   值得在此一提，墨西哥比美國更接近完全的教會與國家分立。在墨西哥，教會被禁止履行特定的權利與活動。見：Anthony T. C. Cowden, "The Role of Religion in the Mexican Drug War,"（paper, Naval War College, Newport, RI, October 2011）, www.researchgate.net/publication/277760802。
9. Ibid., 114.
10. T. L. Smith, "Three Specimens of Religious Syncretism in Latin America," *International Review of Modern Sociology* 4.1 (Spring 1974): 1-18.
11. Aldana Guillermo, "Mesa del Nayar's Strange Holy Week," *National Geographic*, June 1971, 780-95.
12. Cleary, *How Latin America*, 116.
13. Ibid.
14. 哈維爾在與我訪談時，反覆主動提出他在與原住民為伍的六十五年間受到傳教。
15. Cleary, *How Latin America*, 183.
16. Xavier Albó, "The Aymara Religious Experience," in Marzal et al., 165.
17. Pedro de Quiroga, testimonial taken from a Peruvian Indian, "Coloquio de la verdad," in *El indio dividido: fractures de conciencia en el Perú colonial*, ed. Ana Vian Herrero

(Los Angeles: University of California Press, 1983), 81.
93. Hanke, "A Modest Proposal," 118.
94. Lippy, Choquette, and Poole, 42.
95. 西班牙宗教裁判所在國內的作為比在美洲積極得多。由英國和法國羅織的黑色傳說誇大了裁判所的控制範圍與恐怖。包括不列顛群島和英屬殖民地在內，英國打壓巫術的處決人數是宗教裁判所的三十至五十倍。見：Arciniegas, *Latin America*, 139。
96. Arana, *Bolívar*, 353.
97. Poole, in Lippy, Choquette, and Poole, 57, 124.
98. Ibid., 38.
99. Ibid., 41.
100. Ibid., 38.
101. Felipe Fernandez-Armesto, *The Americas: A Hemispheric History*, 68; "Diego de Landa," *Encyclopædia Britannica* online, www.britannica.com.
102. Poole, in Lippy, Choquette, and Poole, 124-25.
103. Ibid., 123.
104. Ibid.
105. Ibid., 126.
106. Ibid.
107. 此段落大多歸功於：Elliott, *Empires of the Atlantic World*, 268-69。
108. Ibid., 205.
109. 在道明會的學校裡沒有一間中學，而且他們拒絕教導印地安人或麥士蒂索人拉丁語。見：Lippy, Choquette, and Poole, 42。
110. Tupac Inca Yupanqui, "Reos de la sublevación de la provincia de Huarochiri" (1783), fs. 277-78, Audencia de Lima 1047, Archivo General de Indias.
111. Marzal et al., 222.
112. Ibid; C. Wofenzon, "El 'Pishtaco' y el conflicto entre la costa y la sierra," *Latin American Literary Review* 38.75 (January-June 2019): 24-45.
113. R. D. Forrest, "Development of Wound Therapy from the Dark Ages to the Present," *Journal of the Royal Society of Medicine* 75.4 (April 1982): 268-69.
114. Marzal et al., 222.
115. Albó and Ruiz, 54.
116. 拉丁美洲的收入不均程度在1950年代是世界最高，今日依然如此。見：E. Frankema, "The Historical Evolution of Inequality in Latin America: A Comparative Analysis, 1870-2000"（thesis, Groningen University, 2008）；United Nations University-World Institute for Development Economics Research, UNU/WIDER（2005）World Income Inequality

74. The *oidor* Alonso de Zorita to King Philip, letter, 1 April 1562, General de Indias, Patronato, 182, ramo 2; partially transcribed in Ignacio Romero Vargas y Iturbide, *Montezuma el Magnifico y la Invasion de Anáhuac* (México, DF: Editorial Romero Vargas, 1963). 引自：Restall, *When Montzeuma Met Cortés*, 334-35。
75. 在原住民間，皮薩羅的多種稱號包括「阿卜」（大地之神）或「老船長」（Machu Capitán）。由於王室冊封的頭銜，西班牙人稱他為「侯爵」。見：Marqués de los Atavillos. R. Cunéo-Vidal, *Los hijos americanos de los Pizarro*（Alicante, Sp.: Miguel de Cervantes Virtual Library Foundation, 2006）, www.cervantesvirtual.com/obra-visor/los-hijos-americanos-de-los-pizarros-de-la-conquista-0/html/00a6b998-82b2-11df-acc7-002185ce6064_2 .html。
76. Guaman Poma, 353-57.
77. Lippy, Choquette, and Poole, 4.
78. Ibid., 3.
79. Arciniegas, *Latin America*, 139.
80. 此洞見歸功於J. H. 艾略特（J. H. Elliott）的傑出文集《大西洋海域的帝國》（*Empires of the Atlantic World*），尤其是〈美洲作為神聖空間〉（America as Sacred Space）一章。
81. Lippy, Choquette, and Poole, 40.
82. Elliott, *Empires of the Atlantic World*, 201.
83. Lippy, Choquette, and Poole, 90.
84. J. L. González and O. González, *Christianity in Latin America* (New York: Cambridge University Press, 2008), 51.
85. Stafford Poole, *Pedro Moya de Contreras: Catholic Reform and Royal Power in New Spain, 1571-1591* (Norman: University of Oklahoma Press, 2011), 80.
86. Elliott, *Empires of the Atlantic World*, 198.
87. Thomas Gage, *The English-American His Travails by Sea and Land* (1648), 71-72, 引自：H. McKennie Goodpasture, *Cross and Sword: An Eyewitness History of Christianity in Latin America*（Eugene, OR: Wipf & Stock, 1989）, 56。
88. Elliott, *Empires of the Atlantic World*, 201.
89. 引述的同一個出處提到巴西紅木扶壁的價值「以鍍金打造」，文中提及的2萬達克特與今日的2百70萬美元等值。見："Current Gold Gram Bar Values," GoldGramBars.com, last modified January 25, 2019, www.goldgrambars.com。
90. Gage, in *Cross and Sword*, 71-72.
91. Roberto Levillier, *Organización de la iglesia y ordenes religiosas en el virreinato del Perú en el siglo 16* (Madrid: Rivadeneyra, 1919), 148. 摘自：Ricard, 424.
92. Woodrow Borah, *Justice by Insurance: The General Indian Court of Colonial Mexico*

51. Benno Biermann, "Bartolomé de las Casas," in *Bartolomé de las Casas in History*, 468. 引自：Clayton, *Bolivian Nations*, 116。
52. Benjamin Keen, "The Black Legend Revisited: Assumptions and Realities," *Hispanic American Historical Review* 49.4 (November 1969): 704.
53. 這些資料要歸功於拉斯・卡薩斯的絕佳傳記內容，見：Lawrence A. Clayton, *Bartolomé de las Casas and the Conquest of the Americas*, 145-50。
54. Guaman Poma, 2: 357.
55.《耶穌會訊》是傳教士在新法蘭西殖民地彙編的文件與編年史集，印行於1632至1673年間。引述句的下文是：「而且，隨著前者加深，後者會相應給予更沉重打擊。」見：Francesco G. Bressani, *Jesuit Relations*（1653）39.141（New York: Pageant, 1959）。
56. 哈維爾的所有資訊和他的想法出處，若非2016年我在拉巴斯對他做的訪談，以及從2015至2018年與他的通信，就是出自他的回憶錄，見：Xavier Albó Corrons and Carmen Beatríz Ruiz, *Un curioso incorregible*。
57. Fray Antonio de Montesinos, Ibid.
58. Xavier Albó, *Un Metodo para aprender el quechua* (La Paz: Instituto Jesuita, 1964).
59. Manuel M. Marzal et al., *The Indian Face of God in Latin America*, 2.
60. José de Acosta, 引自：Marzal et al., 3。
61. Massimo Livi Bacci, *Estragos de la Conquista* (Madrid: Grupo Planeta, 2006), 235.
62. Ibid., 237.
63. Pope Clement XIV, in his papal brief *Dominus ac Redemptor Noster*, issued on July 21, 1773.
64. Jorge A. Ramos, *Historia de la nación latinoamericana* (Buenos Aires: Continente, 2011), 97-101.
65. Bacci, *Estragos*, 265.
66. Jorge A. Ramos, *Historia*, 97-101. 引自：Galeano, 190-91。
67. 此小標仿效耶穌會士何塞・德・阿科斯塔的專文〈論在野蠻人中傳福音〉（De promulgatione Evangelii apud Barbaros），寫於1575年，1589年由阿普・圭勒穆・弗凱（Apud Guillelmum Foquel）在薩拉曼卡（Salamanca）出版。
68. Andrés Mixcoatl to the people of Metepec, Zacatepec, and Atliztaca, in Gruzinski, *Man-Gods*, 54.
69. Díaz, *Historia verdadera de la conquista*, ch. 36-37.
70. Ibid., ch. 38-40; Ricard, 82-84.
71. Ricard, 79.
72. Lippy, Choquete, and Poole, 38.
73. 此洞見歸功於歷史學者馬修・瑞斯托獨具創見的著作《當蒙特蘇馬遇見科爾特斯》（*When Montezuma Met Cortés*），尤其是頁301-54。

Indigenous Peoples in the Constitutions of Our America," SciELO Colombia, accessed February 2, 2019, www.scielo.org.co/pdf/hall/v10n20/v10n20a14.pdf; also George Sanderlin, ed., *Witness: Writing of Bartolomé de las Casas*（Maryknoll, NY: Orbis, 1993）, 66-67。

34. Clayton, *Bolivian Nations*, 41.
35. Fray Bartolomé de las Casas, *Brevísima relación* (Medellín, Colombia: Universdad de Antioquia, 2011), 39.
36. Las Casas, *Historia*, 3: 1243, in *Obras* completas 4: 1363ff.
37. Ibid., vol. 2, ch. 7, 1318-19.
38. Lewis Hanke, "A Modest Proposal for a Moratorium on Grand Generalizations: Some Thoughts on the Black Legend," *Hispanic American Historical Review* 51.1 (February 1971): 124.
39. M. Giménez Fernández, "Fray Bartolomé de las Casas," in *Bartolomé de las Casas in History*, ed. Friede and Keen (DeKalb: Northern Illinois University, 1971), 67-126.
40. 他也稱為查理五世或卡洛斯五世，自1506年起任勃艮第公國統治者，1516年起統治西班牙，且於1519年起統治神聖羅馬帝國。
41. Clayton, Bolivian Nations, 135-36.
42. 這些數據反映1500至1875年間的奴隸貿易。沒有其他國家像巴西輸入這麼多奴隸。見：Trans-Atlantic Slave Trade Database, www.slavevoyages.org。
43. Clayton, *Bolivian Nations*, 36.
44. 這位修士自稱為莫托里尼亞（Motolinía），即納瓦特爾語的「乞丐」，本名為托里比歐・德・貝納文特（Toribio de Benavente）。他支持印地安人生性凶殘的觀念，必須接受基督教化以策安全。見：Ibid., 146.
45. "Motolinía," in James Lockhart and Enrique Otte, eds., Letters and People of the Spanish Indies, Sixteenth Century (Cambridge: Cambridge University Press, 1976), 226.
46. 最終黑色傳說（la leyenda negra）產生反論，二十世紀西班牙歷史學者提出「白色傳說」（White Legend），主張西班牙人不比其他歐洲人差勁，拉斯・卡薩斯和其他人的指控不公且誇大。另見：Hanke, "A Modest Proposal," 112-27。
47. 亞里斯多德的天生奴隸論在《政治學》的第五冊；巴托洛梅與塞普維達的辯論描述出自：Lippy, Choquette, and Poole, 86-87。
48. 文章名稱是〈第二個迪馬克提斯〉（The Second Democrates）或〈對印地安人興戰的正當理由〉（Reasons That Justify War Against the Indians），於1546至1547年間流傳。此文奉「印度」議會主席、樞機主教胡安・賈西亞・洛艾薩（Cardinal Juan García Loaysa）之命撰寫，他是拉斯・卡薩斯的堅定批評者。
49. Clayton, Bolivian Nations, 119.
50. 墨西哥特使是法蘭西斯可・德・泰洛・桑多沃（Francisco de Tello Sandoval）；秘魯總督是布拉斯科・努涅茲・德・維拉（Blasco Núñez de Vela）。見：Ibid., 119-24。

19. Keillor, *This Rebellious House*, 22.
20. 同前注。此人為若望・特次勒（Johann Tetzel），他的放縱行徑和金錢交易引發路德的怒火與宗教改革之始。
21. Ibid.
22. 聖安德魯斯大學的宗教改革歷史學者安德魯・佩特格里（Andrew Pettegree）懷疑關於「釘在門上」的古老傳說，並主張禮拜堂大門是大學的公用布告欄，《論綱》也許是黏貼或以其他方式固定。見：Billy Perrigo, "Martin Luther's 95 Theses," *Time*, October 31, 2017。
23. Richard J. Evans, "The Monk Who Shook the World," *Wall Street Journal*, March 31, 2017.
24. Lippy, Choquette, and Poole, 32.
25. Las Casas, *History of the Indies* (New York: Harper and Row, 1979), 35.
拉斯・卡薩斯於1508年抵達，他的計算涵蓋1492至1508年。3百萬人死亡的數據受到歷史學者激烈爭論，他們設想拉斯・卡薩斯不可能曉得總人口或征服受害者的人數。見：David Henige, *Numbers from Nowhere: The American Indian Contact Debate*（Norman: Oklahoma University Press, 1998）, 133-35。
26. 一群道明會修士於1510年抵達西班牙島，立即對印地安人蒙受的待遇表達怒意。隨後道明會修士採取行動反制他們視為屠殺印地安人口的舉動。見：H. R. Wagner and H. R. Parish, *The Life and Writings of Bartolomé de Las Casa*s（Albuquerque: University of New Mexico Press, 1967）, 11。
27. *El Requerimiento. Ficción jurídica: Texto completo*. Monarquía Española, 1513, redactado por Juan López de Palacios, Scribd, accessed March 16, 2019, www.scribd.com/document/125487670.
28. Gaspar Pérez de Villagra, *Historia de la Nueva México*, epic tale written in 1610 (México, DF: Museo Nacional, 1900), 引自：Jorge Cañizares-Esguerra, *Puritan Conquistadors: Iberianizing the Atlantic, 1550-1700*, 243。
29. Poole, in Lippy, Choquette, and Poole, 82.
30. Las Casas, in reference to Governor Ovando of Hispaniola, in *Obras*, 4: 1355; 也是引自：Lawrence A. Clayton, *Bartolomé de las Casas and the Conquest of the Americas*, ed. Jürgen Buchenau, 30。
31. 當哥倫布因遭控罪行受到調查，伊莎貝拉女王發怒堅持要胡安尼可和其他印地安人被送回西班牙島。「司令豈有權力將我的臣民賜予任何人？」她揚聲說。見：Las Casas, *Obras* 4: 1243。也見Clayton, Bolivian Nations, 17。
32. Lippy, Choquette, and Poole, 82.
33. 此人為安東尼歐・德・蒙特席諾斯修士（Fray Antonio de Montesinos），見：Luis Alfredo Fajardo Sánchez, "Fray Antón de Montesinos: His Narrative and the Rights of

Smoking Mirror" (Boulder: University Press of Colorado, 2003), 14-15.

3. *Acosta*, vol. 4, ch. 4.
4. Linda Jones Roccos, "Athena from a House on the Areopagus," *Hesperia: The Journal of the American School of Classical Studies at Athens* 60.3 (1991): 397-410.
5. Alan Rowe and B. R. Rees, "A Contribution to the Archaeology of the Western Desert IV: The Great Serapeum of Alexandria," *Bulletin of the John Rylands Library*, Manchester 39: (1957), 485-520, https://www.escholar.manchester.ac.uk/api/datastream?publicationPid=uk-ac-man-scw: 1m1914&datastreamId=POST-PEER-REVIEW-PUBLISHERS-DOCUMENT.PDF.
6. 日後雅典陷落於鄂圖曼帝國時，穆斯林征服者用帕德嫩的神聖殿堂作為火藥軍械庫。見：John Pollini, "Christian Destruction and Mutilation of the Parthenon," in *Athenische Mitteilungen*, 122（2007）, 207-28。
7. 西元380年，羅馬帝國皇帝狄奧多西一世（Theodosius I）頒布薩洛尼卡敕令（Edict of Thessalonica），確立基督教為國教；其他所有宗教派別皆公告為異端。五年後開始處死非信徒作為懲罰，同前注。另見：Sidney Zdeneck Ehler and J. B. Morrall, *Church and State Through the Centuries*（Cheshire, CT: Biblo-Moser, 1988）, 6-7。
8. Díaz, *Historia verdadera de la conquista*, 145-47.
9. Wright, 145.
10. Ibid.
11. 在納瓦特爾語裡，「Cozticteocuítlatl」指黃色金屬，「iztacteocuítlatl」指白色金屬。見：León Portilla, *Visión de los vencidos*, 149。
12. Miguel Léon-Portilla, "Ometeotl, el supremo dios dual, y Tezcatlipoca 'Dios Principal,'" *Estudios de Cultura Náhuat*l (México, DF: UNAM, 1999), 30.
13. Fray Gerónimo de Mendieta, *Historia eclesiástica indiana* (New York: Edwin Mellen Press, 1997), 60-62.
14. 請參閱Robert Ricard, *The Spiritual Conquest of Mexico*，以及Stafford Poole, "Expansion and Evangelism: Central and North America, 1492-1600," in Charles H. Lippy, Robert Choquette, and Stafford Poole, *Christianity Comes to the Americas, 1492-1776*, 32。
15. 教宗亞歷山大六世（1492-1503）痴迷於「黃金、女人及他『私生』子女的事業」。見：Norman Davies, *A History of Europe*（New York: Harper, 1996）, 484。
16. Steven J. Keillor, *This Rebellious House: American History and the Truth of Christianity* (Downers Grove, IL: InterVarsity Press, 1996), 21.
17. Ibid., 20.
18. 喬凡尼・德・梅迪奇（Giovanni de Medici）當時的身家約20萬達克特（等值於3千6百萬美元）。見：Carrie Hojnicki, "Famiglia De Medici," Business Insider, last modified July 5, 2012。

39. Guillermo Yeatts, *The Roots of Poverty in Latin America* (Jefferson, NC: McFarland, 2005), 53.
40. Rubén Mendoza, "Aztec Militarism and Blood Sacrifice," in Chacon and Mendoza, 47-48.
41. 請參閱*Codex Magliabechiano*, fol. 70, Biblioteca Nazionale Centrale, Florence, Italy, www.art.com/products/p11726751-sa-i1352276/a-human-sacrifice-from-the-codex-magliabechiano.htm。
42. Guaman Poma, 2: 38.
43. 卡帕科查在克丘亞語中拼為「Qhapaq hucha」，指「王室罪孽」。此儀式詳述見：Valerie Andrushko et al., "Investigating a Child Sacrifice Event from the Inca Heartland," *Journal of Archaeological Science* 38, no. 2（February 2011）: 323-33。
另見：Maria Constanza Ceruti, "Frozen Mummies from Andean Mountaintop Shrines: Bioarchaeology and Ethnohistory of Inca Human Sacrifice," *BioMed Research International* 2015, article ID 439428（2015）: 12 pages, http://www.dx.doi.org/10.1155/2015/439428。
44. Martín de Murúa, *Historia del orígen y genealogía real de los reyes incas del Perú* (1590), 2: 263-64.
45. Richard J. Chacon, Yamilette Chacon, and Angel Guandinango, "The Inti Raymi Festival Among the Cotacachi and Otavalo of Highland Ecuador: Blood for the Earth," in Chacon and Mendoza, 123.
46. Johan Reinhard: "Peru's Ice Maidens," *National Geographic*, June 1996, 62-81.
47. 此項驚人發現包括數百位犧牲者的頭顱架與頭顱塔，經李奧納多・羅裴茲・盧揚（Leonardo López Luján）帶領的考古挖掘而出土，現今仍在墨西哥城市中心地底的大神廟進行。見：Natasha Frost, "Grisly Child Sacrifice Found at Foot of Ancient Aztec Temple," www.history.com, July 30, 2018。
48. Murúa, *Historia General del Perú*, 16: 48.
49. Colin McEwan and M. Van de Guchte, "Ancestral Time and Sacred Space in Inca State Ritual," in *The Ancient Americas: Art from Sacred Landscapes*, ed. R. Townsend (Chicago: Art Institute of Chicago, 1992), 359-71; Gordon McEwan, *The Incas: New Perspectives* (New York: Norton, 2006), 150.
50. Alvar Nuñez Cabeza de Vaca, "Comentarios," *Relación y comentarios*, ch. 16, 558.
51. Elizabeth Benson and Anita Cook, 2-3.
52. Chacon, Chacon, and Guandinango, "Inti Raymi Festival," 120-25.

第十一章

1. Galeano, 20.
2. Guilhem Olivier, Mockeries and Metamorphoses of an Aztec God: Tezcatlipoca, "Lord of the

22. David Stuart, "Kings of Stone," *RES: Anthropology and Aesthetics* 29/30 (Spring/Autumn 1996): 148-71.
23. 粗體字是作者所加，見：Frank Salomon, *The Huarochirí Manuscript*（Austin: University of Texas, 1991）, 19。
24. Richard K. Nelson, "The Watchful World," in *Readings in Indigenous Religions*, ed. Graham Harvey (London: Continuum, 2002), 345.
25. Las Casas, in *Apologética Historia Sumaria*, ed. Juan Pérez de Tudela (Madrid: Editorial Atlas, 1958), 527.
26. 瓜曼・波馬描述6千名工人用「大麻線與粗繩」將巨石拖往薩克塞瓦曼位址，有時無法全數拖走，於是隨機留置一些在鄉間，初見於他的著作：*El primer nueva corónica y buen gobierno* [The first new chronicle and good government]。見：Dean, 50。
27. Frühsorge, "Sowing," 72-189.
28. David Freidel, Linda Schele, and Joy Parker, *Maya Cosos: Three Thousand Years on the Shaman's Path* (New York: Morrow, 1993), 67; Matthew G. Looper, *To Be Like Gods: Dance in Ancient Maya Civilization* (Austin: University of Texas Press, 2009), 116.
29. Frühsorge, "Sowing," 72-189.
30. Matthew G. Looper, *The Three Stones of Maya Creation Mythology*, Wired Humanities Projects, University of Oregon Mesoamerican Archives, quoted in Dr. Frances Karttunen, "Why Always Three Hearth Stones?," Aztecs at Mexicolore, accessed February 3, 2019, www.mexicolore.co.uk/aztecs/ask-experts/why-always-three-hearth-stones.
31. 粗體字為作者所加。見：John Janusek, "Of Monoliths and Men," in Bray, 335-36。
32. 喬魯拉建物群中最著名的是「Tlachihualtepetl」大金字塔（意指人造的山），約建於西元前三百年，地基是吉薩（Giza）金字塔的四倍、體積是近兩倍。見：Josh Hrala, "The World's Largest Pyramid Is Hidden Under a Mountain in Mexico," Science Alert, last modified August 25, 2016, https://www.sciencealert.com/the-world-s-largest-pyramid-is-hidden-under-a-mountain-in-mexico。
33. Preface, *Anthropological Papers of the American Museum of Natural History* (New York: AMNC, Board of Trustees, 1944-1945), 39: 5.
34. 這段傳說是由皮薩羅的隨行者胡安・德・貝坦索斯記載，這位西班牙人娶了阿塔瓦爾帕的甥女（原來也是皮薩羅的妾）。見：*Narrative of the Incas*, 7-10。
35. Matthew 28: 19-20.
36. "Pope Francis and Saint Matthew," *Today's Catholic*, September 15, 2015.
37. Maria Luise Wagner, "The Sexenio (1946-1952)," in *Bolivia: A Country Study*, ed. Rex A. Hudson and Dennis M. Hanratty (Washington, DC: Library of Congress, 1989).
38. Matthew Hughes, "Logistics and the Chaco War: Bolivia Versus Paraguay," *Journal of Military History* 69.2 (April 2005): 412.

4. "La Revolución de Asturias, octubre de 1934: La Revolución minera," Association for the Recovery of Historical Memory online, last modified October 5, 2017, www.radiorecuperandomemoria.com.
5. Adam Hochschild, *Spain in Our Hearts* (New York: Houghton Mifflin, 2016), 343.
歷史學者估計，在戰場外，國民軍於1936至1939年間殺害15萬名反對者，且佛朗哥政權於上台後另行處決2萬人。尚有許多人被逮捕刑求，或終身殘廢。但是共和軍同樣犯下暴行，殺害4萬9千人。其餘則為平民死者。見：James McAuley and Pamela Rolfe, "Spain Plans to Exhume Franco," *Washington Post*, October 20, 2018。
6. Josep María y Joan Villarroya Solé i Sabaté, *España en llamas: La guerra civil desde el aire* (Madrid: Temas de Hoy, 2003), 239.
7. "Cantares Mexicanos," 摘自：David Carrasco, *Quetzalcoatl and the Irony of Empire* (Chicago: University of Chicago Press, 1982), 150。
8. Cortés, *Cartas de Relación* (1993), 232-248. 摘自：Restall, *When Montezuma Met Cortés*, 4。
9. 此概念經賓州大學歷史學者馬修・瑞斯托（Matthew Restall）闡明並深入探討，出自他博學且論證有力的著作: *When Montezuma Met Cortés: The True Story of the Meeting That Changed History*。
10. James Mann, *Rise of the Vulcans*, 82.
11. Felipe Fernandez-Armesto, *Civilization* (New York: Touchstone, 2001), 390-402.
12. James Mann, *Rise of the Vulcans* 83.
13. Tripcevich and Vaughn, 3-10.
14. Catherine J. Allen, "When Pebbles Move Mountains," in *Creating Context in Andean Cultures*, ed. Rosaleen Howard-Malverde (New York: Oxford University Press, 1997), 73-83.
15. Franz Boas, *Primitive Art* (1927) (New York: Dover Publications, 1955), 128. 摘自：Krista Ulujuk Zawadski, "Lines of Discovery on Inuit Needle Cases, Kakpiit, in Museum Collections," *Museum Anthropology* 41, no. 1 (Spring 2018): 61-75, https://anthrosource.onlinelibrary.wiley.com/toc/15481379/2018/41/1。
16. Sahagún, 12: 13.
17. Rostworowski, *Historia del Tawantinsuyu*, 46-47.
18. Carolyn Dean, *A Culture of Stone: Inka Perspectives on Rock*, 5.
19. Lars Frühsorge, "Sowing the Stone," *Estudios de Cultura: Maya*, vol. 45 (México, DF: Universidad Nacional Autónoma de Mexico [UNAM], 2015): 72-189.
20. Ibid.
21. Tamara L. Bray, ed., *The Archaeology of Wak'as: Explorations of the Sacred in the Pre-Columbian Andes*, 25-27.

元」給這項行動（截至2016年）。相較之下，美國於1973至2016年間對毒品戰爭投入超過2兆5千億美元。見：Nina Lakhani and Erubiel Tirado, "Mexico's War on Drugs," *Guardian*（UK edition）, December 8, 2016。

81. Salvatore, in Johnson, Salvatore, and Spierenburg, *Murder and Violence*, 236.
82. "Shining Light."
83. Steven Dudley et al., "The MS13," InSight Crime and Center for Latin American and Latino Studies at American University online, last modified February 2018.
84. Ibid.
85. Jose Miguel Cruz, "The Root Causes of the Central American Crisis," *Current History* 114, no.769 (February 2015): 43-48.
86. Phil Davison, "Activist Protested Peruvian Government to Get Answers About Missing People," *Washington Post*, September 10, 2017.
87. Ioan Grillo, "The Paradox of Mexico's Mass Graves," *New York Times* online, July 19, 2017.
88. Chris Arsenault, "Politics of Death: Land Conflict and Murder Go 'Hand in Hand' in Brazil," Reuters, June 26, 2017.
89. Dudley et al., "MS13."

第三部

1. 岡薩洛・費南德茲・德・奧維耶多—巴爾德斯（Gonzalo Fernández de Oviedo y Valdés）記敘這段卡斯奎的證言，後者是改信基督教的泰諾族酋長，隨哥倫布自加勒比海返航至巴塞隆納。原文為："¿Cómo, señor, es posible que habiéndome dado la fe de amistad." Oviedo, 2: 118, 179-80.

第十章

1. Fray Luis de Granada, *Obras del VP Maestro Fr. Luis de Granada* [Collected works of the venerable father priest Luis de Granada] (Madrid: Antonio Gonçalez de Reyes, 1711), vol. 21, pt. 5, tratado 4, para. 20.
2. 耶穌會（Societas Iesu, SJ）於1534年在巴黎成立，在西班牙稱為「Compañía de Jesús」，是創始人羅耀拉的依納爵（Ignatius of Loyola）及其六位夥伴賦予此修會的原始命名。他們也自稱為「在主內的朋友」（Amigos en El Señor）。英文名稱「Society of Jesus」裡的「society」譯自拉丁語。
3. 所有哈維爾生活、職涯與想法的相關描述及資訊皆來自我對他做的一系列訪談，地點在玻利維亞拉巴斯的耶穌會堂（Jesuit House），時間從2016年2月20日至27日，包括前後的通信聯繫。此外也取自他2017年在玻利維亞出版的十分詳盡自傳：*Un curioso incorregible*。

63. Gabriel DiNicolaand Germán de los Santos, "Sicarios: mandar a matar en la Argentina puede costar $10,000," *La Nación* (Buenos Aires), January 29, 2017.
64. Rosenberg, 34.
65. Eric Johnson, Ricardo Salvatore, and Pieter Spierenburg, eds., *Murder and Violence in Latin America* (Malden, MA: Wiley-Blackwell, 2013), 269.
66. "Shining Light on Latin America's Homicide Epidemic," *Economist*, April 5, 2018.
67. Homicide Counts and Rates, United Nations Office on Drugs and Crime (UNODC) online, 2000-2013, www.unodc.org/documents/gsh/data/GSH2013_Homicide_count_and_rate.xlsx; https://www.unodc.org/documents/gsh/pdfs/2014_GLOBAL_HOMICIDE_BOOK_web.pdf. General data and statistics on global crime, 2013-17, www.unodc.org/unodc/en/data-and-analysis/statistics.html.
68. "Shining Light Latin America's Homicide Epidemic."
69. Miriam Wells, "Venezuela Government Admits Keeping Crime Figures Secret," InSight Crime online, last modified July 15, 2013.
70. Michael Smith, Sabrina Valle, and Blake Schmidt, "No One Has Ever Made a Corruption Machine Like This One," *Bloomberg Businessweek*, June 8, 2017.
71. 其中包括巴西、委內瑞拉、多明尼加共和國、巴拿馬、阿根廷、厄瓜多、秘魯、瓜地馬拉、哥倫比亞、墨西哥、薩爾瓦多、智利。另見："Odebrecht Case: Politicians Worldwide Suspected in Bribery Scandal," BBC News online, last modified December 15, 2017, www.bbc.com/news/world-latin-america-41109132; Anthony Faiola, "The Corruptions Scandal That Started in Brazil," *Washington Post*, January 23, 2018。
72. Karen McVeigh, "Bribes for Public Services Rife in Latin America," *Guardian* (UK edition), October 10, 2017.
73. 此觀點與下文的評論和事證歸功於這本優秀的學術選集：Johnson, Salvatore, and Spierenburg, *Murder and Violence*, 269。
74. Anthony Faiola and Marina Lopes, "Stop and Search? This Poor Community in Rio Says Yes, Please," *Washington Post*, March 25, 2018.
75. 在西班牙和葡萄牙根深柢固的貪腐，於菲利普三世（Philip III）執政時愈演愈烈，里斯本和馬德里皆受他統治（1598-1621）。政府職位兜售，法院可被收買，賄賂當道。拉丁美洲的貪腐並非自身所發明。見：Fuentes, 166-67。
76. Ernesto Sabato, "Inercia mental," in *Uno y el universo*, 90。
77. Enrique Krauze, "In the Shadow of the Patriarch," *New Republic*, October 23, 2009.
78. Tim Merrill and Ramón Miró, eds., *Mexico: A Country Study* (Washington, DC: Library of Congress, 1996), 91.
79. Johnson, Salvatore, and Spierenburg, *Murder and Violence*, 244.
80.「自2007年起，近20萬人被殺且超過2萬8千人通報失蹤……美國捐款至少15億美美國軍方也以在巴拿馬古里克堡（Fort Gulick）反情報訓練的形式提供秘魯國軍援助（Manrique, "War for Central Sierra," 193）數據來自：Françoise Berthélémy, "Stérilisations forcés des Indiennes du Pérou," *Le Monde diplomatique*, May 2004。

40. *The Works of George Santayana*, vol. 5, bk. 6, ed. Herman J. Saatkamp Jr. and William G. Holzberger (Cambridge, MA: MIT Press, 2004), 423.
41. David Piñeiro, "The Exodus of Mariel," Una Breve Historia, accessed March 16, 2019, www.unabrevehistoria.com/exodo-desde-mariel.html.
42. Mariel boat lift flyer, "The Cuban Experience in Florida," image number, PR30565, Florida Memory: State Library & Archives of Florida.
43. Arana-Ward, "Three Marielitos."
44. "Cuban Refugee Crisis," *The [Online] Encyclopedia of Arkansas History and Culture*, last modified March 12, 2015.
45. "Cuban Refugee Crisis."
46. Arana-Ward, "Three Marielitos."
47. Robert Pierre Pierre, "DC Anti-Gang Efforts Marked by Frustration," *Washington Post* online, March 9, 1997.
48. Arana-Ward, "Three Marielitos."
49. Ibid.
50. 較新近的細節來自作者於2017年至2018年對卡洛斯所做的後續報導。
51. Juan Adolfo Vásquez, 1982, quoted in Wright, 52.
52. Kamen, Spain, 21-22.
53. John Hemming, *Red Gold: The Conquest of the Brazilian Indians. 1500-1700*, 40.
54. Moreno Parra, Héctor Alonso, and Rodriguez Sanchez, *Etnicidad, resistencias y políticas públicas* (Cali, Co.: University del Valle, 2014), 102.
55. Mario Vargas Llosa, *El Pez en agua* (Madrid: Alfaguara, 2006), 520.
56. 這些文字出自評論者而非尤薩。見："Vargas Llosa dice que descubrió la literature latinoamericana en París," *La Vanguardia*（Barcelona）, May 1, 2014。
57. Mario Vargas Llosa, Nobel lecture, December 7, 2010, Stockholm.
58. María Elena Martínez, *Genealogical Fictions: Limpieza de Sangre, Religion, and Gender in Colonial Mexico* (Stanford, CA: Stanford University Press, 2008), 10-12.
59. Bethell, *History of Latin America*, 3: 30.
60. Macias and Engel, "50 Most Violent Cities."
61. "Sicarios trujillanos se promocionan en página web de anuncios," *Trujillo Informa* (Trujillo, Peru), January 20, 2014; "Sicarios de Trujillo que se promocionan por Facebook," *El Comercio* (Lima), May 11, 2013.
62. Hudson, Colombia, 337.

20. Lucero Yrigoyen MQ, "Sendero Luminoso y los perros," *Semanario Siete* (Peru), September 10, 2012.
21. Gorriti, 86.
22. Castañeda, *Utopia Unarmed*, 127.
光明之路跟毒品業的財務協議，很可能是哥倫比亞革命武裝力量與該國毒梟合作的先驅與榜樣。另見：Manrique, "The War for thc Central Sierra," in *Shining and Other Paths: War and Society in Peru, 1980-1995*, ed. Steve J. Stern, 215。
23. Rosenberg, 146.
24. Anne Lambright, *Andean Truths* (Liverpool, UK: Liverpool University Press, 2015), 158-59.
25. Carlos Iván Degregori, "Harvesting Storms: Peasant Rondas and the Defeat of Sendero Luminoso in Ayacucho," in Stern, *Shining and Other Paths*, 128.
26. Ibid.; PCP-SL (Communist Party of Peru document), December 1982, 摘自：Gorriti, 283。
27. Rosenberg, 146.
28. Charles F. Walker, *The Tupac Amaru Rebellion* (Cambridge, MA: Belknap Press, 2016), 277.
29. Gorriti, 282.
30. Rodrigo Montoya, *"Izquierda unida y Sendero, potencialidad y limite," Sociedad y política*, August 13, 1983.
31. Jo-Marie Burt, "The Case of Villa El Salvador," in Stern, *Shining and Other Paths*, 270-71.
32. "Abimael Guzmán," *Encyclopædia Britannica* online, www.britannica.com/biography/Abimael-Guzman.
33. Castañeda, *Utopia Unarmed*, 125.
34. Ibid.
35. 確切數字是32萬2千5百62人。見：Marcus Cueto, *El regreso de las epidemias: salud y sociedad en el Perú del siglo XX*（Lima: Instituto de Estudios Peruanos, 2000）, 175。
36. James Brooke, "Cholera Kills 1,100 in Peru and Marches On," *New York Times* online, April 19, 1991.
37.「國立教育大學受害者的遺體證實遭到焚燒。」（Confirman que restos de víctimas de La Cantuta fueron quemados），*El Mercurio*（Santiago）, August 18, 2008, www.emol.mundo。
38. "Victims of the Barrios Altos and La Cantuta Massacres Were Not Terrorists," *El Comercio* (Lima), April 7, 2009, http://archivo.elcomercio.pe/politica/gobierno/victimas-masacres-barrios-altos-cantuta-no-eran-terroristas-noticia-270253.
39. 這筆錢由美國國際開發署（USAID）提供，此獨立機構提供民間外援與發展協助。見：https://newrepublic.com/article/151599/dont-talk-perus-forced-sterilizations。

Conflicto y sus Víctimas [Historical commission of the conflict and its victims], February 2015）, 50-65。

7. "The Global Cocaine Market," in *World Drug Report 2010* (Geneva: United Nations Office on Drugs and Crime, June 2010), 30, www.unodc.org/documents/wdr/WDR_2010/1.3_The_globa_cocaine_market.pdf.
8. Ibid., 69.
   1995年美國農業和礦業的總獲利約為兩千億美元。見：US Department of Commerce, *Survey of Current Business 79*, table B-3, https://fraser.stlouisfed .org/files/docs/publications/SCB/1990-99/SCB_071999.pdf。
9. Hudson, *Colombia*, 329.
10. *Contribución al entendimiento*, 56-64.
11. Hudson, *Colombia*, 34-38.
12. 阿維馬埃爾・古茲曼是秘魯光明之路的領袖，別號「岡薩羅」。見：Fernando Salazar Paredes, "Salvo el poder todo es ilusión," La Opinion, *Pagina Siete*（La Paz）, May 4, 2016。
13. 以下關於瓦曼加大學和光明之路的洞見多歸功於：Jorge G. *Castañeda's superb Utopia Unarmed*, 98-125。
14. 瓦曼加大學的正式名稱為瓦曼加國立聖克里斯托瓦爾大學（National University of San Cristóbal de Huamanga）。
15. Castañeda, *Utopia Unarmed*, 120.
16. 古茲曼的童年細節出自：Juan Carlos Soto and Giuliana Retamozo, "La Madre Chilena de Abimael Guzmán," *La República*（Arequipa, Peru）, March 22, 2008。
17. 如光明之路的文件所述，他的計畫旨在（1）暴力：權力將透過暴力手段奪取，且由獨裁統治掌控；（2）徹底：將剷除帝國主義者及持封建心態的弱者；（3）長時間：將會打一場漫長、大規模的總體戰；（4）嶄新：將由大眾參與——而非前人想像的軍隊——且將使光明之路轉變成一股嶄新、前所未見的民粹力量。
    古茲曼的哲學在一位秘魯歷史學者的論文中明確闡述，見：Nelson Manrique, "Pensamiento, acción y base político del movimiento Sendero Luminoso," available on Historicizing the Living Past in Latin America, www.historizarelpasadovivo.cl。
18. *El Diario* (La Paz) interview，摘自：C. Kistler, "PCM: To Defend the Life of Chairman Gonzalo is to Defend Maoism!" Redspark (an international Communist Party publication), last modified October 25, 2107, http://www.redspark.nu/en/imperialist-states/to-defend-the-life-of-chairman-gonzalo-is-to-defend-maoism。
19. Gustavo Gorriti, *Shining Path: A History of the Millenarian War in Peru*, 84; Dora Tramontana Cubas, "La Violencia Terrorista en el Perú, Sendero Luminoso," *Revista Persona*, nos. 25, 26, Argentina, 2004.

87. Ibid., 40-41.
88. Ibid., 42; Greg Grandin, "Guatemalan Slaughter Was Part of Reagan's Hard Line," *New York Times* online, May 21, 2013; Elisabeth Malkin, "Former Leader of Guatemala Is Guilty of Genocide Against Mayan Group," *New York Times* online, May 10, 2013.
89. Grandin, "Guatemalan Slaughter," May 10, 2013.
90. 1982年的人口約6百萬。見：Associated Press, April 29, 1999; Rothenberg, *Guatemala: Memory of Silence*, 13。
91. Dirk Kruijt, "Revolución y contrarevolución: el gobierno sandinista y la guerra de la Contra en Nicaragua, 1980-1990," *Desafíos* 23, no. 2 (July-December 2011): 67.
92. Rosenberg, 279.
93. Ibid.
94. Ibid., 279-80.
95. "Así contó La Prensa el asalto al Palacio Nacional hace 39 años," *La Prensa* (Managua), August 22, 2017, www.laprensa.com.ni/2017/08/22/politica/2283511-el-asalto-al-palacio-nacional-1978.
96. Rosenberg, 288; Gomez, Human Rights, 10.
97. Lou Cannon, "Latin Trip an Eye-Opener for Reagan," *Washington Post*, December 6, 1982.
98. 在這封信中，馬蒂提到的怪物實際上是指美國。見：José Martí to Manuel Mercado, 18 May 1895, Campo del Rios（English translation）, HistoryofCuba.com, accessed March 16, 2016.

第九章

1. Mario Vargas Llosa, *Death in the Andes* (New York: Farrar, Straus and Giroux, 1993), 127.
2. 憤怒旅是一個左翼革命組織，於1970至1972年間在英國主導數宗恐怖炸彈攻擊。
3. 在哥倫比亞的暴力時期商業蓬勃發展。自1948至1953年間，當暴力攀至巔峰，國家的經濟成長率達6.2%。見: Rosenberg, 41。
4. *Colombia: The Colombian Economy* (World Bank report, International Bank for Reconstruction and Development, Eastern Latin American Division, March 25, 1948), http://documents.worldbank.org/curated/en/582941468247471820/pdf/L31000Colombia000The0Colombian0economy.pdf.
5. Hudson, *Colombia*, 327.
6. 在高峰時期，哥倫比亞革命武裝力量達兩萬人，民族解放軍3千人。見：Juan Guillermo Mercado, "Desmovilización, principal arma contra las guerrillas," *El Tiempo*（Colombia）online, last modified September 22, 2013。

   另見*Contribución al entendimiento del conflicto armado en Colombia* [Contribution to the understanding of the armed conflict in Colombia]（Havana: Comisión Histórica del

Press, 1974）, 131。

越戰有4萬7千4百24人戰死，共5萬8千2百9名美國人死亡，見：John Whiteclay Chambers II, ed., *The Oxford Companion to American Military History*（New York: Oxford University Press, 1999）, 849。

從那以後美國參與的戰事，共7千7百88人戰死及在戰爭中死亡，見：Nese F. DeBruyne, "American War and Military Operations Casualties: Lists and Statistics," table 2-24, Congressional Research Service online, last modified September 14, 2018, https://fas.org/sgp/crs/natsec/RL32492.pdf。

另一參照數據：第一次世界大戰的戰死人數達5萬3千人（總死亡人數達11萬6千人，包括病死者）；南北戰爭則有61萬8千人。

72. 個人證詞：D. Rothenberg, ed., *Memory of Silence (Tz'inil na 'tab'al), The Guatemalan Truth Commission Report* (London: Palgrave Macmillan, 2012), 7, www.documentcloud.org/documents/357870-guatemala-memory-of-silence-the-commission-for.html。
73. Rosenberg, 243.
74. Ibid., 269.
75. Jorge G. Castañeda, *Utopia Unarmed: The Latin American Left After the Cold War*, 98.
76. Mark Danner, "The Truth of El Mozote," *The New Yorker*, December 6, 1993.
77. Ibid., 101.
78. Mayra Gomez, *Human Rights in Cuba, El Salvador and Nicaragua* (New York: Routledge, 2003), 101.
79. *Report of the UN Truth Commission on El Salvador* (New York: United Nations Security Council S25500, April 1, 1993), www.derechos.org/nizkor/salvador/informes/truth.html.
80. Walter LaFeber, *Inevitable Revolutions: The United States in Central America* (New York: Norton, 1993), 76-77.
81. Stephen Schlesinger and Stephen Kinzer, *Bitter Fruit: The Story of the American Coup in Guatemala* (Cambridge, MA: Harvard University Press, 1999), 100-101.
82. 在這幾頁的瓜地馬拉內戰與種族屠殺相關數據和資訊，大多出自美國科學促進會（American Association for the Advancement of Science）和國際人權調查中心（International Center for Human Rights Investigations）的報告。Patrick Ball, Paul Kobrak, and Herbert Spirer, *State Violence in Guatemala, 1960-1996*（Washington, DC: AAAS, 1999）。
83. Ibid., 21.
84. Rothenberg, *Guatemala: Memory of Silence*, 20.
85. Ibid., 12.
86. 先前提及的報告指出顧問是以色列和阿根廷軍事人員。見：Ibid., 42。

59. “Lifting of Pinochet’s Immunity Renews Focus on Operation Condor,” George Washington University National Security Archive (legacy online site), last modified June 10, 2004, https://nsarchive2.gwu.edu/NSAEBB/NSAEBB125.
兩個絕佳的資料來源是：John Dinges’s *The Condor Years*（New York: Free Press, 2005) and Peter Kornbluh’s *The Pinochet File* (New York: Free Press, 2003）。
60. 這本書全在描寫美國的共謀。作者曾任《紐約時報》（*New York Times*）分社長，也在其他幾個媒體組織工作。見：A. J. Langguth, *Hidden Terrors: The Truth About U.S. Police Operatons in Latin America*（New York: Pantheon Books, 1978）。
61. Kissinger transcript, staff meeting, US Department of State, October 1, 1973, available on George Washington University National Security Archive (legacy online site), accessed March 16, 2019, https://nsarchive2.gwu.edu//NSAEBB/NSAEBB110/chile03.pdf, 26-27.
62. Kissinger, in a September 20, 1976, memorandum, George Washington University National Security Archive (legacy online site), accessed February 2, 2019, https://nsarchive2.gwu.edu/NSAEBB/NSAEBB125/condor09.pdf.
63. Wright Thompson, “While the World Watched,” *ESPN the Magazine*, June 9, 2014.
64. Vladimir Hernández, “Argentina: viaje al delta donde ‘llovieron cuerpos’” [Argentina: Trip to the delta where “bodies rained”], BBC World online, last modified March 24, 2013.
65. Thompson, “World Watched.”
66. Ibid.
67. “Obama Brings ‘Declassified Diplomacy’ to Argentina” (Security Advisor Susan Rice’s public announcement in advance of President Obama’s 2016 trip to that country), available on George Washington University National Security Archive (legacy online site), last modified March 18, 2016, https://nsarchive.gwu.edu/briefing-book/southern-cone/2016-03-18/obama-brings-declassified-diplomacy-argentina; accessed March 16, 2019. Reuters, Sarah Marsh and Maximiliano Rizzi, “Obama’s Argentina Trip Raises Questions About Macri Rights Record,” March 18, 2016.
根據一份智利祕密情報，在1975至1978年間至少2萬2千名阿根廷人遭害。見：“On 30th Anniversary of Argentine Coup, New Declassified Details on Repression and US Support for Military Dictatorship,” available on George Washington University National Security Archive（legacy online site）, last modified March 23, 2006, https://nsarchive2.gwu.edu/NSAEBB/NSAEBB185/index.htm。
68. Edward Rhymes, “Operation Condor,” TeleSUR online, last modified June 15, 2017.
69. Nilson Mariano, *As Garras do Condor* (São Paulo: Vozes, 2003), 234.
70. Ibid.
71. 美國在以下戰事的死亡人數：獨立戰爭有8千人戰死，共2萬5千名美國人死亡，見：Howard H. Peckham, ed., *The Toll of Independence*（Chicago: University of Chicago

42. *London Daily News*, 1882, 引自：Michael Taussig, *Mimesis and Alterity: A Particular History of the Senses* (London: Routledge, 1993), 86。
43. "O comes o te comen, no hay más remedio," Mario Vargas Llosa, *La Ciudad y los Perros* (Madrid: Alfaguara, 2005), 33.
44. Rosenberg, 8.
45. Martín Gusinde, *Los indios de Tierra del Fuego* (Buenos Aires: Centro de Etnología Americana, 1982), 143. 也請參考：Jérémie Gilbert, *Nomadic Peoples and Human Rights*（New York: Routledge, 2014）, 23-24。
46. Charles Darwin, *The Voyage of the Beagle* (1845; London: Wordsworth Classics, 1997), 198-99.
47. *London Daily News*, 1882, in Taussig, *Mimesis*, 86; Jérémie Gilbert, *Nomadic People and Human Rights*, 24.
48. 1914年接納超過1百60萬歐洲移民，前一個世紀間達數十萬人湧入。見：Fuentes, 282。
49. Rosenberg, 8.
50. 這句話從俄語翻譯成多種版本，諸如「一個人死是悲劇，一百萬個人死是統計數據」或者「一個人的死是悲劇，百萬人的死是統計數據」。見：Elizabeth Knowles, *Oxford Dictionary of Quotations*（New York: Oxford University Press, 1999）, 736。
51. Rosenberg, 79.
52. Ignacio González Jansen, *La Triple A* (Buenos Aires: Contrapunto, 1986), 7-38.
53. 1千4百萬美元相當於今日的6千9百萬美元。遭綁者是埃克森石油子公司的煉油廠經理維克多・沙繆森（Victor Samuelson）。見：Brian Berenty, "The Born Legacy: Kidnappings in 1970s Argentina," November 4, 2015. www.livinglifeinanopensuitcase.wordpress.com。

    伯恩兄弟的6千萬美元贖金相當於今日的2億9千3百萬美元。見：Gus Lubin and Shlomo Sprung, "The Largest Ransoms Ever Paid," Business Insider, last modified September 7, 2012。
54. 維德拉將軍的政權名為國家重組進程（El Proceso de Reorganizacíon Nacional），簡稱為「El Processo」，這個字有過程跟審判兩種意思。見：Rosenberg, 82。
55. Lubin and Sprung, "Largest Ransoms."
56. "Pregunta a Videla sobre los desaparecidos," uploaded to YouTube by CADALTV on April 25, 2013, 5: 24, www.youtube.com/watch?v=3A1UCjKOjuc.

    維德拉回答的原文："Es un incognito. Es un desaparecido. No tiene identidad. No está ni muerto, ni vivo. Está desaparecido."
57. "Perú: Socio de Condor," John Dinges online, accessed February 2, 2019, http://johndinges.com/condor/documents/Peru%20and%20Condor.htm.
58. 當時維德拉是阿根廷陸軍的高階指揮官。他於1976年3月任總統職位。

5th ed.（Washington, DC: Library of Congress, 2010）, 326。

26. Hudson, Colombia, 43.
政治家的女兒葛羅莉亞・蓋坦（Gloria Gaitán）時年十一歲，她指為中情局。名為阿爾瓦洛・萊瓦・杜蘭（Álvaro Leyva Durán）的當代哥倫比亞政治家指出，蓋坦情人——黑貓夜總會（El Gato Negro）舞女——遭遺棄的追求者可能是殺手。見：Otty Patiño, *Historia (privada) de la violencia*（Bogotá: Debate, 2017）, 300。
27. Rosenberg, 142。作者指的是從鄉下逃往城市的智利人。更保守的數據是兩百萬，或許聚焦在隨後的智利離散人口，出自："Mass Atrocity Endings: Colombia—LA Violencia," World Peace Foundation at the Fletcher School online, last modified December 14, 2016, https://sites.tufts.edu/atrocityendings/2016/12/14/colombia-la-violencia-2。
28. 出自卡斯楚接受訪談的描述，見：Katiuska Blanco Castiñeira, *Fidel Castro Ruz: Guerrillero del tiempo*（Panamá: Ruth Casa Editorial, 2012）, vol. 1, ch. 9。
29. Ibid.
30. Ibid.
31. Ibid.
32. Ibid.
33. Geyer, *Guerrilla Prince*, 339.
34. 卡斯楚在拉丁美洲確實號召了最強大的人均戰鬥力量，見：*Cuban Armed Forces and the Military Presence*（Special Report no. 103）（Washington, DC: US Department of State, August 1982）, www.dtic.mil/dtic/tr/fulltext/u2/a497385.pdf。
35. 這些描述同樣出自我於1995至1996年對卡洛斯的訪談，當時他被監禁於洛頓監獄，特寫文章刊登於1996年7月9日的《華盛頓郵報》頭版。
36. John Darnton, "Castro Finds There Are Risks as the 'Policeman of Africa,'" *New York Times* online, November 12, 1978.
37. 卡斯楚領導古巴五十年，世界上任期第三長的國家元首，僅次於英國的伊莉莎白女王和泰國國王。接受腸道手術後，他在2006年7月暫時把大權讓交給弟弟勞爾。權力在2008年正式移交。見：Reuters, "Castro Among Longest-Serving Leaders, Known for Long Speeches," Voice of America online, November 26, 2016, www.voanews.com/a/fidel-castro-obituary-facts/3612417.html。
38. "Fidel Castro Proclaims Himself a Terrorist," Fidel Castro, speech at the fifteenth anniversary of MININT, the Republic of Cuba's Ministry of the Interior, June 1976.
39. Gary Marx, "Cubans Have Beef with Chronic Cattle Shortage," *Chicago Tribune*, March 18, 2004.
40. "Por qué Cuba sanciona con tanta severidad elsacrificio de ganado?" [Why does Cuba sanction cattle slaughter so severely?], BBC World online, last modified September 12, 2015.
41. Reuters, "Castro Would Free 3,000," *New York Times* online, November 23, 1978.

11. Enrique Krauze, "In Mexico, a War Every Century," *New York Times* Opinion online, September 14, 2010.
12. Ibid.
13. 書中採用我的翻譯。見：Lines from Gioconda Belli's "Canto de guerra," 1948, in Belli, *De la costilla de Eva*（Managua: Editorial Neuva Nicaragua, 1987）。
14. Data on Nicaragua from "Timeline: Nicaragua," Stanford University online, last accessed, February 2, 2019, https://web.stanford.edu/group/arts/nicaragua/discovery_eng/timeline.
15. 用以補充門羅主義（1823）的羅斯福推論（Roosevelt Corollary, 1904），用睦鄰援助的修辭掩飾美國的戰略利益：「長期違法行徑或無能導致文明社會的約束普遍鬆散，這種情況可能發生在美洲，也可能在他處，最終需要某些文明國家的干預，而在美國恪守門羅主義的西半球，無論多麼不情願，也許會迫使美國對於公然的違法行徑或無能行使國際警察職權。」引述自：Gaddis Smith, *The Last Years of the Monroe Doctrine*（New York: Hill and Wang, 1994）, 25。
16. David Boddiger, *Tico Times* (Costa Rica), July 22, 2014.
17. Junot Díaz, *The Brief Wondrous Life of Oscar Wao* (New York: Riverhead, 2007), 3.
18. Robert Crassweller, *The Life and Times of a Caribbean Dictator* (New York: Macmillan, 1966), 156.
19. "I Shot the Cruellest Dictator in the Americas," BBC News online, last modified May 28, 2011, www.bbc.com/news/world-latin-america-13560512.
    英國廣播公司證實中情局的介入，並且補充：「在1960年10月寫給國務院長官的信中，實務上擔任中情局多明尼加共和國分站長亨利・迪爾伯恩（Henry Dearborn）描述：『假使我是多明尼加人，幸虧我不是，我贊成毀了特魯希洛是拯救我國的必要第一步，而且事實上，我會把這件事當成身為基督徒的職責。』」
20. 書中採用我的翻譯。見："Es el ruido de las cosas al caer desde la altura, un ruido interrumpido y por lo mismo eterno, un ruido que no termina nunca." Juan Gabriel Vásquez, *El ruido de las cosas al caer*（Madrid: Alfaguara, 20011）, 87。
21. "La Guerra de los Mil Días," *Encyclopædia Britannica* online, January 5, 2018.
22. 遇刺者為路易・桑切斯・塞羅（Luis Sánchez Cerro），發生時他正在校閱部隊，即將派往一場未正式宣告的戰爭。
23. Gabriel García Márquez, *Vivir para contarla* (Barcelona: Mondadori, 2002), 332-63.
24. "Matarón a Gaitán!" Georgie Anne Geyer, *Guerrilla Prince* (New York: Little, Brown, 1991), 77.
25. 30萬的數據出自下述作者蒐集的多個來源：Erna von der Walde and Carmen Burbano, "Violence in Colombia: A Timeline," North American Congress on Latin America online, last modified September 2007, https://nacla.org/article/violence-colombia-timeline。
    另一研究認為人數是二十多萬，見：Rex A. Hudson, ed., *Colombia: A Country Study*,

*the Vulcans: The History of Bush's War Cabine*t (New York: Viking, 2004), 16。

69. Nixon phone call with H. R. Haldeman, October 20, 1971, George Washington University National Security Archive (legacy online site), accessed February 1, 2019, www.gwu.edu/~nsarchiv/NSAEBB /NSAEBB95/mex18.pdf, conversation 597-3, cassette 1293.
70. Henry Kissinger, 摘自：Seymour Hersh, "The Price of Power: Kissinger, Nixon, and Chile," *Atlantic*, December 1982。
71. 季辛吉：「我不認為我們必須旁觀，眼睜睜看著人民的不負責任使其國家走向共產主義。這些議題太重要了，不能任由智利選民自行決定。」見：Meeting of the "40 Committee" on covert action in Chile（June 27, 1970）, 引自：Victor Marchetti and John D. Marks, *The CIA and the Cult of Intelligenc*e（New York: Knopf, 1974）。也請參考：Seymour Hersh, "Censored Matter in Book About CIA Said to Have Related Chile Activities; Damage Feared," *New York Times* online,（September 11, 1974）。
72. *A New Diplomatic History* (New York: Routledge, 2016), 310.

第八章

1. 引述為我的翻譯，出自：José Martí, "Los bárbaros que todo lo confían a la fuerza y a la violencia nada construyen, porque sus simientes son de odio," cited in Eduardo Palomo y Trigueros, *Cita-logía*（Sevilla: Punto Rojo, 2013）, 295。
2. José García Hamilton, *El autoritarismo y la improductividad en Hispanoamérica* (Buenos Aires: Ed. Sudamericana, 1998), digital version.
3. Simón Bolívar to Urdaneta, Buíjo, July 5, 1829, in Daniel Florencio O'Leary, *Memorias de General O'Leary* (Caracas: Imprenta Nacional, 1879-88), 23: 416-18.
4. Bolívar, "Letter from Jamaica," addressed to "un caballero de esta isla," Kingston, September 6, 1815, in Vicente Lecuna, *Simón Bolívar, Obras* (Caracas: Ediciones de la CANTV, 1983), 1: 161.
5. Scheina, *Latin America's Wars*, vol. 1, 173.
6. Octavio Paz, "Intermitencias del Oeste," from Canción Mexicana, *Collected Poems of Octavio Paz* (New York: New Directions, 1987), 222. (My translation.)
7. Fuentes, 268-269.
8. 聖塔・安那使德州北部及墨西哥領土的整個北部區域落入美國之手，包括亞歷桑納州、新墨西哥州、科羅拉多州、內華達州、加州與部分的猶他州。這些大多屬於1853年蓋茲登購地（Gadsden Purchase）的一部分，以便鋪設鐵路。
9. Stuart Easterling, *The Mexican Revolution: A Short History, 1910-1920* (Chicago: Haymarket, 2013), 34-40.
10. 3萬人遭到驅逐。沿路上男人被迫跟華人農工成婚，忘掉先前所有的結盟關係。見Fuentes, 286。

52. 門羅主義是反對任何外國勢力干預此半球的美國政策，始於1823年，恰於拉丁美洲實現完全獨立前，不過要到超過二十五年後才獲得現行的稱號。美國總統詹姆斯・門羅（James Monroe）是發起人。
53. Paul Lopes, *The Agrarian Crises in Modern Guatemala* (Madison: University of Wisconsin, 1985), 46; *Amnesty International Annual Report 1971-1972* (London: AI Publications, 1972), 45; *Amnesty International Annual Report 1972-1973* (London: AI Publications, 1973), 6.
瓜地馬拉總統阿拉納曾廣為人知地說道：「假如把國家變成墓園是將其平定的必要手段，我會毫不遲疑去做。」見：James Dunkerley, *Power in the Isthmus*（London: Verso, 1988）, 691。
54. José Miguel Larraya, "Fidel Ante la Tumba de Allende," *El País* (Madrid), November 11, 1996; "Allende se suicidó con un fusil regalado por Fidel Castro," Libertad Digital SA, last modified July 20, 2011.
55. Peter Kornbluh, "Chile and the United States: Declassified Documents Relating to the Military Coup, September 11, 1973," *National Security Archive Electronic Briefing Book 8*, George Washington University National Security Archive (legacy online site), accessed February 1, 2019, https://nsarchive2.gwu.edu// NSAEBB/NSAEBB8/nsaebb8i.htm.
另見Kristian Gustafson, "CIA Machinations in Chile, 1970: Reexamining the Record," *Studies in Intelligence* 47, no. 3（2003）。
56. Kornbluh, "Chile and the United States."
57. Ibid.
58. Tina Rosenberg, *Children of Cain: Violence and the Violent in Latin America*, 338.
59. Ibid., 334.
60. Juan Forero, "Details of Mexico's Dirty Wars from 1960s to 1980s Released," *Washington Post*, November 22, 2006.
61. Kevin Sullivan, "Memories of Massacre in Mexico," *Washington Post*, February 14, 2002.
62. Forero, "Details of Mexico's Dirty Wars."
63. "Mass Atrocity Endings: Colombia—La Violencia," World Peace Foundation at the Fletcher School online, last modified December 14, 2016.
64. John Adams to John Jay, London, 28 May 1786, in E. Taylor Parks, *Colombia and the United States: 1765-1934* (Durham, NC: Duke University Press, 1935), 36.
65. Ibid.
66. John Adams to politician James Lloyd, 30 March 1815, Quincy, MA, in *The Works of John Adams* (Boston: Little Brown, 1856), 150.
67. Richard Nixon, voice recording, Nixontapes.org, 735-001, June 15, 1972.
68. Richard Nixon to US ambassador to NATO Donald Rumsfeld, 摘自：James Mann, *Rise of*

33. 總統馬里亞諾・梅爾加雷霍（Mariano Melgarejo）於1871年流亡於利馬時被殺。另見：Lawrence A. Clayton, *The Bolivarian Nations of Latin America*, 22。
34. 總統加布列・賈西亞・莫雷諾（Gabriel García Moreno）是一位熱切的天主教徒。見：Ibid., 23。
35. 總統何塞・埃洛伊・阿爾法洛（José Eloy Álfaro）是共濟會成員，曾嘗試解除教會的權力。見：Ibid., 36。
36. José Martí, *Ideario cubano* (Havana: Municipio de la Habana, 1936), 144.
37. Scheina, *Latin America's Wars*, vol. 1, 摘自："Statistics of Wars, Oppressions and Atrocities of the Nineteenth Century," Necrometrics, last modified March 2011, http://necrometrics.com/wars19c.htm#Max-Mex。
38. Hugh Thomas, *Cuba: The Pursuit of Freedom* (New York: Harper & Row, 1971), 1460.
39. Ibid.
40. "Impunity," ch. 11 in *Cuba's Repressive Machinery: Human Rights Forty Years After the Revolution* (report), Human Rights Watch online, last modified June 1999, www.hrw.org/reports/1999/cuba/Cuba996-11.htm; Thomas, *Cuba*, 1458-61.
41. Rafael Fernández de Castro, *Para la historia de Cuba*, vol. 1 (Habana: La Propaganda Literaria, 1899), 315.
42. Norman Gall, "How Castro Failed," *Commentary*, November 1, 1971, 48.
43. Ibid.
44. 卡斯楚曾親口承認這一點。見：Castro, public speech, July 26, 1970, 摘自：Gall, Ibid。
45. 爭取安哥拉徹底獨立全國聯盟將軍阿爾林多・佩納（Arlindo Pena），在安哥拉戰爭中的化名是班班將軍（Ben Ben），取自阿爾及利亞革命領袖艾哈邁德・班・貝拉（Ahmed Ben Bella）。在1992年盧安達（Luanda）的萬聖節大屠殺後，班班將軍向無線電大吼這段話的片段在電視上播出。見：Peter Polack, *The Last Hot Battle of the Cold War*（Phila- delphia: Casemate, 2013）, 84-85。
46. J. H. Williams, "Cuba: Havana's Military Machine," *Atlantic*, August 1988.
47. Luis Cino Álvarez, "Valió la pena la muerte de miles de cubanos en Angola?," Blogs Cubanos, Radio Televisión Martí, November 2015.
48. Jamie Miller, "Castro in Africa," *The Atlantic*, December 3, 2016.
49. 接下來的事件由卡洛斯在多次訪談中向我描述，地點在洛頓監獄，從1995年9月至1996年7月間。
50. 作者於1970年代初期以葡萄牙士兵的身分應召赴安哥拉參戰，發生於1974年的葡萄牙革命之前。見："Qué han hecho de mi pueblo? Qué han hecho de nosotros?" António Lobo Antunes, *En el culo del mundo* [The land at the end of the world]（Madrid: Debolsillo e-book, 2012）, Ch. G。
51. "Absolute Hell over There," *Time*, January 17, 1977.

the Whole Country," Populstat, last modified February 4, 2002, www.populsat.info/Americas/mexicoc.htm。

17. 薛本・F・庫克（Sherburne F. Cook）和伍德羅・博拉（Woodrow Borah）說明，原住民人口從1519年的2千5百20萬人銳減至1545年的6百30萬人，再到1570年的2百50萬人，並於1620年降至最低點的1百20萬人。墨西哥居民從1800年的5百萬人左右，到1855年成長至8百萬人，且於1910年增至1千5百萬人。所以在1519年和1910年之間，人口少了10萬人。見：Robert McCaa, "The Peopling of Mexico from Origins to Revolution,"（preliminary draft）, in *The Population History of North America*, ed. Richard Steckel and Michael Haines（Cambridge: Cambridge University Press, 1997）, https://users.pop.umn.edu/~rmccaa/mxpoprev/cambridg3.htm。
由於革命，1921年時人口再次下降至約略超過1千4百萬人。見：Jan Lahmeyer: "Mexico: Historical Demographical Data of the Whole Country," Population Statistics, last modified February 2, 2004。
18. Enrique Krauze, "Mexico at War," *New York Review of Books*, September 27, 2012.
19. María Teresa Vázquez Castillo, *Land Privatization in Mexico: Urbanization, Formation of Regions, and Globalization in Ejidos* (New York: Routledge, 2004), 26.
20. Amanda Macias and Pamela Engel, "The 50 Most Violent Cities in the World," Business Insider, last modified January 23, 2015; *Independent* (UK), April 2016.
21. George Frederick Masterman, *Seven Eventful Years in Paraguay: A Narrative of Personal Experience Amongst the Paraguayans* (London: Sampson Low, 1870), 46.
22. Julio Llanos, *El Dr. Francia* (Buenos Aires: Moen, 1907), 53.
23. Ibid., 45-46.
24. Ibid., 36.
25. Thomas Carlyle, "Dr. Francia," in *Critical and Miscellaneous Essays*, vol. 1, Carlyle's Complete Works (Boston: Standard, 1899), 17.
26. Galeano, 188.
27. H. Leguizamón, letter to the editor of *La Nación*, June 23, 1906, in Llanos, *Dr. Francia*, 78-81.
28. W. D. Rubinstein, *Genocide: A History* (London: Pearson, 2004), 94.
29. 這句話和以下的幾句話直接摘自我的著作：Arana, *Bolívar*, 463。
30. 馬奎斯曾說：「拉丁美洲唯一曾經誕生的神話生物是獨裁者。」原文為："Una naturaleza distinta en un mundo distinto al nuestro" [A different nature in a world different from ours], *La Jornada*（Mexico City）, October 28, 2010, 4。
31. Ernesto Sabato, "Inercia mental," in *Uno y el universo* (Buenos Aires: Editorial Seix Barral, 2003), 90.
32. Arana, *Bolívar*, 456.

第七章

1. Simón Bolívar, speech to the Patriotic Society, July 3-4, 1811, in Bolívar, *Doctrina del Libertador*, ed. Manuel Pérez Vila (Caracas: Fundación Biblioteca Ayacucho, 1992), 7.
2. 以下關於拉丁美洲獨立戰事的敘述大多出自我的著作，詳盡描述這些事件，見：*Bolívar: American Liberator*。
3. Pedro Fermín de Cevallos, *Resumen de la Historia de Ecuador*, vol. 3, ch. 2, Miguel de Cervantes Virtual Library Foundation, www.cervantesvirtual.com.
4. Thomas Carlyle about Bolívar, in "Dr. Francia," *Foreign Quarterly Review* 62 (1843).
5. Arana, *Bolívar*, 80.
6. Bolívar, "Letter from Jamaica," Kingston, September 6, 1815, in *Reflexiones políticas* (Barcelona: www.lingkua.com, 2018), 63.
7. Arana, *Bolívar*, 86.
8. Simón Bolívar, in Felipe Larrazábal, *Vida y correspondencia general del Libertador Simón Bolívar*, vol. 1 (New York: Eduardo O. Jenkins, 1866), 580.
9. Bolívar, to the editor of the *Royal Gazette*, Kingston, 15 August 1815, in *Cartas del Libertador*, ed. Lecuna, vol. 1, 29, 95.
10. M. McKinley, *Pre-Revolutionary Caracas* (Cambridge: Cambridge University Press, 1985), 171.
    所有玻利瓦的戰爭相關資訊，可在我寫的傳記裡找到更多細節，見：*Bolívar: American Liberator*。
11. Christon Archer, *The Wars of Independence in Spanish America*, Jaguar Books on Latin America, no. 20 (Wilmington, DE: SR Books, 2000), 35-37, 283-92.
    本書主張在厄瓜多、委內瑞拉和墨西哥人口減少四分之一，見：Robert Scheina, *Latin America's Wars: The Age of the Caudillo, 1791-1899*, vol. 1（Washington, DC: Potomac Books, 2003）, 173。
12. J. B. Trend, *Bolívar and the Independence of Spanish America* (New York, Macmillan, 1948), 109.
13. El Inca Garcilaso, *La Florida*, bk. 3, ch. 26, 149.
14. 本書具體指出死者包括超過30萬戰士和70萬平民，見：Scheina, *Latin America's Wars*, 2: 1845。Scheina, *Latin America's Wars: The Age of the Caudillo, 1791-1899*, vol. 1（Dulles, VA: Brassey's, 2003）, 84.
15. 本書宣稱人數超過60萬，見：Juan González, *Harvest of Empire: A History of Latinos in America*（New York: Penguin, 2001）。
16. Scheina, *Latin America's Wars*, 2: 1773.
    另一比對數據主張為15%，見：Jan Lahmeyer, "Mexico: Historical Demographical Data of

de la vida pública del Liberator de Colombia (Caracas: La Opinión Nacional, 1875), 1: 151.

75. Ibid., 167.
76. Jan Szeminski, "Why Kill the Spaniard?," in *Resistance, Rebellion, and Consciousness in the Andean Peasant World,* ed. Steve Stern (Madison: University of Wisconsin Press, 1987), 167.
77. Robins, *Native Insur- gencies*, 40-41, 54.
78. Szeminski, "Why Kill?" 169-70.
79. Bethell, *History of Latin America*, 3: 36.
80. J. P. Viscardo y Guzmán, *Letter to the Spanish Americans* (1799) (Providence: John Carter Brown Library facsimile, 2002), from the introduction by David Brading, 20.
81. Antonio Núñez Jiménez, *Un mundo aparte* (Madrid: Ed. de la Torre, 1994), 216-17.
82. Ibid.
83. Justin Winsor, ed., *Narrative and Critical History of America* (Cambridge, MA: Houghton Mifflin, 1889), 317.
84. Germán Arciniegas, *20,000 Comuneros hacia Santa Fe* (Bogotá: Pluma, 1981).
85. 原文為："Los hombres que sabían usar un machete para cortar la caña, demostraron un día que sabían usar el machete también para combatir." Fidel y Dolores Guerra Castro, *Fidel Castro y la historia como ciencia*（Havana: Centro de Estudios Martianos, 2007）, 106。
86. Fidel Castro, *Fidel Castro: Selección de documentos* (Havana: Editora Política, 2007), 11.
87. Juan Triana Cordoví, "La Maldita Bendición de la Caña de Azucar," *On Cuba*, September 26, 2016.
88. 在他們之中包括著名的歷史學者亞瑟・史列辛格二世（Arthur Schlesinger Jr.），屆時他已與第一夫人艾蓮娜・羅斯福（Eleanor Roosevelt）、明尼蘇達州參議員休伯特・韓福瑞（Hubert Humphrey）、經濟學家約翰・肯尼斯・加爾布瑞斯（John Kenneth Galbraith）和神學家雷因霍德・涅布爾（Reinhold Niebuhr）共同創立美國民主行動組織（Americans for Democratic Action）。見：Arthur Schlesinger Jr., *The Dynamics of World Power*（New York: McGraw-Hill, 1973）, 512。
89. Luis Báez, *Así es Fidel* (Havana: Casa Editora, 2010), 2: 11.
90. Che Guevara, quoted in Douglas Kellner, *Ernesto "Che" Guevara* (World Leaders Past & Present) (Langhorne, PA: Chelsea House, 1989), 40.
91. "Appendix B: Supply-Demand Balances, 'Sugar,'" in *Commodity Markets Outlook* (Washington, DC: World Bank Group, October 2016), 58, http://pubdocs.worldbank.org/en/143081476804664222/CMO-October-2016-Full-Report.pdf.
92. Kosmas Tsokhas, "The Political Economy of Cuban Dependence on the Soviet Union," *Theory and Society* 9 (March 1980): 319-62.

63. 西班牙國王腓力二世（Philip II）於1581至1598年間統治葡萄牙，因此身為巴西的實際統治者，使此一主張成真。
64. Esther Wagner Stearn and Allen Edwin Stearn, *The Effect of Smallpox on the Destiny of the Amerindian* (Minneapolis: University of Minnesota, 1945), 13-20, 73-94, 97.
65. "Selected Death Tolls for Wars, Massacres, and Atrocities Before the 20th Century," Necrometrics, last modified January 2012, http://necrometrics.com/pre1700a.htm#America.
66. Rosenblat, *La Población*, 185.
67. Stannard, *American Holocaust*, 33.
68. 這些人種最終形成一系列各色名稱，依照皮膚的色調分為：indios（印地安人）、cholos（喬洛人，雙親皆為印地安人與非洲黑人的後代）、mestizos（麥士蒂索人，即西班牙人與印地安人的後代）、negros（黑人）、pardos（擁有西班牙人、印地安人與非洲黑人的血統）、zambos（桑博人，即印地安人和非洲黑奴的後代）、mulattos（穆拉托人，即白人與黑人的後代）、castizos（卡士蒂索人，即西班牙人與麥士蒂索人的後代）、moriscos（摩里斯科人，即皈依天主教的穆斯林）、albinos（阿爾比諾人，即西班牙人與摩里斯科人的後代）、torna-atrás（no te entiendo與印地安人的後代）、sambayos（坎布由人與印地安人的後代）、cambujos（坎布由人，印地安人與奇諾人的後代）、albarazados（阿巴拉札多人，吉巴洛人與穆拉托人的後代）、barcinos（巴希諾人，阿巴拉札多人與印地安人的後代）、coyotes（卡尤特人，即麥士蒂索人與印地安人的後代）、chamizos（恰米索人，即印地安人與喬洛人的後代）、chinos（奇諾人，即印地安人與穆拉托人的後代）、ahí te estás（擁有西班牙人、印地安人和黑人的血統）、tente en el aire（坎帕穆拉托人與洛博人的後代）、no te entiendo（tente en el aire與穆拉托人的後代）。見：Ángel Rosenblat, *La población indígena y el mestizaje en América*, vol. 2（Buenos Aires: Nova, 1954）, 135。
69. Nicholas A. Robins, *Native Insurgencies and the Genocidal Impulse in the Americas*, 3.
70. Kenneth J. Andrien, "Economic Crisis, Taxes, and the Quito Insurrection of 1765," *Past and Present* 129 (November 1990): 104-131.
71. Scarlett Godoy O'Phelan, *Un siglo de rebeliones anticoloniales* (Paris: Institut français d'études andines, 2015), 296-305.
72. "Informe de los oidores Pedro Antonio Zernudas y Lorenzo Blanco Ciceron," La Plata, March 14, 1781, Charcas, 596, Archivo General de las Indias (AGI). "Confesión de Asensio Pacheco," La Plata, April 18, 1781, AGI, ibid., 603, 20: Robins, *Native Insurgencies*, 39.
73. 在圖帕克・阿馬魯二世起義反抗西班牙人之前，他的名字是何塞・加夫列爾・孔多爾坎基（José Gabriel Condorcanqui）。關於圖帕克・阿馬魯二世的大部分描述，以及較屬配角的何塞・安東尼歐・加蘭的起義，我皆直接摘自 Arana, *Bolívar*, 29-30。
74. Tupac Amaru II in José Félix Blanco and Ramón Azpurúa, *Documentos para la historia*

見：Charles Nicholl, *The Creature in the Map*（Chicago: University of Chicago Press, 1997）, 27。

47. Arciniegas, *Latin America*, 137-38.
48. 此人為巴斯克征服者多明哥・馬丁尼茲・德・伊若拉（Domingo Martínez de Irala），1535年佩卓・德・門多薩前往南美洲大陸南部遠征隊的一員。他協助布宜諾斯艾利斯建城，並且成為白銀之河的將軍。伊若拉違抗上級，指控總督卡貝薩・德・瓦卡（Cabeza de Vaca）過於同情印地安人，成功將他貶為叛徒遣回西班牙。
49. Alonso Zorita, *Leyes y ordenanzas reales de las Indias Del Mar Oceano* (1574) (México, DF: Secretaria de Hacienda, 1983-1984), 355-56.
50. 由此起至小節末尾的西班牙殖民統治相關敘述，我多方引述自己的著作：*Bolivar: American Liberator*, 26-27.
   上述資訊的出處包括：Leslie Bethell, *The Cambridge History of Latin America*, vol. 3（Cambridge: Cambridge University Press, 1985）; Carlos Eugenio Restrepo, *Historia de la Revolución*, vol. 1；Guillermo Antonio Sherwell, *Simón Bolívar（el Libertador）: Patriot, Warrior, Statesman, Father of Five Nations*（Washington, DC: B. S. Adams, 1921）。
51. Betanzos, *Narrative of the Incas* (ca. 1576), trans. and ed., Roland Hamilton and Dana Buchanan (Austin: University of Texas Press, 1996); Burr Brundage, *Empire of the Inca* (Norman: University of Oklahoma Press, 1963), 112-24.
52. Bernabé Cobo, *Inca Religion and Customs* (1653), 135. 也請參考: Chacon and Mendoza, 120-21。
53. Graham Gori, Associated Press, "Ancient and Bloody Bolivian Ritual Draws a Crowd," *Los Angeles Times*, July 6, 2003.
54. Gori, "Ancient and Bloody."
55. Ibid.
56. Jose Carlos Mariátegui, quoted in Wright, 275.
57. David Stannard, *American Holocaust: The Conquest of the New World* (New York: Oxford Press, 1993), prologue.
58. Jared Diamond, *Guns, Germs, and Steel* (New York: Norton, 1997) e-book, ch. 12.
59. Ibid.; Ángel Rosenblat, *La Población Indígena de América: Desde 1492 Hasta la Actualidad* (Buenos Aires: Institución Cultural Española, 1945), http://pueblosoriginarios.com/textos/rosenblat/1492 .html.
60. Martín de Murúa, *Historia general del Perú*, 2: 270.
61. José García Hamilton, *El autoritarismo y la improductividad en Hispanoamérica* (Buenos Aires: Ed. Sudamericana, 1998), ch. 1.
62. Galeano, 43.

34. 在馬雅文獻中有大量相關證據，見：*Popol Vuh, or Book of Counsel*。
35. Jiménez de Quesada, "One After the Other They All Fell Under Your Majesty's Rule" (Excerpts from Epitomé del Nuevo Reino de Granada), *The Colombia Reader: History, Culture, Politics*, ed. Ann Farnsworth-Alvear, Marco Palacíos, and Ana María Gómez López (Durham, NC: Duke University Press, 2017), 22.
36. Ibid.
37. Ibid.
38. 可能改寫自伊索的〈農夫與蛇〉(The Farmer and the Viper)。確切的版本曾出現於波斯、中亞和其他文化。我取用的是路易斯・A・培瑞茲（Louis A. Pérez）講述的蠍子與青蛙寓言故事，見注釋41。
39. C. W. Kuzawa and E. Sweet, "Epigenetics and the Embodiment of Race," *American Journal of Human Biology* 21.1 (January/February 2009): 2-15. 也請參考：the online index of Northwestern University Laboratory for Human Biology Research/Christopher Kuzawa web files, www.groups.anthropology.northwestern.edu/lhbr/kuzawa_web_files/pdfs.
40. K. M. Radtke et al., "Transgenerational Impact of Intimate Partner Violence on Methylation in the Promoter of the Glucocorticoid Receptor," *Translational Psychiatry* 1.7 (July 2011): e21.
41. 其中一位是路易斯・A・培瑞茲，北卡羅萊納大學歷史系J・卡萊爾・西特森（J. Carlyle Sitterson）講座教授與美洲研究所所長。2015年11月5日，培瑞茲在漢普郡學院艾克巴爾・阿邁德（Eqbal Ahmad）講座講授振奮人心的文化差異解釋，他以伊索的蠍子與青蛙故事說明跨代表觀遺傳，以及古巴對美國的歷史傾向。見：Louis A. Pérez, "2015 Eqbal Ahmad Lecture, Louis Pérez, Wayne Smith, Hampshire College," videotaped November 5, 2015, in Amherst, MA, 1: 22.25, www.youtube.com/watch?v=IuBdKB8jX3I。
42. 文中指1482至1492年間的十年，正值斐迪南與格拉納達酋長國作戰期間。10萬摩爾人身亡或遭奴役；20萬摩爾人與20萬猶太人被強迫驅離。見Kamen, 37-38。另見Joseph Telushkin, *Jewish Literacy*, New York: Morrow, 1991。
43. Means and Wolf, White Men, 16.
44. 自2003年起學術著作與研討會中的資料顯示，在征服前本地戰事、儀式暴力和武裝衝突盛行於拉丁美洲的所有重要文明。見："Problems in Paradise," American Anthropological Association Symposium on Amerindian Violence, 2003, Chicago。也見：Chacon and Mendoza, 4。
45. David J. Silverman, *Thundersticks: Firearms and the Violent Transformation of Native America* (Cambridge, MA: Harvard University Press, 2016).
46. 許多人可以加入此反叛群體，但是少有人能像羅培・德・阿吉雷（Lope de Aguirre）般閱歷豐富，他別號「瘋子」(El Loco)，自稱為上帝之怒、自由王子、鐵拉菲爾梅省之王。他在秘魯違抗岡薩洛・皮薩羅（Gonzalo Pizarro）的命令，對印地安人濫施虐待。

21. Las Casas, *Historia*, vol. 3, bk. 2, sec. 6, ch. 17; *Obras*, 4: 1363.
22. Las Casas, *Historia*, Ibid.
23. "List of Voyages," Voyages Database, Emory University, accessed February 1, 2019, www.slavevoyages.org/voyage /search; Carson Claiborne, Stanford University, "Blacks in Latin America," Microsoft Encarta Online Encyclopedia 2000.
24. "Spain Viritual Jewish History Tour," Jewish Virtual Library, accessed January 31, 2019, www.jewishvirtual library.org/spain-virtual-jewish-history-tour
「1066年，一群穆斯林暴徒攻占格拉納達的皇宮，將猶太宰相約瑟夫・以本・納格瑞拉（Joseph ibn Naghrela）釘上十字架，並且屠殺城市中大部分的猶太人口。格拉納達屠殺的相關記載指出，僅於一日之內超過一千五百戶猶太家庭、共計四千人被殺。」格拉納達的總人口約兩萬五千人。
25. Edward Rothstein, "Was the Islam of Old Spain Truly Tolerant?," *New York Times* online, September 27, 2003.
26. 這些傳說可上溯至老普林尼（Pliny the Elder）於西元一世紀描述住在印度和衣索比亞的奇特種族。另見Alixe Bovey, "Medieval Monsters," British Library online, last modified April 30, 2015。
27. 一對學者甚至說：「在白人到來前，我們的衝突短暫且幾乎不取人性命，更接近一場專業足球賽而非歐洲征服的致命摧毀。」見：Russell Means and Marvin Wolf, *Where White Men Fear to Tread*（New York: St. Martin's, 1995）, 16。
關於發人深省的修正主義，見理查・J・查可（Richard J. Chacon）和魯本・G・門多薩（Rubén G. Mendoza）詳盡且令人信服的《拉丁美洲原住民戰爭與儀式暴力》（*Latin American Indigenous Warfare and Ritual Violence*），結合數十年的研究並涵蓋跨學門研究的論文。本節以下許多內容基於書中的學術研究。
28. Michael Harner, "The Ecological Basis for Aztec Sacrifice," *American Ethnologist* 4.1 (February 1977): 117-35, www.jstor.org/stable/643526.
另一篇研究的統計是六萬顆骷髏頭：Bernard R. Ortíz de Montellano, "Counting Skulls: Comment on the Aztec Cannibalism Theory of Harner-Harris," *American Anthropologist* 85.2（1983）: 403-406。
29. Rubén G. Mendoza, "Aztec Militarism and Blood Sacrifice," in Chacon and Mendoza, 42.
30. Eduardo Matos Moctezuma and Felipe Solis Olguín, *Aztecs* (London: Royal Academy of Arts, 2002), 423.
31. Ibid., 423-26.
32. Chacon and Mendoza, 15-25.
33. Rubén G. Mendoza, "The Divine Gourd Tree," in *The Taking and Displaying of Human Body Parts as Trophies by Amerindians*, ed. Richard Chacon and David Dye (New York: Springer, 2007), 409.

第六章

1. “Cuando se jodió el Perú?,” Mario Vargas Llosa, *Conversación en La Catedral*.
   答出自Jeremías Gamboa: “El Perú se jodió al momento mismo de nacer. Su concepción tuvo como base un hecho asimétrico y brutal que fundó una nación herida y enemistada con una de sus mitades, la indígena.” Gamboa, “En que momento se jodió el Perú? El dilema vargallosiano,” *El Comercio*（Lima）, March 29, 2017。
2. 基於從1995年9月至1996年6月與維吉尼亞州洛頓監獄囚犯卡洛斯・布爾戈斯的數次訪談，以及此後斷斷續續的電話聯絡。
3. 以下關於馬里埃爾偷渡客和布爾戈斯的描述，大多取材自：Marie Arana-Ward, “Three Marielitos, Three Manifest Destinies,” *Washington Post*, July 9, 1996。
   這項調查在此之後繼續報導布爾戈斯的家人長達二十年。
4. Tomas Curi, Immigration and Naturalization Service, 作者電話訪談，1996年5月。
5. Emma Lazarus, “The New Colossus,” lines that are engraved on the Statue of Liberty, Poetry Foundation online, accessed February 1, 2019, www.poetryfoundation.org/poems/46550/the-new-colossus.
6. George Santayana, an often-quoted line from *The Last Puritan: A Memoir in the Form of a Novel* (London: Constable, 1935).
7. Curi, interview.
8. Editorial, *El Mercurio* (Chile), May 24, 1859, 摘自：Leticia Reina, *La reindianización de América, Siglo XIX* [The re-Indianization of America, 19th century] (México, DF: XXI Century, 1997), 141。
9. Joyce Appleby, *Shores of Knowledge* (New York: Norton, 2013), 25.
10. Las Casas, *A Short History*, 53-57.
11. Appleby, *Shores*.
12. Neil L. Whitehead, “Carib Cannibalism: The Historical Evidence,” *Journal de la Société des Américanistes* 70.1 (1984): 69-87.
13. Ibid., 70, 74; Carlos A. Jáuregui, *Canibalia: Canibalismo, calibanismo, antropofagia cultural y consume en América Latina*, 62.
14. Whitehead, “Carib Cannibalism,” 71.
15. Jáuregui, 62.
16. Whitehead, “Carib Cannibalism,” 70.
17. Ibid., 74.
18. Richard Hakluyt, *Hakluyt’s Voyages to the New World* (New York: Macmillan, 1972), 396.
19. 西班牙語的字面意思是「以血與火」，意義則是「加以滅絕」。
20. Albert A. Sicroff, *Los Estatutos de Limpieza de Sangre* (Madrid: Taurus, 1985).

78. Michael Brune, "Goldman Prize Winner Reportedly Attacked at Her Home by Mining Industry Hitmen," Eco Watch, last modified September 23, 2016.
79. 語出一位女礦工，引述自：Michael Taussig, *The Devil and Commodity Fetishism in South America*（Chapel Hill: University of North Carolina Press, 1980）, 148。
80. 稍作提醒：歐丘丘克和岡薩雷斯一家（以及他們的所有相關資料）的部分，來自作者與其家庭成員間一系列的二十多次訪談和數百次網路通訊，於2012年1月至2019年4月間在拉林科納達、普提納、胡里阿卡、普諾和利馬會面。
81. Daley, "Peru Scrambles."
82. Galeano, 1-2.
83. Acemoglu and Robinson, 19.
84. Ibid., 67.
85. Ibid., 33-34.
86. Ibid., 81.
87. Simón Bolívar to Barranquilla Flores, 9 November 1830, in *Cartas del Libertador corregidas conforme a los originales* [Letters from the liberator conforming to the originals], ed. Vicente Lecuna, 10 vols. (Caracas, 1917), 9: 370. 也請參考：Arana, *Bolívar*, 450。
88. Serge Gruzinski, *Man-Gods in the Mexican Highland* (Stanford, CA: Stanford University Press, 1989), 41.
89. Sergio Almaraz Paz, *Bolivia: Requiem para una República* (Montevideo, Bolivia: Biblioteca de Marcha, 1970), 83-84.
90. Adam Smith, in Samuel D. Horton, *The Parity of Money as Regarded by Adam Smith, Ricardo, and Mill* (London: Macmillan, 1888), 79-80.
91. Ibid., 15.
92. Jamele Rigolini and Renos Vakis, "Four Facts About Poverty in Latin America You Probably Didn't Know," *Huffington Post*, The Blog, last modified December 6, 2017.
93. Acemoglu and Robinson, 36.
94. Ibid., 37.
95. George Gao, "Latin America's Middle Class Grows, but in Some Regions More Than Others," FactTank, Pew Research Center online, last modified July 20, 2015.

第二部

1. Octavio Paz, *El Laberinto de la soledad* (México, DF: Fondo de Cultura Económica, 1999), 13-14.
   原文為："Las épocas viejas nunca desaparecen completamente y todas las heridas, aún la más antiguas, manan sangre todavía."

seifert。

69. 在2010年，亞納科查礦坑從卡哈馬卡運走價值37億美元的黃金（共3百萬盎司黃金，每盎司以1千2百90美元計價），同年超過半數的卡哈馬卡居民月收入約1百美元。見：Perlez and Bergman, "Tangled Strands,"；Ben Hallman and Roxana Olivera, "Gold Rush," *Huffington Post*, last modified April 15, 2015；Apoyo Consultorio, *Study of the Yanacocha Mine's Economic Impacts: Final Report* (Lima: International Finance Corporation, September 2009), www.ifc.org/wps/wcm/connect/3853268048f9cc368651ee28c8cbc78b/Yanachocha-Peru.pdf?MOD=AJPERES。
70. 這是較為放寬的算法。有些報告顯示2013年的黃金銷售額為14億3千美元，秘魯相關稅收則為1億3千7百80萬美元，意味著國家保留的部分少於10%。見：Raúl Wiener and Juan Torres, The Yanacocha Case（Loreto, Peru: Impresión Arte, 2014）, 47-58, https://justice-project.org/wp-content/uploads/2017/07/the-yanacocha-taxes -2015.pdf。
71. 反礦業抗爭在秘魯或南美洲其他地方並不少見，2014年的紀錄橫跨19國、共215起。見："Mining in Latin America: From Conflict to Cooperation," *Economist* online, February 6, 2016。
72. 那位神父是馬可・亞拉納（Marco Arana），與作者並無親屬關係，現在是秘魯議員。見："Agresión a Sacerdote Marco Arana 04 Julio 2012," uploaded to YouTube by Cajamarcaenvideo on July 4, 2012, 3: 33, www.youtube.com/watch?v=w-amfIQn0OU)。
73. 關於阿庫納的證言影片及襲擊她與家人的現場紀錄證據，見：Roxana Olivera, "Life Yes, Gold No!" New Internationalist, last modified November 21, 2012, https://newint.org/features/web-exclusive/2012/11/21/peru-gold-rush-threatens-indigenous-communities。
另見："Máxima Acuña, la campesina peruana 'heredera' de la activista asesinada Berta Cáceres" [Máxima Acuña, the Peruvian peasant 'heir' of the murdered activist Berta Cáceres], BBC News Mundo, last modified April 18, 2016, www.bbc.com/mundo/noticias/2016/04/160418_peru_campesina_maxima_acuna_gana_premio_goldman_heredera_berta_caceres_lv。
74. Cecilia Jamasmie, "Community Opposition Forces Newmont to Abandon Conga Project in Peru," Mining.com, last modified April 18, 2016, www.mining.com.
75. "Máxima Acuña, 2016 Goldman Environmental Prize Recipient, South and Central America," Goldman Environmental Prize online, accessed January 31, 2019, www.goldmanprize.org/recipient/maxima-acuna.
76. Anna Lekas Miller, "Meet the Badass Grandma Standing Up to Big Mining," Daily Beast, last modified April 18, 2016.
77. "Newmont Announces Full Year and Fourth Quarter 2016 Results," Business Wire, last modified February 21, 2017, www.businesswire.com/news/home/20170221006614/en/Newmont-Announces-Full-Year-Fourth-Quarter-2016.

modified April 11, 2015; Kovalik, “Colombia”.
52. Ben-Ami, “Is the US Losing?”
53. “Obama Says”
54. www.worldatlas.com/articles/top-iron-ore-producing-countries-in-the-world.html.
55. Kenneth Rapoza, “Brazil’s Vale Needs to Turn Its Iron Ore into Pixie Dust,” *Forbes*, February 4, 2016.
56. “Top 10 Gold-Producing Countries in the World,” FinancesOnline, accessed March 15, 2019.
57. Peru’s Mining & Metals Investment Guide, 2017/2018 (Lima: EY Peru, 2018), 31.
58. 精確數據是超過40%，見：Heather Long, “China Is on a Massive Gold Buying Spree,” CNN Money Investing Guide online, last modified February 10, 2016。
59. President Danilo Medina Sánchez, 摘自：“Sickness and Wealth: Shiny New Mine, Rusty Pollution Problems,” *Economist* online, last modified September 21, 2013。
60. Ibid.
61. *PBI Colombia*, no. 18, November 2011.
62. “Mexican Mining,” *Engineering and Mining Journal* 212.8 (October 2011): 52; *Mining Industry in Mexico* (Vancouver: Deloitte & Touche LLP, May 2012).
63. Arana, “Dreaming of El Dorado”; “The Real Price of Gold,” *National Geographic*, January 2009.
    汞的使用量超過一磅，見：OIT/IPEC report, http://geco.mineroartesanal.com/tiki-download_wiki_attachment.php?attId=122, 5。
    紐蒙特礦業為開採的每一盎司黃金搬移30噸重的岩石。「到挖通之時，這間公司將會掘出數十億噸泥土。」見：Jane Perlez and Lowell Bergman, “Tangled Strands in Fight over Peru Gold Mine,” *New York Times* online, June 14, 2010。
64. Bernstein, 3.
65. 過去與現在的金價圖表可見於：Gold Price, www.goldprice.org。
66. José Ramos, “La mineria peruana, la Newmont-Yanacocha y el Proyecto Conga,” Globedia, last modified July 7, 2012, http://globedia.com/mineria-peruana-newmont-yanacocha-proyecto-conga; Francesc Relea, “Peru’s Humala Shuffles Cabinet,” *El País* (Madrid) online, last modified July 26, 2012, http://elpais.com/elpais/2012/07/26/inenglish/1343304801_310180.html.
67. Polya Lesova, “Peru Gold, Copper Mining Opposition Intensifies,” MarketWatch, last modified July 25, 2012.
68. Reinhard Seifert, 摘自：Alice Bernard and Diego Cupolo, “Scientist Calls Peru Conga Mining Project an ‘Environmental Disaster’: Interview with Reinhard Seifert,” Upside Down World, last modified May 1, 2012, http://upsidedownworld.org/main/peru-archives-76/3608-scientist-calls-peru-conga-mining-project-an-environmental-disaster-interview-with-reinhard-

值一英鎊，見："La Familia Morey y Otros Entronques Historicos," Raúl Morey Menacho, *Caretas*, no. 1351（February 23, 1995）。
1900年的3百80萬英鎊相當於今天的42億英鎊，亦即55億美元（相對價值），見：Measuring Worth, accessed January 30, 2019, www.measuringworth.com。
我為了撰寫自傳《美國女孩》曾訪問恩貝托・莫雷（Humberto Morey）詳談英秘橡膠公司。

39. US Federal Trade Commission, 也見解釋於Cid Silveira, *Café: Un drama na economia nacional* (Rio de Janeiro: Editôra Civilização Brasileira, 1962)。
40. President William Taft in 1912, 摘自：*Liberalization and Redemocratization in Latin America*, ed. George Lopez and Michael Stohl (New York: Greenwood, 1987), 258。
41. Galeano, 107-108.
42. Lopez and Stohl, *Liberalization and Redemocratization*, 258.
這段引述常被歸為不同出處，諸如美國國務卿科戴爾・赫爾（Cordell Hull）談論多明尼加總統拉斐爾・特魯希佑，或是美國總統法蘭克林・D・羅斯福談論尼加拉瓜總統阿納斯塔希歐・蘇慕薩（Anastasio Somoza）。也有一說認為是羅斯福指涉西班牙大元帥法蘭西斯可・佛朗哥（Francisco Franco）。眾多歷史學家和新聞記者有上述臆測，可能是在那段時間裡此用語普遍用來描述美國支持的獨裁者和強人。見：Kevin Drum, "But He's Our Son of a Bitch," *Washington Monthly*, May 16, 2006。
43. 摘自1933年的演講：Major General Smedley Butler, USMC。Leo Huberman, *We the People* (New York: Monthly Review Press, 1970), 252；"Smedley Butler on Interventionism," Federation of American Scientists online, accessed January 30, 2019, https://fas.org/man/smedley.htm.
44. Will Fowler, *Latin America Since 1780* (Abingdon, UK: Routledge, 2016), 67.
45. *Epistolario de Diego Portales* (Santiago: Ediciones Universidad Diego Portales, 2007), 1: 8.
46. Miller, *Memoirs*, 1: 12.
47. Shlomo Ben-Ami, "Is the US Losing Latin America?" Project Syndicate, last modified June 5, 2013.
48. US Chamber of Commerce, "The Facts on Nafta," December 16, 2016, www.uschamber.com/sites/default/files/the_facts_on_nafta_-_2017.pdf.
49. "CIA Activities in Chile," US Central Intelligence Agency online, last modified September 18, 2000.
50. Dan Kovalik, "Colombia: The Empire Strikes Back," The Blog, *Huffington Post*, last modified May 8, 2012, www.huffingtonpost.com/dan-kovalik/colombia-the-empire-strik_b_1500062.html.
51. "Obama Says 'Days of Meddling' in Latin America Are Past," BBC News online, last

27. 約翰・福斯特・杜勒斯為代表聯合水果的法律事務所工作，一直名列受薪名單許多年；艾倫・杜勒斯則擔任聯合水果的董事會成員。時任國務卿的杜勒斯遊說總統德懷特・艾森豪（Dwight Eisenhower），謀畫一場軍事政變推翻瓜地馬拉總統哈科沃・阿本斯（Jacobo Árbenz），以維護聯合水果的利益。見：Rich Cohen, *The Fish That Ate the Whale*（New York: Farrar, Straus and Giroux, 2012）, 186。也請參考：Cesar Ayala, *American Sugar Kingdom*（Chapel Hill: University of North Carolina Press, 1999）, 48-74。
28. Gary Giroux, *Business Scandals, Corruption, and Reform: An Encyclopedia* (Denver: Greenwood, 2013), 50.
29. Dan Koeppel, *Banana: The Fate of the Fruit That Changed the World* (New York: Penguin, 2008), 63.
30. Sidney W. Mintz, *Sweetness and Power: The Place of Sugar in Modern History* (New York: Penguin, 1985), 71-73.
31. Ibid., 134.
32. "'The Slave Trade Developed Western Societies and Plunged Africa into Underdevelopment,'" interview with the writer and professor Didier Gondola, Rebelión, last modified April 24, 2009, www.rebelion.org/noticia.php?id=84242.
33. Mintz, *Sweetness and Power*, 73.
34. Groupes Sucres et Danrées, Sucden online, last modified January 30, 2019, www.sucden.com/en/products-and-services/sugar/global-trade-flows; 也請參考："raw sugar trade," "world sugar trade" on the same website。
35. J. H. Bernardin de Saint Pierre, *Voyage to Isle de France, Isle de Bourbon, The Cape of Good Hope* (1773), 摘自：Mintz, *Sweetness and Power*, frontispiece。
36. Johannes Alvarez and James Fiorito, "Venezuelan Oil," ENG-297, *Ethics of Development in a Global Environment*, Stanford University, June 2, 2005.
37. Robert Burroughs, *Travel Writing and Atrocities: Eyewitness Accounts of Colonialism* (New York: Routledge, 2011), 124.
    胡里歐・希薩・阿拉納（Julio César Arana）的英秘橡膠公司（Anglo-Peruvian Rubber Company）強力壟斷普圖馬約（Putumayo）區域的橡膠採收，並且應為亞馬遜地區人民遭屠殺的殘酷暴行負責。這間企業由倫敦的董事會成員掌控，金主也是數間倫敦銀行。見：Ovidio Lagos, *Arana, Rey de Caucho*（Buenos Aires: Emecé, 2005）。
    我也在我的自傳《美國女孩》裡描寫過阿拉納這號人物：*American Chica*（New York: Dial Press, 2001）。
38. 秘魯新聞雜誌《面具》（*Caretas*）報導，伊基托斯（Iquitos）的莫雷（Morey）家族經營亞馬遜河口的所有駁船，從該勢力強大家族的歷史得知，族長路易・菲利佩・莫雷（Luis Felipe Morey）效力的英秘橡膠公司每年出口3百80萬磅橡膠，當時一磅橡膠價

edition), October 19, 2014.
丹佛都會區面積為1百53平方英里，曼哈頓面積為22點82平方英里；在2014年9月，巴西有4百2平方公里（1百55平方英里）的雨林遭砍伐。見：A. Fonseca, C. Souza Jr., and A. Veríssimo, *Deforestation Report for the Brazilian Amazon*（Belém, Br.: Institute of Man and Environment of the Amazon, January 2015）, www.imazon.org.br。

17. Trista Patterson and M. Sanjayan, "Amazon: Lungs of the Planet," BBC Future online, video, November 18, 2014. 3: 57, www.bbc.com/future/story/20130226-amazon-lungs-of-the-planet.
18. 以目前（與不斷浮動）匯率計算的金價歷時分析圖，可上此網站查詢：www.goldprice.org。
19. "Puno," *Diario Correo* (Peru), March 4, 2015, https://diariocorreo.pe/edicion/puno/la-ciudad-mas-alta-del-mundo-y-sombrio-esta-ubicado-en-puno-video-696750/3.
20. Fritz Dubois, Peru 21, 31 mayo 2012.
家戶規模見：Niños que trabajan: en minería artesanal de oro en el Perú, Scribd, https://www.scribd.com/document/67842098/NINNOS-QUE-TRABAJAN-PIAZZA。
21. 獻身於社區福祉的律師暨社工人員黎昂·奎斯佩（Leon Quispe）估計，在任何一年裡，穿梭在拉林科納達低等酒館的女孩介於5千至8千人間，有些年僅十四歲。她們被當成性奴隸囚禁。出自作者對奎斯佩的訪談，2012年2月7日至15日在普諾和拉林科納達進行，以及2016年2月20日在普諾的後續訪談。另見："Trata de personas continúa impune en infierno de La Rinconada," *La República*（Perú）, June 9, 2016。
22. "Mineros de La Rinconada portan tuberculosis y VIH-Sida," *Diario Correo* (Perú), March 25, 2015.
23. Heraclio Castillo, "Salarios en minería del estado," *Zacatecas en Imagen* (México), February 12, 2013, www.remam.org/2013/12/salarios-en-mineria-del-estado-mas-altos-en-el-pais/.
24. 秘魯是世界最大的黃金產國，於2017年產出1百51噸黃金，價值相當於55億美元。其中卡哈馬卡的產量是33噸，價值相當於13億美元。見：Xinhua, February 7, 2018。
光是一位名叫亞納科查（Yanacocha）的礦工，就在過去二十五年間採到3千5百萬盎司黃金。見：Ben Hallman and Roxana Olivera, "Gold Rush," *Huffington Post*, last modified April 15, 2015, http://projects.huffingtonpost.com/worldbank-evicted-abandoned/how-worldbank-finances-environmental-destruction-peru。
25. 2005年的數據是約76%，2015年是51%。見：*Map of Provincial and District Poverty 2013*（Lima: Instituto Nacional de Estadística e Informática, 2015）。El Fondo de Cooperación para el Desarrollo Social（FONCODES）, 2005 and 2015。
26. Mario Vargas Llosa, "Socialism and the Tanks," in *Making Waves*, ed. and trans. John King (New York: Farrar, Straus and Giroux, 1996), 79.

亞贊・德・歐蘇亞—維拉在書寫波托西歷史時，就記載了一位地位低微印地安人的話，如下："decidles que al mal hombre Hualca, lo ha de castigar el gran Pachacamac, porque les ha descubierto el Potocsi, que a ninguno de nuestros Ingas se lo dio; y que si quieren paz y no guerra que se vayan de aquí y nos entreguen a Hualca para castigarlo en nombre de Pachacamac, y por haber faltado a la orden que nos dio a todos de que no sacásemos la plata del cerro." Arzáns, *Historia de la villa imperial de Potosí*（1965）, 1: 39。

4. Pascale Absi, "Los Hijos del diablo," in *Demonio, religión y sociedad entre España y América*, ed. Fermín del Pino Díaz, 271.
5. "en lugar della usaban desta letra T, así, en lugar de decir Dios suelen pronunciar Tios." Cobo, *Historia*, 1: 155.
6. 本句西班牙文「¡Oh, Perú de metal y de melancolía!」英譯為「Oh, Peru of metal and melancholy!」，出自詩作："A Carmela, la Peruana," Federico García Lorca, *Obras* 2: 416 (Madrid: Akal, 1998)。
7. 關於拉林科納達的資料出處如下並經更新：Arana, "Dreaming of El Dorado,"。
8. 此說法歸功於 William Finnegan, "Tears of the Sun," *New Yorker*, April 20, 2015。
9. "World Gold Production by Country," USAGold, accessed January 30, 2019, www.usagold.com/reference /globalgoldproduction.html.
10. Brook Larmer, *National Geographic*, January 2009.
11. Suzanne Daley, "Peru Scrambles to Drive Out Illegal Gold Mining," *New York Times* online, July 26, 2016.
12. *Organized Crime and Illegally Mined Gold in Latin America* (Geneva: Global Initiative Against Transnational Organized Crime, April 2016), https://arcominero.infoamazonia.org/GIATOC-OC_Illegally-Mined-Gold-in-Latin-America-3c3f978eef80083bdd8780d7c5a21f1e.pdf.
13. Guillermo Arbe Carbonel, an economist with Scotiabank, 引自：Daley, "Peru Scrambles"。
14. "Muestra retrata el verdadero rostro de la minería ilegal," *La República* (Perú), May 24, 2017; Heather Walsh, "In Colombia, Gold Mining's Becoming More Dangerous Than Cocaine," *Financial Post* (Can.), October 12, 2011.
15. Dan Collyns, "Extent of Peruvian Amazon Lost to Illegal Goldmines Mapped for First Time," *Guardian* (UK edition), October 29, 2013; Jonathan Watts, "High Gold Prices Causing Increased Deforestation in South America, Study Finds," *Guardian* (UK edition), January 14, 2015, 以及 "Brazilian Court Blocks Abolition of Vast Amazon Reserve," *Guardian* (UK edition), August 30, 2017。

    精確數據是在2008年後，從每年5千3百50英畝增加至每年1萬5千1百50英畝。如此數據維持了許多年。
16. J. Watts, "Amazon Deforestation Picking Up Pace, Satellite Data Reveals," *Guardian* (UK

88. 原文為："Soy el Rico Potosí. Del mundo soy el tesoro. Soy el rey de los montes. Envidia soy de los reyes." Wilson Mendieta Pacheco, *Potosí, patrimonio de la humanidad* (Potosí, Bol.: El Siglo, 1988), 9。
89. Martín González de Cellorigo(1600), quoted in J. H. Elliott, *Empires of the Atlantic World: Britain and Spain in America*, 140.
90. Ibid.
91. George Orwell, *Nineteen Eighty-Four* (New York: Knopf, 1987), 276.
92. 書中引述的是我的翻譯。見：Charles de Secondat baron de Montesquieu, *L'Esprit des lois*（1748）, in *Oeuvres de Montesquieu*（Paris: Dalibon, 1822）, 3: 456。
93. Carlos Marichal, *Bankruptcy of Empire: Mexican Silver and the Wars Between Spain, Britain and France, 1760-1810*, 20。
另見同書頁4：「作為十八世紀最富裕的稅收殖民地，新西班牙總督轄區成為財政上的地方首府，確保帝國有能力在跨國戰爭連續不斷的時期捍衛自身。」
94. Ibid., 18.
95. Ibid., 85.
96. Arana, *Bolívar*, 82-86.
97. Margaret E. Rankine, "The Mexican Mining Industry in the Nineteenth Century," *Bulletin of Latin American Research* 11.1 (1992): 29-48.
98. George Canning, in H. W. V. Temperley, "The Later American Policy of George Canning," *American History Review* 11.4 (July 1906): 781, 引自：Arana, *Bolívar*, 347。
99. Jefferson to Archibald Stuart, 25 January 1786, Paris, in *The Works of Thomas Jefferson* 4: 188, ed. Paul Ford, 引自：Arana, *Bolívar*, 74。
100. Courtney J. Campbell, "Making Abolition Brazilian: British Law and Brazilian Abolitionists in Nineteenth-Century Minas Gerais and Pernambuco," *Slavery & Abolition* 36.3 (2015): 521-43.
101. *Mexican Mining Journal* 8.1 (January 1909): 14.

第五章

1. Ludwig Von Mises, *Nationalökonomie: Theorie des Handelns und Wirtschaftens* (Geneva: Editions Union, 1940), 441.
2. 艾阿帕克的所有相關描述皆來自烏拉・洪奎斯特（Ulla Holmquist），她是拉爾科・埃雷拉美術館（Larco Herrera Museum）的策展人，該機構收藏莫切文化的記載，位於秘魯利馬省的自由部落（Pueblo Libre）。另見Juergen Golte, *Moche Cosmología y Sociedad*（Lima: Instituto de Estudios Peruanos）, 2009，以及Rafael Larco Hoyle, *Los Mochicas*（Lima: Museo Arqueológico Rafael Larco Herrera）, 1942。
3. 有許多證據存在原住民王室後代子孫所著的編年史裡。舉其中一個為例，巴托洛梅・

74. Mote and Twitchett, *Cambridge History: Ming Dynasty*, 389-96.
75. Luis Capoche, *Relación general de la villa imperial de Potosí* (Madrid: Atlas, 1959), https://archive.org/stream/RelacionGeneralDeLaVillaImperialDePotosiLUISCAPOCHE.
76. Miguel de Cervantes, *Don Quixote de la Mancha*, pt. 2, ch. 71.
本段原文為：「Si yo te hubiera de pagar, Sancho —respondió don Quijote,—conforme lo que merece la grandeza y calidad deste remedio, el tesoro de Venecia, las minas del Potosí fueran poco para pagarte; toma tú el tiento á lo que llevas mío, y pon el precio á cada azote.」
77. Acemoglu and Robinson, map 1, the mining mita catchment area.
另見Peter Bakewell, *Miners of the Red Mountain: Indian Labor in Potosí, 1545-1650*, 181。
78. Bakewell, 44-45.
79. Rostworowski, *Historia del Tawantinsuyu*, 184.
80. Alonso Enriquez de Guzmán, *Libro de la vida y los costumbres de Don Alonso Enríquez de Guzmán*, 70-71; Sancho Rayon and de Zabalburu, *Coleccíon de documentos inéditos para la historia de España*, 85: 291.
書中引述的是我的翻譯，原文為："Apo, yo soy capitán desta gente, y hasta agora que eres venido á esta tierra á ponella en razón, yo he andado alzado . . . por los muchos agravios de que después que entraron los cristianos en esta tierra hemos recibido. . . . antes éramos señores y agora somos esclavos. No solamente han querido los cristianos que los sirvamos, como nos servíamos, el caballero como caballero y el oficial como oficial, y el villano como villano, sino que á todos nos hacen unos, todos quieren que les trayamos las cargas á cuestas, que seamos albañiles y les hagamos las casas, que seamos labradores y les hagamos las sementeras. Mira si ha sido razón que se nos haga de mal."
81. Brown, ch. 8.
82. Pedro Pablo Arana, *Las minas de azogue del Perú*（Lima: Imprenta El Lucero, 1901）, 14. 作者佩卓・帕布羅・阿拉那（Pedro Pablo Arana）曾任庫斯科市長與秘魯參議員，且於1999年成為副總統參選人，也是我的父系曾祖父。惡名昭彰的聖塔巴巴拉礦坑位於他在萬卡韋利卡莊園的地產上，在久遭西班牙人遺棄後，他成了礦坑的地主。
83. Archivo de Indias, Audiencia de Lima, legajo 442, Joseph Cornejo to Patiño, San Ildefonso, August 27, 1734.
84. Salinas y Córdova, *Memorial de las historias*, 297.
85. John Miller, *Memoirs of General Miller in the Service of the Republic of Peru* (New York: AMS, 1979), 207.
86. Bartolomé Arzáns de Orsúa y Vela, *Relatos de la villa imperial de Potosí (1705)* (La Paz: Plural, 2000), 180.
87. Pedro Pablo Arana, *Azogue*, 14.

Women of Colonial Latin America (Cambridge: Cambridge University Press, 2000), 38.

55. Hernando de Soto, in Porras Barrenechea, *Cartas del Perú*, 59.
56. Guaman Poma, 2: 369.
57. Xerez, 335.
房間大小約25英尺乘18英尺，高18英尺，這是取自多位編年史家的平均值。見：Hemming, *Conquest*, 535。
58. Mena, 250; Estete, 35; Hemming, *Conquest*, 54.
59. Izumi Shimada and John Merkel, "Copper-Alloy Metallurgy in Ancient Peru," *Scientific American* 265.1 (July 1991): 80.
60. 2019年1月的24K金：以每盎司1千3百19點51美元計算，10噸黃金價值3億8千4百85萬7千1百27美元；相同日期的銀價：以每盎司16點6美元計算，70噸白銀價值3千2百78萬9千1百70美元，金銀共計4億1千7百64萬6千2百97美元。2019年1月30日的金銀價格取自http://goldprice.org/gold-price-usa.html。
61. Vilches, 135.
62. 聶魯達的詩句由我英譯，原文是「piedra en la piedra, y en la base, harapos?」，Neruda, "Alturas de Machu Picchu," 207。
63. Varón, *Pizarro*, 75.
64. 行文使用墨西哥以幫助理解，當然，科爾特斯所在地點並不稱為墨西哥，而是新西班牙。見：Buddy Levy, *Conquistador: Hernán Cortés, Montezuma, and the Last Stand of the Aztecs*（New York: Bantam Dell, 2008）, 321。
65. Ramiro Montoya, 111.
66. Acosta, vol. 4, ch. 4.
67. José Antonio Busto Duthurburu, *La Platería en el Perú: dos mil años de arte e historia*, 68.
68. 在利馬，皮薩羅確實下令將宮殿蓋在托里丘斯科（Taulichusco）的住處之上，後者是在印加人手下治理此區域的酋長，官階稱為庫拉卡。多所教堂蓋在神廟之上。西班牙人藉此方式對於被征服者表明權力。
69. Robins, *Mercury, Mining, and Empire*, 4-6.
70. Rolena Adorno, *The Polemics of Possession in Spanish American Narrative*, 82-86.
71. K. W. Swart, *The Black Legend During the Eighty Years War* (Amsterdam: Springer Netherlands, 1975), 36-57.
72. 以下關於中國與西班牙間貿易的一切資訊皆出自：Frederick W. Mote and Denis Twitchett, eds., *The Cambridge History of China*, vol. 8, *The Ming Dynasty, 1368-1644*, pt. 2（New York: Cambridge University Press, 1998）, 389-96。
73. J. R. McNeill and William H. McNeill, *The Human Web: A Bird's-Eye View of World History*, 203.

Conquest of Peru, 111。

31. Hemming, *Conquest*, 27.
32. Ibid., 27.
33. 源自 *Chilám Balám de Chumayel*, 摘自：León-Portilla, *Reverso de la Conquista*, 78。
34. Cortés, *Cartas y relaciones de Hernán Cortés al emperador Carlos V* (Paris: Imprenta Central de los Ferro-Carriles A. Chaix y ca., 1856) 539-58; Hemming, *Conquest*, 28.
35. "Me ha sido más difícil luchar contra mis compatriotas que contra los aztecas." Julio Verne, *Viajeros extraordinarios* (1878) (Barcelona: Circulo Latino, 2006), 290.
36. José Luis Olaizola, *Francisco Pizarro* (Madrid: Planeta, 1998), available on BibliotecaOnline, 2012 digital edition, www.bibliotecaonline.net.
37. 科爾特斯部將首先開採的阿茲特克礦坑，是位於塔克斯科的古老坑址。由於在橫越大西洋時法蘭西多次暗中襲擊奪取白銀，西班牙派遣一支艦隊護送船運。見：Timothy R. Walton, *The Spanish Treasure Fleets*（Sarasota, FL: Pineapple Press, 1994）, 44。
38. Olaizola, *Francisco Pizarro*; Hemming, *Conquest*, 28.
39. 此洞見歸功於朗諾・懷特（Ronald Wright），出自他的精湛著作《被偷走的大陸》（*Stolen Continents*）。
40. Ibid., 67.
41. 當然，這些地點在那時並非哥倫比亞也非智利，但是我藉此讓今日的讀者易於理解。由此開始，為了便利起見我會使用現今的地理位置標記。
42. Edmundo Guillén Guillén, *La guerra de reconquista Inka* (Lima: Guillén Guillén, 1994), 44.
43. Cristóbal de Mena, in Miguel de Estete, *Noticia del Perú*, quoted in Hemming, *Conquest of the Incas*, 36.
44. Pedro Pizarro, 36.
45. Hemming, *Conquest*, 40.
46. Cieza de León, *Crónica del Perú*, vol. 3, ch. 44, 255; Estete, 31; Porras Barrenechea, *Cartas del Perú*, 120.
47. Cristóbal de Mena, *La conquista del Perú*, llamada la Nueva Castilla, 244.
48. Pedro Pizarro, 230.
49. Tito Cusi Yupanqui, *A 16th-Century Account of the Conquest*, 136.
50. Xerez, 333; Mena, 244.
51. Mena, 246; Hemming, *Conquest*, 46.
52. Hemming, *Conquest*, 46.
53. Guaman Poma, 2: 357.
54. Sara Vicuña Guengerich, "Capac Women and the Politics of Marriage in Early Colonial Peru," *Colonial Latin American Review* 24.2 (2015): 147-67, 147; Susan Socolow, *The*

the Vast Continent and Islands of America, 6 vols., trans. Captain John Stevens.

17. 根據巴黎第三大學（Université Sorbonne Nouvelle - Paris 3）歷史學者柏納・拉瓦勒（Bernard Lavallé），路克是他人派去的臥底。見："Rafael Varón Gabai insiste asimismo en el hecho de que el principal financista de la operación puede muy bien haber sido en realidad el licenciado Espinosa, uno de los hombres más conocidos y más ricos de Panamá en esa época, pero cuya posición en relación a Pedrarias Dávila, de quien era alcalde mayor, lo ponía en una situación delicada. No es pues imposible que Luque, quien de todos modos participaba en la empresa, le haya servido de pantalla." Bernard Lavallé, *Francisco Pizarro*（Madrid: Espasa-Calpé, 2005）, 58。
18. 關於此點存在一些爭議，甚至有說法指總督收受賄賂後成為合夥人。相關討論請見：Varón, *Pizarro*, 17-19。
19. 此描述得自多項資料。見Diego de Silva y Guzmán, *Conquista de la Nueva Castilla, "La Crónica rimada"*（Lima: Biblioteca Peruana, 1968）；Oviedo, vol. 4, pt. 3, intro., 2；Xerez, *True Account*, vol. 3, 3-5；Cieza de León, *Discovery and Conquest of Peru*, 49-55；Raúl Porras Barrenechea, *Cartas del Perú, Colección de documentos inéditos para la historia del Perú (1524-1543)*, vol. 3, 13-18。
20. Silva y Guzman, *Conquista*, 1: 21, 引自：Busto, *Pizarro*, 1: 138。
21. "A señor gobernador/ miradlo bien por entero/allá va el recogedor/y acá queda el carnicero." Cieza de León, in Vedia, *Historiadores primitivos de Indias*, 2: 436.
22. 路易斯曾與哥倫布出海，當時是一位經驗純熟的領航員。
23. 西薩・德・里昂（Cieza de León）主張瓦伊納・卡帕克此刻仍在世。見：Cieza de León, *The Discovery and Conquest of Peru*, 113。
24. Raúl Porras Barrenechea, *Cronistas del Perú (1528-1650) y otros ensayos* (Lima: Banco de Crédito del Perú, 1986), 54-55. 也摘自：Hemming, *Conquest of the Incas* (1983), 25, and Wright, 64。
25. Cieza de León, *Crónica del Perú*, vol. 16, fol. 17v.
26. Ibid.
27. José Antonio Busto Duthurburu, *La Conquista del Perú*, 26. 原始西班牙文有"escoja el que fuere buen castellano lo que más bien le estuviere."
28. Cieza de León, vol. 16, fol. 18v.
29. Lavallé, *Francisco Pizarro*, 66.
30. 在西薩・德・里昂著作的1998年版本裡，亞歷山德拉・帕馬・庫克（Alexandra Parma Cook）和大衛・諾柏・庫克（David Noble Cook）指出：「1520年代巴拿馬有許多黑奴，其中多人參與秘魯的冒險。一位黑奴曾拯救阿馬格羅的性命。如同詹姆斯・洛克哈特（James Lockhart）於《卡哈馬卡的士兵》（*The Men of Cajamarca*）書中所述，相對於黑人確曾參與征服，相關記載出奇緘默。」見：Cieza de León, *Discovery and*

者。等到卡斯提亞和亞拉岡形成西班牙，戰吼才於日後加入「西班牙」。

147. Bernstein, 130.

第四章

1. Pedro Pizarro, *Relation of the Discovery*, 2 vols. (New York: Cortés Society, 1921), 234.
2. 皮薩羅、科爾特斯和歐瑞亞納是彼此的遠房堂兄弟。見：Rómulo Cúnco Vidal, *Vida del Conquistador del Perú, Don Francisco Pizarro y sus hermanos*（Barcelona: Maucci, 1925）.
3. John Hemming, *The Search for El Dorado*, 50.
4. H. T. Peck, W. H. Prescott, *English Men of Letters* (New York: Macmillan, 1905), 160-63.
5. José Antonio Busto Duthurburu, *Pizarro*, 1: 120-22.
6. 在原始的編年記載裡，「Pirú」也有另一種拼法「Virú」。見：Cieza de León calls him Peruquete: Cieza, *The Discovery and Conquest of Peru: Chronicles of the New World Encounter*, 48-49。
7. Busto, *Pizarro*, 1: 139.
8. 根據一位征服者的信件，連這位君王的封臣都戴著白銀和黃金薄片做成的王冠。見 Carta de Luis Ramírez a su padre, San Salvador, 10 July 1528, "vista la gran riqueza de la tierra, y como junto a la dicha sierra había un rey blanco que traía . . . vestidos como nosotros, se determinaron de ir allá, por ver lo que era, los cuales fueron y les embiaron cartas. Y que aún no habían llegado a las minas, más ya habían tenido plática con unos indios comarcanos a la sierra, y que traían en las cabezas unas coronas de plata y unas planchas de oro colgadas de los pescuezos y orejas, y ceñidas por cintos." José Toribio Medina, *El veneciano Sebastian Cabot*（Santiago: Imprenta Universitaria, 1908）, 442。
9. 1527年，神聖羅馬帝國軍中的3萬4千位士兵未獲薪酬而憤怒不已，朝羅馬暴動行軍並洗劫城市，門多薩亦為其中一員。
10. Sarah de Laredo, intro., *From Panama to Peru: The Conquest of Peru by the Pizarros* (London: Maggs Bros., 1925), v.
11. Busto, *Pizarro*, 1: 40-41.
12. Oviedo, vol. 4, pt. 3, intro, 2.
13. Rafael Varón Gabal, *Pizarro and His Brothers* (Norman: University of Oklahoma, 1997), 17.
14. Busto, *Pizarro*, 1: 124.
15. Francisco López de Gómara, *Historia General de las Indias* (1523-1548), vol. 1, pt. 1 ch. 108.
16. Zárate, bk. 1, ch. 1, 19; Francisco de Xerez, *True Account of the Conquest of Peru (1522-48)*, ed. Iván R. Reyna; Antononio de Herrera y Tordesillas, *The General History of*

124. Bernstein, 109.
125. John Day, "The Great Bullion Famine of the Fifteenth Century," *Past and Present* 79 (May 1978): 3-54.
126. *Cortés: Letters*, 159.
127. Ibid., 97.
128. 確切數字是880，80匹馬和800位士兵。見: Ibid., 113-27。
129. Díaz, *Historia verdadera de la conquista*, 256.
130. Ibid., 257.
131. Ibid., 258.
132. Ibid., 257.
133. Ibid., 300-309.
134. Miguel León-Portilla, *The Broken Spears: The Aztec Account of the Conquest of Mexico*, 74-77.
另一資料引述有600人在場且幾乎全數被殺，見Francisco López de Gómara, *Historia General de las Indias: Conquista de México*, vol. 2（Caracas: Fundación Biblioteca Ayacucho, 2007）, 1996-98。
135. 作者融合多位目擊者的證言寫就：迪亞茲、歐維耶多（Oviedo）、托奎瑪達、特拉斯卡拉貴族迪耶哥・穆紐斯・卡馬戈（Diego Muños Camargo）、著名編年史家安東尼歐・德・埃瑞拉（Antonio de Herrera）及其他人。見：Prescott, *Conquest of Mexico*, 350-51。
136. 國王卡洛斯一世於1519年首次提及此議會，不過要到1524年才設立。
137. Ibid., 313.
138. Díaz, *Historia verdadera de la conquista*, 313-14.
139. Oviedo, 3: 47.
140. Díaz, *Historia verdadera de la conquista*, 314.
141. Prescott, *Conquest of Mexico*, 399; Díaz, *Historia verdadera de la conquista*, 332-33.
142. Díaz, *Historia verdadera de la conquista*, 334.
143. R. L. Kagan, *Clio and the Crown: The Politics of History in Medieval and Early Modern Spain* (Baltimore: Johns Hopkins University Press, 2009), 61.
144. William Dalton, *Cortés and Pizarro* (London: Griffin, Bohn, 1852), 8.
145. "So color de religión/Van a buscar plata y oro," Lope de Vega, Obras de Lope de Vega, vol. 11 (Madrid: Rivadeneyra, 1900), 110.
146.「聖雅各！衝啊，西班牙！」是在戰場發動攻擊時的西班牙戰吼。在伊比利亞，聖雅各也稱為摩爾人屠殺者（Matamoros）。戰吼「聖雅各！衝啊！」據說用於1212年的托洛薩會戰（Battle of Las Navas de Tolosa），當時卡斯提亞人、亞拉岡人和葡萄牙人聯手對抗柏柏人（Berber）的穆瓦希德王朝（Almohad），即伊比利亞南部的統治

另在此來源有一些不同的盛況描述：*Cortés: Letters*, 85。

105. Cortés, Despatches, 35; *Cortés: Letters*, 108.
106. Díaz, *Discovery and Conquest*, 194; *Cortés: Letters*, 84.
107. Jacques Soustelle, *Daily Life of the Aztecs* (Mineola, NY: Dover Publications, 2002), 129-31.

   阿茲特克人常每天用鹽膚木（copalxocotl）沐浴兩次，並且用除口臭液漱口。（另見 *Florentine Codex*, bk. 11, pt. 12.）另一方面，西班牙人用尿液潔牙。資料來源同注釋108。

108. 作者闡述在西班牙尤其普遍蔑視沐浴，阿拉伯的淨身儀式更使情況加劇。此外人們擔憂水是黑死病的媒介，因此數世紀以來，沐浴被視為開啟毛孔讓疾病進入。見：Katherine Ashenburg, *The Dirt on Clean*（Toronto: Knopf, 2007）, 39-72。
109. Díaz, *Discovery and Conquest*, 10, 90, 169.
110. Ibid., 196.
111. *Cortés: Letters*, 88.
112. Ibid., 89-91.
113. Ibid., 92.
114. Ibid.
115. Ibid., 92-93.
116. Ibid., 94.
117. Ibid.
118. Ibid., 96.
119. Ibid., 100.

   確切數值是70萬披索。另見Díaz, *Discovery and Conquest*, 256, 269。

120. 科爾特斯記載，他運給卡洛斯國王的首批黃金價值超過10萬達克特金幣（ducat）。見：*Cortés: Letters*, 100。

   一枚達克特金幣是3點545克的99.47%純金，以2016年金條每克市值41點4美元為準，總值兩千萬美元。見：www.goldgrambars.com, accessed April 20, 2019。

121. Carlos Fuentes, *El espejo enterrado* (México, DF: House Grupo Editorial, 2016), 111.
122. H. W. Foshag, "Chalchihuitl, A Study in Jade," *American Minerologist* 40.11/12（December 1, 1955）: 1062-1070：「阿茲特克人認為玉石是最珍貴的物質。你可以引用蒙特蘇馬的話當作玉石的價值指標，這段話由柏納．迪亞茲．德．卡斯提洛（Bernal Díaz del Castillo, 1632）記載，當時是進獻貢品給科爾特斯的場合：『我也將給你一些非常珍貴的石頭，你將以我之名送給他；它們叫玉石，不能給其他任何人只能給他，你的偉大國君。每一枚價值兩塊黃金。』」
123. Frederic C. Lane, *Venice: A Maritime Republic* (Baltimore: John Hopkins University Press, 1973), 323.

vencidos, 68.
89. Ibid., 59.
90. Ibid., 109.
91. Letters, 67-68.
92. Díaz, *Historia verdadera de la conquista*, 3: 156-57, 174-75.
93. Ibid., 165-67, 171, 187-88.
94. Díaz, *Historia verdadera de la conquista*, 3: 168 map.
95. 也請參考ch. 2 epigraph—Dominguez Hidalgo, *Mitos, Fabulas, y Leyendas del Antiguo México*, 215。
96. Díaz, *Historia verdadera de la conquista*, 3: 190.
97. Ibid., 191.
98. *Cortés: Letters*, 69.
99. Ibid., 69, 79-81.
100. Ibid., 80.
101. Ibid.
102. Anthony R. Pagden, commentary in *Cortés: Letters*, 42n, 467.
提倡此觀點的其他編年史家皆為西班牙人，見Durán, chs. 53, 54, 394-408；Fray Bernardino de Sahagún, *Historia general de las cosas de Nueva España*, vol. 4, ch. 10，以及Don Antonio de Mendoza, the first viceroy of New Spain, 摘自：J. H. Elliott, "The Mental World of Hernán Cortés," *Transactions of the Royal Historical Society* 17（1967）: 41-58, 53。
103. 科爾特斯在寫給卡洛斯國王的第二封信裡編造克察爾科亞特爾的神話，接著被日後的西班牙歷史學家採納為事實。當地並無這項神話的相關證據。柏納·迪亞茲（Bernal Díaz）目睹了蒙特蘇馬與科爾特斯的會面，是當代最可靠的見證人，他從未提及羽蛇神或其他任何一種神。他引述蒙特蘇馬的話，說法十分簡單：他的祖先曾預言異國種族的人有一天將出現在他的海岸。見：Díaz, *Historia verdadera de la conquista*, 3: 206；Jacques Lafaye, *Quetzalcóatl and Guadalupe: The Formation of Mexican National Consciousness*（Chicago: University of Chicago Press, 1976）, 149。
亨利·華格納（Henry Wagner）提到一種印地安習俗，會為新來的訪客做本地盛裝打扮。1518年胡安·德·格里哈瓦（Juan de Grijalva）抵達塔巴斯科河（Rio Tabasco）時，印地安人的酋長們讓他穿上慶典盛裝。據說蒙特蘇馬送去一套羽蛇神的仿製服裝要讓格里哈瓦穿，但是西班牙征服者已經離開了。格里哈瓦探險隊中的牧師胡安·迪亞茲（Juan Díaz）日後加入科爾特斯的隊伍，他描述了這件事，也許成為科爾特斯對西班牙國王靈光一現說法的來源。見：Henry Wagner, *The Discovery of New Spain in 1518 by Juan de Grijalva*（Pasadena, CA: Cortés Society, 1942）, 34-35。
104. 完整敘述見Díaz, *Discovery and Conquest*, 193。

71. 確切數值是21萬5千披索。Ramiro Montoya, 24。
72. 泰諾人被迫赴礦坑工作時，他們無法如往常般種植或收成作物，一場饑荒隨之發生。天花也變得猖獗。見：Pietro Martire D'Anghiera, *De Orbe Novo, the Eight Decades of Peter Martyr D'Anghera*, 1625；New York: Knickerbocker（1912）；digital version, BiblioBazaar（2009）, 160, 376。
73. 50萬人口的數據出自：Karen Anderson Córdova, *Hispaniola and Puerto Rico: Indian Acculturation and Heterogeneity, 1492-1550*（Ann Arbor, MI: University Microfilms, 1990）。
    6萬人則見：「有6萬人住在這座島上，包括印地安人；從1494至1508年，超過300萬人因戰爭、奴役與採礦喪生。」Las Casas, *A Short History of the Destruction of the Indies*（London: Penguin, 1974）。
    聲稱有「300萬人」通常被視為誇辭，6萬人則是在1508年拉斯・卡薩斯抵達時記述。
74. Prescott, *Conquest of Mexico*, 109.
75. Cortés to Doña Juana and Carlos V, 10 July 1519, in *Cortés: Letters*, 4.
76. "Si tan ansiosos estáis de oro que abandonáis vuestra tierra para venir a inquietar la ajena, yo os mostraré una provincia donde podéis a manos llenas satisfacer ese deseo." Jorge Guillermo Leguía, *Historia de América* (Lima: Rosay, 1934), 72.
77. 巴波亞已與佩卓里亞斯的大女兒訂婚，此婚約由主教胡安・德・奎維多（Fray Juan de Quevedo）提議，意在平息雙方之間的猜忌。見：Balboa to King Ferdinand, 16 October 1515, in *Archivo de Indias*, vol. 2（Madrid: Imprenta Española, 1864）。
78. David Marley, *Wars of the Americas: A Chronology* (Santa Barbara, CA: ABC-CLIO, 1998), 13.
79. Jesús María Henao, *Historia de Colombia* (Bogotá: Librería Colombiana, 1920), 1: 50-54.
80. 確切數字是508人，未計入另外約一百位船長、領航員和水手。見：Bernal Díaz del Castillo, *The Discovery and Conquest of Mexico*, 42。
81. Gonzalo Fernández de Oviedo y Valdés, *Historia General y Natural de las Indias*, 1: 539-41.
82. Hernán Cortés, *Cartas del famoso conquistador Hernán Cortés al emperador Carlos Quinto*, 213.
83. Díaz, *Discovery and Conquest*, 39.
84. Ibid., 33-41.
85. Díaz, *Historia verdadera de la conquista*, 13-16.
86. Ibid., 17.
87. 原文為「La montaña Bella Durmiente, ahí en mi pueblo de lágrimas」。出自2013年2月赴秘魯阿納尼亞山訪談拉林科納達居民。
88. Testimony of messengers in Nahuatl, 1519, in Miguel León-Portilla, *Visión de los*

51. Ramiro Montoya, 22.
52. Andrés Reséndez, *The Other Slavery: The Uncovered Story of Indian Enslavement in America,* 5.
53. Las Casas, 引自：F. P. Sullivan, *Indian Freedom* (Kansas City, MO: Sheed & Ward, 1995), 60。
54. 巴托洛梅・德・拉斯・卡薩斯年輕時見證過哥倫布的盛大遊行，並且加入黃金熱、成為一位道明會修士，日後在他生動的名著《印度毀滅簡史》（*A Short History of the Destruction of the Indies*）裡悲嘆海洋司令的暴行。（按：書名的印度實為印地亞斯。）
55. Washington Irving, *A History of the Life and Voyages of Christopher Columbus*, vol. 1 (Paris: Galignani, 1828), 259.
56. Ramiro Montoya, 25.
57. Luis Suárez Fernández, *Isabel I Reina*, 114.
58. Silvio Beding, *The Christopher Columbus Encyclopedia*, vol. 1 (New York: Simon & Schuster, 1992), 416.
59. German Arciniegas, *Latin America: A Cultural History*, 27.
60. Raúl Aguilar Rodas, *Cristobal Colón* (Medellín: Paniberica, 2006), 1.
61. Fray Bernardino de Sahagún, testimony from a Nahua witness, year of 12-House, 1517, in León-Portilla, *Visión de los vencidos: Crónicas indigenas*, 7; León-Portilla, *Reverso de la Conquista*, 29.
62. Columbus, 303-23.
63. Ramiro Montoya, 24.
64. J. H. Elliott, in *Cortés: Letters*, xiv.
65. Pagden, in *Cortés: Letters*, xli.
66. Pagden, in *Cortés: Letters*, xliii.
67. Thomas Southey, *Chronological History of the West Indies,* vol. 1.
68. Queen Isabel I, *Decree on Indian Labor, 1503*, in John Parry, *New Iberian World: A Documentary History* (New York: Times Books, 1984), 1: 262-63; 也請參考：Arana, *Bolívar*, 471。
69. 斐迪南國王是尼科洛・馬基維利（Niccolò Machiavelli）著作《君王論》（*The Prince*）裡的一位描寫典範。見：Niccolò Machiavelli, *The Letters of Machiavelli*（Chicago: University of Chicago, 1961）, 52。
70. William H. Prescott, *History of the Conquest of Mexico*, 109.
如此敘述無可否認帶著某種浪漫觀點。科爾特斯若非在勾引西班牙同儕的妻子，就是猖狂地占印地安婦女便宜。本出處作者描述他的行為是「求歡成癖」。另見Díaz, *Historia verdadera de la conquista de Nueva España*, ch. 203。

29. Eduardo Galeano, *Open Veins of Latin America: Five Centuries of the Pillage of a Continent*, 12.
30. Luis de Santálgel's letter to Ferdinand and Isabella, in Fray Bartolomé de las Casas, *Obras Completas*, 3: 517.
31. Columbus's letter to King Ferdinand and Queen Isabella, 1503, in Martin Fernandez de Navarrete, *Colección de los viajes y descubrimientos que hicieron por mar los españoles*, vol. 1 (Madrid: Imprenta Nacional, 1858), 456.
32. Ibid., 175. Columbus, 24.
33. Ibid. 也請參考：*Letter of Christopher Columbus to Rafael Sánchez, Facsimile of the First Publication Concerning America, Published at Barcelona, May 1493*（Chicago: W. H. Lowdermilk, 1893）。
34. Fray Bartolomé de las Casas, *Vida de Cristóbal Colón*, 87.
35. Columbus, 1-148; Bernstein, 120.
36. Las Casas, *Cristóbal Colón,* 90.
37. Columbus, 1-148.
38. Fernandez de Navarrete, 1: 456.
39. Ibid., 367.
40. Ibid., 348-49.
41. 哥倫布意指除了日本外，他發現的財寶產地可與所羅門王的寶藏來源相比擬，後者是《聖經》記載中最富裕的君王。
42. Las Casas, *Obras*, 3:695.
43. Markham, 135-36.
44. Elvira Vilches, *New World Gold*, 65.
45. 《托德西利亞斯條約》（The Treaty of Tordesillas, 1494）載明教宗的分界線，由教宗使節在托德西利亞斯的會議上確認。教宗亞歷山大六世原先將分界線設定於維德角群島以西100里格處。1506年教宗儒略二世裁定分界線移至維德角群島以西370里格處。見：Las Casas, *Obras*, 4: 834-38; Markham, 137。
46. Las Casas, *Obras*, 4: 839.
47. Ibid., 846-47.
48. Ibid.
49. Bernal, 279; Mario Arrubla, prologue in Ramiro Montoya, *Crónicas del oro y la plata americanos*, 11.
50. 法令出處見Brown, 11.
    通常以綁在鷹腳上的鷹鈴（cascabeles grandes）作為大型容器，容納的黃金量足以製造數十枚戒指。關於砍除雙手，巴托洛梅・德・拉斯・卡薩斯記述：「我以凡人的肉眼注視這一切。」見：Las Casas, *Historia*, 3: 96。

prologue, 24.

11. Bernal, 269.
12. Pope Pius II, to his father, Silvio, 1443, in *Reject Aeneas, Accept Pius: Selected Letters of Aeneas Sylvius Piccolomini*, ed. and trans. Thomas M. Izbicki, Gerald Christianson, and Philip Krey (Washington, DC: Catholic University of America Press, 2006), 161.
13. Pope Pius II to the council at Siena, 1436. Ibid., 95.
14. 諺語「Quid non mortal pectoral cogis, Auri sacra fames」可意譯為「懷著黃金貪欲的人豈有做不出之事」，出自Virgil's *The Aeneid*, bk. 3, v. 56-57。
15. Malyn Newitt, *A History of Portuguese Overseas Expansion: 1400-1668* (New York: Routledge, 2005), 39-40.
16. 精確的數字是1千5百89磅。在下列出處提及10萬6千6百76杜布列（doble）的黃金；當時一個杜布列重6點77公克，總數即為七百餘公斤或1千5百89磅，約莫四分之三噸。見：Manuela MendonÇa—*O Sonho da União Ibérica*（Lisbon: Quidnovi, 2007）, 101-103。
17. Peter L. Bernstein, *The Power of Gold: The History of an Obsession*, 117.
18. German Arciniegas, *America in Europe: A History of the New World in Reverse*, 27; Markham, 30.
19. 托斯卡內利寄了一封信和一張地圖給里斯本的牧師費爾南・馬丁茲（Fernão Martins），註明日期為1474年6月25日，詳述通往香料群島和亞洲的西行航線。馬丁茲把那封信交給阿方索國王後，他身邊的諮士駁回該計畫。見：Columbus, 14; Markham, 31; Kirkpatrick, 6。
20. J. G. Bartholomew, *A Literary and Historical Atlas of America* (New York: E. P. Dutton, 1911), commons.wikimedia.org/wiki/File:Atlantic_Ocean,_Toscanelli,_1474.jpg.
21. Kirkpatrick, 7.
22. Simón Bolívar, *Contestación de un americano meridional a un caballero de esta isla* ("Letter from Jamaica"), Kingston, September 6, 1815, 摘自：Marie Arana, *Simón Bolívar: American Liberator*, 310。
23. "Venient annis saecula seris, quibus Oceanus vincula rerum laxet et ingens pateat tellus Tethysque novos detegat orbes nec sit terris ultima Thule," Seneca, *Medea* (Oxford: Oxford University Press, 2014), 84.
24. James Reston Jr., *Dogs of God* (New York: Anchor, 2005), 238.
25. 根據哥倫布之子費南多所述，他父親的「滿頭金髮，在三十歲之齡轉為雪白」。見Kirkpatrick, 11；Markham, 136。
26. Markham, 57.
27. Ibid., 9.
28. Reston, *Dogs*, 238.

116. Cobo, *Historia*, 1: 161.
117. Guaman Poma, 2: 379.
118. Rostworowski, *Historia del Tawantinsuyu*, 90.
119. 據印加・加西拉索記載，從庫斯科運貨至波托西加上回程需時四個月，路途全採步行或騎乘羊駝。我基於上述事實做出推估。見：*Royal Commentaries*, 8: 370。
120. R. J. Rummel, *Death by Government* (New Brunswick, NJ: Transaction, 1994), 63.
121. Cobo, *Historia*, 1: 162.
122. Garcilaso, *Royal Commentaries*, 8: 350.
123. 如前所述，關於胡安的所有資訊皆得自訪談，對象是他的妻子黎諾及孩子塞納、馬利魯茲（Mariluz）、約翰（Jhon）和亨利（Henrry），地點在拉林科納達、普提納、胡里阿卡和普諾，從2014年起每週或每月進行。
124. 以安地斯山區印地安人的說法，胡安許過兩次誓言（compromisos），而非經由婚姻娶妻。他與黎諾的誓言生下四個小孩，第一次的誓言有三個小孩。
125. Mark Cartwright, "Inca Mummies," Ancient History Encyclopedia, last modified June 16, 2014.
126. W. H. Isbell, *Mummies and Mortuary Monuments* (Austin: University of Texas Press, 1997), 54-55.

第三章

1. 用克丘亞語說是「Kay quritachu mikhunki？」，Guaman Poma, 2: 342。
2. Antonio Miguel Bernal, *España, proyecto inacabado: Los Costes/beneficios del Imperio*, 274.
3. Ibid.
4. 此舉受到多明尼加修士阿隆索・德・歐傑達（Alonso de Hojeda）所鼓動，伊莎貝拉於1478年出訪塞維亞時他提出建言，警告她邪端異說盛行。見：Henry Kamen, 35；Joseph Pérez, *The Spanish Inquisition*（New Haven, CT: Yale University Press, 2004）, 19。
5. Carlos Fuentes, *The Buried Mirror*, 82.
6. Kamen, 17.
7. Ibid., 37.
8. Ibid., 255, 272.
9. Anna Foa, "Teresa's 'Marrano' Grandfather," *L'Osservatore Romano* (Vatican), March 2, 2015.
   關於塞萬提斯家族的改變信仰根源有些爭議，但是包括作家卡洛斯・富恩特斯（Carlos Fuentes）在內的許多知識分子確信其為事實，見：Fuentes, 173-74；William Byron, *Cervantes: A Biography*（Garden City, NY: Doubleday, 1978）, 24-32。
10. Cristóbal Colón (Christopher Columbus), *Relaciones y cartas de Cristóbal Colón,*

108. Juan B. Lastres, La Salud Pública y la Prevención de la Viruela en el Perú, intro; Noble David Cook, *Born to Die: Disease and New World Conquest, 1492-1650* (Cambridge: Cambridge University Press, 1998), 13; Cook, *Demographic Collapse: Indian Peru, 1520-1620* (Cambridge, Cambridge University Press, 2004), 114, 116, 143-44, 252-54.
有些歷史學者指出，文中天花傳染的記載不符合科學家已知的疾病模式。例如：「此一公認記述的幾乎所有環節皆有誤，在流行病學上不可信，史學史層面不可靠，邏輯面可疑。」見：Francis J. Brooks, "Revising the Conquest of Mexico: Smallpox, Sources, and Populations," *Journal of Interdisciplinary History* 24.1（Summer 1993）: 1-29。
109. James B. Kiracofe and John S. Marr, "Marching to Disaster: The Catastrophic Convergence of Inca Imperial Policy, Sand Flies, and El Niño in the 1524 Andean Epidemic," paper, presented at the Inter-American Institute for Advanced Studies in Cultural History, Dumbarton Oaks Pre-Columbian Symposium, Washington, DC, February 14, 2003, published in *El Niño, Catastrophism, and Cultural Change in Ancient America*, ed. Daniel H. Sandweiss and Jeffrey Quilter (Cambridge, MA: Harvard University Press, 2009); Juan B. Lastres, *Las Neuro-bartonelosis*, 10-11.
110. Sarmiento de Gamboa, *History of the Incas*, 164.
111. 瓦伊納・卡帕克真正罹患的疾病種類存在一些爭議。儘管如此，多位十六世紀編年史家指認他的病是天花。最可信的其中一位是胡安・德・貝坦索斯（Juan de Betanzos），他娶了瓦伊納・卡帕克的甥女，並且描述印加王死亡原因是「某種疥瘡和痲瘋病」(una sarna y lepra)。近期的歷史學者和人類學家普遍接受，西班牙征服者於十五世紀末到來後，天花藉由多種傳染媒介席捲南半球。針對此事的出色辯論請見Robert McCaa, Aleta Nimlos, and Teodoro Hampe Martínez, "Why Blame Smallpox? The Death of the Inca Huayna Capac and the Demographic Destruction of Tawantinsuyu（Ancient Peru）"（paper, Minnesota Population Center, University of Minnesota, 2004）, http://users.pop.umn.edu/~rmccaa /aha2004/why_blame_smallpox.pdf。
曾提及秘魯的瘟疫並且／或者指為天花的編年史家眾多，以下列出幾位：Cieza de León, *Crónica del Perú*, 1: 199-200；Guaman Poma, 2: 93；Marcos Jiménez de la Espada, ed., *Una Antigualla peruana*, 21；Lastres, *Historia de la Viruela*, 25；Pedro Pizarro, "Relación del descubrimiento y conquista de los reinos del Perú," in *Biblioteca de autores españoles desde la formación del lenguaje hasta nuestros días: Crónicas del Perú* [Narrative of the discovery and conquest of the kingdoms of Peru], vol. 5（Madrid: Ediciones Atlas, 1965）, 181。
112. Sarmiento de Gamboa, *History of the Incas*, 165.
113. Cobo, *Historia*, 1: 161; Lastres, *Historia de la viruela*, 21.
114. Cobo, *Historia*, 1: 161.
115. Lastres, *Historia de la viruela*, 21.

83. John Hemming, *Conquest of the Incas*, 29.
84. Gamboa, 177.
85. Agustin de Zárate, *Historia del descubrimiento y conquista del Perú*, vol. 1, ch. 14; Garcilaso, *Royal Commentaries*, vol. 1, bk. 9, ch. 1.
86. Rostworowski, *Historia del Tawantinsuyu*, 159.
87. Guaman Poma, 1: 91.
88. Tripcevich and Vaughn, 255.
89. Pedro Sarmiento de Gamboa, *History of the Incas* (2007), 160.
90. Ibid., 152.
91. Raúl Porras Barrenechea, ed., "Oro y leyenda del Perú," in *Indagaciones peruanos*, available at the National University of San Marcos Library System online, sisbib.unmsm.edu.pe/bibvirtual/libros/linguistica/legado_quechua/oro.htm.
92. Petersen, 49.
93. Rostworowski, *Historia del Tawantinsuyu*, 122.
94. 印加・加西拉索告訴我們，這段延伸道路正是為了瓦伊納・卡帕克平定基多的計畫而建。見：*Royal Commentaries*, 8: 370。
95. Rostworowski, *Historia del Tawantinsuyu*, 123.
96. Garcilaso, *Royal Commentaries*, 8: 314.
97. 胡安・德・聖塔・克魯茲・帕查庫提・揚奎・沙卡梅瓆（Juan de Santa Cruz Pachacuti Yamqui Salcamayhua）表示，瓦伊納・卡帕克的大軍超過100萬人。見：Clements R. Markham, *Narratives of the Rites and Laws of the Yncas*, 109。
98. Garcilaso, *Royal Commentaries*, 8: 315; Cobo, *Historia*, 1: 157-59.
99. Cobo, *Historia*, 1: 300; Antonio de Herrera y Tordesillas, *Historia de las Indias Occidentales*, 148.
100. Cobo, *Historia*, 1: 159.
101. Ibid. 衝突戰事可能長達十七年，當前考古學證據請見Owen Jarus, "Ancient War Revealed in Discovery of Incan Fortresses," *LiveScience*, last modified May 31, 2011。
102. José Echeverria Almeida, "Archeology of a Battle: The Lagoon of Yahuarcocha," *Revista Arqueología Ecuatoriana*, last modified June 12, 2007, http://revistas.arqueo-ecuatoriana.ec/es/apachita/apachita-9/88-arqueologia-de-una-batalla-la-laguna-de-yahuarcocha.
103. Frederick A. Kirkpatrick, 134.
104. Cobo, *Historia*, 1: 161.
105. Cieza de León, *Cronica del Perú*, 1: 226.
106. Fray Buenaventura de Salinas y Cordova, *Memorial de las Historias del nuevo mundo: Pirú*, 58-59.
107. Guaman Poma, 2: 343.

Mexico, trans. and ed. Anthony R. Pagden, 108。

60. Uto-Aztecan languages: Nahuatl, Cheme-huevi, Paiute, O'odham, Hopi, Tübatulabal, Comanche. 也請參考*Nahuatl: Nahuatl Dialects, Classical Nahuatl Grammar*（Memphis: General Books: 2010）, 44；Germán Vázquez Chamorro, *Moctezuma*, 2006, 17。
61. 阿茲特克帝國面積約8萬平方英里，英格蘭約5萬3百46平方英里。World Atlas, accessed January 29, 2019, www .worldatlas.com。
62. Durán, 220.
63. Francisco Cervantes de Salazar, *Crónica de la Nueva España*, bk. 4, ch. 3, in cervantesvirtual.com. 以及Durán, 220。
64. Vázquez, *Moctezuma*, 1987, 6-7.
65. 蒙特蘇馬二世的相關細節來自以下文獻：Cortés, Cartas de Relación, or Bernal Díaz del Castillo, *Historia verdadera de la conquista de la Nueva España*, ch. 91；Cervantes de Salazar, *Crónica*, bk. 4, ch. 3; Bernal Díaz del Castillo, in Enrique de Vedia, *Historiadores primitivos de Indias*, 2: 86。
66. Cervantes de Salazar, *Crónica*, 8.
67. Ibid., 3.
68. Vázquez, *Moctezuma*, 1987, 7; Durán, 178, 222.
69. *The Florentine Codex: General History of the Things of New Spain*, vol. 8, bk. 12, trans. Arthur J. O. Anderson and Charles E. Dibble, 13-26.
70. Vázquez, *Moctezuma*, 1987, 13.
71. Ibid., 14.
72. Ibid.
73. 在蒙特蘇馬一世的時代，米斯特克人（Mixtec）也是極富裕的商人，熱絡交易黃金、白銀和寶石。文中所述的市集買賣也許承襲自米斯特克人。見：Cervantes de Salazar, *Crónica*, bk. 4, 18: 356。
74. Enrique Canudas Sandoval, *Venas de la plata en la historia de México* 1: 182.
75. Vázquez, *Moctezuma*, 1987, 14.
76. Durán, 222-23.
77. Ibid., 223; Vázquez, *Moctezuma*, 2006, 104.
78. Durán, 223; Vázquez, *Moctezuma*, 2006, 105.
79. Durán, 227; Vázquez, *Moctezuma*, 2006, 106.
80. Durán, 227-28; Vázquez, *Moctezuma*, 2006, 109-111.
81. Frances Berdan, *Aztec Archaeology and Ethnohistory* (New York: Cambridge University Press, 2014), 170.
82. 應在此一提，作者明確流露支持特拉特洛科與反特諾奇提特蘭的傾向。見：*Florentine Codex*, vol. 8, bk. 12, 1-3。

1996, 33-43; Charles C. Mann, 94.

42. 此外，在西班牙征服者撰寫的多部編年史裡，墨西哥和巴拿馬原住民顯然曉得黃金存在於南方的文化藝品。見：Miguel León Portilla, *De Teotihuacán a los aztecas: antología de fuentes e interpretaciones históricas*（México, DF: UNAM, 1971）, 21。
43. Jose Pérez de Barradas, *Orfebrería prehispánica de Colombia*, 93-98, 339-41.
44. 文中是下述另一種說法的誇大版，原為一位王子（psihipqua）在統治者吉巴（cacique）死時實行的金粉儀式，隨後登上權力大位。見：Juan Rodríguez Freyle, *Conquista y Descubrimiento del Nuevo Reino de Granada*（Bogotá: Círculo de Lectores, 1985）, 28-29。
45. 原文為："No había entonces pecado. No había entonces enfermedad. No había dolor de huesos. No había fiebre por el oro." *Chilám Balám de Chumayel*, 引自 *Miguel León-Portilla, El Reverso de la Conquista: Relaciones aztecas, mayas e incas*, 22。
46. León-Portilla, *Reverso de la Conquista*, 23.
47. Fray Diego Durán, *The Aztecs: The History of the Indies of New Spain*, trans. Doris Heyden and Fernando Horcasitas, 132.
48. León-Portilla, *Reverso de la Conquista*, 417.
49. Rostworowski, *Historia del Tawantinsuyu*, 28.
50. Wright, 32.
51 William H. Denevan, *The Population of the Americas in 1492* (Milwaukee: University of Wisconsin, 1992), 1; Wright, 4.
坦白說此數據浮動劇烈，高峰達1億1千2百萬人，低點可至1千萬人。
52. Wright, 11.
53. 1500年的倫敦人口約5萬人；另，當時阿茲特克全部人口是5百萬人，大不列顛與北愛爾蘭聯合王國則為4百萬人。見："Population of the British Isles," Tacitus.nu, accessed January 29, 2019, www.tacitus.nu/historical-atlas/population/british.htm；Boris Urlanis, *Rost naseleniya v Europe* [Population growth in Europe]（Moscow: OGIZ-Gospolitizdam, 1941）。
54. Charles C. Mann, 107.
55. "Inca People," *Encyclopædia Britannica* online, www.britannica.com/topic/Inca.
56. Gordon F. McEwan, in *After Collapse: The Regeneration of Complex Societies*, ed. Glenn Schwartz and John Nichols (Tucson: University of Arizona Press, 2010), 98.
57. George Folsom, intro., in Hernán Cortés, *The Despatches of Hernando Cortés* (New York: Wiley & Putnam, 1843), 35.
58. 阿茲特克稱呼金或銀的詞彙是「teocuitlatl」，字義即為「天神的排遺」。見：Classical Nahuatl-English Dictionary, *Glosbe*, https://en.glosbe.com/nci/en/teocuitlatl。
59. Hernán Cortés, "Segunda Carta," *Caretas de Relación*. 以及Hernán *Cortés: Letters from*

as a Field for European Emigration (Southampton, UK: self-pub., 1894), 300-301。

20. Garcilaso, *Los mejores comentarios reales*, 202; Guillaume, *Amazon Provinces of Peru*, 300-301.
21. Guillaume, *Amazon Provinces of Peru*, 302.
22. Joseph B. Pentland, *Report on Bolivia*, 1827, 73-74; Petersen, 26.
23. Carlos Serrano Bravo, *Historia de la minería andina boliviana* (Siglos 16-20). Paper published online, December 2004, www2.congreso.gob.pe/sicr/cendocbib/con4_uibd .nsf/6EF6AA797C1749E905257EFF005C493F/$FILE/Historia_de _Miner%C3%ADa_Andina_Boliviana.pdf.
24. 關於胡安採礦日常的敘述，得自如前所述與黎諾及其家人的訪談。
25. Nicholas Tripcevich and Kevin J. Vaughn, eds., *Mining and Quarrying in the Ancient Andes: Sociopolitical Economic, and Symbolic Dimensions*, 217.
26. Petersen, 44.
27. 文中推估為300英尺，基於與幾位拉林科納達礦工同儕的訪談，他們提及從豎井入口到底部約深250至300英尺。
28. P. Gose, quoted in Tripcevich and Vaughn, 278.
29. Bernabé Cobo, *Historia del Nuevo mundo* 1: 300; Acosta, vol. 4, ch. 4.
30. William H. Prescott, *History of the Conquest of Peru: With a Preliminary View of the Civilization of the Incas*, 56.
31. María Rostworowski, *Historia del Tawantinsuyu*, 25, 28; Ronald Wright, *Stolen Continents: The Americas Through Indian Eyes*, 30-33.
32. Wright, 33.
33. 以下關於印加文化的描述大多得自於這位作者，見：Rostworowski, *Historia del Tawantinsuyu*, 227。
34. Prescott, *Conquest of Peru*, 218-19.
35. Garcilaso, *Royal Commentaries*, 3: 192.
36. Cruz Martínez de la Torre, "El sudor del Sol y las lágrimas de la Luna: La metalurgia del oro y de la plata en el Antiguo Perú," Espacio, Tiempo y Forma, Serie VII, *Historia del Arte*, t.12, 1999, 11.
37. Fundación ICO, *Oro y la plata de las Indias en la época de los Austrias*, 33.
38. Wright, 72.
39. Ibid.
40. 印加・加西拉索描述金鍊長約700英尺，達兩座足球場的長度。
Royal Commentaries, 3: 192。
41. Heather Lechtman, "Cloth and Metal: The Culture of Technology," in *Andean Art at Dumbarton Oaks*, vol. 1, ed. Elizabeth Hill Boone (Washington, DC: Dumbarton Oaks),

Publications/Conference%20Proceedings/2008/1232-Strosnider-OK.pdf。另見 Nicholas A. Robins, *Mercury, Mining, and Empire: The Human and Ecological Cost of Colonial Silver Mining in the Andes*, 184-86。

這一帶的地貌與阿納尼亞山十分近似，我在這篇文章裡描寫過："Dreaming of El Dorado," *Virginia Quarterly Review* online, last modified September 17, 2012, www.vqronline.org/essay/dreaming-el-dorado。

4. Tertius Chandler, *Four Thousand Years of Urban Growth: An Historical Census* (Lewiston, NY: Edwin Mellen Press, 1987), 483, 529.
5. William Neuman, "For Miners, Increasing Risk on a Mountain at the Heart of Bolivia's Identity," *New York Times* online, September 16, 2014.
6. Kendall Brown, *A History of Mining in Latin America: From the Colonial Era to the Present*, digital version, loc. 328, 6%.
7. *Crónica franciscana de las provincias del Perú* (1651) (Washington, DC: American Academy of Franciscan History, 1957), 1: 16; Pedro de Cieza de León, *Crónica del Perú*, 39.
8. Garcilaso, *Royal Commentaries*, 1: 314.
9. Francisco de Xerez, quoted in Horatio H. Urteaga, *Biblioteca de Cultura Peruana: Los cronistas de la Conquista*, 55.
10. José de Acosta, *Historia Natural y Moral de las Indias*, vol. 4, ch. 4.
11. Garcilaso, *Royal Commentaries*, 1: 314.
12. Guaman Poma, 1: 93.
13. Charles C. Mann, *1491: New Revelations of the Americas Before Columbus*, 74.
14. Garcilaso, *Royal Commentaries*, 1: 314.
15. Fray Diego de Ocaña, *Un viaje fascinante por la América Hispana del siglo 16*, 184; Teresa Gisbert, *Iconografía y mitos indígenas en el arte*, 19.
16. 這部十八世紀的手稿是所有征服者歷史藏品中最重要的物件，由教會於1905年向一位巴黎書商買下。見：Bartolomé Arzáns de Orsúa y Vela, *Historia de la Villa Imperial de Potosí*, 3 vols. 1715. Repr., edited by Lewis Hanke and Gunnar Mendoza（Rhode Island: Brown University Press, 1965）。
17. Alexander von Humboldt, Ueber die geographischen und geognostischen Arbeiten des Herrn Pentland im sudlichen Peru: Hertha, Zeitschr. f. Erd-Volker-und Staatenkunde Ano 5, 1-29, Stuttgart, Ger., 1829. 也請參考：Georg Petersen, *Mining and Metallurgy in Ancient Peru*, 44。
18. Joanne Pillsbury, ed., *Guide to Documentary Sources for Andean Studies*, vol. 2, 1530-1900, 506.
19. Garcilaso, *Los mejores comentarios reales*, ed. Domingo Miliani (Ayacucho, Peru: Biblioteca Ayacucho, 1992), 202. 以及 Herbert Guillaume, *The Amazon Provinces of Peru*

yb_2013_0.pdf.

Miriam Jordan, "More Migrants Are Crossing the Border This Year," *New York Times* online, March 5, 2019.

8. 帕查庫特克可拼為Pachacutec或Pachacuti，字義是「翻轉世界的人」或「撼動大地者」。見：Mark Cartwright, "Pachacuti Inqa Yupanqui," *Ancient History Encyclopedia*, last modified July 18, 2016, www.ancient.eu/Pachacuti_Inca_Yupanqui。
9. Pew Research Center online, "The Global Catholic Population," last modified February 13, 2013, www.pewforum.org/2013/02/13/the-global-catholic-population; US Central Intelligence Agency online, "Religions," in *The World Factbook*, accessed January 29, 2019, www.cia.gov/library/publications/the-world-factbook/fields/2122.html.
10. Edward L. Cleary, *How Latin America Saved the Soul of the Catholic Church*, 3. 也見：Feline Freier, "Maduro's Immorality and the Role of the Church in Venezuela," Georgetown University Berkley Center for Religion, Peace & World Affairs online, last modified, June 15, 2018。
11. Eric Hobsbawm, *Viva la Revolución*, ed. Leslie Bethell (New York: Little, Brown, 2016). 也歸功於 Tony Wood 對此書的評論，見: *Guardian* (UK edition), July 18, 2016。
12. 此習俗代表恆常的權力三角關係，另一種說法是銀行家、將軍和主教。眾所周知，前委內瑞拉總統胡戈．查維茲（Hugo Chávez）將此權力三角關係視為嚴重損害資本主義的力量。他的思想精選見: *Socialismo del Siglo XXI*（Caracas, República Bolivariana de Venezuela: Ministerio del Poder Popular, 2007）, 5。

第一部

1. Antonio Dominguez Hidalgo, *Mitos, Fabulas, y Leyendas del Antiguo México* (México, DF: Editorial Umbral, 1987), 215.

第二章

1. Pablo Neruda, "The Heights of Machu Picchu," from *Canto General*, trans. Jack Schmitt, in *The Poetry of Pablo Neruda*, ed. Ilan Stavans (New York: Farrar, Straus and Giroux, 2003), 207.
2. Felipe Guaman Poma de Ayala, *El Primer nueva corónica y buen gobierno*, ed. John Murra, Rolena Adorno, and Jorge Urioste, vol. 1, figs. 49-78; El Inca Garcilaso, *Royal Commentaries of Peru*, 1: 330; *Monografía de Bolivia* (La Paz: Biblioteca del Sesquicentenario de la República, 1975), 3: 27.
3. 關於此區域環境惡化的證據，見: W. H. Strosnider, F. Llanos, and R. W. Nairn, "A Legacy of Nearly 500 Years of Mining in Potosí, Bolivia," a paper presented at the 2008 National Meeting of the American Society of Mining and Reclamation, Richmond, VA, www.asmr.us/

注釋

第一章

1. 此話咸信出自十九世紀義大利科學家安東尼歐・雷孟迪（Antonio Raimondi），他在秘魯居住和教書，但是出處從未獲得證實。儘管如此，這仍是著名的南美洲古諺。秘魯採礦工程人員研究院（The Institute of Mining Engineers of Peru, IIMP）戮力駁斥這句諺語，其院長曾主張：「秘魯並非坐在黃金板凳上的乞丐。在我國，採礦是經濟的主要引擎，占國民生產毛額的12%及總出口的60%。」他的話卻證明了古諺的道理。幾乎所有採得的黃金都流往國外，每四位秘魯人之中就有一人貧窮度日。見：IIMP, accessed January 29, 2019, www.iimp.org.pe/actualidad/el-peru-no-es-un-mendigo-sentado-en-un-banco-de-oro；Reuters, "Peru Poverty Rate Rises for First Time in 16 Years: Government," April 24, 2018。
   諺語的資料：A. Alcocer Martínez, "Conjetura y postura frente al dicho 'El Perú es un mendigo sentado en un banco de oro," *Boletín de la Academia Peruana de la Lengua* [Bulletin of the Peruvian Academy of Language] 41 (2006): 45-58。
2. 本書對於黎諾的描寫，基於以下在秘魯對本人進行的長時間訪談：拉林科納達，2012年2月17日至22日；普提納，2012年2月23日；胡里阿卡（Juliaca），2013年2月15日至19日；胡里阿卡和普諾（Puno），2014年2月19日至24日、2015年2月11日至15日、2016年2月20日至24日、2017年3月2日至7日、2019年1月31日至2月5日。自2013年起，我每週都與黎諾一家人非正式聯繫，每年至少到胡里阿卡拜訪一次。
3. Fray Bartolomé de las Casas, *A Short History of the Destruction of the Indies*, penultimate paragraph, Project Gutenberg, www.gutenberg.org/files/23466-h.html.
4. 黎諾的原話是「Su alma ahí en el rumi」，在克丘亞語裡rumi指石頭。
5. Carmen Pérez-Maestro, "Armas de metal en el Perú prehispanico," Espacio, Tiempo y Forma, I, Prehistoria y Arquelogía, T-12, 1999, 321.
6. *USA Today*, July 17, 2018 (Belém, Brazil; Ciudad Guayana, Venezuela; Ciudad Victoria, Mexico; Fortaleza, Brazil; La Paz, Mexico; Tijuana, Mexico; Natal, Brazil; Acapulco, Mexico; Caracas, Venezuela; Los Cabos, Mexico); World Atlas, October 5, 2018 (Caracas; Acapulco; San Pedro Sula, Honduras; Distrito Central, Honduras; Victoria; Maturín, Venezuela; San Salvador, El Salvador; Ciudad Guayana; Valencia, Venezuela; Natal, Brazil). Also David Luhnow, "Latin America Is the Murder Capital of the World," *Wall Street Journal*, September 20, 2018.
7. US Department of Homeland Security, Office of Immigration Statistics, *2013 Yearbook of Immigration Statistics*, August 2014, www.dhs.gov/sites/default/files/publications/ois_

Andes: Sociopolitical, Economic, and Symbolic Dimensions. New York: Springer, 2013.
Urteaga, Horacio H. *Biblioteca de Cultura Peruana: Los cronistas de la Conquista*. Paris: Desclée de Brouwer, 1938.
Vargas Llosa, Mario. *Conversation in the Cathedral*. Translated by Gregory Rabassa. New York: Rayo, 2005.
———. *A Fish in the Water*. Translated by Helen Lane. New York: Farrar Straus Giroux, 1994.
Vázquez Chamorro, Germán. *Moctezuma*. Madrid: Cambio 16, 1987.
———. *Moctezuma*. Madrid: Algaba, 2006.
Vedia, Enrique de. *Historiadores primitivos de Indias*. 2 vols. Madrid: Rivadeneyra, 1852.
Vilches, Elvira. *New World Gold*. Chicago: University of Chicago Press, 2010.
Whitaker, Arthur Preston. *The Huancavelica Mercury Mine*. Cambridge, MA: Harvard University Press, 1941.
Wright, Ronald. *Stolen Continents: The Americas Through Indian Eyes*. Boston: Houghton Mifflin, 1992.

———. *When Montezuma Met Cortés: The True Story of the Meeting That Changed History*. New York: Ecco, 2018.

Ricard, Robert. *The Spiritual Conquest of Mexico*. Translated by Lesley Byrd Simpson. Berkeley: University of California Press, 1966.

Robins, Nicholas A. *Mercury, Mining, and Empire: The Human and Ecological Cost of Colonial Silver Mining in the Andes*. Bloomington: Indiana University Press, 2011.

———. *Native Insurgencies and the Genocidal Impulse in the Americas*. Bloomington: Indiana University Press, 2005.

Rosenberg, Tina. *Children of Cain: Violence and the Violent in Latin America*. New York: Morrow, 1991.

Rostworowski de Diez Canseco, María. *Conflicts over Coca Fields in Sixteenth-Century Perú*. Ann Arbor: University of Michigan, 1988.

———. *Costa peruana prehispánica*. Lima: Instituto de Estudios Peruanos Ediciones, 1977.

———. *Doña Francisca Pizarro*. Lima: IEP Ediciones, 1989.

———. *Historia del Tawantinsuyu*. Lima: IEP Ediciones, 1988.

———. *History of the Inca Realm*. Translated by Harry Iceland. Cambridge: Cambridge University Press, 1999.

———. *Pachacamac y el señor de los milagros*. Lima: IEP Ediciones, 1992.

———. *Pachacutec y la leyenda de los chancas*. Lima: IEP Ediciones, 1997.

Schwaller, John Frederick. *The History of the Catholic Church in Latin America: From Conquest to Revolution and Beyond*. New York: New York University Press, 2011.

Smith, Brian. *Religious Politics in Latin America: Pentecostal Vs. Catholic*. Notre Dame, IN: University of Notre Dame Press, 1998.

Solís, Felipe, and Martha Carmona. *El Oro precolombino de México: Colecciones Mixteca y Azteca*. Milan: Américo Artes Editores, 1995.

Southey, Thomas. *Chronological History of the West Indies*. 3 vols. London: Longman, Rees, 1827.

Stein, Stanley J., and Barbara H. Stein. *Silver, Trade, and War: Spain and America in the Making of Early Modern Europe*. Baltimore: Johns Hopkins University Press, 2000.

Stern, Steve J., ed. *Shining and Other Paths: War and Society in Peru, 1980-1995*. Durham, NC: Duke University Press, 1998.

Suárez Fernández, Luis. *Isabel I Reina*. Barcelona: Planeta, 2012.

TePaske, John J. *A New World of Gold and Silver*. Leiden, Netherlands: Brill, 2010.

Thompson, I. A. A. *Crown and Cortés: Government, Institutions and Representation in Early-Modern Castile*. Hampshire, UK: Variorum, 1993.

Tripcevich, Nicholas, and Kevin J. Vaughn, eds. *Mining and Quarrying in the Ancient*

McEwan, Colin, and Leonardo López Luján, eds. *Moctezuma: Aztec Ruler*. London: British Museum Press, 2009.

McNeill, J. R., and William H. McNeill. *The Human Web: A Bird's-Eye View of World History*. New York: Norton, 2003.

Mann, Charles C. *1491: New Revelations of the Americas Before Columbus*. New York: Random House, 2005.

Marichal, Carlos. *Bankruptcy of Empire: Mexican Silver and the Wars Between Spain, Britain and France, 1760-1810*. New York: Cambridge University Press, 2007.

Marzal, Manuel M., Eugenio Maurer, Xavier Albó, and Bartomeu Melia. *The Indian Face of God in Latin America*. New York: Orbis, 1996.

Markham, Clements R. *Narratives of the Rites and Laws of the Yncas*. New York: Burt Franklin, 1970.

Montoya, Ramiro. *Crónicas del oro y la plata americanos*. Madrid: Visión Libros, 2015.

———. *Sangre del sol: crónicas del oro y plata que España sacó de América*. Madrid: Visión Libros, 2013.

Moreyra Loredo, Manuel, et al. *El cristiano ante el Perú de 1985: crisis económica, violencia . . .* Lima: Centro de Proyección Cristiana, 1984.

Oro y la plata de las Indias en la época de los Austrias. Madrid: Fundación ICO, 1999.

Petersen, Georg. *Mining and Metallurgy in Ancient Peru*. Translated by William E. Brooks. Boulder, CO: Geological Society of America, 2010.

Pino Díaz, Fermín del, ed. *Demonio, Religión y Sociedad entre España y América*. Madrid: Consejo Superior de Investigaciones Científicas, Departamento de Antropología, 2002.

Pillsbury, Joanne, ed. *Guide to Documentary Sources for Andean Studies, 1530-1900*. 3 vols. Norman: University of Oklahoma Press, 2008.

Prescott, William H. *History of the Conquest of Mexico*. Edited by John F. Kirk. London: Routledge, 1893.

———. *History of the Conquest of Peru: With a Preliminary View of the Civilization of the Incas*. Edited by John F. Kirk. London: Routledge, 1893.

Quintana, Manuel José. *Vidas de españoles celebres*. Paris: Baudry, 1845.

Quiroz, Alfonso W. *Historia de la corrupción en el Perú*. Lima: Instituto de Estudios Peruanos, 2013.

Raimondi, Antonio. *El Perú*. 3 vols. Lima: Imprenta del Estado, 1874.

Reséndez, Andrés. *The Other Slavery: The Uncovered Story of Indian Enslavement in America*. New York: Houghton Mifflin Harcourt, 2016.

Restall, Matthew. *Seven Myths of the Spanish Conquest*. New York: Oxford University Press, 2003.

V. Suárez, 1912-49.

Hoffman, Philip T., and Kathryn Norberg. *Fiscal Crises, Liberty, and Representative Government, 1450-1789*. Stanford, CA: Stanford University Press, 1994.

Hoyos, Juan José. *El Oro y la sangre*. Bogotá: Planeta, 1994.

Jáuregui, Carlos A. *Canibalia: Canibalismo, calibanismo, antropofagia cultural y consumo en América Latina*. Madrid: Iberoamericana, 2008.

Jiménez de la Espada, Marcos, ed. *Una Antigualla peruana*. Madrid: Manuel Gines Hernández, 1892.

Kamen, Henry. *The Spanish Inquisition: A Historical Revision*. New Haven, CT: Yale University Press, 2014.

Kirkpatrick, Frederick A. *The Spanish Conquistadores*. London: Adam and Charles Black, 1946.

Krauze, Enrique. *Redeemers: Ideas and Power in Latin America*. New York: Harper-Collins, 2011.

Langenscheidt, Adolphus. *Historia Minima de la Minería en la Sierra Gorda*. Ontario: Rolston-Bain, 1988.

Lastres, Juan B. *Las Neuro-bartonelosis*. Lima: Editora Medica Peruana, 1945.

———. *Historia de la viruela en el Perú*. Lima: Ministerio de Salud Pública y Asistencia Social, 1954.

———. *La Salud Pública y la Prevención de la Viruela en el Perú*. Lima: Ministerio de Hacienda y Comercio, 1957.

León-Portilla, Miguel, ed. *The Broken Spears: The Aztec Account of the Conquest of Mexico*. Beacon Press, Boston, 1962.

———. *El Reverso de la Conquista: Relaciones aztecas, mayas e incas*. México, DF: Editorial Mortiz, 1964.

———. *Visión de los vencidos: Crónicas indigenas*. Madrid: Historia 16, 1985.

———, ed. *Visión de los vencidos: Relaciones indigenas de la Conquista*. México, DF: Universidad Nacional Autónoma de México, 1961.

Lippy, Charles H., Robert Choquette, and Stafford Poole. *Christianity Comes to the Americas, 1492-1776*. New York: Paragon, 1992.

Livi Bacci, Massimo. *Los estragos de la conquista: Quebranto y declive de los indios de América*. Barcelona: Crítica, 2006.

McCaa, Robert, Aleta Nimlos, and Teodoro Hampe Martínez. "Why Blame Small- pox? The Death of the Inca Huayna Capac and the Demographic Destruction of Tawantinsuyu (Ancient Peru)." Paper, Minnesota Population Center, University of Minnesota, 2004. http://users.pop.umn.edu/~rmccaa/aha2004/why_blame_small pox.pdf.

NJ: Paulist Press, 2009.
Cleary, Edward L., and Hannah W. Stewart-Gambino. *Power, Politics, and Pentecostals in Latin America*. Boulder, CO: Westview Press, 1997.
Dean, Carolyn. *A Culture of Stone: Inka Perspectives on Rock*. Durham, NC: Duke University Press, 2010.
Doral, Paul J. *Power in Transition: The Rise of Guatemala's Industrial Oligarchy, 1871-1994*. Westport, CT: Prayer, 1995.
Elliott, J. H. *Empires of the Atlantic World: Britain and Spain in America*. New Haven, CT: Yale University Press, 2006.
Fernandez de Navarrete, Martín, *Colección de los viajes y descubrimientos que hicieron por mar los españoles*. Vol. 1. Madrid: Imprenta Nacional, 1858.
Fernández-Armesto, Felipe. *Pathfinders: A Global History of Exploration*. New York: Norton, 2006.
———. *The Americas: A Hemispheric History*. New York: Modern Library, 2003.
Fuentes, Carlos. *The Buried Mirror*. New York: Houghton Mifflin, 1992.
Galeano, Eduardo. *Open Veins of Latin America: Five Centuries of the Pillage of a Continent*. Translated by Cedric Belfrage. New York: Monthly Review, 1973.
Gibson, Charles. *The Aztecs Under Spanish Rule: A History of the Indians of the Valley of Mexico, 1519-1810*. Stanford, CA: Stanford University Press, 1964.
Gisbert, Teresa. *Iconografía y mitos indígenas en el arte*. La Paz: Gisbert, 1980.
Gorriti, Gustavo. *Shining Path: A History of the Millenarian War in Peru*. Chapel Hill: University of North Carolina Press, 1999.
Gruzinski, Serge. *The Mestizo Mind: The Intellectual Dynamics of Colonization and Globalization*. Translated by Deke Dusinberre. New York: Routledge, 2002.
Gutiérrez Merino, Gustavo. *Cristianismo y Tercer Mundo*. Bilbao, Sp.: Zero, 1973.
———. *Dios o el oro en las Indias*. San Salvador: UCA, 1991.
Hanke, Lewis. "A Modest Proposal for a Moratorium on Generalizations: Some Thoughts on the Black Legend." *Hispanic American Historical Review* 51, no. 1 (February, 1971): 112-27.
Hemming, John. *The Conquest of the Incas*. London: Macmillan, 1970. Also: New York, Penguin, 1983.
———. *Red Gold: The Conquest of the Brazilian Indians, 1500-1700*. Cambridge, MA: Harvard University Press, 1978.
———. *The Search for El Dorado*. New York: E. P. Dutton, 1978.
Hewitt, Edgar L. *Fray Bernardino De Sahagún and the Great Florentine Codex*. Santa Fe, NM: Archaeological Institute of America, 1944.
Historia de la Compañía de Jesús en la provincia del Paraguay. Vol. 1 (6 vols.). Madrid:

of Texas, 2001.
Betances, Emelio. *The Catholic Church and Power Politics in Latin America: The Dominican Case in Comparative Perspective*. Lanham, MD: Rowman & Littlefield, 2007.
Bernal, Antonio Miguel. *España, proyecto inacabado: Los Costes/beneficios del Imperio*. Madrid: Fundación Carolina, 2005.
Bernstein, Peter L. *The Power of Gold: The History of an Obsession*. Hoboken, NJ: Wiley & Sons, 2000.
Brading, David. *El Ocaso Novohispano: Testimonios Documentales*. México: Instituto Nacional de Antropología e Historia, 1996.
Bray, Tamara L., ed. *The Archaeology of Wak'as: Explorations of the Sacred in the Pre-Columbian Andes*. Boulder: University Press of Colorado, 2015.
Brown, Kendall. *A History of Mining in Latin America: From the Colonial Era to the Present*. Albuquerque: University of New Mexico, 2012.
Busto Duthurburu, José Antonio. *La Conquista del Perú*. Lima: Librería Studium Editores, 1981.
———. *Pizarro*. 2 vols. Lima: Ediciones COPÉ, 2001.
———. *La Platería en el Perú: dos mil años de arte e historia*. Lima: Banco del Sur del Perú, 1996.
Canudas Sandoval, Enrique. *Las Venas de plata en la historia de México*. 3 vols. Tabasco, Mexico: Universidad Juárez, 2005.
Cañizares Esguerra, Jorge. *Puritan Conquistadors: Iberianizing the Atlantic, 1550-1700*. Stanford, CA: Stanford University Press, 2006.
Casaús Arzú, Marta Elena. *Genocidio: ¿La máxima expresión del racismo en Guatemala?* Ciudad de Guatemala: F&G Editores, 2008.
———. *Guatemala: Linaje y racismo*. Ciudad de Guatemala: FIACSO, 2007.
Castañeda, Jorge G. *Utopia Unarmed: The Latin American Left After the Cold War*. New York: Knopf, 1993.
Chacon, Richard J., and Rubén G. Mendoza. *Latin American Indigenous Warfare and Ritual Violence*. Tucson: University of Arizona, 2007.
Cisneros Velarde, Leonor, and Luis Guillermo Lumbreras. *Historia General del Ejercito Peruano*. 5 vols. Lima: Imprenta del Ministerio de Guerra, 1980.
Clayton, Lawrence A. *Bartolomé de las Casas and the Conquest of the Americas*. Viewpoints/Puntos de Vista. Edited by Jürgen Buchenau. West Sussex, UK: John Wiley & Sons, 2011.
———. *The Bolivarian Nations of Latin America*. Arlington, IL: Forum, 1984.
Cleary, Edward L. *How Latin America Saved the Soul of the Catholic Church*. Mahwah,

當代資料

Acemoglu, Daron, and James A. Robinson. *Why Nations Fail: The Origins of Power, Prosperity, and Poverty*. New York: Crown, 2012.

Adorno, Rolena. *Guaman Poma: Writing and Resistance in Colonial Peru*. Austin: University of Texas Press, 1986.

———. *The Polemics of Possession in Spanish American Narrative*. New Haven, CT: Yale University Press, 2007.

Albó Corrons, Xavier. Cabalgando entre dos mundos. Eds. Albó, Tomás Greaves, Godofredo Sandoval. La Paz: Centro de Investigación y Promoción del Campesinado (CIPCA), 1983.

———. *La comunidad hoy*. La Paz: CIPCA, 1990.

———. *Obras selectas*, 4 vols. La Paz: Fundación Xavier Albó y CIPCA, 2016.

Albó Corrons, Xavier, and Matías Preiswerk. *Los Señores del Gran Poder*. La Paz: Centro de Teología Popular, 1986.

Albó Corrons, Xavier, and Carmen Beatriz Ruiz. *Un curioso incorregible*. La Paz: Fundación Xavier Albó, 2017.

Ameigeiras, Aldo Rubén, ed. *Cruces, intersecciones, conflictos: Relaciones Político-Religiosas en Latinoamérica*. Buenos Aires: CLACSO, 2012.

Amunátegui, Miguel Luis, y Diego Barros Arana. *La iglesia frente a la emancipación americana*. Santiago: Empresa Editora Austral, 1960.

Anderson, Charles L. G. *Old Panama and Castilla del Oro*. Boston: Page, 1911.

Andrien, Kenneth J. *The Human Tradition in Colonial Latin America*. Wilmington, DE: SR Books, 2002.

Andrien, Kenneth, and Rolena Adorno. *Transatlantic Encounters: Europeans and Andeans in the Sixteenth Century*. Berkeley: University of California Press, 1991.

Arana, Marie. *Simón Bolívar: American Liberator*. New York: Simon & Schuster, 2013.

Arana, Pedro Pablo. *Las minas de azogue del Perú*. Lima: El Luvero, 1901.

Arciniegas, Germán. *America in Europe: A History of the New World in Reverse*. Translated by R. Victoria Arana. San Diego: Harcourt Brace Jovanovich, 1986.

———. *Con América nace la nueva historia*. Bogotá: Tercer Mundo, 1990.

———. *Latin America: A Cultural History*. New York: Knopf, 1967.

Bakewell, Peter. *Miners of the Red Mountain: Indian Labor in Potosí, 1545-1650*. Albuquerque: University of New Mexico, 1984.

Barradas, Jose Pérez de. *Orfebrería prehispánica de Colombia*. Madrid: Jura, 1958.

Bassett, Molly H. *The Fate of Earthly Things: Aztec Gods and God-Bodies*. Austin: University of Texas, 2015.

Benson, Elizabeth P., and Anita G. Cook. *Ritual Sacrifice in Ancient Peru*. Austin: University

Porras Barrenechea, Raúl, ed. *Cartas del Perú, Colección de documentos inéditos para la historia del Perú*. Vol. 3. Lima: Edición de la Sociedad de Bibliófilos Peruanos, 1959.

——. *Relaciones primitivas de la conquista del Perú*. Lima: Universidad de San Marcos, 1967.

Quintana, Manuel José. *Vidas de Españoles Célebres* (1805). Barcelona: R. Plana, 1941.

Ruiz de Montoya, Antonio. *Conquista espiritual hecha por los religiosos de la Compañía de Jesús en las provincias de Paraguay, Paraná, Uruguay y Tape* (ca. 1650). Translated by Arthur Rabuske. Porto Alegre, Brazil: Martins Livreiro, 1985.

Sahagún, Fray Bernardino de. *Historia general de las cosas de Nueva España* (1547-80). 3 vols. México, DF: Imprenta Alejandro Valdés, 1829-30.

Salinas y Cordova, Fray Buenaventura de. *Memorial de las Historias del nuevo mundo: Pirú* (1630). Lima: Universidad de San Marcos, 1957.

Sancho de Hoz, Pedro. *Relación de la conquista del Perú* (1539). Rioja, Spain: Amigos de la Historia de Calahorra, 2004.

Sancho Rayon, José and Francisco de Zabalburu. *Colección de documentos inéditos para la historia de España*. Vol. 85. Madrid: Imprenta de Miguel Ginesta, 1886.

Santa Cruz Pachacuti Yamqui Salcamayhua, Juan de. *Relación de antigüedades de este reino del Perú* (1613). Edited by Carlos Araníbar. Lima: Fondo de Cultura Económica, 1995.

Sarmiento de Gamboa, Pedro. *Historia de los Incas* (1572). Buenos Aires: Colección Hórreo, Emecé Editores, 1942.

——. *History of the Incas*. Translated by Brian Bauer and Vania Smith. Austin: University of Texas Press, 2007.

——. *History of the Incas*. Translated by Clements Markham. Project Gutenberg, www.gutenberg.org/ebooks/20218.

Tito Cusi Yupanqui. *A 16th-Century Account of the Conquest. Originally published as Instrucción del Inga Don Diego de Castro Titu Cusi Yumangui para el muy ilustre Señor el Licenciado Lope García de Castro* (1570). Cambridge, MA: Harvard University Press, 2005.

Torquemada, Fray Juan de. *Los veinte i un libros rituales y Monarquía Indiana* (Madrid, 1615), 6 vols. México, DF: Universidad Nacional Autónomo de México, 1975.

Xerez, Francisco de. *True Account of the Conquest of Peru (1522-48)*. Edited by Iván R. Reyna. New York: Peter Lang, 2013.

Zárate, Agustin de. *Historia del descubrimiento y conquista del Peru* (1548). 4 vols. Baltimore: Penguin, 1968.

of America. 6 vols. Translated by Captain John Stevens. Reprint from 1740 edition. New York: AMS Press, 1973.

Las Casas, Fray Bartolomé de. *Historia de las Indias (1523-1548)*. 3 vols. Madrid: Biblioteca Nacional, 1947.

——. *Obras* completas, 15 vols. Madrid: Alianza, 1988-98.

——. *A Short History of the Destruction of the Indies* (1542). London: Penguin, 1974.

——. *Vida de Cristóbal Colón*. Barcelona: Red ediciones, www.linkgua-digital.com, 2018.

López de Gómara, Francisco. *Historia General de las Indias* (1552). 2 vols. Madrid: Espasa-Calpe, 1932.

Mena, Cristóbal de [attributed to]. *La conquista del Perú*, llamada la Nueva Castilla(Seville, 1534). New York: New York Public Library Edition, 1929.

Murúa, Martín de. Historia del origen y genealogía de los reyes incas del Perú (Madrid, 1590). Madrid: Instituto Santo Toribio de Mogrovejo, 1946.

——. *Historia general del Perú*. Edited by Manuel Ballesteros. Madrid: Ediciones Historia, 1986.

Nuñez Cabeza de Vaca, Álvar. *La relación y comentarios del gobernador Alvar nuñez cabeça de vaca, de lo acaescido en las dos jornadas que hizo a las Indias* (Valladolid, Sp.: Los señores del consejo, 1555). In Enrique de Vedias: *Historiadores Primitivos de Indias*. Vol. 1 (Madrid: Rivadeneyra, 1852).

——. and Ulrich Schmidt. *The Conquest of the River Plate (1535-1555)*. Vol. 1, Voyage of Ulrich Schmidt (1567). Vol. 2, *The Commentaries of Alvar Nuñez Cabeza de Vaca (1555)*. Edited by Luis L. Domínguez. New York: Burt Franklin, 1890. Also available on Project Gutenberg, www.gutenberg.org/ebooks/48058.

Ocaña, Fray Diego de. *Un viaje fascinante por la América Hispana del siglo 16*. Madrid: Studium, 1969.

Oviedo y Valdés, Gonzalo Fernandez de. *Historia General y Natural de las Indias* (1547). 4 vols. Madrid: Imprenta de la Real Academia de la Historia, 1851.

Pané, Fray Ramón. *An Account of the Antiquities of the Indians (1571)*. Durham, NC: Duke University Press, 1999.

Pentland, Joseph B. *Informe sobre Bolivia, 1827*. Potosí, Bol.: Editorial Potosí, 1975.

——. *Report on Bolivia, 1827*. Condensed in English. Edited by J. Valerie Fifer. Royal Historical Society. London: *Camden Miscellany*, no. 35, 1974.

Pizarro, Pedro. *Relación del Descubrimiento y Conquista de los Reinos del Perú* (1571). Buenos Aires: Editorial Futuro, 1944.

——. *Relation of the Discovery*. 2 vols. Translated by Philip Ainsworth Means. New York: Cortés Society, 1921.

Cortés, Hernán. *Cartas del famoso conquistador Hernán Cortés al emperador Carlos Quinto*. México, DF: Imprenta de I. Escalante, 1870.

———. *Cartas de Relación*, 12 vols. Seville: Jacobo Cromberger, 1522 (John Carter Brown Library).

———. *Cartas de Relación*. Edited by Angel Delgado Gómez. Madrid: Clásicos Castalia, 1993.

———. *Cartas y relaciones de Hernán Cortés al emperador Carlos V*. Paris: Imprenta Central de los Ferro-Carriles A. Chaix y, ca. 1856.

———. *Hernán Cortés: Letters from Mexico*. Translated and edited by Anthony R. Pagden, New York: Grossman, 1971.

Díaz del Castillo, Bernal. *The Discovery and Conquest of Mexico*. New York: Da Capo Press, 1996.

———. *Historia verdadera de la conquista* de la Nueva España (1632). Madrid: Biblioteca Americana, 1992.

Durán, Fray Diego. *The Aztecs: The History of the Indies of New Spain (1586-88)*. Translated by Doris Heyden and Fernando Horcasitas. New York: Orion, 1964.

Enríquez de Guzmán, Alonso. *Libro de la vida y los costumbres de Don Alonso Enríquez de Guzmán*. Madrid: Ediciones Atlas, 1960. 以及 Barcelona: www.linkgua-digital.com, 2016.

———. *Vida y aventuras de un caballero noble desbaratado: Crónica de la Conquista del Perú: 1535-1539*. Cantuta, Perú: Ediciones Universidad Nacional de Educación, 1970.

Estete, Miguel de. *Noticia del Perú* (1540). Quito: Boletín de la Sociedad Ecuatoriana de Estudios Históricos, 1919.

Florentine Codex: General History of the Things of New Spain. Translated by Arthur J. O. Anderson and Charles E. Dibble. Pts. 1-13. Provo: School of American Research, University of Utah, 1970-1982.

García Icazbalceta, Joaquín. *Nueva colección de documentos para la historia de México*. 3 vols. México, DF: Salvador Chavez Hayhoe, 1941.

Garcilaso, El Inca. *La Florida* (Lisbon, 1605). Madrid: Rodriguez Franco, 1723.

———. *Royal Commentaries of Peru*. 4 vols. Translated by Sir Paul Ricaut. London: Flesher, 1688.

Grijalva, Juan de. *The Discovery of New Spain in 1518*. Translated and edited by Henry R. Wagner. Pasadena, CA: Cortés Society, 1942.

Guaman Poma de Ayala, Felipe [Waman Puma]. *El primer nueva corónica y buen gobierno* (Madrid, 1615). 3 vols. Edited by John V. Mirra and Rolena Adorno. México, DF: Siglo Veintiuno, 1980.

Herrera y Tordesillas, Antonio de. *The General History of the Vast Continent and Islands*

參考書目

初級資料

Acosta, Padre Ioseph (José) de. *Historia Natural y Moral de las Indias*. 4 vols. Sevilla: Juan de León, 1590.

Arzáns de Orsúa y Vela, Bartolomé, *Historia de la villa imperial de Potosí* (1736). La Paz: Plural, 2000.

——. *Historia de la villa imperial de Potosí*. 3 vols. Edited by Lewis Hanke and Gunnar Mendoza. Providence: Brown University Press, 1965.

Betanzos, Juan de. *Suma y narración de los Yngas* (1576). 3 vols. Cochabamba, Bo.: Fondo Rotatorio, 1993.

Cervantes de Salazar, Francisco. *Life in the Imperial and Loyal City of Mexico in New Spain* (1554). Facsimile of original. Translated by Minnie Lee Barrett Shepard. Austin: University of Texas Press, 1953. Digital version available at Miguel de Cervantes Virtual Library Foundation, www.cervantesvirtual.com.

Chimalpahin Quauhtlehuanitzin, Domingo Francisco de San Antón Muñon. *Historia Mexicana* (1606-31). Lincoln Center, MA: Conemex Associates, 1978.

Cieza de León, Pedro de. *Crónica del Perú* (Sevilla, 1533). 3 vols. Lima: Pontificia Universidad Católica del Perú, 1984.

——. *The Discovery and Conquest of Peru: Chronicles of the New World Encounter*. Durham, NC: Duke University Press, 1998.

Cobo, Bernabé. *Historia del Nuevo mundo* (1653). 4 vols. Sevilla: Impresa E. Rasco, 1890-1895.

——. *History of the Inca Empire: An Account of the Indians' Customs and Their Origin*. Translated and edited by Roland Hamilton. Austin: University of Texas Press, 1979.

——. *Inca Religion and Customs* (1653). Translated and edited by Roland Hamilton. Austin: University of Texas Press, 1990.

Collapiña, Supno y otros Quipucamayos. "Relación de los Quipucamayos." In *Relación de la descendencia, gobierno y conquista de los Incas*, edited by Juan José Vega. Lima: Biblioteca Universitaria, 1974.

Colón, Cristóbal (Christopher Columbus). *Relaciones y cartas de Cristóbal Colón*. Madrid: Librería de la Viuda de Hernández, 1892.

Colón, Fernando. *Vida del almirante don Cristóbal Colón*. Edited by Ramón Iglesia. Madrid: Librería de la Viuda de Hernández, 1892.

歷史與現場 300

白銀、刀劍與石頭：魔幻土地上的三道枷鎖，拉丁美洲的傷痕與試煉

Silver, Sword, and Stone: Three Crucibles in the Latin American Story

作　者—瑪利・阿拉納（Marie Arana）
譯　者—楊芩雯
主　編—王育涵
特約編輯—蔡宜真
校　對—蔡宜真、陳佩伶
責任企劃—林進韋
美術設計—許晉維
內頁排版—極翔企業有限公司

總 編 輯—胡金倫
董 事 長—趙政岷
出 版 者—時報文化出版企業股份有限公司
一〇八〇一九台北市萬華區和平西路三段二四〇號七樓
發行專線—（〇二）二三〇六—六八四二
讀者服務專線—〇八〇〇—二三一—七〇五
（〇二）二三〇四—七一〇三
讀者服務傳真—（〇二）二三〇二—七八四四
郵撥—一九三四四七二四時報文化出版公司
信箱—一〇八九九臺北華江橋郵局第九十九信箱
時報悅讀網—https://www.readingtimes.com.tw
人文科學線臉書—http://www.facebook.com/jinbunkagaku
法律顧問—理律法律事務所　陳長文律師、李念祖律師
印　刷—勁達印刷有限公司
初版一刷—二〇二一年六月二十五日
定　價—新台幣六八〇元

時報文化出版公司成立於一九七五年，
並於一九九九年股票上櫃公開發行，於二〇〇八年脫離中時集團非屬旺中，
以「尊重智慧與創意的文化事業」為信念。

白銀、刀劍與石頭：魔幻土地上的三道枷鎖，拉丁美洲的傷痕與試煉/瑪利・阿拉納（Marie Arana）著；楊芩雯譯. -- 初版. -- 臺北市：時報文化出版企業股份有限公司, 2021.06

面；　公分. -- (歷史與現場；300)

譯自：Silver,sword,and stone : three crucibles in the Latin American story.

ISBN 978-957-13-8981-3（平裝）

1.歷史　2.拉丁美洲

754.1　　110007151

ISBN 978-957-13-8981-3
Printed in Taiwan